DENG XIAOPING
B I N G F A

邓小平兵法

古 越 著

团结出版社
UNITY PRESS

图书在版编目（ＣＩＰ）数据

邓小平兵法 / 古越著. -- 北京 ：团结出版社，
2015.1（2022.4 重印）
ISBN 978-7-5126-3304-9

Ⅰ．①邓… Ⅱ．①古… Ⅲ．①邓小平理论—军事思想—研究　Ⅳ．①
A849.165

中国版本图书馆 CIP 数据核字(2014)第 277869 号

出　　版：团结出版社
　　　　　（北京市东城区东皇城根南街 84 号　邮编：100006）
电　　话：（010）65228880　65244790　（出版社）
　　　　　（010）65238766　85113874　65133603（发行部）
　　　　　（010）65133603（邮购）
网　　址：http://www.tjpress.com
E-mail：zb65244790@vip.163.com
　　　　　tjcbsfxb@163.com（发行部邮购）
经　　销：全国新华书店
印　　装：三河市东方印刷有限公司

开　　本：170mm×240mm　　　16 开
印　　张：25
字　　数：366 千字
版　　次：2015 年 1 月　　第 1 版
印　　次：2022 年 4 月　　第 4 次印刷

书　　号：978-7-5126-3304-9
定　　价：68.00 元

前　言

　　邓小平是在中国土壤中成长的历史巨人。他凭着独特的人格魅力和高超的领导艺术，把中国革命和建设引向胜利，改变了中国的历史进程。他是用大手笔写历史的人，写重要历史篇章的人。他战功卓著，是中国人民解放军的主要领导者和创建者之一，是人民共和国的开国元勋，为民族独立、人民解放和新中国的诞生，建立了不朽的伟业。

　　邓小平是伟大的军事家、战略家。他的军事生涯，贯穿于新民主主义革命、新中国成立后十七年社会主义革命与建设、中共十一届三中全会之后三个历史时期，前后长达半个世纪，可谓波澜壮阔，又富有传奇色彩，在他的光辉一生中占有重要位置。

　　在波澜壮阔的战争实践中，邓小平不仅领导了左右江起义，参与了人民军队的创建，并且参加了中国革命战争的全过程，长期担任一个大的战略区的主要领导，指挥或参与指挥了一系列重大战役，显示了独特的作战指挥和治军风格，带出了一支勇于为全局做出牺牲、敢打硬仗恶仗的钢铁队伍，赢得了很高的威望。

　　在中国革命战争的历次重大转折关头，邓小平经受住了历史的考验，被证明为具有先见之明、先觉之智。他积极参与领导了人民军队从武装起义、创建根据地，到战略防御、战略反攻和战略决战的全过程，在中国革命武装斗争道路、人民军队建设，特别是军队政治建设、根据地建设、人民战争的战略战术、武装斗争与非武装斗争形式的结合等一系列基本问题上，都有重大建树。特别是在抗日战争和解放战争时期，他与足智多谋、谙熟兵法韬略、运筹周密细腻、以"举轻若重"见长的刘伯承，组成最佳搭档，珠联璧合，相得益彰，指挥刘邓大军中原逐鹿，纵横驰骋，导演了一幕幕威武雄壮的战争活剧。

进入社会主义改革开放和现代化建设时期，邓小平作为全党全军全国各族人民公认的享有崇高威望的卓越领导人，作为中国共产党的第二代领导集体的核心和人民解放军的统帅，以马克思主义实事求是的科学态度、无产阶级革命家的创新精神和战略家的远见卓识，在开辟建设有中国特色社会主义道路的同时，对国内外大势和新的历史条件进行了深谋远虑的思考，创造性地回答了新时期国防和军队建设亟待解决的一系列重大理论和实践问题，提出了我国新时期国防建设和军队建设发展的总体战略、指导思想、总体目标、根本途径和具体措施，开创了一条有时代精神和中国特色的军队和国防建设的道路，创造性地总结和提出了关于新时期军队和国防建设的一整套理论、方针和原则，极大地丰富和发展了毛泽东军事思想。他既是我国社会主义现代化建设事业的总设计师，也是新时期我国国防和军队建设的总设计师。

邓小平是中国共产党最早的党员和积极活动家之一，他在长达50多年的革命生涯中，积累的经验最丰富、最全面，他既有指挥军事斗争的经验，又有政治斗争的经验；既有基层工作经验，又有大行政区、中央、国务院和中央军委领导工作的经验，特别是他与毛泽东、周恩来、刘少奇、朱德等老一辈革命家、政治家、军事家一起共商国是，经受了长期的锻炼和熏陶，更促使他具备多方面的政治远见，多谋善断，意志坚强，行动果断，气度宽广等领袖人物的品格。1951年9月3日，毛泽东在与梁漱溟谈话时，脱口称赞邓小平："无论是政治，还是军事，论文论武，邓小平都是一把好手。"毛泽东在1975年4月向金日成介绍邓小平时，特别提到：邓小平会打仗。

邓小平不仅是一个目光远大、把握方向、深谋远虑、堪称楷模的政治工作统帅，而且还是一个意志坚强、号令威严、运筹帷幄、精于治军的军事统帅。邓小平的优势就在于他比有些政治家更懂军事，比有些军事家更懂政治。他以无人比肩的深远卓识，运筹帷幄，高瞻明断，在革命和建设实践中思考和筹划中国革命战争、军队和国防建设的匠思奇构、思接千载，视通万里，具有超越时代、跨越空间的雄伟想象力，展现了一代巨人的伟大风采。其兵法战策精彩纷呈，博大雄浑，充满着智慧的力量和人格的魅力。邓小平的兵法，不仅包括建军、治军、练兵、用兵的内容，还包括思想工作和组织工作方面的内容。战术兵法、战略兵法、政略策略兵法、建军治军兵法、政工兵法和思维辩证法等。

邓小平具有驾驭战争的宏才大略，顾全大局的博大胸怀，爱护部属的长者风范。他的战略是杰出的，战术也是高明的。他善于知己知彼，有谋有断，善于审时度势，驾驭战局，灵活制敌，以少胜多，以弱胜强。

邓小平不是一个空头的理论家，而是杰出的实干家。邓小平注重理论与实际的结合，即注重知战相因，所以邓小平的军事理论绝无丝毫的"教条"气，不仅其内容充满求实精神，而且语言也生动活泼，在实战中确实"管用"。另外，邓小平的军事指导洋溢着自觉理性的精神，他不仅善于把从实践上获得的经验上升为理论，而且善于对作战实践进行自觉的理论指导，常常是看得深、看得远，能够抓住问题的根本和关键。他的军事指挥艺术，闪耀着理性之光。

邓小平是用兵向来不拘一格、是精通辩证法的大师。在他看来，战争是剧烈变化的矛盾运动，一切应以时间、地点、条件为转移，最要不得机械论。机械论只能捆住自己的手脚。他善于从纷纭复杂的矛盾运动中，抓住最有决定意义的关键环节进行全面的战略运筹。20世纪50年代，毛泽东曾对邓小平运用辩证法的能力给予过高度评价，号召全党按邓小平所说，照辩证法办事，体现了他运用辩证法的高超艺术。

邓小平生性刚毅、勇敢，具有惊人的军事胆略，指挥作战从不怯于斗勇斗力，从不知恐惧为何物，具有泰山崩于前而色不变的血气之勇，领兵打仗讲究"秘密、迅速、坚决、干脆"，其指挥风格堪称勇猛顽强，敢打敢拼，敢与敌人斗勇斗狠。越是大仗、硬仗、恶仗来临，他越是精神百倍，从容镇定。他有一股超凡的硬劲、狠劲，不论面对多少凶恶的敌人，都敢于咬住不放，以己之长，击敌之短。每遇危险关头，重大转折，总是抱着为人民事业负责到底的精神。为了真理，勇于实践，敢闯敢干，"胆大包天"。在战争年代里，从太行山闯到黄河边，又不要后方，敢从黄河边闯到长江边。他军令如山，指定部队在何时到达阵地，就必须赶到，跑不动爬也要爬到战斗岗位上；命令坚守的阵地，哪怕打的只剩下一个人，也要坚守到底。

战争不仅是武力的较量，而且是智力的竞赛，文与武是不可或缺的，智与勇是必须兼备的。将总文武，百战不殆。邓小平深谙其道。邓小平更重斗智，更重巧取制胜。他曾经明确地说：战争"不仅斗力，更主要的是斗智"。邓小平善于守拙，"以柔克刚"。柔，不是软弱，退让，而是灵活的斗争艺术和机智处理问题的能力。善于守拙，不是真拙，而是机智灵活的表现，是一种以退为进、以迂为直的斗争策略。机断专行，处变不惊。

邓小平在与敌争谋斗法的战场上，善于根据中央军委、毛泽东全局上、整体上谋势造势的意图，从本战区的实际出发去创造性地谋划局部战场之势，从而，为实现中央军委、毛泽东的战略意图，为夺取局部战场作战的胜利，为支援其他战场的作战行动，为推动革命战争胜利的发展进程发挥了十分重要的作用。他强调在全局或装备上处于劣势的情况下，必须在局部战场上创造出优势才能胜敌，包括高敌一筹的指挥艺术、集中优势兵力兵器、优良的军队素质和高昂的士气、友邻的配合和次要方向成功的牵制或阻击，充分的后勤保障，有利的地形和气候条件。

邓小平兵法的突出特点，就在于能够在敌大我小，敌强我弱的条件下，发挥运动战、游击战的特长，造成主观上、心理上对敌人的优势，在灵活多变、出敌意料中求生存、求主动、求胜利。

目 录

C O N T E N T S

第一章
军事家邓小平的崛起之路

"我1927年从苏联回国，年底就当中共中央秘书长，23岁，谈不上能力，谈不上知识，但也可以干下去。25岁领导了广西百色起义，建立了红七军。从那时开始干军事这一行，一直到解放战争结束。"

——《邓小平文选》第3卷，第54页

一、职业革命家的崛起

1904年8月22日，在中国四川省广安县协兴乡牌坊村一个"邓家老院子"，诞生了一代伟人——邓小平。

广安，四川东北部丘陵地区的一个古老的城镇，意有"地枕巴山，城环渝水，东岭茶铁之乡，西溪鱼虾之出"的美誉。它位于渠江中下游，紧依华莹山麓，丘峦纵横，延绵起伏。这里气候温湿，雨量充沛，土地肥沃，是四川东北部的主要粮产区，尤其盛产玉米，故有"金广安"之称。

出了广安城北洗脚溪，沿山而上向北约10公里，就到了协兴场。自清朝同治年间以后，这里便成为一个有近百户人家的小场镇。距协兴场约1公里的牌坊村，有一座宽敞的农家三合院，邓小平就诞生在这个富裕的农家院落之中。

这里虽然地属物产丰富、人杰地灵的"天府之国"——四川，但由于不通火车，在靠船做交通工具的岁月里，广安显得有些闭塞和落后，包围在一种山野村民的文化氛围之中。不过，邓家居住的乡村风景秀丽。一座宽敞、白色、坐北朝南的马蹄形宅院，周围竹林茂密，翠绿欲滴；青瓦屋顶，绿苔斑斑；泥抹粉墙，水痕隐隐。院子周围是水田和坡地，种满了水稻、玉米等农作物，田边地头还种植有桑树和核桃，好一片和谐、富裕的田园风光。邓小平在这里度过了平静的童年和少年时代。

幼年的邓小平生活在一个和睦的家庭之中。邓小平的祖上，曾是书香门第，乾隆年间出过一个进士，晋翰林院授以编修、大理寺正卿等职。到了邓小平的父亲邓绍昌这一辈，虽赶上兵荒马乱的年月，但靠俭朴和勤劳，建起了十几亩地的家业，还间断地从事一些酿酒、粉坊和缫丝生意；他上过新式学堂，有时还到协兴场新式小学堂去教书，做过县上的团练局长；他仗义疏财，乐善好施，主持正义，愿意为贫穷人打抱不平，在当地很有名气。

但由于父亲长期在外，加上对子女又过于严厉，幼年的邓小平是在母亲谈氏身边逐渐长大懂事的。母亲是一位情操高尚、勤劳俭朴的中国农村妇女，远近闻名的贤妻良母。她尊老爱幼，任劳任怨，对婆母百般孝顺，关心备至，对子女悉心照顾，严格要求。对穷苦人，她有着一种朴素的同情感和仁爱心，总是想法去周济照顾那些贫苦的乡邻，深受远近乡亲的称赞。母亲的这些美德对少年邓小平有着很大的影响。

童年时期的邓小平名叫邓先圣，大概是父母望子成龙，他 5 岁入私塾发蒙，教书先生说"先圣"这个名字对孔圣人有欠恭敬，给他改名邓希贤。邓小平 7 岁转入新式小学，11 岁考入广安县的高等小学，14 岁高小毕业，考入广安县中学。邓小平资质聪明，活泼顽皮，胆识过人，不信邪；学习刻苦，而且肯吃苦，热爱劳动，在家里是个备受父母疼爱的好儿子，在学校是个勤奋用功的好学生。

邓小平的童年、少年时期，正是中国大变革、大动乱的年代。晚清政府腐败无能，丧权辱国，民不聊生，军阀混战，百姓的生活陷入水深火热之中。当时的广安，大小军阀，你争我夺，打来打去，老百姓最遭殃。

大乱之后出大治，黑暗之后便黎明，绝境之后必有变革复兴。1911 年的辛亥革命，四川人民爆发了"保路运动"，1919 年反帝反封建的"五四"爱国运动等重大历史事变，也波及了广安，邓小平开始接受了一些爱国主义的启蒙教育。

为了寻求救国救民的道路，一些志士仁人倡导的留洋运动达到高潮。当时，法国是比较先进的欧洲国家，蔡元培、吴玉章等人发起成立了留法勤工俭学预备学会，并很快影响到全国。1918 年，重庆商会会长汪云松在重庆夫子祠开办了一所留法勤工俭学预备学校。

1919 年秋，望子成龙的父亲送邓小平考入重庆勤工俭学预备学校，为他选择了留洋的路。第二年 8 月 27 日，刚过完 16 岁生日的邓小平，与留法预备学校毕业的 80 余名川东子弟一起离开重庆，尔后在上海乘法国邮轮"盎特莱蓬"号，前往异国他乡探求科学救国、工业救国之路。这一决定，影响了邓小平一生的命运。

刚到法国时，正值第一次世界大战刚结束，西欧经济一片萧条，大部分勤工俭学生都没有工作，邓小平先后当过钢铁厂散工和轧钢工、饭馆招待、当过搬运工、建筑工，还做过清洁工、制鞋工等等，生活十分艰苦。邓小平后来认为，他身材矮小，可能与那时在法国经常吃不饱有关。但是，邓小平确实得到了锻炼，提高了能力，他身体结实，能说较为流利的法语，具有一定的科学知识和大工厂的劳动实践经验，对现代化的大机器生产和真正的无产阶级有了初步的认识。

在法国，邓小平积极投入到从争生存争求学到反帝爱国的各种政治斗争，对当时腐朽黑暗的中国社会特别是对卖国祸民的军阀政府有了更深刻的认识，感受了当时的西方工业文明和对工人的压迫剥削。他在周恩来等人的影响和帮助下，在法国工人运动的影响下，开始接触一些马克思主义的书籍，阅读了《共产党宣言》《国家与革命》等马克思主义著作，并经常翻阅《新青年》《向导》等国内先进报刊，参加一些中国人宣传共产主义的集会，认识到要真正拯救国家、民族的危亡，使四万万同胞都能有衣有食，只有向俄国学习，建立劳工专政，实行社会主义，从而坚定共产主义信仰，确立了马克思主义世界观。1922 年 6 月，邓小平加入旅欧中国少年共产党，成为一个信仰共产主义的革命者，从此踏上了革命的历程。

1923 年夏天，邓小平加入了旅欧青年团领导机关的工作，成为《赤光》杂志的一名编辑，周恩来就是他的直接领导。从此，他和周恩来建立了深厚的革命友情。邓小平还结识李富春、陈毅、聂荣臻、赵世炎、李维汉、李立三、徐特立、刘伯坚等一大批战友和同志，与他们中的许多人结下了深厚的友谊，他年龄虽轻，却成熟沉稳，才气横溢，身体强壮，富有感染力，很受大家的喜爱。

1924 年 7 月，在旅欧中国共产主义青年团第五次代表大会上，年仅 20 岁的邓小平当选为执行委员，并进入执行委员会的书记局，成为一名正式的中国共产党党员，一名坚定的共产主义战士，把自己的命运与祖国和人民的命运紧紧联系在一起，决心为国家、民族的事业，党的事业奉献青春乃至生命。1925 年 6 月，邓小平直接参加组织了为支援国内五卅运动而举行的震动了整个欧洲的法国华人示威活动。

邓小平在法国经历了 5 年 2 个月的艰苦勤工俭学生涯，不仅锻炼了体魄，磨炼了意志，增长了才干、智慧和经验。短短 5 年时间，邓小平从一名普通的勤工俭学学生，成长为旅欧中共党团领导人，踏上了职业革命家的道路，从一个爱国青年成长为年轻而出色的无产阶级政治家。邓小平回忆说："那个时候能够加入共产党就不容易。在那个时代，加入共产党是多大的事呀！真正叫做把一切交给党了，什么东西都交了。"（毛毛著：《我的父亲邓小平》，上卷，139 页）

1926 年初，邓小平受党的委派，前往俄国十月革命的故乡莫斯科，先后在东方大学、中山大学学习，其政治环境和生活环境同法国形成了鲜明的对照。在法国，他们是社会最底层的外国劳工和穷学生，在苏联是深受欢迎的共产党同志，由过去的劳工变成了高级共产主义大学的正式学员。这时，"已打定主意更坚决地把我的身子交给我们党，交给本阶级。从此以后，我愿意绝对地受党的训练，听党的指挥，始终为无产阶级的利益而斗争！"（毛毛：《我的父亲邓小平》，上卷，151 页）

在苏联的一年中，邓小平较全面、系统地学习和钻研了马列主义的基本原理，学习了中国革命运动史、中国通史、中国社会形态发展史、哲学（辩证唯物主义与历史唯物主义）、政治经济学（以马克思的《资本论》为主）、经济地理、列宁主义等课程。邓小平以其丰真的阅历和较高的理论水平被安排到"理论班"，"理论家小组"，这个小组云集了当时在校的共产党和国民党的尖子人物，邓小平担任党组组长。

邓小平是个学习尖子，他思维敏捷，能言善辩，以泼辣的作风、严密的理论分标、简洁清晰有力的语言和善于论辩的口才，很快就脱颖而出。在讨论会上，他善于根据马列主义的基本理论，联系国内革命实际情况，提出许多新的见解，讲得恰到好处，大家称赞他为"小钢炮"。

对于作为军事家的邓小平来说，在中山大学具有特殊意义的是，有机会接触、学习了军事知识和军事训练方面的课程，要学习现代的战争理论，而且还要熟悉和使用冲锋枪、手榴弹、迫击炮及其他武器。这方面的教学训练大多在莫斯科的军事院校里或是在莫斯科城郊的红军部队里进行。通过这些学习，邓小平不仅掌握了多种常规武器的使用，还初步接触了一些基本的军事理论以及作战方法和战术的具体运用。这为他日后卓越的军事生涯打下了良好的基础。

二、军事生涯的起点

莫斯科中山大学的学业还没有结束，1926 年底，在国共两党第一次合作的高潮中，根据国内革命斗争的需要，邓小平回到祖国，在冯玉祥部西安中山军事学校担任政治处长兼政治教官，并任学校中共组织书记。

在当时国共合作的大背景下，向国民党军中派遣军事、政治干部，是中国共产党掌握军队的一项重要举措。西安中山军事学校由国民党左派人物于右任和刘伯坚、史可轩等共产党人共同创办，享有"西北黄埔""第二黄埔"的美誉，它形式上隶属冯玉祥的国民党军联军驻陕总部，实际是由共产党掌握与直接领导，主要培训国民军营、连、排初级军官，除了讲授军事理论和军事训练外，主要是进行政治教育，开设了《社会主义概论》《共产主义ABC》《国家与革命》《新三民主义》《帝国主义侵略中国史》以及军队的政治工作等课程。

不满 23 岁的邓小平，不仅要直接负责着军校的政治领导工作，还作为政治教官为学生讲课。以他对马列主义理论的深入理解和简练清晰的讲述，直接对广大青年军官宣传马列主义，灌输革命理想，受到学员的欢迎。他还安排一些共产党员以国民党员的身份进校，开展革命活动。除进行军事政治训练外，邓小平等还组织学员到街头、农村开展宣传工作，参加群众大会，帮助农民建立农民协会等，从事革命实践的锻炼。

邓小平在学校的时间不长，却培养出一批有革命觉悟的政治干部和军事指挥员。经邓小平提议，以军校毕业生为骨干，逐步组建了一支由中国共产党掌握的武装力量，这就是著名的"许权中旅"的前身，为后来中国共产领导的渭华武装起义创造了条件。陕北红军的一些著名将领，就是从西安中山军事学校里出来的。

1927 年，蒋介石发动"四一二"反革命政变后，陕西已不安全。根据中共党组织的安排，邓小平于 6 月底离开西安，辗转到达武汉，在向中共中央军委报到后，旋即将党的组织关系转到中共中央，并被分配担任中共中央秘书工作。为适应白色恐怖下秘密工作的需要，把邓希贤改称邓小平。

这年 8 月 1 日，中国共产党领导革命武装力量，发动了具有伟大意义的南昌起义，向国民党反动派打响了第一枪。6 天后，中共中央在汉口召开了紧急会议，纠正了陈独秀的右倾机会主义错误，作出了武装反抗国民党反动派的战略决策，同时决定派遣有经验的干部到一些省区去组织领导农民暴动，史称"八七会议"。邓小平作为中央秘书，列席了这次具有重要历史意义的会议。也就是在那次会议上，邓小平第一次见到了比他大 9 岁、影响他此后政治生命的毛泽东。

不久，邓小平随同中共中央机关迁往上海。白色恐怖下，年仅 23 岁的邓小平被任命为中共中央秘书长，主管中共中央机关的文书、机要、交通、财务、会议安排等工作。当时，周恩来是中央政治局候补委员，担任中央军事部长兼任组织局代主任、主任，李维汉为组织局领导成员。作为秘书长的邓小平，主要就是协助周恩来等中央领导工作。

为了秘密工作需要，邓小平开过杂货铺，当过杂货铺老板，还当过古董店的老板。他时而西服革履，时而长袍马褂，去平民居住的地方就换上工人服，到上层人士公馆别墅就身着礼服像个官僚绅士。他在党最困难时期，出色地完成了各项任务，受到周恩来等中共中央领导人的称赞。邓小平后来谈到他这一时期的经历时曾说："我 1927 年从苏联回国，年底就当中共中央秘书长，23 岁，谈不上能力，谈不上知识，但也可以干下去。"（《邓小平文选》，第 3 卷，54 页）。

任何一位优秀的军事家，首先必须是一位优秀的政治家。参与中央政治活动的经历，使邓小平对中国的政治有了初步的认识。

1929 年 3 月，国民党新军阀蒋介石与桂系之间的战争爆发了，桂系战败，被驱逐出广西，由地方实力派人物俞作柏、李明瑞回广西主政。俞、李早在第一次国内革命战争时期就拥护中国共产党的主张，以后也一直与中共保持着联系。此时正酝酿反对蒋介石，表示愿意与共产党合作，并要求共产党派干部到他们的军政机关工作。

中共中央立刻进行了研究，抓住时机，决定在混乱的广西发展党的武装力量。中央军事部长周恩来胸有成竹地说："派邓小平同志去！"（刘金田：《邓小平的历程》上，53 页）周恩来认为，邓小平自回国后工作干得很出色，遇事机智果断，处理事情得体，派他去最合适。

于是，邓小平以中共中央代表的身份前往广西，与俞作柏、李明瑞接洽，开展统一战线工作。同时，领导广西中共组织的全盘工作，准备发动武装起义。这是邓小平首次独当一面，独立地领导一个大的战略区域全盘工作的开始。

1929 年 8 月下旬，邓小平告别了妻子，坐上南下的船，到达中国香港，在那里正好遇到了准备到上海汇报红四军情况的陈毅。陈毅与邓小平同是法国勤工俭学的同学，又都是四川人，两人一见如故。陈毅向邓小平详细讲述了红四军和井冈山的情况。

作为军事家的邓小平，真正接触军事、懂得军事，正是从了解毛泽东、朱德创建井冈山根据地和红四军的经验开始的。

早在 1927 年 9 月，毛泽东走农村包围城市的道路，领导了著名的湘赣边界秋收起义，不久进行了"三湾改编"，实行"支部建在连上"，确定党指挥枪的原则，实行民主集中制，成立士兵委员会，规定了军队纪律。10 月底，毛泽东率起义部队到达罗霄山脉中段井冈山的茨坪。随之，在这里开辟了共产党领导的第一个农村革命根据地，点燃了"工农武装割据"的星星之火。1928 年 4 月，朱德、陈毅率领南昌起义余部和湘南农军到达井冈山，与毛泽东领导的工农革命军胜利会师，合编为工农革命军第四军，这就是中国革命战争史上最为著名的"朱毛红军"，并进一步巩固和发展了井冈山革命根据地。

朱毛红军坚决地和敌人作斗争，创造罗霄山脉中段政权，反对逃跑主义；深入割据地区的土地革命；军队党帮助地方党的发展，正规军队帮助地方武装的发展；集中红军相机应付当前之敌，反对分兵，避免被敌人各个击破；割据地区的扩大采取波浪式的推进政策，反对冒进政策。1929 年 1 月，毛泽东、朱德、陈毅率红四军主力进军赣南、闽西建立和发展了中央革命根据地。

2 月，共产国际和中共中央认为，"为保存实力"，红军只能分散存在，要求高级干部离开红军，决定调朱德、毛泽东离开井冈山去学习。4 月 5 日，毛泽东以红四军前委的名义向中央写信，报告说：中央来信"对客观形势及主观力量的估计，都太悲观了"，并表示不同意朱、毛离开队伍。毛泽东在信中报告了红四军创立游击战术的情况。信中写道："我们三年来从斗争中所得的战术，真是与古今中外的战术都不同。用我们的战术，群众斗争的发展是一天天扩大的，任何强大的敌人是奈何我们不得的。我们用的战术就是游击的战术。大要说来是，'分兵以发动群众，集中以应付敌人'。'敌进我退，敌驻我扰，敌疲我打，敌退我追'。'固定区域的割据，用波浪式的推进政策'。'强敌跟追，用盘旋式的打圈子政策'。'很短的时间，很好的方法，发动群众'。这种战术正如打网，要随时打开，又要随时收拢，打开以争取群众，收拢以应付敌人。"这些游击战战术，为中国共产党领导的各地武装树立了光辉的榜样。

这时，由于形势的发展，中央和周恩来的认识也在改变。4 月 8 日，中央发出经周恩来修改过的给朱德、毛泽东的指示信中，不再坚持要朱毛离开红四军，只是希望前委派一得力同志前来与中央讨论问题。此后，"朱毛红四军"和各地红军利用蒋桂和各路军阀战争之机，得到很大的发展。

作为分管军事和苏区工作的政治局常委并兼任军事部长的周恩来，更是与各地红军保持着密切的联系，他要求邓小平领导的中央秘书处接到苏区送来的文件要首先办，抄好后立即交他看阅。邓小平从朱毛与周恩来、中央的联系和交往，从陈毅的直接汇报中，了解朱毛红军，真正开始接触军事，积累了进行革命武装斗争的经验，对邓小平一生的确起到了相当大的影响。邓小平回忆说："哪有天生会打仗的！都是从打仗中学习打仗，从打败仗中学习打仗。我刚到红七军的时候，什么也不知道，一点军事也不懂。还是我在上海当中央秘书长的时候，陈毅来中央汇报红四军的工作，才知道了好多情况。这也是一种学习呀！以后仗打得多了，败仗也打过，慢慢地学会打仗了！"（毛毛：《我的父亲邓小平》，上卷，513 页）他还曾对陈毅的子女说："我从你爸爸那里听了不少东西，后来搬到红七军去用！"

三、播散革命火种的百色起义和红七军的领导人

邓小平是我党最早投身于创建红军和革命根据地的领导人之一。中国共产党人从第一次大革命的惨痛失败中，以血的代价换来了对枪杆子重要性的深刻理解，深刻地认识到中国革命的主要形式是武装斗争，毛泽东更进一步指出："须知政权是由枪杆子中取得的。"同时，党中央作出了"应当努力地改组现时参加革命的雇佣军队"的决定。

邓小平到广西后，积极开展对李、俞的统战工作，首先抓的就是掌握武装、建立革命军队的工作。他以培训初级军官、加强广西军事力量的名义，通过俞作柏的弟弟、共产党员俞作豫向李明瑞建议，成立了广西军官教导总队，有 1000 多名学员，派共产党人张云逸担任教导总队副总队长，派进了100 多名共产党的干部学员，还从广西、广东选调了部分工人和学生党员担任教导大队各连队的连长和排长等职，培训和教育了近千名李明瑞旧部中的进步青年，在学员中发展了一批新党，并在各连队相继建立了党的秘密组织，在不长的时间内发展了 300 多名党员，使这个教导总队牢牢地掌握在共产党的手里，成为建立革命武装的一个基地。

邓小平同时组织领导了对李明瑞的广西警备四、五大队的改造工作，派俞作豫、张云逸等担任两个大队的领导职务，掌握了这两个大队的领导权和指挥权。在部队中开展了对士兵的思想教育，启发他们的觉悟。抽调一些共产党员来担任营、连、排长，大量吸收工人、农民和进步青年参加部队，对这两个大队进行脱胎换骨般的改造，为以后红七军、红八军的建立准备了力量。

邓小平还和广西地方党的负责同志加强对工农运动的领导。在他们的积极工作下，俞作柏同意恢复开展一度被禁的农运、工运、学运等进步群众运动，正式承认右江东兰农民武装的合法地位，并陆续任命了一批共产党人和进步人士担任各县县长，就使左右江地区20多个县先后掌握在共产党手里。

这时，李明瑞、俞作柏错误地估计了形势，不顾自身立足未稳，执意与广东军阀张发奎联合出兵，讨伐亲蒋粤军陈济棠部，很快遭到失败。

邓小平审时度势，举行兵变，与张云逸一起把部队拉到百色和龙州，向左右江地区农村进军，并加紧筹划起义的准备工作。为了培训党政军干部，邓小平、张云逸开办了新的教导队和军事政治训练所，吸收部队干部和地方政权干部革命青年，进行军事上和政治上的集中训练。

10月30日，中共广东省委通知广西特委，决定建立中共广西前委，后来又改为中共红七军前委，由邓小平任前委书记，负责统一指挥左右江地区的党组织和军队。

11月上旬，派去上海向中共中央汇报工作的龚钦冰带来了中共中央的指示和中共广东省委的通知。中共中央批准在广西左江和右江地区举行起义，并要求在十月革命纪念节那天举行起义，成立广西前敌委员会，邓小平为书记，建立红七军和红八军、建立右江和左江革命根据地。同时，中央指示中还任命了红七军、红八军的领导干部。

根据这一指示，邓小平在百色城里清风楼召开前敌委员会第一次会议，宣布成立中共广西前敌委员会，邓小平为书记，决定在广州起义两周年纪念日——12月11日，在百色举行武装起义，建立中国工农红军第七军和右江苏维埃政府。

不久，邓小平奉中共中央指示，前往上海汇报工作。

12月11日，在反革命白色恐怖肆虐的严峻形势下，在祖国的南疆平地响起了一声声惊雷，百色城头飘起了"中国工农红军第七军"的红旗，宣告了红七军的正式成立和百色起义的举行，邓小平担任红七军政委，张云逸任军长。

随后，李明瑞、俞作豫等根据邓小平的安排，于 1930 年 2 月 1 日发动了龙州起义，创立了红八军和左江苏维埃政府。邓小平兼任红八军政治委员。不久，中共中央为加强红七军、红八军的统一领导，又任命邓小平为红七军、红八军总政委，李明瑞为总指挥。

邓小平组织领导的百色、龙州起义，是我党在少数民族地区最早发动的起义，为共产党的武装斗争史画上了重重的一笔，使中国共产党人在中国的南疆大地上豪迈地高高举起一面赤色旗帜，在一片白色恐怖中，极大地震动了反动势力，鼓舞了革命者的战斗士气。中央军委在 1930 年 3 月的《军事通讯》第二期指出："广西这个转变是在全国范围内最有组织最有意识的一次兵变。"邓小平担任了两军总政委和前委的主要领导，由此成为中国工农红军的重要创始人之一。

1930 年 1 月，邓小平到达上海后，向中央报告了工作，中央军委和周恩来肯定了邓小平的工作，并对红七军、红八军以及左右江根据地的发展作了指示，要求左右江取得联系，向湘粤边界发展，造成与朱毛会合的前途。

2 月 7 日，邓小平从上海返回广西龙州。他得知，在红七军、红八军总指挥李明瑞和红七军军长张云逸的带领下，红七军正在向南宁进兵，在隆安与桂军发生激战，因敌众我寡而失利。同时，只有 2000 人的红八军在军长俞作豫带领下，向崇善方向进军，准备配合红七军攻打南宁。邓小平感到，从主客观条件上估计，弱小的红军攻打南宁必遭失败，甚至有全军覆灭的可能，便立即打电报同李明瑞、俞作豫商量，由于左江群众基础很薄弱，八军也比较孤单，人数也不多，便决定靠向右江红七军，集中力量向湘粤边进展，以期与朱、毛红四军会合。

红八军在龙州作战失败，而红七军主力此时也离开了右江，百色被敌人占领，只有第三纵队司令韦拔群留守在东兰。

邓小平来到东兰，一面设法同七军取得联系，一面和韦拔群一道发动农民，开展土地革命的调查研究和试点工作，还搞起了"共耕社"，重新分配土地。

6 月，趁军阀混战的机会，邓小平亲自指挥红七军主力，攻打城防空虚的百色，经过 4 个小时激战，全歼守城之敌。接着，挥师东下，连续收复了右江沿岸的数座县城，右江根据地又牢牢地掌握在人民手中。

尔后，邓小平率领红七军来到平马。为了适应新形势和根据地土地革命的需要，邓小平以前委书记的名义决定在全军进行为期三个月的整训。这实际上是一次大规模的练兵，使广大官兵既学会并掌握了各种战略战术的基本原理，又学会并掌握了各种兵器的性能和使用方法，使红七军兵强将勇，纪律严明，英勇善战。在邓小平等同志的领导下，在 4 个多月的时间里，右江革命根据地发展到 13 个县，100 万人口，成为全国瞩目的红色革命根据地之一。

就在这个时候，中共南方局代表邓岗带着立三中央的指示来到红七军，要求攻打大城市，要红七军打到柳州、桂林去，打到广东北江去。

邓小平由于坚持正确的主张，被剥夺了指挥权。11 月 9 日，只有 7000 多人的红七军主力告别了右江根据地，去打柳州、桂林。在此后 8 个多月的时间时，红七军走一路打一路，仗越打越不顺。坚持立三路线的邓岗等人相继离开了队伍。经过 7000 多里的迂回转战，剩下的 2000 多官兵总算在第二年的 7 月到达了中央苏区江西兴国。

红七军脱离险情后，邓小平在江西的崇义告别部队，回到上海，写下了颇具分量的"七军工作报告"。但是，由于他与王明路线的"左"倾领导产生了认识上的分歧，中央根本没有听取他的这个报告。于是，他向中央提出了到中央苏区工作的请求，到瑞金当了县委书记。而王明"左"倾冒险主义和宗派主义很快就影响了中央苏区。邓小平在瑞金当了不到一年的县委书记，又被调到会昌，1932 年 7 月，因工作出色，当上了会昌中心县委书记。

在中央苏区，邓小平坚决支持毛泽东的正确主张，以革命的智慧和胆略，忍辱负重，同"左"倾冒险主义进行坚决斗争，遭到错误的批判，被称为"江西罗明路线"的首要代表，所谓"毛派头子"，受到党内"最后严重警告"的处分。

对于这位精明强干、才华出众、办事老练的领导干部，"左"倾路线压不垮的硬汉子，红军总政治部主任王稼祥和副主任贺昌等给予了热心帮助，1933 年的夏天，邓小平被调到了红军总政治部，担任《红星报》主编。他兢兢业业、任劳任怨，创造性地工作。为了办好《红星报》，除了请领导同志写文章，发动广大红军写稿子，自己夜以继日地亲自动手写，通过社论、文章消息、通讯、诗歌、漫画等形式，及时地传达了中共中央、中央军委的指示，使红军能够得到及时有力的指导，有力地开展了各种宣传教育工作，鼓舞红军按照中共中央、中央军委的部署，去进行战斗。

在长征中，邓小平随红军总政治部机关被编在"红章"纵队中。在紧张的行军、战斗间隙里，每到一地，邓小平总是先主编《红星报》，为正在浴血奋战、冲锋陷阵的红军指战员提供"精神食粮"。

遵义会议在中国革命最危急的关头，在党和红军生死攸关的关键时刻，结束了王明"左"倾冒险主义在中共中央的统治，确立了以毛泽东为代表的新的中央的正确领导，挽救了党，挽救了红军。这是中国共产党在民主革命时期的一个重大的历史性转折，对邓小平来说，也是他人生的一个转折。在此之前，经毛泽东提议，邓小平由红军总政治部宣传部调到中共中央，再次出任中共中央秘书长。

邓小平不仅参加了遵义会议，而且在会上旗帜鲜明地支持毛泽东的正确主张，反对王明"左"倾冒险主义，拥护中共中央的决议。会议期间，他与毛泽东住在一起，这对于两人互相交换意见，对于及时根据毛泽东的要求安排会议、组织会议、议定会议文件等，无疑是十分重要和方便的。当然，这也体现了毛泽东对邓小平的高度信任。在遵义会议以后的长征中，邓小平作为中共中央秘书长，参加了多次重要的中央政治局会议，认真地履行中央秘书长的工作职责。

经过艰苦卓绝、九死一生的二万五千里长征，邓小平和他的同志们终于胜利抵达革命根据地延安。接着，邓小平又人不卸甲，马不下鞍，随军东征；东征回师后，他任红一军团政治部副主任、主任，协助中央军委副主席兼总政治部主任王稼祥抓红军的政治工作。由于王稼祥在中央苏区时期受过伤，身体不好，总政治部工作的重担就落到了邓小平肩上。

四、呕心沥血、功盖太行的邓政委

1937 年 6 月至 7 月间，邓小平被任命为中国工农红军前敌总政治部副主任，也同时兼任中国工农红军总政治部副主任。红军改编为八路军以后，邓小平任八路军政治部副主任。抗日战争爆发伊始，刚过而立之年的邓小平就成为中国共产党领导的抗日武装力量的重要领导人之一。

从这时起，邓小平的军事生涯进入了一个新的发展时期。

1938 年 1 月 18 日，邓小平由八路军政治部副主任调任一二九师政治委员，时年还不到 34 岁，但他已显示出卓越的军事才华、政治水平和工作能力。他和一二九师师长刘伯承配合默契，挥师杀敌，联手创建了后来名扬天下的"刘邓大军"。

抗日战争将中国共产党领导下的武装斗争推进到一个新的历史时期。我们党与国民党建立了抗日民族统一战线，红军改编为国民革命军，昔日战场上的仇敌成了抗日战场上的战友。毛泽东关于山地游击战的思想要求，在日寇大规模进攻的时刻，我军应处于敌人侧翼，配合国民党军的正面战场，伺机歼敌，而避免加入正面防御作战，与敌人孤注一掷地拼消耗。邓小平作为我军一个战略区、一支野战部队的主要领导人，他配合刘伯承，为抵抗日寇，灵活运用毛泽东的战略战术，先后发起了长生口战斗、神头岭战斗、响堂铺战斗、长乐村战斗和邯长战役、卫东战役、磁武涉林战役、白晋战役以及参加百团大战，取得重大战果，有力地打击了日本侵略军的嚣张气焰。在太行山的艰苦岁月里，他和刘伯承积极贯彻毛泽东"自己动手，丰衣足食""精兵简政"的政策，发动军民开展大生产，厉行节约，努力减轻人民的负担，改善军队生活，度过了困难时期，战胜了敌人的"扫荡""蚕食"和"封锁"政策，建立了巩固的晋冀鲁豫革命根据地。

在指挥部队对日军作战的同时，邓小平还指挥根据地军民对制造摩擦的国民党顽固派进行了坚决的斗争，先后打退了张荫梧、朱怀冰、石友三等顽固派的进攻，将他们赶出了太行地区，有力地制止了国民党顽固派掀起的第一次反共高潮。

在百团大战中，邓小平与刘伯承指挥一二九师承担了主要方向的作战任务，因而也承受了日军进攻的巨大压力，打得尤为艰苦。战役最后以八路军的胜利而结束，一二九师战绩辉煌。被百团大战震惊的日军，于1941年开始反复推进"治安强化行动"，封锁华北抗日根据地。同时，国民党开始掀起第二次反共高潮。邓小平与刘伯承领导的晋冀鲁豫根据地进入十分困难时期。1942年2月，日军对华北各抗日根据地开展了空前激烈、残酷的"扫荡"，对抗日根据地实行"三光"政策，根据地更加困难。邓小平和刘伯承指挥一二九师和根据地军民进行了艰苦卓绝的军事斗争和政治斗争。在1941年至1942年的两年时间里，一二九师作战即达7976次之多，其中有19次是大的反合围、反"扫荡"作战。

1943年10月1日，刘伯承离开太行赴延安，参加延安整风运动。10月6日，中共中央决定，中共中央太行分局和中共中央北方局合并，邓小平任中共中央北方局代理书记，成为华北地区最高的中共领导人。邓小平这时只有39岁。

在彭德怀副总司令和刘伯承带领八路军总部和军区部分军政领导调回延安学习的情况下，在抗日战争最艰苦的时期，邓小平留在太行山，代理北方局书记并主持八路军总部的工作，领导北方局、八路军总部、一二九师及整个晋冀鲁豫全区。这一时期，是邓小平作为一个革命的政治家、军事家走向成熟的最重要时期之一。作为党，他是第一把手；作为军，他是八路军总部在前方的第一领导；作为政，他是军政委员会主席。

当时晋冀鲁豫根据地面临的形势非常严峻。日军实行"三光"政策，造成根据地的生产力急剧下降，又连续两年遭受自然灾害，财政经济极为困难，环境极其艰苦。邓小平坚决而又有效地执行党中央、毛泽东主席的战略部署，以他的大智大勇和驾驭全局的领导才能，本着面向敌占区、面向交通线、敌进我进的方针，积极主动地开展游击战争，以内线与外线紧密配合的方针，主力军、地方军、人民武装三位一体，粉碎了敌人"铁滚式新战法"。同时，积极开展对敌经济斗争，组织和发动根据地群众开展生产节约运动，战胜严重灾荒，在军事上、政治上、生产建设上，胜利地完成了中央赋予的艰巨任务。

这一时期，邓小平从实际情况出发，发表了许多富有创见的文章和讲话，显示了他统筹全局、处理复杂问题的领导能力。他还提出了对敌斗争的一系列具体的政策和策略，制定了从各方面积蓄力量、为战略反攻和战后建国作准备的有效方针，领导根据地抗日军民屡战屡胜，越战越强。

邓小平的大智大勇、多谋善断、运筹帷幄的军事指挥才能，不仅为他身边的战友和部属所钦佩，而且也为毛泽东和中共中央所赞赏。在 1945 年中共七大上选举出的 44 名中央委员中，有邓小平的名字。毛泽东致电邓小平祝贺他当选为中央委员，并邀他赴延安参加七届一中全会。这是邓小平革命生涯中又一个重要的起点。

1945 年 6 月中旬，赴延安参加中共七届一中全会的邓小平，和刘伯承一起又部署和指挥了"对日寇的最后一战"。此战，一二九师系统共歼日伪 10 万余人，收复县城 80 余座，将太行、太岳、冀南、冀鲁豫解放区连成一片，组成共有 18 万平方公里土地、2400 多万人口的晋冀鲁豫解放区，一二九师则发展成为 30 万兵力的晋冀鲁豫野战军。

抗日战争是中华民族进行的最为艰苦卓绝的斗争。整个抗日战争时期，邓小平始终战斗在抗战前线。特别是抗战进入最艰苦的时候，邓小平独自主持太行山抗日全面事务。后来他回忆说："我没干什么，只干了一件事，就是吃苦！"

抗战的烽火刚刚熄灭，蒋介石即调集国民党军向共产党领导的各解放区推进。对华北，国民党沿同浦、平汉、津浦各铁路突贯攻击，企图在分割华北各根据地的同时，打通进占东北的通路。作为策应，阎锡山派重兵侵入晋冀鲁豫根据地的腹地长治地区（古称上党郡）。根据中共中央"针锋相对，寸土必争"的指示，邓小平与刘伯承指挥晋冀鲁豫军区部队，果断发起上党战役，一举收复了被阎锡山军占领的屯留、长子、潞城、壶关及长治诸城，歼敌 3 万之众。

紧接着，邓小平、刘伯承又于 10 月底、11 月初，指挥部队在漳河以北、邯郸以南发起平汉战役，阻击沿平汉路北进的国民党军中路纵队，围歼其 2 个军，争取了国民党高级将领高树勋率部起义，生俘第十一战区副司令兼新编第八军军长马法五以下 2.5 万人。上党战役和平汉战役的胜利，为毛泽东在重庆国共和谈中争取主动地位加上了一个有分量的砝码。

五、运筹帷幄决胜千里的总前委书记

1946 年 6 月，国民党、蒋介石悍然发动了对中原解放区的军事进攻，全面内战爆发。晋冀鲁豫解放区是联结陕甘宁、晋绥、晋察冀、华东各解放区的枢纽，其战略地位显而易见，是国民党军进攻的战略重点。

这一年，邓小平 40 岁当头，正当年富力强的年龄。

根据中共中央、毛泽东主席的战略部署，邓小平与刘伯承指挥晋冀鲁豫野战军，以主力挺进豫东、出击陇海路，配合华东野战军作战，并吸引进攻中原解放区的国民党军回援。到 1947 年初，刘邓率部先后进行了陇海战役、定陶战役、巨野战役、滑县战役、巨（野）金（乡）鱼（台）战役。在这些战役中，刘邓实行大踏步进退，捕捉分散、孤立之敌，而每战都集中绝对优势兵力，将敌分割予以全歼。其中的定陶战役，被毛泽东列为集中优势兵力各个歼灭敌人的范例。

在各战略区解放军的坚决自卫反击下，国民党军的全面进攻以失败而告终，不得不于 1947 年 3 月以后实行重点进攻，企图突破陕甘、山东两翼之后，合击中原。邓小平与刘伯承乘蒋介石将中原国民党军主力抽调西北和山东战场之际，发动了豫北反攻战役，历时 2 个月，歼敌 4 万有余，解放了 9 座县城，控制了平汉路 150 公里，迫使豫北之敌龟缩安阳、汲县、新乡等几个据点，从而强有力地支援了西北和华东野战军对国民党军重点进攻的反击。

6 月底，邓小平和刘伯承根据中央军委的战略部署，指挥晋冀鲁豫野战军突破黄河防线，发起鲁西南战役，在国民党军的战略防线上撕开了一个大口子，为人民解放军的战略反攻拉开了序幕。从这时起，毛泽东开始将邓小平、刘伯承领导的晋冀鲁豫野战军称作"刘邓大军"。

随后，邓小平和刘伯承率"刘邓大军"千里跃进大别山，跨陇海线，越黄泛区，如同一把锋利的钢刀直插国民党的心脏。在千里跃进途中，后有敌19个旅的追兵，前有黄泛区、沙河、汝河、淮河等水系，邓小平与刘伯承指挥着大军，以"狭路相逢勇者胜"的气概，先敌进入大别山区，取得了战略主动地位。

进入大别山区后，邓小平和刘伯承指挥部队迅速实施战略展开，经过五个回合的军事加政治的斗争，实现了预想的三个前途中的最好的一个前途——在大别山区立住脚。跃进大别山，如果说是毛泽东指挥解放战争的神来之笔，那么，刘邓大军则使这神来之笔落在了实处，并且落得十分坚实而圆满。毛泽东高度评价说："这是一个历史的转折点。这是蒋介石的二十年反革命统治由发展到消灭的转折点。这是一百多年以来帝国主义在中国统治由发展到消灭的转折点。这是一个伟大的事变。"从此，结束了中国革命战争20年来的战略防御，第一次转入战略进攻。刘邓在这次千里跃进的壮举中，不仅充分显示出卓越的军事指挥才能，而且也表现了无产阶级革命家所具有的百折不挠的勇气和无坚不摧的英勇气概。

为进一步实现中央要求的刘邓、陈粟、陈谢三路大军的战略配合，扯碎国民党军的中原防御体系，邓小平、刘伯承于 1948 年二三月间，率野战军主力跳出大别山区，在平汉路以西地区实施战略展开。5 月，发动了宛西战役，以远距离奔袭的方法，攻克宛西多座重镇，歼敌 2.1 万。同月，为策应华东粟裕兵团南下加入中原作战，又发动了宛东战役，歼敌万余人。7 月，发动了襄樊战役，攻克襄阳，歼敌 1 万余人。这一系列战役的胜利，为解放军在中原战场与国民党军进行战略决战铺平了道路。

这期间，邓小平作为中共中央中原局第一书记、中国人民解放军中原野战军党委第一书记兼野战军政治委员，是中共在这个地区和这个部队的最高领导人。

1948 年 11 月，中原野战军与华东野战军相配合，发起了淮海战役。这是在以徐州为中心，东起海州，西至商丘，北起临城，南达淮河的广大地区进行的一场空前规模的震惊世界的伟大战役。中共中央决定由刘伯承、邓小平、陈毅、粟裕、谭震林为组织总前委，邓小平为总前委书记，这样就使得淮海战役的指挥力量、组织力量、军事力量大大加强，为扩大淮海战役的规模，聚歼刘峙集团于长江以北创造了条件。毛泽东兴奋地说："两个野战军联合在一起，就不是增强一倍力量，而是增加好几倍的力量。"

此时，参加淮海战役的人民解放军共约 60 万人，虽然在数量上仍少于国民党军，但全军上下思想统一，指挥统一，士气旺盛，华东、华北两解放区连成一片，人力、物力、财力、运输力都有了基本保障。在战役的第一阶段，邓小平与刘伯承指挥中原野战军阻击黄维兵团，以保证华东野战军围歼黄百韬兵团。其间，他和刘伯承建议攻占宿县，为造成关门打狗之势，确定战役基调，贡献了关键的一步棋。战役第二阶段，邓小平和陈毅提出先打黄维的战略建议，全力贯彻"吃一个，挟一个，看一个"的作战方针，指挥中原野战军集中兵力将黄维兵团围歼于双堆集，使解放军在淮海战场完全掌握了战略主动权；战役第三阶段，中原野战军配合华东野战军完成了对杜聿明集团的围歼。

淮海战役敌我兵力对比是 70 万对 60 万，是人民解放军发起三大战略决战中唯有的一次敌众我寡条件下进行的战役。以邓小平为书记的总前委审时度势，多谋善断，关照全局，抓住关键，指挥中野和华野两大野战军，历时65 天的战略决战，在战略分割基础上大胆地实施战役包围，最后歼灭了蒋介石在长江以北的主要战略集团，共计 55.5 万余人。此外还击退了由南京方面来援的刘汝明、李延年两个兵团，基本上解放了长江以北的华东、中原地区，使国民党的首都南京处于人民解放军的直接威胁之下，蒋介石国民党的统治陷入土崩瓦解的境地，确定了蒋介石政权必然覆亡的命运。

毛泽东不止一次地赞扬说："中原的工作搞得好，搞得好啊！""没有中原军的南下，东北、西北、华北的胜利是不可思议的。""如果对中原战略的伟大作用认识不足，是机会主义的观点。"

1949 年 2 月，邓小平和刘伯承领导的中原野战军，改编为中国人民解放军第二野战军，由淮海大战后的不足 10 万人扩充到 28 万人，武器装备得到了明显改善。2 月 11 日，党中央、中央军委决定，为加强渡江作战的统一指挥和统筹中原、华东、东北三大战略区对渡江前线的支援，决定淮海战役总前委照旧行使渡江战役前线和作战的职权，仍由邓小平任前总前委书记。中共中央任命邓小平为华东局第一书记。这样，在渡江战役前夜，党中央、中央军委对邓小平的两项任命，连同已经任命的中原局第一书记、第二野战军政治委员及二野前委书记，集五大职务于一身，赋予他领导华东和中原党、政、军、民的大权，表明党中央、中央军委对邓小平的高度信任和器重，也是对邓小平赫赫战功和非凡才能的嘉奖。

3 月 26 日，由邓小平主持第二、第三野战军高级干部会议，讨论渡江作战方案。邓小平亲自执笔撰写了《京沪杭战役实施纲要》。4 月 20 日，以邓小平为书记的总前委，统率第二和第三野战军实施渡江作战。在西起九江东至江阴长达 500 余公里的漫长战线上，中、东、西三路集团百万雄师以排山倒海之势强渡长江，一举突破了国民党长期苦心经营、蒋介石号称"固若金汤"的长江防线，浩浩荡荡渡过长江，并以迅猛之势向纵深发展，占领南京、上海、杭州、武汉、南昌等大城市，及江苏、安徽、浙江、江西等省广大地区。这是解放战争时期最为壮观、最令人兴奋的一个巨大战役。南京的解放，宣告了国民党反动统治的覆灭，是中国共产党领导中国人民进行革命 28 年苦苦奋斗得来的一个最大成果。邓小平又以华东局第一书记的身份，主持接管了国民党的统治中心——华东地区。

9 月，邓小平到北京参加了中国人民政治协商会议和中华人民共和国的开国大典。随后，他又和战友们一起踏上了解放大西南的征途。为了全部、干净、彻底地歼灭整个中国大地上的国民党军队，中央对四个野战军和华北军区作出了部署和任务区分，刘邓大军进军大西南。根据进军大西南的需要，中央决定，成立西南局，邓小平任第一书记。

按照中共中央的战略部署，邓小平和刘伯承等制定了以大迂回、大包围解放西南的战略方针。刘伯承和邓小平率第二野战军，贺龙率第一野战军一个兵团，分南北两路并进。以一部在秦岭地区迷惑抑留胡宗南军，第二野战军主力直出贵州，先后解放贵阳和遵义，对四川境内的国民党军向滇、黔的退路构成极大威胁。人民解放军势如破竹，于 11 月 30 日解放西南重镇重庆，胡宗南军纷纷向川西撤退，邓小平与刘伯承、贺龙兵分三路猛追胡军，最后将其围困于成都地区。

与此同时，在我党的政策感召下，在人民解放军进军的巨大声势推动下，特别是在邓小平、刘伯承等人的教育和促进下，国民党成都地区的高级将领刘文辉、邓锡侯、潘文华和贵阳地区高级将领王伯勋通电起义。拒绝起义的李文兵团在突围时被全歼，成都战役大获全胜，成都解放。歼灭了国民党军在大陆上的最后一个军事集团——胡宗南集团，从而结束了伟大的战略追击，彻底完成了解放战争的军事任务。到 1950 年 3 月，人民解放军解放了西昌，至此，除西藏外，西南四省全部解放，国民党反动统治最后被逐出中国大陆。

"整个解放战争，从头到尾二野都处在同敌人针锋相对斗争的最前面。"三年解放战争，一千多个日日夜夜，邓小平率大军逐鹿中原，决战淮海，打过长江，挺进西南，进军西藏，走遍了大半个中国，在组织指挥这些重大战役中，邓小平精心谋划，决心果断，指挥若定，用兵自如，亲临前线，身先士卒，使每次战役都以我军的胜利和敌人的失败而告终。他为中国人民的解放和夺取全国政权，立下了汗马功劳。几十年后，邓小平在会见日本客人时曾说："在我一生中，最高兴的是解放战争的三年。那时我们的装备很差，却都在打胜仗，这些胜利是在以弱对强、以少对多的情况下取得的。"（《邓小平文选》，第 3 卷，54 页）

六、拨乱反正、安邦定军的三军统帅

1952 年 7 月，邓小平调到中央工作，先后任政务院常务副总理、中共中央秘书长、国务院副总理、国防委员会副主席等重要领导职务。1956 年 9 月，在中国共产党的第八次全国代表大会上，邓小平当选为中央政治局常委、中央委员会总书记，从此进入中国党政最高领导层，成为以毛泽东为核心的党中央第一代领导集体成员。从 1956 年到 1966 年，在任总书记的十年间，邓小平作为毛泽东主席处理中央日常工作的重要助手、周恩来总理的"左膀右臂"，参与了党、国家和军队的许多重大决策，领导、组织和处理书记处的日常事务。同时，作为党和国家的重要决策人之一和成熟的马克思主义者，表现了杰出的治国治军才干和睿智的战略眼光。他对中国战略全局问题的思考，几乎覆盖了包括国防在内的各个领域、各个方面，对中国社会主义建设的战略目标、途径、步骤、手段等战略问题，作出了自己独立的判断。

"文化大革命"开始后，坚持正确路线的邓小平和一大批久经考验的党政军领导人一样，遭到错误批判、残酷打击和政治迫害，经历了他革命生涯中最艰难的时期。

"林彪事件"发生后，在周恩来的努力下，毛泽东批准恢复邓小平的党组织生活和国务院副总理的职务。1973 年 12 月，根据毛泽东的意见，邓小平担任中央政治局委员，参加中央领导工作和担任中央军委委员，参加军委领导工作。1974 年 1 月，邓小平作为中央军委五人小组成员之一，参与全权处理军委日常事务及紧急战备事项，由此进入军队领导核心。邓小平与叶剑英等根据毛泽东的指示，主持了八大军区司令员的对调工作。在被调换的军区司令员当中，既有党的副主席，又有国防部副部长、解放军副总参谋长，还有数人兼任省委第一书记。仅用十天时间就出色地完成了这项任务。这对当时的邓小平来说，是一件非同小可的事情。

毛泽东经过长期考察，对邓小平作了高度评价——"无论是政治，还是军事，论文论武，邓小平都是一把好手"、"人才难得，政治上强"。

1975 年初，邓小平受命于危难之时，出任中央军委副主席兼解放军总参谋长、国务院副总理，并在中共十届二中全会上当选为中共中央副主席和政治局常委，在毛泽东的支持下，主持中央日常工作。面对军队拨乱反正，军队建设百废待兴的局面，邓小平以无产阶级革命家的非凡勇气和政治智慧，排除"四人帮"的种种干扰和破坏，不怕再一次被打倒，坚决贯彻毛泽东提出的"军队要整顿"、"要准备打仗"的思想，大刀阔斧地对军队进行整顿，毅然决然地处理了一些非常敏感、非常重大而又非常复杂的问题，提出了一系列适应国防和军队建设与作战指导要求的新思想，使军队又重新回到了党的领导之下，重新由共产党的忠诚将领所掌握。

邓小平的全面整顿触动了"四人帮"的私利，在 1975 年 11 月开始的"批邓、反击右倾翻案风"运动中，邓小平再度受到错误批判。1976 年 4 月"天安门事件"后，邓小平又一次被撤销一切职务。这也是邓小平第三次被打倒。但是有下必有上，再落必有再起。因为，邓小平再次被打倒，并不是他有什么错误，而是因为他的正确所致。同年 10 月，我们党一举粉碎"四人帮"反革命集团。在叶剑英、李先念等老一辈革命家的积极努力下，1977 年 7 月，党的十届三中全会决定恢复邓小平原来担任的中共中央副主席、国务院副总理、中央军委副主席、人民解放军总参谋长的职务。

此后，邓小平在致力于党的思想路线、政治路线和组织路线的拨乱反正的同时，努力在军队领域清除林彪、"四人帮"的影响，克服军队当时严重存在的"肿、散、骄、奢、惰"等问题，恢复我军优良传统。1978 年 6 月，邓小平《在全军政治工作会议上的讲话》中提出，新时期的军队建设要解放思想、实事求是，要研究新的历史条件，要研究新情况、解决新问题。

1981 年 6 月，邓小平在中共十一届六中全会上当选为中共中央军事委员会主席。历史选择了邓小平。50 多年的革命经历，使他成为继毛泽东之后党内最富经验和领导才能的领袖、统帅。叶剑英高度评价邓小平。他说："大家知道，小平同志在历史上对党做出过杰出的贡献。粉碎'四人帮'以后，在每一个重要关头，他都敏锐、果断地提出一些正确的决策和主张。在我看来，小平同志具有安邦定国的卓越才能，他当全党的'军师'和全军的统帅，是当之无愧的。"邓小平上任后的第一个重大军事决策，就是激扬军威、全面检验和提高军政素质，在华北地区举行一次新中国成立以来规模最大的诸军兵种实兵演习。

七、新时期国防和军队建设的总设计师

进入新的历史时期，邓小平以战略家的气魄和深邃的洞察力超越前人之上，作出了一系列令人耳目一新的战略判断、战略结论和战略决策。作为中国人民解放军的统帅，他经过大量调查，对新时期军队建设提出了许多重要思想，使军队和国防建设指导思想实现了战略性转变。他提出，要把军队建设成为强大的现代化、正规化的革命军队；要求军队以现代化建设为中心，把教育训练摆在战略地位上，走有中国特色的精兵之路，为保证国家安全，维护祖国统一，不断增强国防实力；军队要服从和服务于国家经济建设的大局，自觉地在这个大局下行动，积极支持和参与国家经济建设。邓小平把毛泽东的建军思想和新的历史条件相结合，落实了毛泽东主席曾经构想但未及付诸实施的许多事惰，使人民军队的建设既保持了自己的光荣传统和政治优势，又突破了"小米加步枪"时代的许多观念，瞄准发达国家武装力量的素质水平，开始了以现代化建设为中心的伟大实践，军队建设在新的历史时期能够健康发展，经受住边境自卫反击、保卫人民和平劳动、抢险救灾以及支援国家经济建设等重大任务的考验。他的关于新时期军队和国防建设的理论，成为中国人民解放军革命化、现代化、正规化建设的重要指导思想。

1985 年 6 月 4 日，具有历史意义的中央军委扩大会议在北京召开，在这次上会，邓小平郑重宣布：中国政府决定，中国人民解放军减少员额一百万。裁军百万任务的完成，使人民解放军的体制编制更加适应平时训练和未来作战的要求，在精兵、合成、平战结合、提高效能等方面，达到了一个新的水平。它同时标志着，军队建设的指导思想，从此由长期立足于"早打、大打、打核战争"的临战状态，真正转入和平建设的轨道。

1987 年 11 月，中共十三届一中全会再次选举邓小平为中央军事委员会主席。1989 年春夏之交，北京部分地区发生动乱，我军参加了戒严和平息暴乱。6 月 9 日，邓小平在中南海怀仁堂接见首都戒严部队军以上干部，发表了重要讲话，为新时期军队建设进一步指明了方向。同年 9 月，他在致中共

中央政治局的信中，表示为了对党、国家和军队的事业有益，恳切希望趁自己身体还健康的时候，辞去中央军委主席职务。他在信中说："作为一个为共产主义事业和国家的独立、统一、建设、改革事业奋斗了几十年的老党员和老公民，我的生命是属于党、属于国家的。退下来以后，我将继续忠于党和国家的事业。我们党、我们国家和我们军队所取得的成就是几代人努力的结果。我们的改革开放事业刚刚起步，任重而道远，前进中还会遇到一些曲折。但我坚信，我们一定能够战胜各种困难，把先辈开创的事业一代代发扬光大。中国人民既然有能力站起来，就一定有能力永远岿然屹立于世界民族之林。"（《邓小平文选》，第3卷，323页）

邓小平一生战功卓著，但由于在国务院担任副总理职务，所以未授元帅军衔，但他在军队的地位是很高的。人民是把他和元帅一样看待的。粉碎"四人帮"后的第二个年头——1977年5月4日，是中共中央副主席、中央军委副主席叶剑英的80寿辰，聂荣臻、徐向前、王震、余秋里等几位军界负责人都来了。正要进门的时候，邓小平和卓琳也赶来了。邓小平一进门，一看这热闹的场面，高兴地脱口而出："啊，老帅们都在这里了！"叶剑英见邓小平夫妇进来了，连忙迎上去，高兴地说："小平同志，你不也是老帅吗？你是我们的领班呢！"

第二章

打仗要靠实事求是

不讲"规矩"，不按"路子"打。一切看情况，打赢算数。

——邓小平

邓小平有一句名言，叫"我是实事求是派"。他一生奉行的原则是：少说空话，多做实事，讲究实际，注重务实。这一原则贯穿于他的政治生命，也体现在他的军事指挥上。他用兵打仗，一个鲜明的特点，就是实事求是，注重实际。邓小平是一个讲究实际的指挥员，他主张一切从战场的实际出发，而不是凭想当然，吹大牛，好大喜功。他认为，指挥员面对严酷的战争现实，不能搞浮夸，必须从实际出发。谁不这样做，脱离了实际，都要付出血的代价。邓小平说过，"不管白猫黑，抓住老鼠就是好猫"。他在评价刘伯承时曾说："他用兵作战最讲究实事求是，从实际出发。"（《邓小平文选》，第3卷，186页）这一评价，完全适用于邓小平本人。邓小平向来主张实干，绝不让人对他说空话，他要求指挥员尤其是高级指挥员极严，最讲究的就是实事求是，为了战争的胜利，要讲真话，一就是一，二就是二。行就是行，不行就是不行。

一、探索"工农武装割据"的新经验

邓小平用兵打仗，从不受条条框框的束缚，善于按照当时当地的实际情况进行大胆创造。邓小平领导的左右江革命根据地虽然先后丧失，但它把土地革命、武装斗争、苏维埃政权建设三者有机结合的光辉实践，沉重打击了当时的统治阶级和帝国主义在华势力，有力策应和配合了各个革命根据地的斗争，为我党领导的"工农武装割据"探索和积累了一些新鲜经验，有着自己的独特创造和实践意义。

曾经担任中共中央秘书长、对全国各根据地的开辟和发展都有所了解和认识的邓小平，在领导左右江革命根据地的创建和发展中，借鉴了其他根据地尤其是毛泽东、朱德领导的井冈山、中央根据地的成功经验，特别是以农村包围城市的战略思想。

所谓以农村包围城市，是指在半殖民地半封建的中国，在敌强我弱的形势下，把党的工作重心放在农村，开展武装斗争，深入土地革命，建立农村根据地，并逐步扩大根据地，形成对城市的包围，最后夺取城市。这是以毛泽东为代表的中国共产党人对中国革命道路问题进行探索所取得的最辉煌的成果。邓小平在组织领导起义、创建根据地过程中，特别注意坚持这一道路。在武装斗争的道路上，邓小平选择离开城市，向农村转移，在农村深入开展土地革命，发动群众，坚持武装斗争。

邓小平选择左右江地区作为发起起义的地点，正是因为那里有比较好的农民运动、农民武装斗争的基础。从当时的情况来看，如果没有对土地革命战争规律的正确认识，没有对起义和尔后作战进行长远的考虑，是很难下此决心的。当时，中共中央给中共广东省委并转广西特委的指示信中，要求广西特委坚持以南宁、梧州、柳州三个城市为中心进行工作，并没有指出要在左右江地区进行起义，加之当时如果在南宁举行起义也有取得胜利的可能性。因此，要到左右江地区建立根据地并举行起义，当时同志们也是想不通。有的同志认为，利用"南宁兵变"的有利时机，利用我军控制的部队，可以就地举行起义以夺取南宁。也有人提出，把部队拉到梧州、桂林和柳州方向。可是，邓小平全面地分析了当时复杂的情况，根据形势的变化，从全局和长远出发，认为左右江地区具有其他地区无法比拟的良好条件。

从时机来说，尽管南宁城敌军的力量相对于我军来说并不十分强大，但南宁周围敌人的力量非常强大，我军力量相对较弱，即使仓促起义成功也会很快受到敌人的围攻而遭到失败，到那时不得不被迫离开。而左右江地区位于广西西南部边陲，反动统治阶级的力量比较薄弱，没有正规军，只有一些民团和土匪武装，军事力量上我军占优势。况且，我军是在左右江地区的反动统治阶级预料不到的情况下突然进军该地区的，完全可以收到出其不意的效果。此时，广西的局势还没有完全平息，敌人内部矛盾重重，难以顾及左右江地区。这样，我军在左右江地区举行起义就有较长的准备时间，起义可以从容地按计划有条不紊地进行，我军完全控制着起义的主动权。

从地理条件来说，左右江地区属于山区，东靠四方岭，位于都阳山南麓与六诏山之中，海拔500—1000米不等，属亚热带气候，有险要的崇山峻岭，不利于大兵团机动作战，但利于红军开展人民游击战争，上山能驻，下山能打，进退回旋余地较大，便于开展游击战争，在此举行起义对于我军作战十分有利。左右江地区经济文化落后，人民群众长期以来深受帝国主义和土豪劣绅的残酷压迫，经过长期斗争环境的锻炼，具有对敌斗争的优良传统和丰富经验，有着勇敢的抗争精神。处于右江的百色，是个依山傍水、景色秀丽的小县城，人口1万多，杂居着壮、汉、瑶各民族。不仅是桂西土特产集散之地，也是云贵鸦片东运的通道。虽然百色是山区城镇，却十分繁荣，而且是桂西地区的历代政治、经济、文化、军事中心，是兵家必争之地。

就"人和"来说，我军掌握有警备第4大队、警备第5大队、教导总队等正规武装，部队官兵大多数是当地的壮、汉、瑶、苗等民族的儿女，熟悉当地的风土人情、地形道路，便于我军进行军事斗争。同时，左右江地区的群众基础较好。特别是右江地区，自1921年起，壮族青年韦拔群便开始在东兰、凤山一带从事农民运动，建立人民政权，开始农民武装斗争。即使在大革命失败后的白色恐怖时期，右江地区的武装斗争也未停止过。邓小平曾经回忆说："广西右江地区，是一个比较有群众基础的地区，这里有韦拔群同志那样优秀的、很有威信的农民群众的领袖。东兰、凤山地区是韦拔群同志长期工作的地区，是很好的根据地。这给红七军的建立与活动以极大的便利。"（毛毛《我的父亲邓小平》，上卷，215—216页，中央文献出版社，1993）在左江地区，以壮族为主的各族人民有着长期反帝反封建斗争的革命传统，许多人参加过孙中山领导的革命起义。20世纪20年代初，壮族进步青年高孤雁等在龙州宣传过革命思想；大革命时期我党成立了"镇南道农民协会办事处"，从事领导农民运动。左右江大部地区我党的组织已经建立起来，农民运动已较为普遍地开展，还有我党领导下的一些农民武装，这些都为我军起义打下了良好的基础。

正是基于上述考虑，邓小平果断地决定向左右江地区进军，并在该地区进行充分准备，待时机成熟举行起义。实践证明，向右江、左江进军，这是唯一正确的道路。

发动武装起义后，在邓小平的领导下，右江革命根据地得以巩固和发展。

党发动人民群众，打土豪、分田地，进行土地革命，建立各级革命政权，使红军发展到 7000 余人，红色苏区扩及 20 多个县，拥有 100 多万人口，成为全国瞩目的红色根据地之一。邓小平认为，红七军后来之所以遭到失败，"中心的错误是处处以军事为中心来决定一切问题，不是以群众为中心来决定一切问题的错误路线，结果常常是处在被动地位"（邓小平：《七军工作报告》，1931 年 4 月 29 日）。

邓小平领导的左右江革命根据地的斗争，也有自己的特点，并非完全照搬其他根据地的经验。具体来说，有以下几个特点。

第一，邓小平领导的百色、龙州起义，是在自觉选择农村，准备充分的基础上发起的。百色、龙州起义是继南昌起义、秋收起义、广州起义之后，由邓小平、张云逸、李明瑞等领导的两次规模和影响较大的武装起义，但与前三次起义有着明显的不同。以军队为主体的南昌起义和以工人为主体的广州起义，都是首先在中心城市举行的，事先未向农村进军与当地农民这一土地革命的主力军相结合。毛泽东领导的秋收起义，则是先举行起义，尔后把部队带往农村去坚持斗争。而百色、龙州起义，是在"南宁兵变"后自觉离开中心城市，把正规武装开赴左右江农村，与农民武装相结合，进行了较为充分准备之后，才从容地举起义旗的。这对当时正处于曲折发展中的"工农武装割据"斗争是一个新的创造和强有力的支持，再一次证明中国革命的武装斗争，必须走农村包围城市的道路。

第二，邓小平领导的百色、龙江武装起义，以充分的统战工作为前提，是在党与主政的国民党地方势力俞作柏、李明瑞建立密切合作关系的基础上发动起来的。1927 年第一次国共合作全面破裂以后，中国共产党开始独立领导武装斗争。邓小平到南宁后遇到的一个重要问题，就是要不要和怎样开始统战工作。

当时的中共中央和中共广东省委，由于受国共合作破裂后"左"倾的思想的影响，认为俞作柏、李明瑞主政广西与桂系军阀统治没有本质不同，指示要把他们当作"改组派第三党"一样反对，采取破坏俞、李政权的方针。

邓小平则坚持从广西的实际情况出发，从俞、李两人的实际情况出发，既利用俞、李与蒋介石、桂系军阀的矛盾，支持他们反蒋反桂，与其合作，又警惕他们的旧军人习气，在合作中坚持独立自主地发展革命武装和工农运动。广西教导总队、警备第四和第五大队的成功改造，李明瑞的转变和成长，以及广西革命力量的发展，都充分证明邓小平坚持与俞、李合作的方针是正确的。

正当广西革命斗争形势出现转机之时，俞作柏、李明瑞不听劝告，执意与广东军阀张发奎联合反蒋出兵攻打亲蒋粤军陈济棠部。这时，中共广西内部有人主张随俞、李出兵广东；有人主张把部队拉到梧州、桂平和柳州方向；还有人主张立即在南宁举行武装暴动。邓小平则认为，俞、李主桂不到半年，脚跟还没有站稳，兵力只有3个师，内部又不一致，仓促反蒋，必遭失败，这也将打乱中共在广西的原定计划，如此仓促反蒋，必遭失败。在这种情况下，我党领导的武装起义选在何处进行，就成为要解决的紧迫问题。邓小平从整个广西的形势出发，认真地分析了左右江地区的实际情况后认为，以百色和龙州为中心的这两个地区革命基础较好，是我军发动群众举行起义的理想之地。他感到南宁地区的革命力量相对敌人来说非常弱，在南宁不是长久之策，与其说早晚必须离开，倒不如有计划地主动撤离。这样，邓小平就抓住了战略全局中的关键，正确作出了"到农村首先开辟根据地，尔后举行起义"的决策，有计划地把部队拉出南宁向左右江地区开进。

第三，百色起义和左右江革命根据地，是诞生在一个少数民族聚居的地区，红七军中壮族同胞占了一半。在这里举行武装起义，实行土地革命，创建苏维埃政权，一个重要前提就是要做好少数民族的工作，处理好各民族特别是汉族与当地少数民族之间的关系。这对邓小平来说也是一个新的课题，他非常重视武装斗争中党的民族政策的贯彻执行。

在政治上，坚持各民族一律平等的原则，维护和尊重当地民族的风俗习惯，大力培养少数民族干部，并注意选拔和支持一些优秀的少数民族干部到各级苏维埃政府和红军队伍中参加工作。经济上，废除徭役，规定不分民族同样参加土地分配，特别是强调长期居住在偏僻山区的瑶族群众，不下山也可以分到山场，下山还住进了豪绅地主的宅院。文化教育上，规定各民族同样享有受教育的权利。瑶族群众山区的学校经费，全部由苏维埃政府提供，学生免费入学。因此，翻身解放的广大少数民族群众，热情拥护红军和红色政权，踊跃参军、支前，成为根据地土地革命斗争的生力军和坚强后盾。

第四，邓小平领导发动百色、龙江起义，既不是单纯的军事哗变，也不是匆忙之举，而是党所掌握的一部分正规军成功地和当地农民武装相结合，是一次有准备、有组织、有计划的工农兵联合起义，得到中共中央的高度评价，赞扬"是在全国范围内最有组织最有意义的一次兵变"。不像别的起义先发起武装斗争，打仗，而是先做好各项工作以后，再举行起义。1929 年 11 月初，派去上海向中共中央汇报工作的龚饮冰回到广西，带回两条指示，一条是颁布中央给红七军的番号，一条是龚饮冰回到广西后，在 10 天之内举行起义。

邓小平认为，中央要求在 10 天之内举行起义，比较仓促。他感到应该首先做好发动群众的工作，改造好旧军队，发展党的组织，摧毁旧的政权，再举行起义。在随后召开的前敌委员会会议上，"决定于最短时间内以极为紧张的精神，使工作上略为布置就绪，即行动作"。并把起义的日期定在了 12 月 11 日，这天是伟大的广州起义纪念日。

为了更充分地做好起义准备，前委同时决定采取五项措施：宣布取消二十三种苛捐杂税，加强对群众的宣传；进一步肃清第四大队中的反动军官，并把部队集中于百色、平马二地；成立新的教导队，开办军事政治训练所；召集右江一带革命青年加以军事、政治训练，培养部队骨干；秘密印刷红七军和右江苏维埃政府施政纲领的小册子、标语、传单；向商人筹得十数万现款。由于准备工作做得充分，所以宣布起义的那一天，只是开大会、庆祝会，不是那一天打仗。

农村包围城市、武装夺取政权，这是以毛泽东为代表的中国共产党人对中国革命道路问题进行探索所取得的最辉煌的成果，毛泽东在这一探索中作出了最卓越的贡献，同时它又是中国共产党人集体智慧的结晶。邓小平以自已的革命实践参与了这一伟大理论的创造，为中国革命事业的发展提供了新的丰富的经验。同时也表明，作为一个重要革命根据地领导人的邓小平，在他一开始独立地担负一个地区领导重任的时候，便与毛泽东的正确理论和路线联系在了一起。

二、积极防御，后发制人

邓小平参与指导的中国革命战争，始终处于敌强我弱的态势，积极防御，后发制人就成为基本兵法原则。

中国共产党在发动武装斗争之初，是不理解防御的重要意义的。党在军事领导与政治领导中贯彻的是进攻路线和"左"倾冒险主义的路线。他们在政治上认为，中国革命处于不断高涨的高潮之中，否认蒋介石叛变革命后中国革命面临的严重挫折和处于低潮的现状，在军事暴动中主张"只有进攻，无所谓退守"，规定"红军战略战术的第一个要点便是集中进攻"，"集中进攻的目标是交通要道、中心城市"；"要有计划地消灭敌人的主力"，"反对绝对不攻坚的观点"（《中央军委长江办处事通告第 1 号——关于全国红军会议》1931 年 1 月 3 日），等等。在三次"左"倾错误的统治下，这种进攻路线，使党的事业和人民军队遭到一次次的严重损害。

邓小平在早期领导红七军、创建左右江革命根据地时，面临的就是这样一种形势，但他坚持实事求是的军事原则，采取积极防御、后发制人的战略，引导武装斗争向正确的方向发展。

1930 年 2 月，当邓小平到上海向中央汇报工作后，返回广西红八军驻地龙州时，红八军主力已由军长俞作豫率领前去配合红七军攻打南宁，红七军则正在隆安与桂军的 4 个团激战，不久遭受失利，主力退出右江，一时失去联系。

本来，邓小平在赴上海向中共中央汇报工作之前，确定了红七军分兵发动群众、开展游击剿匪、巩固红色政权、扩大红色区域的正确方针。但是随着右江根据地的巩固和发展，再加上外地不断传来桂系败于粤军，南宁空虚等消息，于是红七军党内产生了一种骄傲自满、急躁冒进的情绪，过低地估计了攻坚的难度和敌人的力量，严重忽视土地革命、巩固苏区等中心工作，错误地提出"联合八军打到南宁去"的"左"的口号，集中主力准备挥戈南下，一举攻下南宁，饮马邕江。结果，红七军还没有迈步，桂军就杀将过来。饮马邕江之豪情不但成空，反而丢失了右江沿岸一带的根据地。此时，虽然军阀之间正在混战，但敌人兵力相对而言仍十分强大。刚刚诞生的红军攻打任何一个重要城市都会面临没顶之灾，更何况是省会南宁。

邓小平分析，从主客观的条件上来估计，攻南宁必遭失败，特别是红八军本身更为危险，如到南宁打了败仗，有全军覆灭的可能。所以他立即急电李明瑞、张云逸、俞作豫，要求他们停止攻打南宁的计划，并急令红七军停止行动，红八军立即与红七军会合。3月，邓小平回到右江后，又指出：不根据实际情况，轻易地将原来的战略防御转变为战略进攻，离开苏区，冒进南宁，是十分错误的，并当机立断地采取迅速退却、待机破敌的战略。

部队撤出隆安之后，邓小平力排西渡右江向镇结、向都方向挺进和沿右江退回百色、分兵固守沿岸诸城跟敌拼消耗的异议，立即率领红七军主力向东兰、凤山后方基地退却。尾随之敌见状驻足感叹："他们（指红七军）对当地民众曾给以相当的组织和训练，所以我们要继续深入进攻，是有相当的困难。"红七军从隆安先退却到恩隆，让开干马，占据思林，而敌人却抢占平马，未及农村。

邓小平趁敌立足未稳之际迅速发动进攻，全歼残敌，然后从容不迫地向东兰根据地进发，实现了积极退却、在退却中歼灭敌有生力量的正确战略计划。

1930年5月，蒋介石与冯玉祥、阎锡山、李宗仁的军阀战争全面爆发。桂系倾巢而出，拥兵入湘，企图攻占武汉，与冯、阎会师中原。进攻右江根据地的黄绍竑也统军撤离右江，只留下考建英团驻守百色。

这时，邓小平得知李明瑞、张云逸率红七军主力从贵州返回广西，便和韦拔群特地从东兰赶往河池迎接部队，并连夜召开党员干部大会。会上，邓小平详细分析了当前形势，认为军阀混战对我军有利，果断决定，趁军阀混战，百色城防空虚之机，迅速回师百色，收复失地，深入土地革命，进一步发展壮大红军力量，巩固右江革命根据地。

6月初，邓小平亲自指挥红七军主力回师攻占百色，接着挥戈东下，收复失地，使右江根据地完全恢复到隆安战斗前的面貌。

从这次红七军回师右江、攻下百色等城的胜利，充分体现了邓小平学习和运用毛泽东在井冈山创造的"敌进我退，敌驻我扰，敌疲我打，敌退我追"的十六字诀和一整套山地战的战略战术，并依据广西、右江的具体实际，创造性地发展了这一战术。不再为一城一地之得失而打硬仗、拼消耗，而是以歼灭敌人有生力量，保存、壮大和充实自己的实力为主要目的。邓小平指导红七军作战由战略进攻转变为战略防御，由正规战转为游击战，从而转危为安、转败为胜；右江根据地也失而复得，由小变大；红军力量由弱到强，还开辟了广大的游击区域，播下了革命的种子。

9月，根据右江根据地土地革命的深入发展和红七军日益壮大的有利形势，以邓小平为书记的红七军前委决定执行"向湘粤边界发展，与朱毛红军会合"的战略计划，并确定于10月1日开始行动。

就在这时，中央南方局代表邓岗（邓拔奇）来到右江，传达中央的新指示。中央指示红七军离开右江地区，向东发展，打下柳州、桂林，在小北江建立根据地，阻止两广军阀向北增援，保证以武汉为中心的一省和几省的首先胜利，最后打下广州，完成南方的革命。执行任务的红军战术是集中攻坚，沿途创造地方暴动。这是李立三"左"倾机会主义路线的冒险计划。对成立还不到一年的红七军来说，找个立足的地方都十分困难，怎么能去和桂军争夺连蒋介石的部队也抢不到的柳州、桂林呢？

邓小平内心充满矛盾，听到传达全国革命高潮即将出现的中央精神，感到很兴奋，但得知中央对广西的具体部署时，头脑冷静下来了。他认为，红七军力量不足，百色都没有打下，李宗仁、白崇禧已在广西恢复了统治，要想打下柳州、桂林，是没有把握的。主张避开大城市，向敌人薄弱的地区发展，坚持从实际出发制订合理的行动计划，始终注重保存红军实力。张云逸、雷经天等领导也坚决主张坚守右江根据地。但邓岗等竭力主张离开右江根据地，去攻打大城市，"打到柳州去，打到桂林去，打到广州去"，声称"谁不执行中央交给的任务，谁就是反对中央。"邓岗还传达了中央的批评，说邓小平在右江的土地政策，是执行右倾的"富农路线"。会上改选了红七军前委，邓小平仍为书记。规定前委在邓岗的领导下工作，并成立了一个支持他的"兵委"，以陈豪人为书记，凌驾于前委之上。

邓小平虽满心委屈，为避免领导层分裂，顾全大局，以灵活的策略暂不对抗，只要红七军能够保存下来就是胜利，表示执行中央指示，待行不通时再说。

虽然不能改变中央攻打大城市的命令，邓小平仍在想方设法尽可能减少部队的损失，避免强攻硬打，提出由河池到东南的柳州，隔着一条大江，不好打，可以绕道敌防守较弱的庆远、融县先攻击桂林，然后再打柳州。这一意见得到了与会多数人的赞同。

红七军第一仗顺利打小镇怀远后，邓岗、陈豪人等又准备攻打敌驻有重兵、构筑了工事、做好了防御准备的庆远。一直反对硬打攻坚的邓小平，坚决主张避开庆远坚城。他说，庆远是军事重镇，敌人已加强了防守，此时红军如果强攻既没有胜利的把握，又可能造成重大损失。邓小平利用休整机会，单独找邓岗谈话，苦口婆心地劝说，强调这是具体的部队作战行动问题，不是大的政治性问题，要尊重具体军事行动的客观性。邓小平又让李明瑞、张云逸分别去谈。这样，邓岗决定采纳这一意见，改道天河向罗城方向进发。

红七军随后又在四把作战中失利，伤亡很大，部队情绪受到了挫伤。在攻打长安、武岗的战斗中，先后失利，损失惨重。他坚持自己的看法，反对死打硬拼，通过多种渠道，采用多种方式，继续提出自己的意见，与邓岗等人争论。用邓小平的话说，一路上天天吵，吵了一路。此时，7000多人的队伍，只剩三四千人，多数干部对邓岗等人的指挥已失去了信心，邓小平实际上已掌握了对部队的指挥权。在血的教训面前，红七军的广大指战员终于认识到邓小平作战指导的正确性，对中央关于攻打中心城市的指示产生了怀疑，强烈要求纠正错误，从根本上转变红七军的战略战术，摆脱被动局面。于是，在邓小平的指挥下，部队撤出后避开大的城镇，向东南方向转移，最后总算安全地回到广西，到达湘桂边界城镇全州，摆脱了敌人的重兵围堵。邓小平在《七军工作报告》中这样总结到："过去七军的中心错误是处处以军事为中心来决定一切问题，不是以群众为中心来决定一切问题的错误路线，结果常常是处在被动地位。"之所以出现这一错误，是因为"七军的基础是，一部分是转变过来的旧军队，一部分是斗争未深入的农民，这便是利于立三路线发展之基础，过去攻南宁正是犯了这一错误（立三路线并未到七军），并且我们未得到六月十一日的决议即已决定向中心区域发展。我相信即使立三路线没有传到七军来，七军一路仍是会犯不以群众为中心而以军事为中心的错误，这仍然是走到了立三的路线"。（1931 年 4 月 29 日：邓小平《七军工作报告》）

在全州，邓小平建议召开了红七军前委特别会议，集中讨论是否执行中央命令和改变部队行动方向的问题。邓小平全面总结了红七军从河他出发以来转战的经验教训，力主放弃攻打桂林的计划，指出红七军的当务之急寻找立足之地，获得暂时的喘息机会，以便养精蓄锐。他建议在广东的大小北江地区建立红军根据地，并强调这也符合中央的意图。他动员大多数党员干部迫使邓岗、陈豪人放弃了攻打桂林、柳州、广州的冒险计划。并决议经湖南江华出连州、粤北江，至粤湘赣边界与江西红军取得联系。张云逸、李明瑞等多数同志支持邓小平的正确意见，并对邓岗、陈豪人等人的错误提出了严厉批评，一致要求由邓小平统一领导和指挥部队。

就这样，在邓小平的主持下，红七军前委摆脱了"左"倾冒险主义者的领导和干扰，恢复执行"与中央红军会合"的战略计划。同时改变了硬打攻坚的作战方法。

会后，邓岗回上海向中央汇报工作，陈豪人也悄悄离开了红七军，兵委自然取消，红七军的指挥权又重新回到了以邓小平为书记的前委手中。

全州会议后，邓小平坚持实事求是、一切从实际出发，使红七军在军事行动上发生了根本的转变，不再以攻打城镇为目标和盲目死拼硬打，而是避开与强敌作战。在经过急撤梅花村、抢渡乐昌河等战斗后，经仁化向北进入江西，在当地游击队的配合下拿下了崇义县城，创造了几个区苏维埃政权，形成一片红色区域，于 4 月初进入中央苏区。实现了与中央红军会合的计划。在这一过程中，邓小平为保存红七军这支革命力量，发挥了决定性作用，作出了杰出的贡献。

在中央苏区，邓小平从中央革命根据地的实际出发，实事求是，坚决支持毛泽东的正确主张，坚决反对"左"倾冒险主义的"城市中心论"，赞成毛泽东的"诱敌深入"和向敌人力量薄弱的广大农村发展的正确战略战术。他和毛泽东的弟弟、曾任苏区中央局秘书长、永丰中心县委书记的毛泽覃，以及曾任赣西南特委委员、中共赣东特委书记、江西省第二军分区司令员兼独立第五师师长的谢唯俊，曾任寻乌县委书记、县苏维埃政府主席、红一方面军前委秘书长的古柏一起，向"左"倾教条主义发出质疑。

邓小平他们认为，"左"倾中央不顾客观实际，主观地认为革命形势是全国性的"革命高潮"，强调在全国范围内实行"进攻路线"，争取一省与数省首先胜利，然后夺取全国政权的估计是不符合实际的。他认为，当时的情况不具备"直接革命的形势"，敌强我弱是事实，处于革命斗争低落时期，党的任务"只能是土地革命"，必须向敌人力量薄弱的广大农村发展，这就否定了形势处于"革命高潮"的错误判断，进而否定了"左"倾中央规定的"进攻路线"，认为这必然是冒险主义的，是会遭受失败的。针对"左"倾中央的"全面出击""御敌于国门之外"的阵地战、正规战的作战方针，邓小平主张"诱敌深入"，把敌人引到群众基础好的苏区聚而歼灭之，反对把红军拉去与敌人硬拼或阻敌于苏区大门外进行堡垒战。

后来，邓小平在回忆这段历史时无不痛心地说："那时不管在中央苏区，还是鄂豫皖苏区或湘鄂西苏区，都是处在敌人四面包围中作战。"敌人的方针就是要留在苏区边沿和苏区里面打，尽情地消耗苏区的人力、物力、财力，使我们陷于枯竭，即使取得军事上的若干胜利，也不能持久。在反对敌人的第五次"围剿"时，要是按照毛主席的方针，由内线转到外线，将敌拖出苏区之外去打就好了，那样苏区还是能够保持，红军也不致被迫长征。可惜"左"倾机会主义者不这样做，中了蒋介石的计。

抗日战争，总的战略态势仍然是敌强我弱，硬拼是会吃亏的。但不敢打、不敢拼，又会使敌人更加猖獗，会让人民看不起。邓小平提出在对敌斗争中，要处理好削弱敌人与保存自己、积极活动与隐蔽力量的关系。

邓小平认为，共产党八路军的任务是削弱敌人的力量并保存自己，这两者不是矛盾的，而相互配合相互联系的，忽视一面，都要发生片面性的错误。保存力量是积蓄力量的内容之一，不注意在斗争中保存力量，过分消耗自己，就会影响到斗争的坚持。削弱了自己就变动了敌我力量的对比，也就是便利了敌人。不但要着眼于为反攻和战后做准备，而且为今天的坚持都必须保存自己。但不削弱敌人也就不能保存自己，例如我们的武装不积极活动，既得不到人民的拥护，也会增高敌人的气焰，结果部队本身也不能巩固，并会在被动的情况下去应付敌人。又如我们在游击区、敌占区不善于合法斗争与非法斗争的配合，结果是人民受损失，敌人得便宜。

保存自己是多方面的，包括武装力量、人民利益等各方面的保存，尤其是壮丁的保存。削弱敌人也是多方面的，包括军事上消耗、消灭、疲困敌人，政治上瓦解、削弱敌人。保存自己、削弱敌人的最好方式，是军事上的普遍的群众性的游击战争，政治上的革命两面政策的正确运用，非法斗争与合法斗争的密切联系与配合。保存自己是积极的而不是消极的，要从积极的对敌斗争削弱敌人中才能达到。有些人误解保存自己，把它变为苟且偷安，不积极对敌斗争，其结果不仅不能保存自己，反而要削弱自己，这是非常错误的。同时，同敌熬时间积蓄力量的方针也是积极的，把熬时间解释为"苟延残喘"也是错误的。

邓小平强调还要处理好积极活动与隐蔽力量的关系。"隐蔽积蓄力量"，用邓小平所讲的通俗的话说，就是"要使敌人看不起我们，要善于采取一切方式去麻痹敌人"。他分析指出，积极活动与隐蔽力量不是冲突而是一致的。隐蔽力量，不过于刺激敌人，善于麻痹敌人，无论在军事上、政治上都非常重要。但不积极活动也不能隐蔽力量，更不能达到积蓄力量削弱敌人的目的。由于对此原则认识不够，常常发生暴露自己的错误，每次暴露的结果，都遭到敌人的报复或破坏，吃亏很大。在一切方面都要注意不暴露，善于隐蔽地从各方面积蓄力量，要让敌人看不起我们，要善于采取一切方式去麻痹敌人。唯有如此，才能积蓄起力量，也才能打到敌人的痛处。敌人也很注意隐蔽问题。故我们一方面要隐蔽自己，另一方面也要善于发现敌人。

在军事上，所谓不刺激敌人，是不作大规模的行动，甚至在一定阶段、一定时期内不作军事行动，这要根据当时当地的具体情况来决定。但不刺激敌人、隐蔽自己的意义与行动消极没有丝毫相同之点。处在敌后残酷斗争的阶段，要想求得敌我和平共居是不可能的。在某些区域，不过于刺激敌人，以免引起敌人过大过多的报复、"扫荡"和"清剿"是对的。但一般应从积极行动中来保存自己，只是我们的行动不是大规模的，给敌人过分威胁的，而是采取广泛普遍的群众性的游击战争。在游击区、游击根据地，我们必须进行积极的游击战争，才能帮助、配合革命两面政策的运用。就在隐蔽游击根据地，也需要有公开武装的相当活动，才能掩护其坚持与存在。

在政治上，我们无论采取公开的或秘密的、合法的或非法的对敌斗争，无论建立秘密的群众组织、党的组织或宣传工作，都应是积极的，只是要注意不暴露不突出，善于隐蔽自己。隐蔽力量本身也是积极的，把隐蔽力量的原则解释为消极、不行动或少活动，都是错误的。（《对敌斗争问题》）

三、坚持真理，绝不盲从

邓小平用兵打仗，历来坚定地贯彻执行党中央、中央军委的指示、命令和对重大战役问题的决策，但决不盲从。特别是他认为自己的意见符合客观实际情况时，就更加坚持自己的意见，并不断向上级陈述自己的理由。他坚持真理，从战争的实际出发，制订作战计划和方案，打了许多漂亮仗，取得了许多重大战役的胜利。其中有不少战役的作战方案，是在改变中央军委、毛泽东指示之后得以产生和形成的。正是这一点，铸就了邓小平不同凡响的个性。

淮海战役第二阶段，在先打谁的问题上，就反映出邓小平一切从实际出发，敢于坚持真理的指挥风格。

1948 年 11 月 19 日，淮海战役第一阶段胜利以后，下一步的歼击目标如何确定，是战局发展的一个关键问题。

当时，蒋介石把他的所有兵力投向徐州地区，妄图在解黄百韬兵团之围后，在徐州地区与解放军决战。结果却适得其反，这些兵团非但不能解黄百韬兵团之围，反而被华野、中野分别阻击在 3 个地区：杜聿明率邱清泉、李弥、孙元良 3 个兵团，被华野阻击在徐州及其周围地区；李延年、刘汝明两个兵团被中野阻击在固镇以南与蚌埠地区；黄维兵团有心援接徐州，但在进至宿县西南的南坪集地区时，遭到中野主力顽强阻击，欲北进不能，欲东去又不成，陷入被动和困境。而中野和华野则完全掌握了战场的主动权。在敌人的 3 个集团中，究竟先打哪一个最为有利？围绕着这一问题，邓小平和陈毅、刘伯承经过缜密考虑，向中央军委提出了战略建议。

早从 11 月上旬战役开始到全歼黄百韬集团，由于战场情况瞬息万变，局势尚未明朗，毛泽东、邓小平、总前委都在苦苦寻求下一步作战方案，先后提出三个：一是先打位于徐州地区的邱清泉、李弥、孙元良兵团；二是先打位于蚌埠、田镇地区的李延年、刘汝明兵团；三是先打被阻在宿县以西地区的黄维兵团。

战役第一阶段发展很快，原来设想的准备下一步攻取的两淮、海州、连云港等地已被我军占领，战役规模的扩大已成定局。战役刚发起时，淮海战场上只有徐州、宿县、蚌埠诸地区 6 个兵团，当黄百韬被华野包围、中野斩断徐蚌线后，敌人被分成两块。在这种情况下，中央军委和毛泽东将战役第二阶段的主要作战方向放在北线歼灭徐州出援之敌是完全正确的。可敌黄维兵团此时又加入淮海战场，战场情况马上变得极为复杂。

邓小平对敌情的变化进行分析后认为，徐州之敌正在全力向东救援，黄百韬兵团又不敢远离徐州，李延年与刘汝明 2 个兵团欲北上打通徐蚌线，又怕在中途被歼，更不敢远离蚌埠地区，这样只有黄维兵团能够大范围地机动，对我军的威胁也较大。同时，黄维兵团于 11 月 8 日开始仓促东进，主力 15 日将到达阜阳、太和地区集结，一路受到我中原野战军部队和地方部队的袭击，已是人疲马乏，我军有可乘之机，打黄维应是上策。11 月 14 日，邓小平以总前委的名义向中央军委提出了先打黄维兵团的方案："如敌（指黄维）出永城和宿县，我以集中一、二、三、四、六、九及华野三、两广纵共八个纵队，歼击黄维为上策。因为黄维在远道疲惫，脱离后方之运动中，只先来 3 个军 7 个师，其中强者只有 3 个，我军也能适时。"

此时，毛泽东最关心的是徐州集团。徐州是中原重镇，数千年来为兵家必争之地，可以说夺取该城是控制中原的关键所在。徐州邱、李两兵团一直为解黄百韬之围而东援，现在是诱歼敌这两个兵团的良机，只要将黄百韬歼灭后能再将敌这两个兵团消灭，即可拿下徐州，此乃中原可定。因此，他主张南线华野精心组织一次对邱、李兵团作战，先歼其一部分，打得他们不能动弹。北线中野先歼李延年 2 个兵团，并驱逐刘汝明出蚌埠以南。然后再集中华野、中野两大军集中力量消灭最强的黄维兵团。毛泽东还认为，在北线打邱、李、孙的同时，南线要对李延年、刘汝明、黄维开战。11 月 19 日，毛泽东又重申了南线先打李延年、再打刘汝明的意见："李延年歼灭后，即可续打刘汝明，或将其驱至蚌埠，则黄维更陷孤立。"

此时，华东野战军致电中央军委表示完全拥护中央的决定，并说：将集中全部兵力打北线的敌人，不能抽兵支援南线。这样，中央军委和华野的意见都已比较明确。

接到中央军委和华野的电报后，邓小平一直处在忧心忡忡、苦苦思索中。在他看来，军委的决策和部署精神虽是积极的，但按此作战，在歼灭黄百韬兵团后，淮海战场上将有可能出现南北都打歼灭战，且无主次的局面，这是兵家之大忌，对战役的发展不利。邓小平根据中野和华野的实力及现状认为，两个野战军同时进行两个大的歼灭战，力量是远远不够的，难免会陷入被动。

当时，中野只有 6 个纵队，单独对付黄维和李延年、刘汝明两路重兵，困难颇多，而以一、二、六3个纵队6万人防御黄维兵团的12万人，也没把握。华野对黄百韬作战，使用了6个攻坚战斗力强的纵队，历时12天仍未能结束战斗，如果在战后紧接着打战斗力更强的邱、李兵团，困难更多。

徐州敌人，北线邱、李、孙集团，猬集徐州地区，不易割裂，而南线李延年、刘汝明兵团行动谨慎，北进迟缓，黄维兵团自以为是美式的机械化装备，大胆冒进，孤军深入，我军有机可乘。而且，黄维兵团已占领蒙城，离宿县仅70公里，如让其继续推进占领宿县，通过中野防线，三点之敌就可能连成一线，就会失去歼灭黄维兵团的良机，我军必将陷入被动，后患难以预料。

反复权衡利弊，思之再三，邓小平和刘伯承、陈毅认为最稳妥的办法是歼灭黄百韬兵团后，以集中兵力中原野战军为主，在华东野战军一部的支援下，先歼灭黄维兵团为上策。11月19日早，邓小平与刘伯承、陈毅取得了一致意见后，便毅然挥笔，亲拟电文，向中央军委坦陈坚持先打黄维：

"……综合我当前之敌有黄维十一个师（五十四军未计入），我们的打法须从整个会战和三五个月时间着眼，如华野能于翌夜以前解决黄百韬，战局即可过关。届时如果已将邱、李包围，自应继续歼击。如果邱、李缩进徐州，或仅包围一部，则我应歼灭已包围之部，主力位于徐州以南、以东休息，抽出四五个纵队，协同我们歼击黄维，李延年运动之敌，而后攻击徐州。如果于歼黄百韬后，以七八两个纵队牵制邱、李，以六七个纵队先打黄维、李延年似为上策。

"以我们现有六个纵队，单独对付两路大军困难颇多，如取正面防御，必须分散兵力，不能歼敌，且仍有一路透过增援徐州之危险。如果取机动作战，不受保障徐州作战之限制，则可逐个歼敌，但对粟陈张作战不无影响。如果实行牵制黄维，打李延年5个军，至少须5个纵队，但以一两个纵队防御黄维均无把握。依我军态势，如李延年沿津浦东侧急进很不顺手，故我们仍拟只以第九纵与李、刘五个军周旋，集中五个纵队先歼黄维一两个军，再协同华野对付李延年。"

电报发出后，邓小平与刘伯承、陈毅又反复研究，发现虽说建议是正确的，但理由说得还不够充分。于是，他们再次致电中央军委，进一步分析了先打黄维的理由：打黄百韬已使用了华野的 6 个较能攻坚的纵队，10 余天尚未歼灭，如在部队相当疲惫的情况下，要歼灭比黄百韬兵团战斗力强的邱李两兵团难度较大。在李延年、黄维向北进攻的条件下，华野要尽快歼灭黄百韬，尔后主力转入休整，同时以尚未使用的部分力量用于南线，协同我们歼灭黄维、李延年，我们歼敌的把握性就会增大。

毛泽东在仔细研究了总前委的两封电报后，认为邓小平他们的意见是正确的，只是有些情况不甚明朗，难以做大的估计。这样，毛泽东当晚 17 时回电明确指出：我们的基本方针是和刘陈邓大体上是一致的。北线必须对徐州之敌作战，就目前来看只限制歼敌四五个师的范围，以便抽出必要兵力对付李延年。只要歼灭了至少阻止了李延年，华野的左翼才不受威胁，才能保证以后歼灭徐州之敌。

随后两天，毛泽东多次电示，战役第二阶段将我军主要力量集中于南线，歼灭黄维兵团或李延年兵团，要求华野对李延年兵团负完全责任。对邱、李、孙的作战，如有顺利发展的条件，可以再打一晚两晚，否则应当机立断，适可而止，抽出必要兵力，筹划歼灭李延年。只要歼灭李延年，战局便可改观。

毛泽东的意图已较原来发生了重大变化，注意力由徐州转向南线，并明确指出战役第二阶段将主要精力集中于南线，由中野歼灭黄维兵团、华野歼灭被阻于固镇地区的李延年兵团。

华野也复电说，完全拥护中央军委指示，以 7 个纵队监视徐州周围邱、李、孙兵团，其余兵力集中歼灭李延年兵团。但暂不能派兵直接配合中野作战。

对此，邓小平心里的"石头"并没有完全放下，兵力集中南线，这是可喜之处，可南线作战实际上还是要分兵两处，兵力显得仍有些分散。邓小平心里很清楚，中原野战军要是单独来"啃"黄维兵团难度太大了，就是华东野战军单独吃掉李延年兵团也有一定的难度。邓小平强调使用兵力应有主次地"交替"使用，在一定时间内只应有一个主要作战方向。在豫皖边战役中，邓小平指挥路南集团作战就是如此。首战柘城，邓小平使用第 6 纵队担任主要作战任务，第 7 纵队进行配合。次战攻取鹿邑城时，却使用第 7 纵队担任主要任务，第 6 纵队进行支援。再战亳州时，邓小平又以第 6 纵队为主投入作战。邓小平这种有主有次的"交替"使用兵力，不仅作战取胜的把握性大，而且便于应付意外情况，部队还能利用短暂的作战间隙进行休整，对夺取整个战役胜利较为稳妥。邓小平感到，小仗如此，大仗更应如此。

11 月 22 日，淮海战场局势发生明显变化，华野主力在碾庄地区全歼黄百韬兵团，正在向北推进的李延年、刘汝明兵团闻讯，因害怕被歼而迟迟不进。相反，黄维兵团在蒋介石的一再催促下，急于向徐州靠拢，在突过涡河、浍河之后，于 23 日在空军和快速纵队掩护下，气势汹汹地向浍河、南坪集一线中野阵地猛攻，先头部队已渡过浍河。

邓小平与刘伯承、陈毅密切地关注着战场情况的发展变化，认为，敌李延年、刘汝明两兵团行动迟缓，而黄维兵团远道而来，孤军冒进，歼击黄维兵团的时机甚好，便决定主动放弃南坪集，撤向南坪集东北地区，诱敌第十八军过河展开，尔后以中野两个纵队吸住第十八军，并切断浍河南北岸之敌的联系，同时以中野 5 个纵队向浍河南岸之敌出击，力求先割歼黄维兵团一部。此外，还指示华野以二个或三个纵队加入消灭黄维兵团的作战。深夜10 点，从南坪集方向不断传来隆隆炮声，邓小平坐在桌前代表总前委，疾书电文，将上述决心上报中央军委："歼击黄维之时机甚好，李延年、刘汝明仍迟迟不进。因此，我们意见除王张十一纵外，请粟陈张以两个纵队对李、刘防御，至少以四个纵队参入歼黄维作战。只要黄维全部或大部被歼，较之歼灭李、刘更属有利。如军委批准，我们即照此实行。"

邓小平等人的意见充分体现了毛主席"集中优势兵力。各个歼灭敌人"的作战原则，同时，又把连续作战放在更为稳妥可靠的基础上，它与中央军委关于淮海战役基本作战方针的精神是一致的。24 日 5 时，毛泽东复电："（一）完全同意先行黄维。（二）望粟、陈、张遵刘、陈、邓部署，派必要兵力参加打黄维。（三）情况紧急时机，一切由刘、陈、邓临机处置，不要请示。"华野负责人粟裕也表示完全拥护先打黄维的决定，并根据总前委的要求调整了兵力部署。

至此，淮海战役第二阶段以中原野战军为主，华东野战军配合，歼灭黄维兵团的决策终于定了下来。邓小平等人的战略建议，经中央军委同意付诸实施后，不仅对淮海战役第二阶段的胜利起了重大作用，而且对第三阶段的胜利也有重要意义。

中央军委和毛泽东从实际出发，把握战局发展趋势，果断采纳下级建议，改变决策，表现了实事求是指导战争的态度。以邓小平为书记的总前委统观全局，既坚决执行中央军委的指示，又勇于从淮海战场的实际出发，提出不同意见，表现了一个指挥员虚怀若谷，胸有全局，对革命事业高度负责的责任感，显示了从全局出发勇担重任的雄伟气魄和大公无私的革命精神。

1949 年 11 月 1 日，刘伯承、邓小平向第二野战军发布攻取大西南的命令，到 11 月中旬，杨勇、苏振华率领的五兵团已解放贵阳、遵义，继续向宜宾、泸州进击；陈锡联、谢富治率领的三兵团一部已占领彭水、准备渡乌江，一部已占领南川城，形成对敌宋希濂兵团主力和罗广文兵团的围歼之势。鉴于这种有利态势，邓小平和刘伯承命令各部加速推进，攻占重庆，以配合北路贺龙率领的十八兵团围歼胡宗南集团于成都地区。

不料，这时邓小平和刘伯承收到毛泽东的电报，要二野缓进重庆。电文说：据报蒋介石令胡宗南以汽车 800 辆运其第三军到重庆，请注意：（一）是否能吸引更多的胡宗南部到重庆。（二）我向重庆方面攻击之各军是否有必要稍为迟缓其行动，以利吸引较多的敌军据守重庆而后聚歼之。因为蒋介石自己在重庆，可能打一个聚歼汤恩伯于上海那样的好仗。

对重庆是急攻还是缓进？刘邓的作战方案与毛泽东的电报截然不同。但是，刘邓接到毛泽东的电报后，认真分析了当时战场上的实际情况。从军事上讲，我二野不日内将歼罗广文兵团于南川，敌孙震部兵力又单薄，如罗广文守不住南岸綦江，孙震又守不住涪陵至万县的江防，那么，蒋介石有可能改变其增兵重庆的计划。况且，胡宗南部从汉中车运重庆，根本来不及。蒋介石似不致将主力调置于此绝地。

邓小平果断地说，重庆应尽快夺取，南川罗广文兵团一旦被我拿下，占领重庆则如探囊取物。况且，我们在军事占领西南的同时，应着眼经营西南，重庆是西南重镇，工业发达，早日夺取重庆，不给蒋介石以破坏重庆工业的时间，以便拿下重庆，而后依托重庆供给大军经营全川。

基于上述考虑，刘邓当即给毛泽东回电，提出尽可能提前渡江，进占重庆。第二天，即 11 月 28 日晚 8 时，毛泽东回电同意刘邓的意见，请刘邓"依情况发展酌定之"。

刘邓下达了攻占重庆的命令。29 日和 30 日两天，三兵团一部迅速控制重庆外围长江南岸地区。蒋介石慌了手脚，29 日下午乘汽车直奔白市驿机场，在"美龄号"号座机里躲了一夜，30 日凌晨，蒋介石的座机仓皇起飞，逃往成都。当天，重庆落入我军之手。

蒋介石撤离重庆前，曾命令组织爆破专家和技术大队，用飞机空运来大批炸药，准备对重庆的重工业设施实行毁灭性大破坏。结果，由于解放军以迅雷不及掩耳之势攻取重庆，使蒋介石破坏重庆的计划来不及实施，重庆的工业设施基本完好地得以保存。

刘邓没有按照毛泽东的意见，而是依照战场上的实际情况出发，确定迅速攻占重庆的作战方案，作战结果证明是完全正确的。这正如邓小平所说的"过去我们打仗靠这个"，即实事求是，一切从实际出发。

四、不按"路数"，围而不阙

邓小平在指挥作战时，运用战法不生搬硬套，而是讲究实际，敢于创造，善于创造。淮海大战中所采取"围而不阙"的战法就是邓小平的一大发明。

1948 年 11 月上旬，黄维在确山地区接到蒋介石驰援徐州的命令后，即兼程东进，于 11 月 18 日黄昏迫近蒙城。

当时，担任阻击任务中野一纵已先期到达蒙城，与敌人展开了激烈的阻击战。随后，第二纵队也赶来参加了战斗。由于敌人攻击面很宽，一、二纵队防御力量过于薄弱，黄维兵团于 19 日渡过涡河。当天夜晚，一纵即赶至淝河沿岸板桥集地区继续阻击敌人，一直坚持到 21 日。

刘陈邓拟在肥河与涡河之间歼灭敌人，但因这一地区过于狭窄，不便于大兵团作战，故改变计划，准备在浍河与淝河之间歼灭敌人。

这时，黄百韬兵团已放弃碾庄，22 日，全军覆没。蒋介石为督促黄维北上援徐，对其封锁消息，命他率兵团立即行动，直取宿县，打通徐蚌，北援碾庄。

黄维是黄埔一期生，对蒋介石一向忠心耿耿，唯命是从。他虽然明白，攻占宿县，打通徐蚌根本不可能，而此去宿县必凶多吉少，但又不敢违抗蒋介石的命令，只好硬着头皮命令部队向南坪集进攻，准备打开通道，渡过浍河，向宿县前进。

黄维兵团在先后突过涡河、淝河以后，直向浍河扑来，11 月 23 日清晨向中原野战军浍河、南坪集阵地发起猛攻，先头部队已渡过浍河，气焰十分嚣张。

坚守南坪集阵地的是陈赓指挥的第四纵队。这一仗打得异常激烈，从早上 8 点直打到日落黄昏。敌人主力分三路进攻，使用了所有飞机、火焰喷射器、榴弹炮、坦克等重型武器，但在第四纵队的顽强围击下，始终未能接近阵地。

此时，我军主力部队尚未赶到，担任阻击任务的第四纵队任务艰巨，加上涡河、淝河间地区狭小，不利于大部队作战。邓小平分析，黄维兵团尽管气势汹汹，不可一世，但远道而来，既疲惫又孤立，有可乘之机。他和刘伯承、陈毅反复磋商，作出了一个大胆部署，命令主力从南坪集全线转移到浍河北岸，放开一个口子，并在浍河北岸让出一片地方，布置一个袋形阵地，引诱黄维兵团第十八军过河展开，尔后以中野两个纵队吸住第十八军，并切断浍河南北岸之敌联系，同时以中野 5 个纵队向浍河南岸之敌出击，采用围三阙一、网开一面、虚留生路、暗设口袋的战术，力求先割歼黄维兵团一部。

刘伯承和邓小平在中原野战军的历史上，无论是在太行山，还是在晋冀鲁豫，以及在大别山地区，采用这个战法，曾经打过许多胜仗，收效是很大的。然而，今天这样大的口袋战，在北有杜聿明集团，南有李延年、刘汝明兵团的情况下，张开的口袋要装近 12 万人，而且要把口袋扎起来，全歼这 12 万敌军，却是从来没有过的。邓小平，这个年仅 44 岁的中共淮海前线总前委书记，面对这个重大问题，他在指挥所作战室对着地图沉思着。

邓小平按照毛泽东主席关于不到决战的时机，绝不轻易决战，决战时机已到，就要下决心，全力以赴地去争取决战胜利的指示，对"围三阙一"的战法再作进一步地考虑和决策。这个重大战术问题，一定要慎而又慎。

邓小平看到，在中原野战军合围黄维兵团的几天中，蒋军曾多次向中原野战军阵地发起猛烈攻击，企图冲破包围圈，扩展他们所占地区和据点，几乎一个村一个村地争夺，这样，中原野战军便由运动战转为阵地战了，伤亡也比较大。敌人成密整队形防守，逐村顽抗，很难割裂，如果再使用"围三阙一"的常规，故意放开一个缺口，让敌军突进预设的口袋形阵地，在运动中予以歼击，那么敌人往往采取进占一村，巩固一村，逐步滚进的办法，岂不让敌人钻了扩占地盘、伺机突围的空子吗？如果被敌人突出包围圈，不但无阻住的把握，而且敌人多占一村，不仅可利用解放军原有工事组织防御，而且可获得较多的民间粮食，这些对我军都是不利的。

同时，这一带的地形对我有利对敌不利。黄维兵团是国民党的嫡系精锐，全部美械装备，是一支机动力与战斗力都很强的部队，选择有利的地形遏制敌长处的发挥并将敌合围，是歼灭敌人的关键。就作战地区的地形来看，从阜阳至宿县这段路，有 5 条东南西北走向的较大河流与数条小河流，不便于敌机械化部队的机动与作战。所以，邓小平和张际春副政委大胆地提出了一个反常的战术——"围而不阙"，用阵地战消灭之，采取四面包围，把敌人包死。

《孙子兵法》主张"围师必阙"。刘伯承用兵，长期采用的也是"围三阙一""网开一面"的战术。黄维兵团北渡浍河后如入无人之境，总前委用的仍是"围三阙一"的战术，有意对敌军"网开一面"，以引诱敌军继续北上。由于"围而不阙"这一战术颇为反常，因而一时产生过异议。

两野战军司令部另一些首长还是倾向于"围三阙一"的战法。这次，刘伯承对这种战术的讨论是站在那一边呢？在这关键时刻，他语气坚定地说："邓政委和张副政委的意见是对的。"并接着说："我猜你们中有人会说，我们以前经常采用'围三阙一'的战法，也很灵啊。"

刘伯承猜中了，有位同志笑着说："我就是这样想的。"

刘伯承接着说："邓政委说得对，情况是变化的，要根据实际决定战法，该'阙'就'阙'，不该'阙'就不'阙'，绝对要不得教条。"

解放军放弃南坪集后撤，使黄维产生错觉，以为攻击得手，遂令十八军于24日经南坪集渡过浍河，其余部队陆续跟进。当十八军通过南坪集进入浍河以北四纵、九纵布置的袋形阵地后，黄维很快发觉中了圈套，又急令十八军缩回浍河南岸，这时，中野各纵主力趁敌人混乱之际展开猛烈攻击，将黄维兵团压缩在瀿河与浍河之间，以双堆集为中心的纵横不到15里的狭小地区内，完成了对敌人的包围。其后方补给线则早已被切断。

对敌实施"瓮中捉鳖"和"关门打狗"的战略，要有足够兵力，因此，孙子讲要"围师必阙"，三十六计中"关门捉贼"讲"只对小敌因之"，林彪在辽沈战役初期不敢南下北宁线，切断东北守敌的退路，兵力不是几倍于敌也是他的顾虑，而邓小平为总书记的总前委在敌众我寡的形势下敢"关门打狗"，与敌决战，表现了邓小平等非凡的胆略和高超的指挥艺术。

在很大程度上，这种"围而不阙"是一种"饥饿"战术，其主要出发点是敌多占村就"可获得较多之民间食粮"，其主要目的也是要以"困饿之办法"对付敌军。敌军的高级指挥官一贯过着奢侈豪华的生活，哪里知道这种战术的厉害。在这个地区，敌人的前后既有河流阻碍，又有我军阻击，左右均有我军主力部队，敌被歼的命运已经注定。可见，这个决策是非常正确的，抓住了制敌的关键。通过半月左右的这样又打又饿，刘陈邓估计敌军已被折磨得差不多，而我军在攻坚、对付敌军的新式武器，对付在飞机、大炮、坦克联合作战条件下的敌军等方面也取得了经验。

邓小平和张际春在战后的报告中作了这样的总结：由于我阻击部队的英勇顽强，给敌人以很大的杀伤；诱敌进入浍河北岸袋形阵地内，造成了敌人在收缩时的极大混乱；利用敌军轻视我军，侧翼兵力不足的弱点，使我侧翼部队很顺利地实施了出击的计划；由于我出击行动勇猛，加深了敌军混乱，并杀伤敌人达数千之众，使第十八军基本丧失了作战能力。曾考虑放开一个缺口，让敌突进我预设的袋形阵地，以便割裂、牵制敌人。但由于判断敌人必采取逐步滚进的战法，且可利用我原有工事组织防御和获取较多的民间粮食，于我不利，因此放弃了这一想法，坚持紧缩包围圈、继续困饿敌人的办法，事实证明是对的。

五、得算在庙　胜券稳操

凡事预则立，不预则废。庙算，指在庙堂上计算。古人视用兵为国家大事，在庙堂中进行战前运筹。而战之胜负，决定于"庙算胜者，得算多也"；"庙算不胜者，得其少也"。庙算内容，主要是讲战略决策上的策划和作战中的谋略思想。毛泽东在著名的十大军事原则中提出："不打无准备之仗，不打无把握之仗，每战都应力求有准备，力求在敌我条件对比下有胜利的把握。"他主张，有准备、有把握的胜仗，战前必须进行必要的侦察，然后作出正确的判断，下定战役（斗）的决心，制定正确的作战部署。邓小平成功指挥渡江战役，体现的兵法原则之一就是得算在庙，稳操胜券。

邓小平认为，渡江作战是人民解放军所面临的一项新的作战任务，也是粉碎蒋介石政府"划江而治"反动阴谋的重要一仗，更是能否实现党中央、毛泽东关于"将革命进行到底"战略方针的关键一仗，必须充分认清形势，统一思想，权衡利弊，精心筹划，乘我三大战役胜利之威，充分准备，积力蓄势，给长江守敌以突然猛烈而致命的一击。为此，邓小平多次主持召开渡江作战会议，反复研究渡江作战计划。

在邓小平主持下召开的总前委会认为：渡江作战是人民解放军作战的一个新课题，参加作战的指战员大部分是北方籍，不习水性，对长江情况了解不多，存有各种思想顾虑；各级指挥员也缺乏组织指挥大兵团强渡江河作战的经验，而且又没有现代化的渡江用具和器材，只能以木帆船为主要渡江运载工具。面对这种实际条件，要突破国民党军以陆海空军组成的长江防线，困难的确是不言而喻的。

然而，邓小平及总前委经过综合分析也认为：总的形势对我人民解放军也有诸多有利因素：一是防守长江下游的汤恩伯集团战斗力不强，缺乏精锐部队，而且战线太长，兵力不足，长江防线漏洞较多；二是长江在 5 月桃汛之前水流平稳，利于航渡；三是南京以西江面较窄，国民党军防守薄弱，更有利于我人民解放军组织渡江。另外，芜湖、江阴段江道逐步向北突出，沪宁、宁芜铁路与江道平行，利于我解放军对南岸的国民党军实施钳形攻击，迅速形成对南京、镇江地区国民党军包围的态势，并在渡江后可立即占领控制铁路线，使国民党军无法利用铁路进行机动。从士气上讲，我人民解放军刚刚夺取了三大战役的伟大胜利，军心振奋，士气高涨，势不可当，而国民党军则恰恰相反，兵败如山倒，连连败退，损兵折将，士气低落，元气大伤，战斗力更是一落千丈。

鉴于上述分析，邓小平和总前委的首长对夺取渡江战役的胜利充满信心。

在邓小平主持下，1949 年 3 月下旬，总前委连续召开了总前委扩大会议和华东局会议，专门讨论研究渡江作战的具体部署。会后，邓小平要陈毅将讨论的情况整理一下，陈毅又把任务交给华东野战军参谋长张震。张震按照会议讨论意见，写了两个野战军渡江作战的计划、方案，主要讲的是哪个兵团、哪个军向哪个方向打，怎么打、怎么突破防线等。邓小平看了之后说，这个文件对组织部队作战是可以的，但上报军委和指导战役全盘，就显得太具体了，作为总前委，应该站很高一些，更原则一些。于是他亲自动手起草了《京沪杭战役实施纲要》。3 月 31 日，他又召集有关领导同志反复研究讨论，随即上报给中央军委并下发给野战军各兵团以上单位，很快就得到了中央军委的批准。

《纲要》精确地计算了敌方的兵力及可能使用情况，准确估计了战役中敌人可能采取的行动及战场态势发生的变化，明确地提出了根据敌人的行动我军所采取的作战方案。《纲要》是总前委集体智慧的结晶，同时也体现了邓小平高屋建瓴、举重若轻、化繁为简、宏观控制的谋略水平和指挥艺术。

邓小平要求，以两大野战军全部兵力，歼灭全部或大部蒋军，占领苏南、皖南及浙江全省，夺取京、沪、杭，彻底摧毁国民党反动政府的政治经济中心为目的。

为此，在作战部署上，总前委决定：将已经在安庆至黄港地段沿江北岸展开的第二、第三野战军部队，以适应以南京为中心的突出部地形，分别编组成东、中、西突击集团。首先以中集团从芜湖、南京段突破，击敌左侧背，切断敌南撤道路；再以东集团从镇江、江阴段突破，切断南京、上海间交通，割裂敌人防御体系，尔后视情况留必要兵力控制京沪线，以主力协同中集团挺进合击可能南撤的敌主力于太湖西侧朗溪、广德地区。

鉴于镇江、江阴段敌防御部署兵力较强，为保证东集团的渡江突击，除加配炮兵支援作战外，还决定东集团比中、西集团晚一天发起渡江作战，以减轻敌人对东集团的压力。为保证第三野战军中、东集团的渡江突击，第二野战军由安庆东、西地段擅江，进击浙赣线。总前委对西、中、东各集团的具体作战行动作了明确的部署。

为了保证西集团渡江后右翼的安全，军委还指示第四野战军的第十二兵团和江汉、桐柏、鄂豫军区部队约20万人分别以一部兵力进占稀水、靳春、黄梅等白崇禧集团的防区，牵制九江方向的敌人；以另一部兵力进占武汉外围的孝感、黄欧，造成进攻和夺取武汉的态势并准备在武汉至九江的地段渡江南进。

从敌人兵力部署来看，兵力配置东重西轻，南京地区、上海地区是敌人防御的两大要点。上海地区的江防，不仅有敌重兵防守，而且地形也不便于我军登陆突破。南京是国民党的统治中心，政治地位非常重要，一旦被我军夺取，对敌人的政治影响极大。因此，以邓小平为书记的总前委将南京作为渡江后首先夺取的地区，上海放在最后解决。怎么样才能夺取南京地区呢？邓小平指出，无论敌采取何种处置，情况发生何种变化，中、东两集团都要实施东西对进，力求迅速会合，打乱敌防御体系，达成割裂敌人之目的。

邓小平进一步分析判断了我渡江成功之后、敌人可能采取的行动，一是收缩兵力于京、沪、杭三角地区和南京、芜湖地区，控制南京、上海、杭州、芜湖、镇江、无锡诸要点，并利用我东西两军相距尚远之际，集结兵力与我突进至京沪线上之东线兵团实行决战，而以芜湖以西各部退至浙赣线上，以保障其退路。二是向后撤收，一线在无锡、南京、芜湖及其以南地区布置防线，利用浙赣铁路迅速转运兵力，控制浙赣沿线，确保南京、芜湖两要点，并求得割断东西两军之联系，然后再视情况，或在京、沪、杭三角地区与我决战，或退在浙赣线上与我决战，或沿浙赣线作战略之撤退。三是主动放弃武进、镇江、南京、芜湖地段，沿江各敌全线向南退集浙赣线上无锡、上海、杭州沿海地带，以便利用铁路和海口作顽强之抵抗，或作有秩序之撤退。四是在情况不利于撤退的时候，分别固守京、沪、杭诸点，以图顽抗。但是邓小平坚信，只要我军渡江成功，无论敌人采取何种处置，战局的发展均将发生于我有利之变化，并有可能演成敌人全部混乱的局面。这种估计，贯穿着胜利时想到困难，困难时想到胜利这样一种辩证法思想。

鉴于上述对敌人可能采取的行动的分析，邓小平强调指出，整个战役的准备，应以能够应付第一、第二两种情况为出发点，要计算到我东线兵团渡江成功之后，可能遇到严重的战斗，故西线兵团应给以及时有力之支援。但是，无论敌人采取何种处置，情况发生何种变化，西线之三野第七、第九两个兵团，除留必需兵力协同二野歼灭当面之敌外，主力应与东线二野之第八、第十两兵团实行东西对进，力求迅速会合。此着成功，既可使东线兵团不致孤立，使东线主力作战有必胜之把握，又可做到打乱敌人的作战体系，达成割裂包围敌人之目的。故此着实为全战役之关键。对此，刘伯承说：这一决策体现了"稳健"二字，有二野、三野形成的两个拳头直捣国民党统治中心宁、沪、杭，又以四野重兵进逼武汉；既集中打击汤恩伯集团，又牵制白崇禧集团，还能在渡江后以足够力量对付美国可能进行的武装干涉。

在战役的具体行动上，邓小平明确提出：如敌实行第一方案，则应集结三野四个兵团的主力甚至全力于京沪线上的决战方面，而以二野之一个兵团进至衢州及其以北以西地区，截断浙赣线，二野主力应沿江东下担任攻占芜湖及准备攻取南京之任务；如敌实行第二方案，则可改以二野主力出浙赣线，余同第一方案。如敌实行第三方案，则以二野一部接替南京警备，主力解决浙赣线上之敌，三野全力负责解决沪、杭、无锡地带之敌。如敌实行第四方案，则以二野解决南京，三野解决沪、杭。在步骤上，宜将上海放在最后解决较为有利。如敌完全混乱，则依实际情况临机处置。为实现这样几种方案，邓小平在《纲要》中对作战部署作了明确的规定。

邓小平拟定的"纲要"，突出体现了毛泽东"不要轻敌一点，甚为重要"的指示精神，周密地判断我军渡江成功后，敌情可能发生的变化。变化主要之点是敌军收缩兵力于京沪杭地区，控制要点，集结兵力与我军决战。所以，要预先设想可能遇到的严重战斗。

后来出现的局面，敌军大体是大混乱、总退却、固守上海。由于我军既整齐有序，又机动灵活，因而既打了战上海等大仗，又不失时机地猛追敌军。邓小平赞赏地说，从 4 月 23 日占领南京到 5 月初这半个月内，我军追击到了福建的北部，江西的东北部，前进了 1500 里。敌人在这样的追击下，没有可能整理队伍，因而受到的打击也就更大。

邓小平亲自精心拟制的《京沪杭战役实施纲要》，从客观实际出发，分析全面透辟，部署精炼明确，态势设计巧妙，战法得当可行，充分体现了邓小平高屋建瓴，举重若轻，化繁为简，抓住关键，宏观决策的鲜明特点和指挥艺术，为渡江战役形成强劲攻势奠定了极其重要的基础。

六、慎思决断，相机而发

邓小平用兵打仗，既胆略过人，又严谨慎行，他把胆略建立在严谨、周全的作战准备基础之上。邓小平指挥作战是非常细致入微的，在一些关节点上，他常常是连细节也会关心的。即使是已经稳操胜券，邓小平也不会有丝毫的懈怠。这种指挥风格，源于邓小平对革命事业和对战士生命的极端负责精神。

1949 年春，国民党的败局已定，其苦心经营的长江防线，明眼人一看便知已不堪一击，就连蒋介石本人也不相信长江会给以多大帮助，早早就把家当搬去了台湾。但担负渡江战役总指挥、总设计的邓小平，仍然精心组织战前准备，从敌的部署到我军的具体战术，他都考虑得非常细。

邓小平深深懂得，渡江作战准备在形成了如破竹之势的基础上，更要节如发机，实施短促而猛烈的作战行动，给敌以强烈的心理震撼和巨大的精神压力，以谋求对敌作战的绝对优势。为此，邓小平和总前委对渡江作战开始时间进行了精心选择和把握。

2 月 9 日，邓小平主持总前委召开会议，具体研究渡江作战的有关问题。在时机的选择上，邓小平认为，时间选在 3 月半出动，3 月底开始渡江、过江，虽然在政治上、季节诸方面更为有利，但许多必须的准备工作都来不及，难以形成绝对优势。于是，总前委当天向中央军委建议："以在三月半出动，三月底开始渡江作战为最好。"那时，国民党内部矛盾尚未解决，在军事部署上，尚在守沿江南岸和宁、沪、杭诸点，或将主力撤至浙赣铁路沿线两侧之间举棋不定，这时渡江较为有利。在季节上，4 月初水小雨少，更便于作战。如推迟到 4 月出动，4 月底 5 月初渡江，则敌在政治上和军事上有更多准备。

中央军委、毛泽东同意了邓小平的建议。

到了 3 月中旬，党中央决定与国民党政府进行谈判，日期定于 4 月 1 日开始，大约在 4 月 5 日以前即可判明有无"和平渡江"的希望。于是渡江日期又确定为 4 月 10 日，即"开始谈判 10 天或 5 天后我军即实行渡江，迫使对方或者签订有利于人民的和平协定，或者破裂谈判，担负继续战争的责任。"4 月 6 日左右实行夺取北岸据点的作战。

长江自古有天险，渡江战役要一举成功，军事上必须做最充分的准备，有充分的把握。如果 4 月 6 日发起攻占江北据点，需要四五天，尔后还需一段时间疏通港口，掘渠翻坝，布置渡船，以便在渡江前于江北岸一字排开。这样，原定 4 月 10 日的时间太仓促。为了使战前准备更加充分、确实，邓小平和陈毅向军委建议正式渡江作战可否延至 16 日为宜。

军委鉴于对谈判有利，将渡江作战时间又定于 13 日或 14 日。邓小平、陈毅、谭震林则致电中央军委，认为 4 月 13 日正是阴历 16 日，月光通宵，渡江作战行动无法隐蔽，难以达成战役、战术上的突然性。因此，建议渡江作战推迟至 4 月 15 日黄昏发起，因这时正值阴历 18 日下午 21 时前，昏夜有利于我军渡江。

邓小平亲自执笔将 4 月 15 日 18 时作为正式渡江战役发起时间，写进《京沪杭战役实施纲要》，并指挥部队开始进入渡江战役的全面准备阶段。

然而，由于我党与国民党政府的谈判进展不顺，有可能使渡江作战继续拖延下去。对此，邓小平及总前委甚为忧虑，又给军委发报，分析说："每年阳历五月初开始涨大水，而且五月的水比七八月还大，两岸湖区均被淹，长江水面极宽，届时，渡江作战将发生极大困难。同时现我百万大军拥挤江边，粮食、柴草均极困难，如过久推迟，则必须部队后撤就粮、就柴草。所以我们建议，只有在能够保证和平渡江的条件下，才好推迟时间，否则亦应设想敌人翻脸，大江不易克服时，准备拖延至秋后过江。果如此，则从 5 月起的大军供应必须由老解放区重新准备，此点亦甚重要。按目前部队情况，立即渡江把握颇大。先打过江，然后争取和平接收为更有利。"

毛泽东认为，签订一个协定而后前进，"对几方面都有利——对人民有利，对人民解放军有利，对国民党政府系统中一切愿意立功赎罪的人们有利，对国民党军队中的广大官兵有利，只对蒋介石死党，对帝国主义者不利。""也许签订一个全面性协定对于南京方面和我们方面，都比较不签订这个协定，来得稍微有利一些，所以我们还是争取签订这个协定。但是签订这个全面协定，我们须得准备应付许多拖泥带水的事情。不签订这个协定而去签订许多局部协定，对于我们要爽快得多。虽然如此，我们还是准备签订这个协定。"

不久，毛泽东又根据谈判情况，电示总前委："依谈判情况，我军须决定推迟一星期渡江，即由 15 日渡江推迟到 22 日渡江。此点请即下达命令。"为了避免松懈士气，毛泽东在电报中特别叮嘱邓小平、陈毅说："你们下达推迟渡江的命令时，不要说是为了谈判，而要说是为了友军尚未完成渡江准备工作。"

邓小平和陈毅完全相信自己的部队，他们在给二野、三野前委及各兵团党委的电报中直接说明了推迟渡江的真正原因，讲清道理：

此次我军推迟一星期渡江，完全是在政治上和军事上所必须采取的步骤。但因此也容易产生松懈战斗意志和迷失方向的危险。为此，必须在师以上干部中说明：

——和平谈判颇有进展，有可能在最近签订协定。此种协定实际上就是国民党的投降，故于全局和人民有利。

——我们渡江应站在政治上最有利的地位的基础上进行，即是说如果谈判破裂，责任在对方。如果协定签字后对方不实行或拖延执行时间，其责任亦在对方。我们在谈判结束（破裂或成立协定）之后渡江，则是理直气壮的。而且当我们在政治上做到这一步时，敌人内部将更加瓦解，好战分子内部更加孤立混乱，不仅争取了主和派，还可能分化一部分主战派。全国人民必更拥护我们。届时，无论和平渡江或者战斗渡江都更有利。

——如果政治需要时，还可能再一次推迟几天。所以，在部队中要一面防止急性病，一面防止战斗意志的松懈。

这就是邓小平和陈毅的风格。他们要求部队必须把着眼点放在战斗渡江上。因为要估计到国民党军队大部分还握在蒋介石死党手上，即使签了协定，他们都还有继续抵抗的可能。所以，我们一切应从战斗渡江出发，而且因为敌人必然利用此时间加强其沿江军事准备，故我们亦应利用此时间更充分地进行军事准备，如果放弃了自己的战斗准备，那不仅是错误的，而且是危险的。

为了进一步消除部队的思想顾虑，电报进一步提出：大家最担心的季节和江水问题，中央对此亦极重视，计算时间，本（4）月底以前江水尚不致有大变化。时间推迟的另一大问题是粮食、柴草、油盐，各兵团必须具体计算，拟出办法报告我们，以凭解决。

指示电的最后特别强调："在延长渡江的时间内，中心工作仍应放在加强战斗准备。"

指示电不仅将军委的指示精神融于其中，贯彻落实，而且还结合本部队的实际，明确了要求，这对于部队继续做好渡江工作战斗准备，具有极其重要的作用。尤其是从政治斗争和军事斗争相结合的需要出发，教育引导全军将士正确理解军委指示，统一思想认识，加强思想教育，做好思想准备等方面，更有其重要意义。与此同时，邓小平又风尘仆仆、冒雨赶赴桐城，和刘伯承、张际春、李达等召开二野高级干部会议，保证渡江作战的各项准备工作更好地落实。

可是，毛泽东于 4 月 16 日又指示邓小平、陈毅等，在把立脚点放在谈判破裂用战斗方法渡江的基础上，是否可能再推迟 3 天，即 25 日渡江。

然而，就在两大野战军全力以赴地进行渡江作战准备的时候，4 月 17 日，总前委作战室的一部缴获的无线电接收机收到一条极有价值的信息：国民党京沪杭警备总司令部成立了由汤恩伯兼主任的政务委员会。邓小平敏锐地意识到，蒋介石不会在和平协议上签字了，渡江作战已成定局。立即以总前委的名义致电中央军委，报告了上述情况，表示：我们一致认为，在确定 22 日夜开始，不再推迟为好。在政治上敌人可能采取拖延政策，以便团结内部作最后抵抗。要真正解决问题，只有我们渡江成功后才可能，所以在政治上无绝对必须的条件下，务请不再推迟至 25 日。从前方讲，这样做困难甚多，延长一天时间增加一分困难，不但影响士气，人民不安，特别是把我们各个有利渡江的地点都暴露了。

中央军委同意了总前委的建议，复电："二野、三野各兵团于 20 日开始攻击，22 日实行总攻，一气打到底，完成渡江任务以后，再考虑略作停顿，采取第二步行动。"同时指示："此次我百万大军渡江南进，关系全局胜利极大，希望我二野、三野全军将士同心同曲，在总前委及二野三野两前委领导下完成伟大任务。"

正是由于邓小平注重从战局的发展变化和渡江作战准备的实际出发，灵活地确定了渡江作战的最佳时间，为部队充分做好作战准备提供了必要条件，由此形成了对敌绝对优势，也为夺取渡江作战的胜利奠定了基础。

第三章
谋全局大势为本

战略是全国性的，打仗从来有进攻方向，有牵制方向，一头担轻的，一头担重的。因此，无论我们担着哪一头，千万不要忘记整体，随时随地都要处理好局部和全局的关系。

——邓小平

中国有句古话，不谋万事者，不足以谋一时，不谋全局者，不足以谋一域 。意思是说，不善于考虑长远利益的人就不能策划好眼前的利益；不懂得谋划全局利益的人，就不会谋划好局部的利益。尤其在充满概然性和不确定性的战场上，谋万事、谋全局就显得更为重要，因为战争是由一个一个战役、战斗组成的，只有从战略利益的高度着眼，才能谋划好每一次战役、每一场战斗。反之，谋划好每一次战役、每一场战斗，必须着眼于战略利益，着眼于战略全局，非此则难以制胜。邓小平从领导百色起义到指挥威震中外的淮海大决战，从百色起义前敌委员会书记到淮海战役总前委书记，从中共中央秘书长、八路军政治部副主任到中共中央晋冀鲁豫中央局书记，从抗日劲旅一二九师的政治委员到解放战争中赫赫有名的"刘邓大军"的政治委员，一直是我党我军的高级将领、大战略区的负责人，他在与敌军事斗争中，总是善于站在斗争的全局上分析问题、思考问题、筹划问题，善于围绕着全局的需要和可能出主意、想办法、定计划，积极完成好服从大局、服务大局、保障大局的任务。

一、全局在胸，举重若轻

邓小平的兵法思想首先表现在对战略上的深谋远虑，运筹帷幄。他在每一重大历史关头都胸有全局，腹有良谋，高瞻远瞩，洞察未来。毛泽东说邓小平"人才难得"。"难得"之处，就在于他具有抓全局、抓大事的卓越的领导才能。他善于从战略高度和全局观点思考问题，筹划和指挥战役战斗，把战役战斗与战略全局很好地结合。

所谓战争大局，是指战争的总态势、总形势，或是整体利益，全局利益，或者是总目标、总要求。所以，大局决定局部，大局好了，局部最终必然会好。反之，大局不好，局部最终也不会好。可见，能不能正确处理大局与局部的关系，往往是指挥员指挥水平高低的重要标志。

毛泽东曾说过："要求战役指挥员和战术指挥员了解某种程度的战略上的规律，何以成为必要呢？因为懂得了全局性的东西，就更会使用局部性的东西，因为局部性的东西是隶属于全局性的东西的。"（《毛泽东选集》，第1卷，175页）邓小平有一句名言："战略是全局性的，打仗从来有进攻方向，有牵制方向，一头担轻的，一头担重的。因此，无论我们担着哪一头，千万不要忘记整体，随时随地都要处理好局部和全局的关系。"邓小平指挥作战，得心应手，用兵自如，愈战愈勇，越战越妙，不愧为"常胜将军"。这个"自如"，往往来源于对战略问题的透彻了解，来源于深邃的战略眼光。他遇事先想大局，谋事先为大局，处事先顾大局，从而增强了斗争的预见性，争取了斗争的主动性，达到了斗争的有效性。毛泽东评价邓小平时有一句著名评语："这个人比较顾全大局"，这是邓小平战略眼光的基本表现，也是邓小平成功的基本方略。江泽民在论述邓小平鲜明的革命斗争风格时曾高度评价说："他目光远大，胸襟开阔，善于从全局着眼来观察和处理问题，并且总是要求党的高级干部要着眼大局，顾全大局，一切从大局出发。"

着眼于全局，是邓小平指挥作战的一贯风格。邓小平这一风格，早在战争年代的对敌斗争中，从理论到实践，就为全党全军树立了关注大局、洞悉大局、驾驭大局、推进大局的光辉典范。他坚持从中国革命战争战略全局的高度上认识问题和处理问题，把具体的部署与党中央制定的总的战略方针联系起来考虑，把局部放到全局的天平上衡量，不仅自觉地坚持局部服从整体、战役服从战略，在中央统一的战略部署下，坚定而有效地工作，而且善于从本战略区的实际出发，创造性地贯彻执行中国正确的战略方针和决策，运用马克思主义的立场、观点和方法，提出许多深刻的战略见解。可谓是善谋全局的大师，这也是他与敌军事斗争艺术中的精彩之笔。

抗日战争时期，邓小平与刘伯承一起，坚定地贯彻党中央"基本是游击战，但不放松有利条件下的运动战"的战略方针，率领抗日军民，活跃于太行山区，先后取得了伏击长生口、歼敌神头岭、激战响堂铺"三战三捷"的重大胜利。接着，粉碎日寇九路围攻，胜利开展白晋路破击战和著名的正太路破击战等战役。

解放战争时期，邓小平作为解放军四大战略力量之一的领导人，深刻领会党中央、毛泽东的战略意图，一切着眼于战略全局，一切服从战略全局，驰骋于江淮河汉之间，依托三山（泰山、大别山、伏牛山），逐鹿中原，决战淮海，屡建奇功。

1945年9月，当蒋介石图谋挑动内战，破坏重庆谈判，密令阎锡山以13个师的兵力向上党地区进攻时，为赢得战略上和政治上的主动地位，邓小平与刘伯承根据中央军委的指示，坚决果断地发起了上党战役，歼灭国民党军11个师及一个挺进纵队共3.5万人。这一战略行动，有力地配合了毛泽东赴重庆谈判，促成了国共"双十协定"和停战协定的签订。

1946年夏天，国民党反动派撕毁停战协定，对解放区发动大规模进攻。为了粉碎敌人的阴谋，我晋冀鲁豫野战军主力东出陇海，配合华东野战军，在津浦路两侧作战，吸引中原之敌向北，掩护李先念率领中原野战军向西突围。8月中旬，刘邓首长指挥部队在150公里的宽大正面上，突然向陇海路兰封至黄口段沿线之敌发起进攻，经过11天的激战，歼敌1.6万余人，取得重大胜利。

1947年，在解放战争的战略转折关头，为把战争引向蒋管区，实现敌我态势的根本转变，在毛泽东急电"陕北情况甚为困难"的紧急情况下，尽管敌我力量悬殊，征途面临无数艰险，刘邓把战略全局利益放在第一位，毅然决然、义无反顾地迅即开始千里跃进大别山的战略进军。没有后方根据地为依托，没有友邻部队支援，这支大军在数十万国民党敌军的围追堵截中，跨陇海路，越黄泛区，过沙河、汝河、涡河、淮河，突破国民党自诩为足抵"四十万大军"的东方马其诺防线，直插国民党、蒋介石统治的中心腹地，揭开了解放军对国民党军战略反攻的序幕，把解放战争推向了一个伟大的历史转折点。

这突出体现了邓小平的统筹全局的卓越的战略才能，充分展现了他全局在胸的高尚情怀。他强调要从解放战争的全局来认识大别山斗争，进而认识中原大逐鹿。如果没有高度的战略意识，没有坚忍不拔的战斗精神，没有对党中央战略意图的深刻理解，要胜利完成这一战略进军任务是不可能的。

在大别山反"清剿"战役进行的过程中，敌兵力数倍于我，且正处严冬，地瘠人贫的大别山区粮食非常困难，我军财政紧张，作战条件极为艰苦。然而，就是在这种险恶的环境中，邓小平首先考虑的还是如何更为有效地牵制敌人以配合友邻的问题，而不是设法把敌人赶出大别山，以缓解大别山的严重形势。邓小平认为，从全局来说，只要把敌人拖在大别山，局部就获得了关键性的胜利，也就打下了获得全局胜利的基础。

1947 年 12 月下旬，中央军委为缓解大别山的严重局面，命令粟裕率 4 个纵队迅速南下，与陈谢集团会合，沿平汉路直迫武汉，以吸引和调动一部分敌人出大别山，以减轻大别山的压力。当邓小平得知后，立即复电表示，刘邓大军在大别山的任务，就是要吸引敌人的重兵于自己的周围，使兄弟部队能够展开反攻，大量歼敌。因此，自己再苦也要坚持住，不能分散兄弟部队的力量。于是，他向中央军委建议，陈粟、陈谢对大别山的支援不宜急躁，而要立足于长远考虑。他说："我们在大别山背重些，在 3 个月内，陈粟、陈谢能大量歼敌……对全局则极有利。"

1948 年 2 月 7 日，中央军委鉴于中原形势的发展，致电邓小平率部出山，配合其他两路大军打中等以上规模的歼灭战。当时，大别山根据地已经确立，地方武装和地方政权的发展和巩固，已经基本具备了独立坚持大别山斗争的条件和能力。因此，邓小平完全赞同中央军委的决策。至于出山的时间，邓小平因考虑到整个中原战局的情况，主张"主力兵团不宜抽得过早"。邓小平这样想，原因是多方面的，其中一个重要的原因就是考虑到其他两路大军经过几个月的连续作战，消耗也很大，也需要休整与补充。如果此时结束战役主力马上出山，势必将部署在大别山周围的敌人吸引到北面。这样一来，虽减轻了大别山部队自身的压力，却不利于华野和陈谢兵团的休整，更不利于整个中原战局的发展，不利于上级意图的实现，对全局造成不好的影响。为此，邓小平率领部队又在极为困难的情况下主动坚持了近一个月，不仅反"清剿"战役取得了更大的胜利，而且保证了两路大军从容地会师中原，为推动中原战局的发展奠定了基础。

　　建立巩固的中原根据地，这是中央军委和毛泽东的战略意图，是大局。邓小平从这个大局出发，把握住了大别山反"清剿"这一关键性的局部，将敌重兵拖在了大别山，这样就完全打破了敌中原战局的战略平衡，分割了敌人全局与局部的关系，使敌人顾此失彼，我军兄弟部队就可进行广泛的机动作战，大量地歼灭敌人，有利于最终建立中原根据地，从而把局部拖住敌人的胜利转化成了全局上的胜利。

　　1948 年底至 1949 年初，在威震世界的淮海战役大决战中，邓小平作为总前委书记，全局在胸，指挥若定，经过 65 天的鏖战，全歼国民党精锐部队 55.5 万人。在战役的第二阶段，邓小平审时度势，根据战场实际情况，提出了集中中原野战军、华东野战军一部首歼蒋介石王牌军黄维兵团的重大战略建议。尽管这一险棋面临极大的风险，但为了全局的胜利，邓小平坚决表示："只要歼灭了南线的敌军主力，中野就是打光了，全国各路解放军还可以取得全国胜利，这个代价是值得的。"淮海决战的辉煌胜利，使邓小平作为无产阶级军事家、战略家的宏大气魄、宽阔胸怀和超凡的胆识得到了充分的展示。

二、大谋善断，举重若轻

　　邓小平不仅能够胸怀全局，而且善于驾驭全局，举重若轻。1950 年 6 月，中共七届三中全会期间，周恩来与曾在晋冀鲁豫军区担任副政治委员的薄一波聊天，问到对刘伯承和邓小平怎样看。薄一波没作正面回答，而是反问周恩来。周恩来爽然一笑说，他们两人的工作方法各有特点，小平同志是"举重若轻"，伯承同志则是"举轻若重"。并说，他喜欢"举重若轻"，但无法做到，只能和伯承同志一样"举轻若重"。

　　用"举重若轻"来形容邓小平的军事指挥风格是非常恰当的。在复杂环境里，在许多工作任务中，抓住主要环节，勇往直前。作为一位大军事家，邓小平大谋善断，举要治繁，善于在重大问题和关键环节上动脑筋。他处理重大问题果断、老练、利落，驾轻就熟，表现出举重若轻，挥洒自如的指挥风格和驾驭艺术。

邓小平一向以举重若轻、擅长以柔克刚著称。早在革命战争年代，他这方面的优良素质就得到充分地展现。无论身处多么严酷的环境，无论面对多么凶恶的敌人，邓小平在思想上从来都是持藐视态度，并以行动上的持重老练和大智大勇，克敌制胜。特别是在抗日战争和解放战争时期，他与足智多谋、谙熟兵法韬略、运筹周密细腻、以"举轻若重"见长的刘伯承组成最佳搭档，两位战略家珠联璧合，相得益彰，指挥刘邓大军中原逐鹿，纵横驰骋，导演了一幕幕威武雄壮的战争活剧。新中国成立后，邓小平先是在一个战略区独当一面地开展工作，后来又进入了党和国家的最高领导层，几十年革命和建设的风风雨雨，进一步锤炼和升华了他举重若轻、以柔克刚的战略素质。

邓小平经验丰富，观察问题敏锐、深刻，思考细密周到，善于运用辩证唯物主义的方法对纷繁复杂的问题作出精辟的分析和果断的决定。面对复杂多变，充满矛盾和斗争的国际环境和国内环境，邓小平总是站得高，看得远，想得深，言必信，行必果，对一系列重大而棘手的问题处之泰然，并及时作出正确的判断和提出解决这些问题的正确意见。正因为如此，当邓小平第三次复出之后，理所当然成为中国社会主义现代化建设事业的总设计师，并实际上成为驾驭中国社会主义现代化航船胜利前进的总舵手。邓小平的足智多谋是众所周知的，他的智，是治国兴邦之大智；他的谋，是强国强军之大谋。邓小平是一位在重大问题上善于决断，勇于负责的统帅。他不轻易发表意见，言必惊人；引而不发，发必中的。

为了做到举重若轻，邓小平还非常重视举轻若重。他长期主持一个战略地区的总体工作，因此他把对各类情况的全面把握当作一项基本的功夫。从战略到策略，从对敌到对友，从图舆战阵到兵民用度，无不了然于胸。真实的情况掌握了，实事求是的前提就具备了。这样，邓小平作为中原局书记反映给中央军委、毛泽东的情况、所提的建议就能做到言之有物，参考价值极高。

灵活应对、善于守拙，也是邓小平战略风格和驾驭艺术的重要方面。在一些关系全局的问题上，特别是在国际形势的发展变化上，邓小平一贯主张冷静观察，灵活应对，善于守拙。他提出中国很穷，不要自吹；反对霸权，绝不当头；首先把本国的事情办好等一些重要思想观点，就向世界表明，中国的战略目标在于发展自己，改变贫穷落后面貌，而不会给别国造成什么威胁。显然，善于守拙，不是真拙，而是机智灵活的表现，是一种以退为进、以迂为直的斗争策略。当然，邓小平绝不单是只有柔的一面，他"刚"的一面也非常突出。在关系到党和人民的根本利益，在涉及国家和民族尊严等原则问题上，他比谁都强硬，坚决不让步。所谓"绵里藏针"，就是毛泽东等领导人对他刚柔相济风格的形象评价。邓小平叱咤风云的战略魄力和灵活应对的战略艺术，与他刚柔相济的风格有着不可分割的渊源关系。

三、以局部利益保全大局利益

由于善于站在中国革命的战争全局来看问题，站得高，看得远，想得深，行动自觉，在处理全局与局部关系时，总是以局部利益无条件地服从全局利益。邓小平的一贯指导思想是：为了全局胜利，局部应当照顾全局，多吃点苦头、多背点包袱、勇敢挑重担，不图一时之功，不求一时之名，不逞一时之快，并且要忍常人之所难忍，明常人之所难明，有常人所难有之毅力。正因为如此，它也就能够打造人，锻炼人，使人由普通人成长为非凡的人，邓小平那么能吃苦，那么能受委屈，显然也不是天生的，而是在几十年的革命生涯中磨炼而成的。

大局意识，不仅仅是个思想方法问题，而且是一个政治观念问题。作为一个军事指挥员，尤其是一个高级指挥员来说，这不仅关系到军事斗争的胜败问题，而且也关系到斗争全局的发展问题。所以，邓小平在与敌斗争中，特别是在错综复杂的形势下，更加强调要有强烈的大局意识，从大局需要出发，服从大局、服务大局，从斗争的总体和全局上，谋求军事斗争的主动。

邓小平反复告诫指战员，要提倡顾全大局。有些事从局部看可行，从大局看不可行；有些事从局部看不可行，从大局看可行。归根到底要顾全大局。

局部服从全局，更多地照顾别的部分，这两句话很重要。当我们担着重的一头的时候，千万不要忘记整体，整个胜利是有我们一份的。

抗日战争时期，他就明确告诫部队："大家要从大局着眼。"他针对一些指挥员的大局意识不强，思想方法不对头的问题，进行说服教育。1940年百团大战后，贺龙同志领导的晋西北根据地生存与发展遇到极大困难。中央向全国各战区通报了他们的情况，实际是希望大家都来支持一下贺龙的部队。虽说当时太行根据地也在艰苦度荒，邓小平还是号召大家勒紧裤带，节衣缩食，筹措了一批物资和弹药，首先伸出了援助之手。

服从党中央与中央军委的集中统一指挥，在许多情况下就表现为顾全大局、不遗余力的牺牲精神。

1945年9月上党战役，蒋介石揭开和平的面纱，亮出了战争的利器。十几万大军压向晋冀鲁豫所辖的上党地区。面对这一事关党和人民前途命运的严重形势，具有强烈大局意识的邓小平在条件、力量十分有限的情况下，为全局的利益决定承担起这个历史重担。

在如何反击来犯之敌，如何处理好打好上党战役与毛泽东重庆谈判的关系问题上，邓小平更是强调部队必须从大局出发，站在事关中国的前途和命运的高度来认识上党战役的重要，他告诫所属部队的官兵："我们上党战役打得越好，歼灭敌人越彻底，毛主席就越安全，毛主席在谈判桌上就越有力量。"

此时，邓小平和刘伯承领导的晋冀鲁豫军区面临着重重困难。初次集中的3个区主力部队，尚处在由分散的游击战向集中的运动战转变过程中，从思想准备到集中指挥都需有一个短暂的适应期。部队编制不充实，多数团在千人以下。装备也很差，弹药紧缺，不少步枪只有几发子弹。全军区只有山炮6门，3—4挺重机枪。新参军的战士，竟多数使用长矛。而作战对象却是阎锡山的基干部队，装备齐全，弹药充足，善于防守，且据守着日军多年修筑的工事。

但是，为了保卫胜利果实，为了有力地支援毛泽东等在重庆同蒋介石的谈判，使我党在反对内战、争取和平的斗争中获得更加主动、有利的地位。邓小平和刘伯承决心咬紧牙关，挑起重担，战胜困难。邓小平强调说："这一仗事关重大，又是我们抗战胜利后同国民党的初战，只能打赢，不许打败！"

各部队接到这一重要指示后，纷纷照此要求加紧战前练兵，提前做好战役准备，为赢得解放战争第一仗的胜利，争取了主动，奠定了基础。战后，毛泽东给予高度评价，称赞"这个战役的胜负，关系全局极为重大"。邓小平回顾说：整个解放战争，从头到尾，二野都处在同敌人针锋相对斗争的最前面。开始在晋冀鲁豫，用刘伯承同志的话说，这里是华北解放区的大门。抗战胜利后，他们进攻解放区首先攻的就是这个大门，而我们守这个大门的力量并不强。阎锡山进攻上党区有三万八千多人，我们比他们还少一点，也就是三万出头，从编制上讲，一个完整的、编制充实的团都没有，而且装备很差，弹药很少，可以说是一群游击队的集合。还有就是临战前没有指挥作战的将军，那时只有李达在前线，好多将军都不在，在延安开会。在那样的情况下，把阎锡山的进攻部队完全消灭可不容易，应该说是超额完成了任务。

为了全局的胜利，邓小平总是勇于承担最艰巨的任务，从各个战场之间的相互配合上组织自己那个战区的作战行动，并给予其他战区的作战以主动的配合，甘愿当"配角"。

在晋冀鲁豫战场时，邓小平特别强调自身战区在全国战场上所处的位置，多次指出晋冀鲁豫区是联结山东、陕北两个战场的枢纽，是国民党由南向北进攻解放区的大门，并且可以直出中原，威胁国民党统治区的心腹。晋冀鲁豫区的作战行动牵制着全局。邓小平自觉地把晋冀鲁豫区所处的战略位置，作为指导本战区作战行动的基本立足点。

1946年夏，为掩护李先念率领中原野战军向西突围，粉碎国民党的战略进攻，邓小平和刘伯承指挥主力在150公里的宽大正面上，向陇海路之敌发起进攻，取得了重大胜利。敌人迅速调集8个师兼程赶来，妄图围歼我军。在敌强我弱、力量悬殊的形势下，有的同志主张向北转移，绕过强敌。但邓小平坚决不同意。他说，我们面前有两种选择：一种是暂时避开敌人锋芒，将我主力迅速撤到老黄河以北休整一个时期，尔后再相机南下歼灭敌人。这个方案对我们这个局部有利，但这样势必增大对陈毅、李先念他们的压力，对全局不利；另一种是我们再咬紧牙关打几个硬仗，这样，我们的包袱会背得重一些，但陈毅、李先念他们那里就轻松多了。我的意见以第二种方案为好。他还说，我们这个部队就这么点家底，兵力不足 5 万，只有几门山炮、迫击炮，弹药也很缺。尽管我们很困难，但还是要支援兄弟部队战胜敌人，因为整个中国革命是一盘棋，挑革命担子不能分彼此。邓小平还分析指出："陇海路是蒋介石向华北、华东、西北、东北运送兵力和物资的生命线，也是他的致命伤，只要我们在这条大动脉上打得好，敌人进攻解放区的全部计划就会乱了套，就叫作牵一发而动全身。"（任涛：《邓小平在中原》，中央文献出版社，1993 年，32 页）

于是，刘邓指挥部队积极发起定陶战役，直出陇海线，透入敌纵深 60 多公里，攻克 5 座县城及 12 个车站，一度控制了陇海线汴徐段，向东威胁着徐州，向西威胁着郑州。此举震动了国民党统帅部，不得不从中原战场和苏北战场抽调主力增援陇海线，从而有力支援了李先念部的突围，减轻了苏北陈毅部的压力，从战略上有力地配合了兄弟部队的行动。

1947 年 6 月底，刘邓大军选择敌人防御的翼侧和结合部，从 8 个渡口强渡黄河，以突然猛烈的动作，一举突破敌"可当 40 万大军之用"的黄河防线，进而发起鲁西南战役，也是作战略配合的作用。刘邓的比喻叫"哑铃战略"，一方面引起了国民党军队的恐慌，另一面也使进攻解放区屡战屡败的国民党以为刘邓大军是出洞之蛇，下山之虎，成了他们新的重点打击对象。于是匆忙调集 14 万大军驰援鲁西南，试图与鲁西南原部队共约 30 万人一起聚歼刘邓大军，并形成了一个将刘邓大军逼向黄泛区聚歼或逼回黄河北岸的合围。蒋介石曾两次亲自上前线指挥。这就完全打乱了国民党军队原来的部署，国民党对山东的进攻在鲁西南战役爆发时就在蒋介石"暂缓"的命令下停止，对陕北的进攻也在 8 月被粉碎。

"扁担战略"大见成效。"扁担战略"表明，顾全大局往往要吃苦头，作牺牲，付代价。这在鲁西南战役时期，表现还不是很明显，到刘邓大军跃进中原，挺进大别山后，就非常明显了。邓小平本人在这方面的苗头，在当时，则是谁也想象不到。

1947年6月，正在鲁西南战役展开之际，中共中央军委部署了刘邓、陈谢、陈粟三路大军分别挺进大别山、豫西、豫皖苏边，在江、河、淮、汉会合，共同经略中原的大战略。7月23日，中央军委致电刘邓，要求他们"下决心不要后方"，挺进大别山。当时，鲁西南战役进展顺利，邓小平回忆说："我们打电报给军委，说趁势还能够在晋冀鲁豫地区继续歼灭一些敌人，吸引和牵制更多的敌人，形势很好啊。"

邓小平认为，这是一个极具风险的战略决策，是试探性的战略进攻。定下这个决策是经过深思熟虑的，晋冀鲁豫野战军有完成战略出击任务的一定条件，同时也要准备付出很大的代价。但是，从全国战场看，这个风险仅仅是局部上的，与可能获得的全局利益相比，冒此风险是值的，也是必要的。

但是考虑到部队本身，马上行动，却又是困难重重。没有休整；大批的俘虏没有经过训练就补入部队，对南下没有进行充分的思想准备和组织准备，这样仓促地拿去执行战略进攻的任务，问题一定很多，而且是有危险的。另外，敌人调来的二十几万人马，眼看就要到跟前了，如果不在鲁西南地区、群众基础好的条件下歼灭其一部，我们跃进，敌人就会跟着屁股追来，我们必然会背着十分沉重的包袱行动。

7月29日，毛泽东突然发来一个特急绝密电报，上面只有简短的一句话："陕北情况甚为困难。"电报由毛泽东亲自起草，用了3个A字（最紧急），而且"极秘密"，只供刘邓两人阅。

当时，陕北解放区正处在国民党军34个旅、20万人的大举围攻中，处境极为艰难，邓小平回忆说：我们看完就立即烧掉电报。当时我们真是困难啊，但是我们二话没说，立即复电，半个月后行动，跃进大别山。这实际上不到10天，我们就开始出发了。这一走就是一千里。这又是顾全大局，顾全更大的大局。因为鲁西南战场毕竟还只是一根"扁担"或用刘伯承的另一个比喻是敌人的"腰部"，而大别山则是敌人的心脏——武汉和南京——部位之一。

为了开辟大别山根据地，晋冀鲁豫野战军付出了巨大的代价：离开了经营多年的根据地，离开了已经十分熟悉的作战环境，离开了坚实的民众基础，丢失了大量用鲜血和生命换来的重武器，吃尽了群众基础薄弱、回旋余地狭小、重兵围困、生活不习惯等等苦头。而且歼灭敌人的数量也远不如以前。确实，失去得太多太多，而得到的远不能抵偿已经失去的。但邓小平不是把眼光盯在自己这一支野战军的得与失上面，而是紧紧盯着解放战争的全局得与失，从解放战争的全局的得与失出发，看待晋冀鲁豫野战军的得与失。

邓小平一开始就知道肩上的担子的分量，估计会遇到很大困难，遭受很大损失。当时从山东到陕北，我们的根据地都处于被包围的状态。毛泽东主席作决定，转到外线作战，把敌人拉走，使我们从被动变为主动，从防御转为进攻，改变整个战争的格局。中央把这个担子交给了邓小平。他在出发前说：为了这个大局，我们不管付出多大的代价，这个担子都得挑起来，大的代价会换来全局的改变。困难会超过抗日战争，但这是暂时的、局部的，我们应该抱这样的态度："牺牲小局，保全大局。大局是什么？我军必胜，蒋军必败。"邓小平后来谈道："往南一下就走一千里，下这个决心，真了不起，从这一点也可看出毛主席战略思想的光辉。而这个担子落在二野身上，整个解放战争最困难的是挑这个担子，是挑的重担啊。不是说消灭敌人九个半旅是挑了重担，主要的是撇开一切困难，坚决地挺进一千里，挑的就是这个重担。"（《邓小平文选》，第 3 卷，340-341 页）他对家人说："真正的是二话没说，什么样的困难也不能顾了。"

原国民党政府国防部作战厅厅长、起义将领郭汝瑰回忆说：刘伯承、邓小平他们进军大别山，那是跳井救人，跳到深井里去救人，自己就是很危险的事情，所以刘邓是最危险的。

1947 年 11 月底，蒋介石调来 33 个旅，几十万大军"围剿"大别山，刘邓大军面临着险峻的形势。尽管我军对敌人围攻制定了正确对策，采取了有力措施，尽管邓小平后来对自己这段亲身经历轻描淡写地一言以蔽之，但当时敌情严重，地形不熟，缺乏供给，气候恶劣等诸种情况严重存在，形势可见是相当严峻。当然，最严重的是敌情。虽然陈粟、陈谢大破平汉、陇海铁路，转入大别山的两个纵队也北向江汉、桐柏，旨在迫敌抽兵北援，"但敌仍企图保持其大别山的重点主义"，继续加紧对大别山"围剿"。

有些同志思想上想不通，邓小平从战略全局的高度，讲清道理，鼓舞全军将士的士气和斗志。他说：我们插进了敌人的心脑，打中敌人的要害。我们把大量敌人吸过来，压力就大了，远离后方，困难多了，但是兄弟部队在其他战场上就轻松了，可以腾出手来打胜仗了。

他打了个生动的比方，说：我们进军大别山就像打篮球一样，蒋介石看我们到大别山要"投篮"，要得分了，他就把前锋后卫都调来跟着我们；这样，他顾了南，就顾不上北，他不让我们在南面投篮，不惜用几十万大军缠着我们，可他北面的"篮板"就空出来了，我们的兄弟部队在北面就可以得分了；我们在大别山，面临困难多，是在"啃骨头"。但在其他战场上，我们的兄弟部队就可以"吃肉"了。我们啃的"骨头"越硬，兄弟部队在各大战场上消灭敌人就越多，胜利就越大。

邓小平曾坚定地说："就是要多背一些，背重一些，釜底抽薪就不要怕烫手，调动敌人回援根据地，这是个关系全局的战略行动。我们多背一些敌人，宁愿本身多忍受一个时期的艰苦，也要拖住敌人几十个旅于自己周围，使山东、陕北的兄弟部队能腾出手来，大量消灭敌人。我们在大别山背重一些，他们就可以放手歼敌，对全局有利。"他常向干部们讲："慈不掌兵！部分人的饥渴和疲劳，换取大多数人的温饱和安全。此时此地的困难和危险，换取今后和全国的胜利和幸福。我们要学会算大账，不要抓小辫子。"这是充满辩证法的制胜哲学。

尽管条件很艰苦，部队连续作战没有休整机会，损失不小。尽管这样，邓小平还是心系大局，给中央和毛泽东同志发去一个电报：野战军主力丢掉重装备深入大别山，牵制了国民党军一些主力，如能同意我们再于大别山区周旋月余，可使华野休整 1 个月，将来可配合东北野战军聚歼国民党主力于中原。我们决心吃更大的苦。这个请示电报中央没有批准，主要考虑到中野已损失很大，再拖下去可能拖垮。尽管如此，电报中反映出邓小平顾全大局，勇挑重担的一贯精神。

淮海战役打响后，中原野战军党委颁发的秋季作战政治命令中，要求全军在"配合友邻兵团，歼灭大量敌人，全部解放中原"的口号下动员起来。正是因为这些，中原野战军从上到下都下定决心，坚决拖住黄维兵团的尾巴，好让华野主力放手围歼黄百韬兵团。反映了邓小平的大局观念和善谋大局的优秀素质，以及保证实现大局的艺术。正是由于刘邓在作战决策中事事从大局出发，处处善谋大局，所以才使刘邓大军步步主动，战战为胜。

邓小平这种顾全大局，尤其是在艰难困苦的环境中所表现出来的不畏艰险，忍苦负重，宁肯牺牲自己，坚决顾全大局的精神，给人以深刻的教育和鼓舞。在他和刘伯承的教育下，部队不论在任何时候，任何情况，处处以大局为重，为了全局不惜牺牲局部，主动配合，密切协同，勇于挑重担，不怕"啃骨头"，把方便让给别人，把困难留给自己。这种胸怀全局的高贵品德，正是我党我军的光荣传统，是我们能够战胜国内外强大敌人的重要原因。1965年邓小平在中共中央政治局常委接见中共中央军委作战会议全体同志时讲话指出，现在我们这些将军们要把眼光放远一点。每一个同志都要有全局观点。我们过去搞军事工作，为什么打胜仗？就是这个问题。我们带兵的人尽管政治语言不多，但都是搞政治的。毛泽东称赞说，大体说来，这个人（指邓小平）比较顾全大局，比较公道，处理问题比较公正，他犯了错误对自己很严格。（龚育之：《从毛泽东到邓小平》，中共党史出版社，2002 年）。

四、着眼全局，为战略行动"探路"

邓小平用兵打仗，着眼全局的长远利益，紧紧围绕上级的战略意图和计划，精心组织指挥，为实现战略目的进行积极有益的探索，为全局的胜利而战。解放战争中，邓小平根据中央军委和毛泽东提出的"外线作战，出击中原"的战略计划，由战略防御转向战略进攻，进行了惊险的战略探索。

1946 年 6 月下旬，中央军委和毛泽东针对蒋介石的由南向北、逐步压缩，把战争扭在解放区打，使解放军不能持久作战的战略企图，提出了"外线作战，出击中原"的南线战略作战计划，明确指出我军的目的就是敌进我进，逐步向南，把战争引向"国统区"，在外线大量歼敌，粉碎国民党的军事进攻；同时出击中原，援助处于敌后根据地的江南新四军第五师。

作为晋冀鲁豫战略区最高领导人之一的邓小平，对中央军委和毛泽东的这一计划非常赞同，立即与刘伯承回电，表示坚决拥护毛泽东的战略计划。同时，将敌人在豫北、豫东地区的军事部署和战略企图报告中央，以供毛泽东参考。

邓小平对毛泽东出击中原的战略计划之所以表现出极大的兴趣与积极、明确的态度，除了他认为该计划是打破蒋介石进攻计划的最佳方案外，还有与众不同的原因，这就是早在 20 世纪 30 年代初的中央根据地时，他就是毛泽东这一战略思想的重要支持者。如今蒋介石故伎重演，"这个如意算盘是高明的，但是还有更高明的毛主席，他从确定自卫战争的方针时起早就看清这一点。他告诉我们，开始必须在内线打，打到一定时候，也就是削弱敌人到相当程度之后，就要打到外线，到蒋管区去打，这样就可以击破蒋介石反革命的毒辣的战略方针。"（《邓小平文选》，第 1 卷，97 页）

邓小平不仅是中央军委和毛泽东的"外线作战、出击中原"战略计划的支持者，而且为了实现这一战略计划做了不懈的努力。

根据南线战略作战计划，中央军委和毛泽东要求刘邓率领的晋冀鲁豫野战军要把豫东地区作为主要作战方向，集中主要力量攻占豫东地区诸要点的同时，在野战中大量歼灭敌人的有生力量，相机占领开封。当时，毛泽东认为李先念领导的中原野战军向西突围后，必然把敌军主力全部引向西面，而"郑州以南之平汉线及其以东广大地区包括大别山在内，颇为空虚"，形成了敌人的战略弱点。所以，毛泽东提出了太行、山东两军在豫东、徐州地区作战。

对此，邓小平十分拥护，他感到把豫东地区作为晋冀鲁豫野战军的主要作战方向，与山东野战军并肩作战，可以大量地歼灭敌人，彻底粉碎国民党的全面进攻。同时，我晋冀鲁豫野战军要实现南线作战计划，豫东地区是未来我军出击中原的必经之路。显然，将主要作战方向指向这里，是实现计划的关键。为此，1946 年 7 月上旬，邓小平与刘伯承亲宰野战军主力开赴冀鲁豫前线，实施依托冀鲁豫根据地出击豫东的战役作战。在此后的一年时间内，刘邓指挥部队在冀鲁豫地区先后进行了 8 次重大战役，歼敌数万余人，使得蒋介石惊慌不已。他告诫其部下说："我们对于刘伯承部切不可轻视，必须步步逼紧，把他整个消灭，才算彻底解决，不能希冀他自己溃散瓦解。"（《"总统"蒋公思想言论总集》卷二十二，319 页，中国国民党中央委员会党史委员会印）

1946 年 8 月 10 日，刘邓指挥发起陇海路战役，邓小平把它作为实现毛泽东"外线作战、出击中原"战略计划的首次探索，他形象地将其比喻为"探路"。所谓"探路"，实际上就是要了解和掌握将来外线出击、向南作战的道路，特别是探明出击中原的战场环境，即探明陇海路一带新黄河以东以北地区的地形、敌情、民情等。

一出陇海，执行豫东作战任务，可以说是探索向南作战道路的第一次尝试，而第一次"探路"的结果表明，必须正确把握出击中原的时机，否则战略计划也难以顺利实现。在全面战争爆发初期，由于国民党军的进攻来势凶猛，咄咄逼人，而我军装备不足，缺乏作战经验，暂时还不宜采取远离解放区进行外线作战和攻坚战，而应依托老解放区人民的支援，在内线打运动战，创造条件，待时机更为成熟时再向外线出击。

所以，党中央和毛泽东在全面战争爆发不久，便根据"胶济、徐州、豫北、豫东、苏北之顽敌可能同时向我进攻"的实际情况，为了争取在政治上更为有利，中央军委和毛泽东于 1946 年 7 月 4 日指示我军："先在内线打几个胜仗再转至外线"，对预定的南线作战的战略计划做了及时调整。出击的方法由直接外线出击变为先内线后外线，并且强调将内线作战的重点放在大量歼灭敌人有生力量方面，至于要在内线打多长时间，要视情况而定。

邓小平在指挥部队向陇海路以南纵深发展的过程中也看到，敌人在兵力部署和武器装备诸方面的强大优势是不容忽视的，我军要突破敌人的层层防线，立即实现外线作战，向南发展实有困难。所以，他完全赞同毛泽东的先内线再转至外线的计划。

这对于邓小平来说，是观念的一大转变。随后，邓小平和刘伯承坚决贯彻执行中央的这一决策，采取集中主力作战的方法，连续在鲁西南及其附近地区实施了 5 次内线战役作战，取得了"五战五捷"的胜利。

在指挥部队进行定陶、巨野、郓城、滑县等战役的过程中，邓小平深刻地认识到，在内线作战确实可以捕捉大量歼敌的良好战机，同时，邓小平也看到内线作战对根据地的摧毁极大，内线作战的时间不能太长，只要形势允许就应将战火引向敌占区。他曾经深入浅出地对大家说，在根据地打，即使我们打胜仗，我们在经济上也是不合算的，就像在你家打架，打来打去，最终都把你家的东西打坏了。因此，在此后的战役中，邓小平特别注意观察和分析，以判断时机是否成熟。事后他分析说："因为在战争初期，我们的装备还不够优良，作战经验还不丰富，内线便于消灭敌人，便于组织和发展我们的力量，便于积累经验，所以先在内线打是完全必要的，也是取得了胜利的。从 1946 年 7 月到 1947 年 6 月，我们全国各个战场在第一年的自卫战争中，消灭了 112 万敌人。我们把分散的游击部队组成了野战军，积累了丰富的作战经验。这时时机成熟了，就应该转到外线，否则就要吃亏。拿冀鲁豫来说，经过一年的内线作战，农民的鸡、猪、牲口看见的不多了，村里的树也少了，试问，留在解放区打，我们受得了吗？如果我们只想在内线作战要舒服一些，就中了敌人的毒计。"（《邓小平文选》，第 1 卷，97 页）

为了掌握外线的敌情和战场情况，邓小平在 1947 年 1 月下旬至 2 月初进行的第二次陇海战役，亲自指挥路南作战集团深入陇海路以南，在豫东广大地区展开，并取得了"四战四捷"的胜利。1 月 24 日，邓小平指挥我军路南作战集团开始向陇海路以南方向前进。首战柘城，于 1 月 30 日发起攻击，取得了歼敌两个团的战果。接着乘胜前进，对鹿邑城守敌发起攻击，经过一昼夜激战，将敌全歼，取得了路南集团作战的第二个胜利。尔后，邓小平指挥部队经过急行军，迅速将亳州之敌包围，于2月1日全歼守敌。随后，邓小平又指挥部队在亳州以北伏击自商丘来援之敌，歼敌一个旅大部。

由于豫东地区是我军未来兵出中原的必经之地，邓小平对这一地区的政治、军事力量等情况的变化尤为关注。所以，在整个战役期间，他一直不忘中央的战略计划，并不断进行"探路"。邓小平经过实地的考察，最大的感受就是二出陇海与一出陇海的情形已完全不同。经过半年的内线作战，国民党的全面进攻受到严重挫折，兵力锐减，特别是由于战线拉长，守备任务不断加重，用于第一线的兵力和机动兵力更不敷调用。他感到，我军之所以能在豫东地区纵横驰骋、攻城略地、胜利发展，表明国民党在这一地区的优势已经明显下降，我军力量正在逐渐加强。邓小平二出陇海探路后认为，影响我军向南作战、兵出中原的客观条件同过去相比有了较大改观。还在战役进行中，邓小平在汇报战役情况时就将这一情况向中央做了汇报，为中央作出"缩短内线作战时间，准备出击中原"的决策提供了依据。后来，刘伯承曾在一次讲话中谈道："邓政委说，我们一出陇海和二出陇海，还有一个重要的战略任务，就是'探路'。""'探路'就是探明将来向南作战略进攻的道路。"

五、通览全局，进行战略选择

邓小平善于从战略全局上考虑作战指挥，抓战役中带有战略性、全局性、根本性的关键问题进行战役的指导。这些关键问题往往会成为战役作战中的转折点，成为战役胜败的关键，是战争指导者必须下大力予以解决好的问题。邓小平具有洞察全局的恢宏气度，善于正确处理全局与局部的关系、主要和次要的关系、一般和重点的关系，始终把注意力放在那些对于战役全局具有决定意义的关节上，做到算定而谋，谋定而动，以推动战役向胜利的方向发展。他在指挥战役战斗特别是指挥大兵团作战时，首要的第一位的问题，就是从战略全局的观点出发，选择作战地区、作战时机和作战对象。

选择作战目标，是改变敌我态势、转换战局的关键，也是定下作战决心的最重要的内容。它需要随着战场形势的变化，在计划具体战役时加以明确。蒋介石及其高级将领也讲集中兵力，但他们往往是从防止被歼、相互壮胆的角度出发，先把兵力集中起来，再找寻作战目标。我军则相反，一般是先有作战目标，然后再调动集中兵力进行战役布势。因此，审慎地判断和选择作战目标，关系到我军作战的全局。

选择作战目标的基本思想，是以打胜仗为原则，从战略和战役全局出发进行选择，力求打敌要害，起到牵一发而动全身的作用。能对改善或转换战局产生影响的作战目标，一般有两种，一是位于要害地区，对我军威胁最大但战斗力较弱的敌人。二是既位于要害地区，威胁也大，又有较强或很强战斗力的敌人。

以我之积极的作战行动，创造各个击破的条件，关键在于我之作战行动能对敌人产生我所预期的影响。然而，敌人是依其自身的战略利益来采取相应对策的。如我之行动不足以影响其根本利益，就很难使他们改变既定的作战部署。邓小平认为，选弱敌虽是我军常用的一条原则，但有时为迅速改变态势，扭转战局，也要在有把握或有较大把握的情况下，敢于选择处于要害部位的强敌。因此，选择攻击目标时，最优先考虑的作战方向，应该既是敌之薄弱环节，又是敌之要害之部位。这样，不但能歼灭敌人，而且能更有把握调动敌人，瓦解敌之进攻阵势或防御体系。指挥员的高明之处，就在于能从反动军队的政治本质、内部矛盾、战场态势、指挥员素质、部队战斗力状况、战场民众和地形条件等方面，发现敌人尤其是强敌的致命弱点，创造条件促其由强向弱转化，并果断地选定作战目标。

击要害处基本的作战方向是：

一、袭其战略、战役中枢。战略、战役中枢，即在战略、战役的全局中处于核心枢纽地位的地区和部位。它的安危，关系到整个战争或战役的胜负。因此，以我之行动攻击或威胁敌人的战略、战役中枢，如果得手，就会从根本上动摇敌人的整个作战部署，动摇其军心，给我各个歼敌创造条件。即便由于敌人加强了防范而未能获得歼敌和据地的战果，也能使敌不得将主要精力和兵力转到对其中枢保卫上，从而起到打乱敌人部署的作用。

二、捣其补给基地。我国有句古话：兵马未动，粮草先行。任何一支军队，粮、弹的供给保障是其战斗力的基础。一旦断绝了供给，就陷入坐以待毙的绝境。因此，补给基地乃军队作战之要害。尤其是我军在相当长的时期内，部队的补给一直主要依靠取之于敌，攻占敌补给基地的确是"一举两得"的事。

三、扼其咽喉要道。中国武术，有一个招式叫锁喉术。在比武打斗中，能将对手的咽喉卡住就必胜无疑。通道在战争中就像人体的血管、气管一样重要。部队进退、各部之间的战斗支援、后勤保障等均须有畅通的道路为前提。一旦通道被切断，就会进退无路，供给无望，导致阵脚大乱。而扼住咽喉要道，正是切断通道厉害的手段。

邓小平认为，对于驻守防御之敌，应尽可能通过进攻其咽喉要道而调动，变阵地战为运动战。对于处于进攻、退却或调整部署的运动之敌，则应派主力部队迅速地攻占敌进退之必经要点，以形成关门打狗之势。

第四章
谋势造势，以弱胜强

孙子兵法势篇中说："善战者，求之于势，不责之于人，故能择人而任势。"其意是讲，善于指挥作战的将帅注意力主要放在造成全局有利的态势上寻机战胜敌人，而不放在对下属人员的依赖和苛求上，因而能够选择胜任的部属，充分利用有利的态势。谋势造势，其实质就是指战争指导者在敌对双方军事实力和战区政治、经济、地理等现实条件的基础上，通过主观的精心谋划，争取到时间、空间、力量上的我优势而敌劣势，我军主动而敌被动，我军有利而敌不利的战场环境、战场格局和作战态势，进而控制和把握战场上的主动权。也就是说，谋者是利用"势"之道，达到"任势取胜"之目的。邓小平用兵打仗，总是能够以弱胜强，以劣胜优，关键就在于他与敌对峙处于劣势时，总是能够创造出和利用好对我有利的态势，可谓是善谋态势的大师。

一、集中优势兵力打歼灭战

中国古代兵圣孙武曾提出了"以十击其一""以众攻寡"的作战指导原则，并将其作为致人而不至于人的制胜之术。德国近代著名军事理论家克劳塞维茨第一次明确提出了"集中优势兵力"的用兵法则。他说："除了努力扩充兵员（但这往往不是统帅所能决定的）以外，战略上最重要而又最简单的准则是集中兵力。我们要严格遵守这一准则，并把它看作是一种可靠的行动指南。"（《战争论》第 291 页）革命导师恩格斯认为，拿破仑能够在一系列会战中取得最终胜利的主要原因，就是由于他擅长在关键的地点和关键的时间集中优势兵力。毛泽东在指导中国革命战争的实践中，把"集中优势兵力歼灭敌人的有生力量"，作为最基本和首要的战略战术原则，将其称为"我军从开始建军起十余年以来的优良传统"（《毛泽东选集》第 4 卷，第 2 版，1199 页）。

中国革命战争的敌我力量对比，在总体上是敌强我弱。以弱对强，最有效、最简捷的方法，就是在具体的战役战斗中集中优势兵力，造成局部的以强对弱，从而掌握局部的主动权，积小胜为大胜，最终将扭转全局的力量对比关系，变敌强我弱为我强敌弱，这时中国革命战争的彻底胜利也就到来了。于是，中国革命战争，总是在战略上以少胜多，在战役上战斗上以多胜少，即每战集中优势兵力各个歼灭敌人。

俗话说："杀鸡焉用宰牛刀"，邓小平却反其道而行之，强调"杀鸡要用宰牛刀"，就是在战役作战中集中绝对优势的兵力对敌，即使面对弱敌也是如此。邓小平用兵打仗，始终把集中优势兵力作为自己用兵的一条基本原则，每战都全力贯彻这一原则，创造了许多集中优势兵力歼敌的范例。毛泽东在 1946 年 9 月以中共中央名义发出的党内指示（即《集中优势兵力，各个歼灭敌人》）中，曾列举了 4 个战例来说明集中优势兵力各个歼灭敌人的战略战术原则，其中有两个战例，1946 年的陇海战役和定陶战役，是由刘邓一起指挥的。

　　邓小平是一位富有创造性的军事家，他对于集中优势兵力原则的运用，有自己的独特之处。他用兵讲求集中优势兵力，但又并不仅仅以兵力多于对手而满足。他更强调对于集中优势兵力原则的运用，必须综合其他作战指导原则贯彻之，这样才能使集中优势兵力真正行之有效。

　　集中主力和火力于突击方面。力量的压倒优势，是速战速决的物质基础。在战场上，要迅速地突破敌人的战线，不但要求在战役战斗总的兵力对比上具有数倍的优势，而且要求在这个基础上又将主要力量在同一时间内用于主要突击方向。这就是既要求时间上的兵力集中，又要求空间上的兵力集中。如果把集中的时间过程拉长，就变成逐次增兵，变成添油战术，不能实现在一定时间内的压倒优势，也就不能实现速战速决。

　　在空间上的兵力集中，就是在对敌实施攻击时，应将其主要突击力量用于最易突入敌阵和动摇其作战部署的方向上，而不能多方向平分兵力，如果同时多方向、多地段、无重点的使用兵力，同样必然减慢作战的进程，乃至攻而不克，前功尽弃。在打开敌人的突破口后，不要顾忌当面的敌人没有完全解决，而敢于向敌纵深猛插。

　　集中优势兵力必须与打敌弱点相结合。如果集中了优势兵力去打敌的强点，兵力的集中会成为徒劳。因为，久攻不下必会大量消耗自己的兵力，兵力的优势就会逐渐转化为兵力的劣势。如果因长时间处于胶着状态，待敌驰援部队赶到，优势立即会化为乌有。所以，集中了优势兵力必须要打敌弱点。只有这样才能事半功倍，否则，徒劳无益。

　　集中优势兵力必须与分遣兵力相结合。邓小平指导作战有一条重要原则，这就是集中与分遣相结合，分遣以耗敌，集中以歼敌。自己的集中必须以敌人的分散为前提条件，只有把敌人的兵力分散了，才能使自己的集中造成优势。就如《孙子兵法》所说："我专而敌分；我专为一，敌分为十，不是以十攻其一也。"为了分散敌人，就有必要在一定程度上分遣自己的兵力。如果一味集中而没有必要的分遣，集中也将失去意义。

　　集中优势兵力必须与机动歼敌相结合。邓小平用兵讲究大踏步进退，宽大机动，在机动中找敌弱点，造敌弱点。要本着不打则罢，一打必歼的原则，善于运用优势兵力大踏步地进退，捕捉弱点，突然出现，攻其不备，歼灭一点再及其他，实现各个击破。

集中优势兵力必须与多种战斗队形的结合运用和变换相结合。邓小平指挥作战最反对恪守某单一战斗队形，或迂回、或包围、或突破，只能择其一，而不能根据实际综合运用之；更反对不能根据战役战斗的实际情况及时变换战斗队形，搞所谓的"从一而终"。

集中优势兵力必须与重点主义相结合。所谓重点主义，即作战只能有一个重点，而不能有两个或几个重点，反对平均使用兵力。集中优势兵力必须打敌一点，如果同时打敌几点，也就没有了集中兵力。

集中优势兵力，要善于迅速收拢兵力。兵力过于分散，在战役战斗中就不能奏效。只有及时将分散的兵力迅速收拢起来，形成强有力的拳头，才能在战役战斗中形成对敌优势，从而为歼灭战的胜利创造前提。集中优势兵力，必须在兵力部署上对敌形成四面包围和连续包围的态势，使其无法突围逃掉。如一次包围不能消灭敌人时，可故意放开一个口子，将敌放到我预设战场，再次将其包围歼灭。

正因为邓小平善于把集中优势兵力原则与其他作战指导原则有机结合在一起灵活运用，从而使其战法奇正相生，诡谲多变，敌手不得不入其彀。

1945年10月至11月的平汉战役，为了对付国民党7个师4.5万人的进攻，邓小平和刘伯承提出了"集中大军，集中意志"的战略思想。

刘邓认识到，打好平汉战役，不仅关系到晋冀鲁豫战局的发展，而且对全国的总形势也有重要的影响。为此，刘邓立即以中央局和军区名义发出指示，要求全区各级党委、各军区、各部队进一步搞好动员和战场准备工作，迅速扩充主力纵队，所有党政军主要负责干部，均须集中意志，大部分亲临前线参战。应放松次要方向，将大军使用于平汉线有决定意义的方向。并特别强调"集中意志，集中大军，是争取胜利的关键。"除了动员十多万民兵自卫队和人民群众参战及担任后勤工作以外，刘邓调集了6万多主力部队用于平汉线上，以确保战役的顺利开展。

1946 年 8 月的陇海战役，是邓小平为粉碎国民党的全面进攻指挥的第一次大规模战役。

当时，国民党蒋介石进攻中原解放军的大部分兵力被牵制在豫西、陕南地区，进攻苏北解放区的兵力也被拖住难以分身。邓小平和刘伯承领导的晋冀鲁豫军区当面的陇海线汴（开封）徐（州）段之敌取守势，相对薄弱，只有 2 个整编师共 6 个旅和一些地方团队约 3 万人。邓小平和刘伯承决心发动陇海战役，攻击陇海线汴徐段，以配合中原和华东解放军的作战。

此时，蒋介石沿陇海铁路北侧精心组织了一条纵深达六七十公里的防卫带，到处是修筑坚固的据点以及封锁沟和封锁墙。为了准备陇海战役，邓小平将晋冀鲁豫野战军的 5 个主力纵队中的 3 个纵队，以及冀鲁豫军区部队共计 4 万余人，比敌军多 1 万余人，集结在鲁西南菏泽、豫北濮阳一带。

邓小平、刘伯承将作战分两个阶段实施，先求攻克铁路沿线一切可能攻克之据点，彻底控制和摧毁敌人的交通命脉——铁路。得手后，以主力由北向南再卷向西北，作回旋之进击，扩张战果，同时侧击来援之敌，借此解放陇海路以南广大地区。

8 月 10 日夜，战役以突然袭击发起。这天夜里，各纵队一路急行军，悄悄穿过陇海路北侧据点密布的 30 公里纵深地区，向正在沉睡的陇海路汴徐间的国民党军发起猛攻。左右两路大军以绝对优势兵力，向敌防卫的结合部突击，迅速插入敌纵深。经过两天激战，我军控制并摧毁了铁路 150 余公里，歼敌 5000 余人，初战告捷，完成了第一阶段作战任务。

蒋介石对晋冀鲁豫野战军出击陇海路大为震惊，即饬令整编第五十五师和整编第六十八师各一部，分别从商丘、开封出动，东西对进，实施增援；同时从围追中原解放军的兵力中，抽调 3 个整编师向开封急进。

为了进一步调动敌人，迫使增援豫、陕的敌军向新黄河分散布防，邓小平和刘伯承决定乘敌援军尚未到达、豫东地区敌兵力空虚之机，率主力越陇海路南下，在豫东地区展开攻势，争取时间，各个歼敌。按照刘邓首长指示，各纵队奋勇进击，连克杞县、通许、牧马集等地，虞城守敌蒋嘉宾率部4000多人起义，并将敌一个旅包围在柳河集以西地区。

这时，敌援军已进入开封、阳武、封丘和守陵一线，而且战役第二阶段基本命令被敌截获，作战企图暴露。邓小平和刘伯承当机立断，迅速改变作战部署，放弃攻城计划，就近调第七纵队投入围歼敌第一八一旅战斗，以两个纵队兵力围歼敌1个旅，并调第二纵队到东明地区集结，掩护主力侧背安全，全歼被围敌之1个旅另1个团。这时，敌援军已迫近陇海战场，邓小平和刘伯承见出击陇海路的目标已达到，遂率主力转多至陇海路以北休整，结束了陇海战役。

此役历时13天，歼敌1.6万余人。毛泽东曾以此战役来说明，当敌处于防御地位，我军处于进攻地位时候，如果我军兵力多，而敌军兵力较弱，或者我军出其不意地袭击敌人时，可以同时攻击若干部分的敌军。

陇海战役后，蒋介石为阻止解放军继续向南发展，企图乘我军休整之机，将我军围歼在定陶一带，迅速在郑州和徐州之间集结了30万人，准备从东西两线合击刘邓大军。

此时，晋冀鲁豫野战军在冀南、豫北仅有4个纵队约5万余人，而且刚经过一场大战，部队十分疲惫。邓小平和刘伯承分析，我军与敌兵力之比为一比六，我军兵力占绝对劣势，要设法在具体战斗中把这个比例颠倒过来，让我们六个打一个。根据敌我兵力对比悬殊这一情况，制定了诱敌深入，局部集中优势兵力，吃掉敌一部，然后再吃掉另一部的歼敌方针，即以"重点主义"为指导，与占有优势敌人进行角逐。

刘邓分析，国民党军第一线部队约10万人，以东西两路分别从徐州和郑州出动，采取钳形攻势。于是，刘邓决定把主要兵力用来对付实力较弱的郑州方向（西线）之敌，用少量兵力阻滞兵力较强的徐州方向（东线）之敌。而对郑州方向之敌，邓小平又把突击重点放在战斗力较强，但遭到围歼很可能得不到积极增援的赵锡田的整编第三师。

战役打响后，邓小平和刘伯承以少量兵力延滞其他各路敌军，而用故意示弱的方法将赵锡田的整编第三师引诱至定陶以西地区，使其脱离其他各路敌军，然后再集中 9 个旅的兵力，分两路将其包围，经过 3 天激战予以全歼，活捉中将师长赵锡田。

接着，邓小平和刘伯承又迅速转移兵力，将跟在第三师后面而见势不妙准备后撤的敌整编第四十七师抓住，歼其两个旅。打碎了敌一路，其他各路敌军乱了阵脚，纷纷夺路退回陇海路以南。定陶战役胜利结束。

定陶战役在作战指导上最成功之处在于，邓小平和刘伯承既坚决又灵活地贯彻了集中优势兵力各个歼敌的战法：在整体上敌军兵力占有巨大优势并向我军实行分进合击的情况下，正确地选择了诸路敌人中较弱的一路为突击目标，并使用地方武装和民兵于次要方向担任牵制任务，调集一切能够调集的主力于主要作战方向，从而使主要作战方向的兵力达成了 4 倍于敌的优势。同时，在主要作战方向上，也实行分批遂次歼敌，使集中优势兵力的原则不仅贯彻于总的战役指导，并能体现于具体战术部署上。邓小平和刘伯承等在总结定陶作战经验时指出，在战役上，应集中优势兵力打敌基干军队，在战术上，则应以兵力重点打击敌人弱点而各个消灭之。

10 月底，邓小平和刘伯承又发起鄄城战役，同样用集中优势兵力的战法。

当时，邓小平和刘伯承决定野战军主力从菏（泽）巨（野）公路北撤，至濮阳、滑县地区寻机歼敌，仅滞留少量部队接敌游击。

国民党军见刘邓大军北撤，以为鄄城空虚，立即以第四绥靖区刘汝明所部一一九旅及二十九旅从菏泽向鄄城冒进，由一一九旅旅长刘广信统率。

刘邓认为，此敌孤军深入，属好打之敌。当即决定调整部署，集中兵力在鄄南地区歼灭此敌。以 3 个纵队担任攻击任务，以 4 倍于敌的兵力，将一一九旅和二十旅各团分割包围，以 1 个纵队担任牵制任务。

此次作战，由于集中了大于敌人 4 倍的兵力，占有绝对优势，所以能在钳形攻势的战斗队形上，多开突破口，并能从各突破口贯穿突击，将敌纵深体系割裂零碎，互不联系（两里内敌人也得利用无线电联络）。尤其是先从其侧背兜击割裂起，而牵制部队又有效地迷惑了增援之敌，所以仅用了两天时间便胜利结束战斗，全歼敌 9000 余人，并缴获了大量武器装备。

11 月初，敌王敬久指挥的两个军分别从鲁西南的鄄城和豫北的安阳出发，准备合击大名我军，尔后会同位于邢台的第十一战区孙连仲部，南取晋冀鲁豫解放区首府邯郸，打通平汉路。为配合此次军事行动，国民党军另以第五靖绥区孙震所部两个整编师驻守豫北的滑县、浚县、封丘、长垣地区，以第四绥靖区刘汝明所部两个整编师驻守鲁西的东明、菏泽地区，封锁我军南进之路。

根据中央军委关于挫败国民党军打通平汉路计划的指示，邓小平和刘伯承决定发起滑县战役，避实击虚，重点围歼战斗力较弱且部署分散的第五靖绥区孙震一部，威胁开封、新乡之敌，调动王敬久和王仲廉集团回援。

孙震由于远驻豫北，不相信我刘邓大军会不顾其一线部队的进攻来打他，因此比较麻痹。虽然是打弱敌，但邓小平和刘伯承仍把集中兵力各个歼灭敌人作为基本作战方针，确定以 1 个纵队打敌 1 个旅。

11 月 15 日夜，邓小平和刘伯承按照预定计划，指挥 4 个纵队 11 个旅，采取远程奔袭战法，由濮阳、濮县、鄄城以北地区，向滑县东南孙震所部驻地隐蔽急进。开进途中，人马、装具都进行了严密伪装，马蹄还用棉花或布包了起来。18 日夜，各纵队直抵敌指挥中枢所在的上官村、邵耳寨、朱楼附近，楔入敌人防御纵深。

19 日拂晓，各纵队根据刘伯承、邓小平的命令发起总攻。经过 4 天激战，敌一二五旅、一〇四旅及河北保安纵队被全部歼灭。当东面王敬久集团、西面王仲廉集团赶到滑县救援时，邓小平和刘伯承已率部从容撤出。滑县战役一举打破了国民党军北上打通平汉路的计划。

接下来的巨（野）、金（乡）、鱼（台）战役，在我第三、第六纵队合力围攻金乡守敌后，蒋介石严令督促徐州、郑州两绥靖公署迅速抽调兵力，从徐州、定陶、菏泽三个方向驰援金乡。从徐州来援的整编第八十八师为蒋介石的嫡系部队，对解金乡之围行动积极，因此，对我威胁很大，刘邓认为应首先歼灭该敌，瓦解增援之敌的优势攻势，又可以对敌徐州构成威胁。

所以，决定集中 3 个纵队的兵力，围歼走在前面的敌整编第八十八师方先觉所部第六十二旅和整编第七十一师的一四〇旅，经激战，将其全歼；然后用两个纵队吃掉从定陶驰援的敌暂编第四纵队 4 个团。又以 3 个纵队，围歼了菏泽东援之敌 3 个团。

毛泽东提出的"集中优势兵力，各个歼灭敌人"的思想，其中所说的"优势"一般是六倍、五倍、四倍，"至少也要有三倍于敌的兵力"，而且要在"适当时机"。淮海战役中，我军基本上是以手榴弹加步枪的 60 万，对国民党军队的飞机、坦克加大炮及美式摩托化装备的 80 万人，总兵力处于弱势，技术装备处于劣势的情况下，以邓小平为书记的总前委，坚决贯彻中央军委和毛泽东的指示，善于谋势造势，精于集中兵力于每一个局部战场，灵活施用迂回、穿插、分割、阻援、断退、牵制、钳击、围歼、围攻、围困等战法，一个一个地歼灭蒋介石的重兵集团。特别是在围歼黄维兵团的作战中，以邓小平为书记的总前委以两个纵队另 1 个独立旅，前出至南坪集地区，与黄维兵团保持接触，并将该敌诱至浍河以北，利用浍河隔断敌人。以 5 个纵队隐蔽集结在浍河以南的曹市集、五沟集、胡沟第一线，待黄维兵团处于半胶着状态时，分别由东西两翼实施向心攻击，配合正面各纵队，将敌包围分割，各个歼灭。另外，为了保障中野围歼黄维兵团作战，总前委还决定以华东野战军的 4 个纵队，进至宿县、西寺坡地区，阻击李延年、刘汝明两兵团的北援，力求残其一部，以保障中原野战军围歼黄维兵团作战的侧背安全。以华东野战军的 7 个纵队外加两个独立旅，进至徐州以南夹沟至符离集之间，跨津浦路两侧，构筑多道阵地，阻击徐州之敌南援。同时，华东野战军第 7 纵队和特纵炮兵一部也归中野指挥。这样实际上动用了 21 个纵队又 3 个旅约 45 万兵力围歼黄维兵团，从而对拥有 12 万兵力的黄维兵团形成了绝对优势。这为实现中央军委、毛泽东的战略意图，奠定了力量基础。

接下来的渡江战役，邓小平布阵，更是周密细致地做到了集中优势兵力，横扫长江之敌。当时，国民党在宜昌至上海间约 1800 公里的长江沿线，部署了 115 个师约 70 万人。其中，京沪杭警备总司令汤恩伯部 75 个师约 44 万人，担任湖口至上海段的沿江及其纵深地区守备；华中军事长官公署长官白崇禧部 40 个师约 25 万人，担任宜昌至湖口段江防和武汉地区守备。根据中央军委和毛泽东的指示，我军发起渡江战役的目的是歼灭汤恩伯部全部或大部，占领苏南、皖南及浙江全省，夺取京沪杭，彻底摧毁国民党反动统治的政治、经济中心。显然，要实现上级的战略意图，单独使用第二野战军或第三野战军，达到目的都困难较大。以邓小平为首的总前委决心使用第二、第三野战军全部近 24 个军约 100 万人，主要歼灭汤恩伯部。从兵力对比来看，我军兵力是敌人的 3.3 倍，我军并不占绝对优势。可是，我军处于胜势，敌军处于败势，加之我军几乎全部是机动兵力，实际上我军在兵力上是占有绝对优势的。

然而，这只是东线。敌西线还有 25 万兵力。尽管在我东线渡江时，西线之桂系白崇禧部不会积极地实施东援，可也必须采取得力措施，以保证东线我军渡江的顺利进行。为此，以邓小平为书记的总前委派出桐柏军区、江汉军区近 10 万地方部队，在王宏坤的指挥下，先期南下，以迷惑吸引白崇禧集团。同时，建议并得到中央军委批准，由第四野战军派第 12 兵团的两个军约 10 万余人南下，牵制西线白崇禧集团，同时也保障了第二野战军右侧的安全。这样，参加渡江战役的总兵力达到 120 万人。

二、攻敌所必救，消灭其救者

邓小平在与刘伯承一起统率千军万马，驰骋战场时，强调机动歼敌，而机动歼敌的关键，是通过调动敌人，在运动中发现或创造敌人的弱点，集中绝对优势兵力歼灭之。"攻敌所必救，消灭其救者；攻敌所必退，消灭其退者。"这就是调动敌人，在运动中歼敌的好办法。这一战法，是把筑城、驻守、蹲在工事里用堡垒罩着的敌人，转化为在田地行进的敌人，把阵地攻坚战转化为野外运动战，使敌人容易被消灭。邓小平认为，在运用这一谋略时，所选择的攻击目标，必须具有重要的战略价值。此点的得失，将对整个战局产生重大或较大的影响。只有这样，敌人才必救无疑。

抗日战争初期，邓小平、刘伯承指挥一二九师发起长生口伏击战，就采用了"攻其所必救，歼其救者"的战法。

1938年2月初，日军的5个师团共3万余人，为配合其津浦路作战，分别从平汉、同蒲、道清等铁路线向晋南、晋西发动进攻。国民党准备反攻太原的30万大军又是不战而溃。为牵制向晋南进攻的日军，邓小平、刘伯承将分散活动的一二九师各主力团适当集中，向正太线阳泉至井陉的日军进击，以阻断日军的交通线。

根据日军气焰正盛，十分轻视八路军，一遭我军袭击定然报复的特点，邓小平和刘伯承决定给它来个"攻其所必救，歼其救者"。井陉西南的旧关是日军设在井（陉）平（定）公路上的一个据点，用于保障井平公路的通畅，如遭攻击必会吸引井陉日军出援。邓小平、刘伯承率部抵达长岭，决定发起长生口战斗，以1个团袭击旧关，以两个团摆在井陉旧关之间的长生口，在运动中伏击出援的日军。

2月22日拂晓，我军袭击旧关，一举包围了日军的碉堡。旧关守敌立即向井陉日军发出救援呼叫。井陉的日军果然派出快速部队200人，分乘8辆汽车驰援。当走到长生口时，我伏击部队突然开火，毙敌130余人，击毁汽车5辆，大大鼓舞了我军士气。

而抗战结束后的上党战役，邓小平和刘伯承则运用了"攻敌所必退，消灭其退者"，在追击中消灭敌人的战法。

1945年8月16日，阎锡山按蒋介石的密令，命4个步兵师及1个挺进纵队，从临汾、浮山、翼城侵入晋冀鲁豫解放区腹心上党地区，很快就占领了我从日伪军手中解放的襄垣、潞城及被我地方武装包围的长治、长子、壶关、屯留等城。

上党地区，是指山西省东南部以长治城为中心的地区，古称"上党郡"。这一地区，在抗战时期是一二九师的根据地。日军投降前后，刘邓大军迅速解放长治周围一些县城，并包围了长治及其他诸城。不久国民党军史泽波部17000余人，迅速侵入上党地区，从八路军手中强夺了长治以及附近诸城。

这样，国民党军就像一把刀子插入了一二九师的根据地，要从刘邓的手中收复失地。

如何打败来犯之敌？邓小平分析认为，上党六城，都是日寇多年经营的设防城市，而阎锡山军队的特长又是"守"，我们没有夺取坚城的重武器，强攻势必招致重大伤亡，因此，我们最好还是把敌人调动起来，在运动中歼灭之。

刘伯承分析说，目前的形势还是比较严重的，敌人是四路围兵，对我进行夹攻。但敌人的四路夹攻也不是铁板一块。蒋介石有嫡系和杂牌的矛盾，往往是锣齐鼓不齐，常常打不到一个点子上。现在这场戏，阎锡山已经登场亮相，胡宗南还在赶穿行头，而孙连仲还在打脸谱。我看可以集中陈赓、陈锡联、陈再道这3个纵队的主力，采取夺城打援的战法，首先歼灭进犯上党的急先锋史泽波。邓小平表示完全赞同这一战法。于是，刘邓决定，集中太行、太岳、冀南三军区主力部队，发起上党战役。

此时，阎部史泽波主力守备长治，兵力约1万人，挺进纵队及保安部队守备长子、屯留，兵力都只有一两千人；襄垣、洛城、壶关则由保安部队守备，兵力都在千人以下。据此，刘邓决定首先攻取长治外围的屯留县城，吸引长治敌主力出援，力求在长（治）屯（留）公路上歼灭援敌，9月8日发起攻击。

邓小平认为这一夺城打援的战役是很险恶的，但险恶的阵势是消灭敌人的一个必要条件，而不是全部条件；必须具备的另一个条件，就是敌人按我们预想的那样前来。

9月2日，刘邓大军在上党地区首战夺回襄垣城，歼敌800余人，拉开了上党战役序幕。此时，邓小平在涉县赤岸村军区司令部，负责指挥陈再道率领的冀南部队和陈赓率领的太岳部队，向上党地区作向心集结。根据当时部队的情况，经过认真推算和周密考虑后，邓小平感到原战役部署中有一些值得进一步完善之处，他致电在襄垣的刘伯承提出三点建议：一是估计部队集结时间紧张，提议战役的发起时间最好推迟两天；二是根据各区部队的情况，各区部队的任务区分应是太行部队攻屯留、太岳部队攻长子、冀南部队攻潞城，另以一部监视可能从壶关窜至长治的敌人；三是待上述三座城市攻克后，最后集中力量会攻长治。

这是我军夺取抗战胜利后的第一仗，事关大局，只能胜利不能失败，必须经过充分准备，确实做到万无一失。于是，根据邓小平的意见，刘伯承等重新研究了决心方案，确定了战役部署，并将战役发起时间推迟到 9 月 10 日。

9 月 10 日，当重庆谈判桌上国共双方唇枪舌剑，激烈争论的时候，刘邓发起了声势浩大的上党战役，集中太行、太岳、冀南三个军区的主力及部分地方部队共 3 万余人，展开反击战。

当太行纵队向屯留城发起猛攻后，长治守敌派出 6000 人，两次试图增援，但因害怕被歼灭，加之我军个别打援部队过早暴露，长治敌军与我方略为接触就缩回去了。刘邓部队只完成了夺城任务，而没完成打援任务。

接着，刘邓又从 9 月 12 日至 27 日，接连下了四道命令，依次让部队攻打长子、潞城、壶关，并设法吸引长治敌人出援。可是长治守军对刘邓大军夺城打援的战法已有所提防，始终未敢迈出城池一步。

针对这种情况，刘邓决定改变战术，采取分兵加速夺取长治外围各城，以孤立长治之敌的方针。9 月 12 日至 19 日，刘邓大军相继攻克屯留、潞城、长子和壶关。接着，胜利之师包围了长治守敌。

长治是上党地区的首府，是侵华日军的师团部驻地。它是一个重点设防城市，深沟高垒（城墙高出丈余），工事坚固，阎锡山军队万人据守，加上连日倾盆大雨，地面泥泞，爬城极为不便，对于缺乏炮兵的刘邓部队，要攻下长治，自然比攻下其外围难得多。但是如果不能迅速攻下长治城，及时解决上党战役，则平汉、同浦大门洞开，北进蒋军将突围，分割我华北解放区，抢占东北，战略上对我军十分不利。

9 月 20 日，邓小平、刘伯承发出命令，决心夺取长治城，以暗设口袋的战法，由城东、南、西三面同时攻击城内之阎军，同时故开北关至城东北角，引诱敌人外窜，而于野战中坚决消灭之。攻城时间定在 24 日。

就在这时，刘邓突然得到情报，国民党军阎锡山部第七集团军副司令彭毓斌率两万余人，沿白（圭）晋（城）线急行南下，已到达子洪镇以南，企图援救长治史泽波部。这是一个打援的极好机会。邓小平和刘伯承获悉敌援军南下后，立即调整部署，决定暂缓攻打长治，转而"围城打援"，让冀南纵队和太行、太岳围城部队及地方武装大造声势，继续佯攻长治，吸引南下援敌向长治靠近；调太行、太岳纵队主力北上，准备在屯留城东北地区伏歼南下援敌。随后，率领打援部队兼程北上，配合原担负监视白晋路之敌的起义部队第十七师，在厍亭以南的白晋路常隆、上村地段两侧布下罗网。

刘邓这一系列部署十分周密，它不但照顾到任务、敌情、我情、地点、时间五个因素，而且是一个钳形的袋形的进攻态势。

这时，从太原向长治增援的彭毓斌部，在阎锡山连电催促下，临时决定走捷径，离开白晋路在厍亭渡过漳河，改沿厍亭、屯留间公路急进。

敌变我变。邓小平和刘伯承立即变更部署，令打援主力向厍屯公路两侧转移，改派第十七师尾敌援军跟进。打援主力于10月2日与敌援军预期在屯留西北的王家渠、白龙坡至井道上遭遇。邓小平和刘伯承抓住时机，指挥正面部队诱敌继续前进，主力向敌两翼迂回，第十七师由敌后向南展开攻击，很快就把援敌四面合围在老爷山、西窑、磨盘脑至榆林地区。

被围之敌利用山地构筑防御工事，进行顽抗。邓小平和刘伯承指挥部队英勇作战，夜间向敌突击，白天抗击敌人反扑，连战几天，迫敌步步收缩，最后猬集于磨盘脑、老爷山、关上之狭小地区，缺粮缺水，饥饿疲惫，军心动摇。

这时，邓小平和刘伯承发现被围敌军不是原来估计的3个师7000多人，而是8个师2万多人。为吃掉这块肥肉，刘邓急调围困长治的冀南纵队北上参战，只留部分地方武装在长治城外监视敌人。为避免敌人作困兽之斗，刘邓又决定采取围三阙一的战术，在北面故意给敌人留出一个缺口，以便将敌调动于运动中歼灭之。

10月5日，我左翼部队攻占老爷山主峰后，敌人果然于夜间向北突围，先敌抢占厍亭以北土落村附近制高点的迂回部队，堵击逃敌，而主力部队沿厍屯公路及其两侧进行跟踪与平行追击，猛烈穿插，使敌溃不成军，四处逃窜，纷纷缴械投降。激烈的战斗持续到 10 月 6 日黄昏，歼敌近两万人，彭毓斌畏罪自毙。

援敌被歼后，史泽波如惊弓之鸟，完全丧失了坚守的信心。为了逃脱被歼的下场，史泽波率部弃城西逃。然而，刘邓早就算准了这一着，预先做了周密安排，于是连史泽波在内的近万人又被全歼。

在解放战争的大规模运动战中，邓小平和刘伯承实施了"攻其必救，歼其救者"的战法日臻完善，在一系列战役中大放异彩。

1946 年 11 月底，蒋介石并不甘心在滑县战役的失败，继续坚持其打通平汉线，并寻找刘邓主力决战的计划。为此，经悉心策划，又调集 9 个旅，由王敬久指挥，自滑县地区向濮阳、内黄推进。另以一部兵力由安阳向临漳、大名进犯，以另一部兵力留守黄河以南的金乡、鱼台、环城、菏泽等地。蒋介石还有一个更为阴险毒辣的目的，就是为配合其军事行动，准备在河南境内引部分黄河水归故，水淹解放区。

刘邓认为，若能给当面进犯之敌王敬久集团以有力的打击，歼灭其一两个旅，则既可转变战局，又可抑制该敌不能东调投入鲁南战场；若能乘虚向徐州之敌后出击，逼近陇海路，威胁徐州，也可调敌回援，在运动中寻机歼灭之。邓小平和刘伯承决心集中主力于豫北地区，首先歼灭北犯之敌王敬久集团主力第五军一部。

可是，与第五军周旋了 20 多天，我军先后在滑县、清丰、南乐等地设置战场准备与敌作战，都因敌第五军或兵力过于集中，或态势不利，或地形、天气不利而没有找到更为有利的战机，未能达成作战目的。邓小平和刘伯承考虑转兵寻歼另股敌人。正在这时，毛泽东从延安发来电报，指示：如果你们西面之敌不好打，似以南下寻歼八十八师，恢复嘉、巨、金、鱼、城、单各地，调动邱清泉东进而歼灭之较为有利。

邓小平和刘伯承分析，不宜在豫北继续与敌纠缠，否则就会陷入被动；在鲁西南战场上，敌郑州绥署的主力正在向北进犯，后方比较空虚；徐州绥署守敌主力则是有意保存自己的实力，收缩至徐州。鲁西南的嘉、巨、金、鱼等地于敌人后方，只有伪军张岚锋部改编的第四纵队及地方部队守备，兵力薄弱，加上郑州与徐州两敌早有矛盾，互不支援，且处在敌徐州、郑州两集团的结合部，有隙可乘；又是老解放区，有良好的群众基础，如果集中兵力远距离奔袭，向敌后这一地区出击，既可以切断郑州与徐州之敌的联系，改变敌我双方的战场部署，又可以与华东野战军形成夹击徐州之势，威胁陇海路，调动进攻之敌掉头回援，造成在运动中各个歼敌的良机，也就是兵法所讲的，"攻其所必救，歼其救者"。

鲁西南地区可以说是敌最敏感、最要害的地区，也是我易攻，敌必救的地区，如果我军立即出击鲁西南，蒋介石必然会将向北进犯之敌回调增援，以救鲁西南失控之急。这样我军则可以乘势而作，抓住战机，在敌回援途中预先准备，力求全歼，由此粉碎敌北进和东调企图。

邓小平和刘伯承决定实行敌进我进，置向我解放区腹地进攻之敌于不顾，率主力向鲁西南大踏步挺进，威逼徐州。为掩护野战军主力南下实施外线作战，刘邓命令第二纵队结合地方武装，伪装成野战军主力，在清丰、观城、濮县、大名等地积极袭扰和迷惑敌人，给敌造成我野战军正多路向鲁西南攻击，目标直指徐州和陇海路的错觉，使之不得不火速调动北犯之敌回援，我野战军主力则隐蔽待机，聚歼回援之敌。第七纵队主力迅速攻歼聊城守敌，保障一旦敌向黄河故道放水时我军仍有安全通道，尔后南下参加主力作战。

12月22日，我第七纵队首先对聊城发起攻击，野战军主力由观城、朝城地区出发，越过黄河，隐蔽、大踏步地向东南机动，经100公里的急行军，秘密进入攻击地域，于30日晚突然向巨野、金乡、鱼台地区发起猛烈攻击。1947年元旦，第七纵队拿下聊城，第三纵队攻克巨野、嘉祥，歼敌4000余人；第六纵队攻占金乡的四关。

刘邓大军的这一举动，极大地震动了蒋介石。就在我第三、第六纵队合力围攻金乡守敌时，蒋介石严令督促徐州、郑州两绥靖公署迅速抽调兵力，从徐州、定陶、菏泽三个方向驰援金乡。针对敌人增援的态势，刘邓认为攻其必救、歼其救者的战机已经形成，当务之急是立即抓住战机，在金乡周围的广大地区设置战场，歼其救者，实现作战意图。

但面对三路"救者"，先打哪一路呢？刘邓分析：从菏泽、定陶来援的郑州绥靖公署的整编第六十八师、整编第五十五师及暂编第四纵队均为蒋介石的非嫡系部队，所以，增援行动不会很积极，对我威胁不是很大；而从徐州来援的整编第八十八师为蒋介石的嫡系部队，对解金乡之围行动积极，因此，对我威胁很大，首先歼灭该敌，即可以瓦解增援之敌的优势攻势，又可以对敌徐州构成威胁。通过反复权衡利弊，刘邓决定首先集中兵力歼灭敌第八十八师方先觉所部。

1947 年 1 月 4 日，毛泽东又来电指示刘伯承、邓小平：如你们能集中兵力用迂回方法歼灭八十八师主力，一可给薛岳重大打击，援助陈粟，二可给你们自己开辟东南战场。八十八师歼灭后，如刘汝珍东进，则歼灭刘汝珍，如刘不进，则应乘胜攻占金乡、鱼台、成武、单县诸城，以利尔后作战，你们应为开辟东南战场并在该地长期作战作出计划。

根据毛泽东的这一指示，刘伯承、邓小平当即定下决心，采取围城打援的战术，以第三纵队 1 个旅继续佯攻金乡，集中主力纵队寻歼敌增援部队。

1 月 6 日，徐州援敌整编第八十八师师长方先觉率两个旅经鱼台向金乡东南的胡子楼推进。第二天，当方师进到胡子楼一带时，遭到刘邓部队伏击，先头部队 1 个营被歼。方先觉见我攻势很猛，深感情况不妙，遂下令主力掉头回窜。但因金乡守敌日夜呼救，蒋介石严令督促方先觉，要不惜任何代价增援金乡，确保城池不失。方先觉只好硬着头皮率部增援，随即被我军包围在鱼台西北之崔庄、杨庄、胡海子地区。

"歼其救者"的有利态势一经形成，刘邓首长决心把握战机，乘敌立足未稳之机，于当晚下令部队冒着狂风大雪迅即向敌发起猛攻，战至 10 日，歼敌 9000 余人，俘敌旅长以下 7000 余人。

敌八十八师属于蒋介石的嫡系，此敌遭到攻击，犹如在蒋介石身上剜肉。战略要地被占，嫡系部队被攻，蒋介石非要派援兵解围不可，而这一情况一旦出现，就是我军歼敌的最好战机。这时，从定陶来援的敌军暂编第四纵队张岚峰，率 3 个团已进抵金乡以西之南田集地区；整编第六十八师刘汝珍所部 3 个团进至金乡西北之沙土集地区；同时，清丰、南京、观城地区之整编第二十七、第二十六军则派一部攻占了范县，企图威逼刘邓回顾，并以整编第七十五师由濮阳向鲁西南增援。

又是一次"歼其救者"的有利战机。刘邓将计就计，他们细心分析了敌展开的态势，在诸路援敌之中，突击冒进且战斗力较弱的当数郑州绥靖公署张岚峰的暂编第四纵队，我军若集中兵力首先将其歼灭，再及其余，则可以大大改善当面战场上敌我力量对比，对其他各路之敌也可以构成威胁，并给其心理上以极大的震慑。于是，邓小平、刘伯承将第二个歼击目标选择"救者"张岚峰部，决心乘势扩张战果，首先集中第三、第六纵队转兵向西，迂回包围了敌第四纵队 3 个团于金乡西南的白浮图地区，实施多路向心攻击，首先攻击了其指挥部。其余敌人惊慌失措，无力抵抗，溃不成军，在逃窜途中也大部被歼，我军乘势收复了成武城，生俘张岚峰。

由菏泽来接的第四绥靖区的刘汝珍在获悉两路援军均被歼灭后，慌忙率部向西逃窜。此时，我第七纵队早已接刘邓首长的指示，兼程开抵定陶地区，彻底切断了刘汝珍部的退路。奉刘邓之命从阳谷附近南下参战的第一纵队和第二纵队主力经 4 天的急行军，也按时赶到了定陶以东，3 个纵队将刘汝珍部包围在定陶以东的西台集地区，遂即发起攻击，经两天的激战，除刘汝珍率敌致百人逃脱外，其所部的 3 个团均在突围中被歼。至此，"巨金鱼"战役胜利结束，共歼敌正规军 3 个半旅，连同地方部队 1.6 万余人。

经验证明，攻敌所必救，消灭其救者，攻敌所必退，消灭其退者，是求得打运动战歼敌的好办法。这其中，也充分地体现了邓小平善于创造战场态势，准确寻找敌所必救的目标，积极争取攻其必救的战机，果断实施歼其救者的作战行动等一系列运筹指挥谋略的非凡。

三、趋利避害，机动歼敌

机动灵活的战略战术，是人民解放军由小到大，由弱变强的重要因素，也是我军作战的优良传统。机动，就是争取战略或战役的主动权或有利态势，有组织、有计划地移动兵力、兵器和火力。究其实质，就是"灵活"，因敌变化。邓小平认为，我军无论在任何时机，均须站在主动的地位，这样才能算着敌人而不为敌人所算。他把战场上部队的机动看作是指挥艺术，十分重视对战场机动的运用，注重通过战场机动来创造战机，更善于从战场机动中赢得胜利。1947年春，邓小平和刘伯承所指挥的豫北攻势，就是实施宽大机动，寻机歼敌的成功范例。

当时，蒋介石为了控制陕北与山东战场的枢纽地带豫北，部署了较多的防御兵力，并修筑了大量的坚固工事，其防御的重点放在了平汉路和道清路交叉点的新乡及其豫北地区，以王仲廉的4个整编师和暂编第三纵队孙殿英部等地方团队共7万余人，守备平汉路、道清路及沁阳、济源、孟县等地区；以孙震的两个整编师和王三祝部等地方部队约2.5万人守备平汉路以东黄河以北之浚县、滑县、濮阳、长垣地区。

针对蒋介石的这一部署和战场态势，1947年3月上旬，中央军委指示刘伯承、邓小平，创造战机，集中兵力，向蒋介石的敏感之地平汉路实施连续进攻，专打王仲廉集团，大量歼灭敌人有生力量，收复一切可能收复的失地，以更大更狠地打击来回击敌人的重点进攻，从而和晋南攻势一起，给陕北、山东解放军的作战以有力配合。

怎样实现军委的作战意图？邓小平和刘伯承认为，针对路北之敌的部署，最有效、最把握的办法，就是在豫北地区，广泛实施宽大机动，寻找和创造敌人的弱点，专打敌人的疼处，以求大量歼灭敌有生力量，迫敌回援。于是，决定3月下旬举行豫北战役，大量歼灭王仲廉部有生力量，吸引国民党军增援豫北，策应陕北、山东解放军作战。

邓小平认为，王仲廉部在新乡以北构筑了坚固工事，不会轻而易举地放弃阵地，肯定会尽量回避野战，更惧怕黄河南北交通被我切断。有鉴于此，刘邓决心首先集中优势兵力，在新乡与黄河铁桥之间打开缺口，消灭中间地带之敌，尔后视情况向国民党军的纵深实施机动，力求肢解敌防御体系，调动敌人脱离阵地，在野战中歼灭王仲廉部的有生力量，并相机夺取国民党军守备薄弱的城镇、据点，进而控制平汉线，改变中原战场的战略格局。

据此，邓小平和刘伯承做了巧妙的作战部署。野战军的第一步作战任务是，集中 4 个纵队和太行、冀南、冀鲁豫三个军区的独立旅、基干团共 10 余万人的优势兵力，在 10 余万民兵、数万民工的配合支援下，采取机动作战，攻克黄河铁桥，摧毁平汉、道清铁路，肢解国民党军的防御体系，迫近新乡，调动王仲廉部增援。为了便于作战部署，邓小平和刘伯承把部队编成 4 个野战集团。

在刘邓指挥下，到 3 月 29 日，各集团分别解放了延津、阳武、原武三座城镇以及濮阳、滑县、新乡、长垣区间广大乡村，歼灭了国民党军一部，并进至新乡、汲县地区，使守敌为之震惊。

当天夜里，我野战军第一集团以一部袭击黄河铁桥，当时因风沙太大，敌防守又比较严密，所以，攻击未能奏效。但这一行动，暴露了我军行动企图。次日夜，国民党军整编第六十六师第一旅由驻马店乘火车直接抵达黄河铁桥进行增援，致使我第一集团攻击又未获成功。而我晋冀鲁豫野战军主力却包围了汲县地区之整编第三十二师、孙震总部及整编第四十一师第一〇四旅残部。邓小平和刘伯承研究决定，将第一集团调至新乡西南之小冀地区为总预备队，集中第二、第三、第四集团主力，对汲县实施合力攻击。4 月 1 日夜，攻击发起，至 4 月 2 日夜，我野战军攻占了汲县城外据点多处，并攻占了东关。

但是，就在战斗向县城发展时，国民党军在新乡地区的总兵力一下就增至为 5 个整编师 10 个旅（含在新乡的第二快速纵队），并有向汲县机动增援的迹象。邓小平和刘伯承觉得汲县暂时还攻不下来，等到敌援兵一到，易于造成我军腹背受敌的被动态势。为了防止这种态势的出现，果断决定结束汲县作战，迅速转移。

邓小平和刘伯承分析认为，敌人向新乡地区增兵，使我军已经达到了调动敌人的目的。但为避开这股优势之敌，继续调动敌人，使其脱离坚固阵地，以利于我军大量消灭其有生力量，我军还应该挥师北上，再度机动兵力，牵制敌人主力来援，以创造野战歼敌的战机。为此，邓小平和刘伯承拟订了第二步作战方案：首先扫清平汉路两侧据点，消灭分散零落的国民党小股部队，彻底破坏平汉路上的安阳至汲县段，并相机夺取汤阴，以积极勇猛的作战行动，诱调王仲廉部北进，寻机在运动中将其歼灭。

根据这一作战计划，邓小平和刘伯承确定了具体的作战部署，并指示部队：这一次的作战行动，一定要以勇猛、快速、突然的打击，使其受到更大的压力，迫使其不得不调兵增援，这样就达到歼敌于运动之中的作战意图了。

从 4 月 3 日开始，各集团按作战部署隐蔽机动，急速北进，至 10 日，各集团先后攻克了回隆、鹤壁、楚旺等据点，歼灭了敌整编第三纵队第五纵队等部，彻底破坏了安阳至汲县段铁路，解放了卫河以西、平汉路两侧的广大地区，开辟了新的战场，主力也逼近了安阳，围攻汤阴。

刘邓大军的作战行动果然生效。国民党军认为我军主力集结此城，是其彻底解决豫北的难得机会，所以，企图在豫北地区与我军主力决战。4 月 6 日，由王仲廉亲自出马，率 3 个旅 1 个团的兵力组成作战本队，1 个整编师为预备队随后跟进，由新乡地区沿平汉路东侧开始北进寻找我军主力。4 月 10 日，当王仲廉部进至宜沟附近地区，遭到我野战军的正面抵抗，不敢贸然行动，只好收缩兵力后撤。

邓小平与刘伯承分析，如果我以一部兵力再继续围攻汤阴，威胁安阳的话，北进之敌肯定会以一部兵力回抽和以其他兵力进行增援，这样便于我在预定地区歼敌一部，为此决定以第六纵队的 1 个旅和冀南军区的两个独立旅向汤阴和崔桥两地发起攻击，要求部队打得越坚决、越猛烈、越积极越好。尔后集中主力快速机动到大资店、汤阴之间地区，形成夹击部署，待机歼灭增援之敌。

第六纵队一部和冀南军区部队首先对汤阴防守之敌发起了积极的围攻，一下子打在了敌人的痛处，敌为解汤阴之围，立即命令整编第二十六军急速北援。

邓小平和刘伯承遂令野战军以小部兵力为诱饵，采取运动防御的办法，与敌保持接触，诱其进至我预设战场。4 月 15 日，敌第一梯队进至屯子山地区。邓小平和刘伯承认为战机已经形成，于 17 日夜对敌发起攻击，集中主力从敌整编第二十六军等部的两侧实施兜击，将敌第一梯队和第二梯队割裂开来，然后将第一梯队包围于卫河以北、淇河以东的河套地区。战至 18 日，将敌人的第二快速纵队全歼于大小湖营地区，其余敌人纷纷溃逃，我野战军乘胜追击，在追击中又歼灭了敌 1 个多旅，解放了 3 座县城。

王仲廉见援兵遭受重大打击，且我军正在形成合围态势，立即收缩兵力于新乡，暂时不敢北上增援。

随后，邓小平、刘伯承又指挥晋冀鲁豫野战军乘胜实施了第三步、第四步作战，攻克了汤阴，进行了安阳外围作战，共歼敌 4.5 万余人，解放了豫北长 150 公里、宽 100 公里的广大地区，控制了平汉路 150 余公里的路段，破坏了国民党联系东西两个战场之枢纽地带的防御部署，有力地配合了陕北和山东解放军粉碎蒋介石重点进攻的作战行动，为下一步我军的战略反攻创造了重要的条件。

1947 年 8 月底，邓小平和刘伯承率晋冀鲁豫野战军千里跃进，粉碎了国民党军的围追堵截，胜利进入了位于鄂豫皖三省交界的大别山。为开辟和巩固大别山根据地，邓小平指挥野战军在与国民党军反复、激烈的争夺中，展开了高度机动的作战。

9 月上旬，尾追刘邓大军的国民党 23 个旅，进入大别山地区，以多数兵力摆在平汉线及其东侧，阻止我军向桐柏山、大洪山地区发展；以一部分兵力实行分散"清剿"，摧毁我地方政权。另外，国防部长白崇禧亲自指挥桂系两个师，在豫北、皖西实行机动，寻找刘邓大军主力作战，企图乘我军立足未稳而围歼之或驱逐之。

邓小平根据毛泽东的指示，决定避开善于山地作战的桂系部队，集中力量先打滇军。在实施展开的同时，邓小平和刘伯承确定集中兵力，先打战斗力较弱且比较孤立的滇军五十八师，牵制桂系，掩护展开。以第一、二纵队主力和六纵队的一旅，在河南商城以北的河凤集地区打第一仗，准备消灭五十八师一部。这一仗，由于部队还不熟悉山地、水田作战，未能达到预期目的，然而打击敌人，调动敌四十八师和十师从经扶、宜化转向皖西，掩护了战略展开。

为打击敌人气焰，进一步调动敌人，吸引敌人向北，邓小平又在商城以西的中铺地区，集中3个纵队又1个旅的兵力，歼灭敌五十八师新十旅1个团，打乱了敌人的进攻部署，其八十五师自光山、满川地区东援，四十八师自六安西援。邓小平和刘伯承看准战机，将部队迅速向西机动，在光山附近打了第三仗，击退了敌增援部队八十五师的进攻。这一仗，将围攻我军的敌主力全部调到大别山以北地区，保证了我军在大别山南部的鄂东、皖西作胜利展开。

蒋介石深知刘邓大军在大别山立足的政治意义和军事意义。10月初，他下令集结于大别山北部的6个多师，对位于光山和新县的我军主力进行合击，仅留少数兵力担任山南地区的守备。

邓小平根据大别山北部敌兵力集中，而南部空虚的情况，决定置留少数部队在大别山北部迷惑和牵制敌人，主力则摆脱敌人的合击，乘虚出大别山南部的鄂东、皖西地区，调动敌人，寻机歼敌。

我军第三纵队首先在皖西六安东南的张家店全歼了运动中的敌1个旅，并推进到长江边上的望江地区。这是我军在进入大别山之后第一次消灭敌人1个正规旅以上兵力的重大胜利。与此同时，我军出击鄂东的主力部队，以疾风扫落叶之势，扫荡沿途分散孤立的敌守备部队和地方反动武装，连克长江以北的团风、广济、英山、武穴等城镇。

至此，邓小平和刘伯承指挥部队控制了长江北岸达300余公里，威震大江南北。

坐镇庐山的蒋介石害怕刘邓渡过长江，在没有其他部队可调的情况下，急令其整编第四十师和整编第五十二师第八十二旅，向广济兼程前进，企图攻击我军侧背。

敌孤军独进，正中下怀。邓小平和刘伯承抓住战机，将分遣在长江北岸的 4 个纵队立即作向心集结，部署在高山铺地区周围，准备打歼灭战。以一支小部队化装成地方游击队，前去和敌先头部队接触，边走边打，诱骗敌人。并指示部队一定要牵着敌人的鼻子走，叫他们按照我们的指挥行动！

敌人以为有便宜可占，便节节追逼，一天之内，向前推进了 60 华里。26 日上午，敌进入我设在高山铺的口袋阵。这里是一个狭长的山口，洪脑山、马骑山、界岭山耸峙于峡谷的两侧。埋伏在山上的我军如同一把大钳，从南北两面死死地卡住了敌人的咽喉。

这时的整编第四十师师长李振清才恍然大悟：解放军并不是只有 1 个旅的"弱敌"，而是刘邓大军的强大之旅，不顾一切地组织部队冒着倾盆大雨，向四周攻击，企图突围。但是，闹腾了一天一夜，还是没有抓到一线可以逃命的缝隙。27 日上午，乘敌惊慌混乱之机，刘邓下达了乘势发起总攻的命令。我军主力部队，立即向敌发起合围攻击，两个小时后，敌人溃不成军，蒋介石的 1.2 万多人马就这样全部覆灭了。

四、釜底抽薪，断敌交通

《三十六计》中第十九计讲的是"釜底抽薪"之计，本意是说沸水借助火力，火力则以薪为魄，抽其薪，火力自消，沸水自止。借指当敌人力量强大而我方不能直接与之相抗争时，应当首先瓦解敌方的气势。断敌交通，历来是达成釜底抽薪目的的重要手段。在现代战争中，交通线获得了更加重要的意义。现代战争对后方的依赖更大，因而，对交通线的依赖也就更大。一旦交通被切断，对于拥有现代化装备的军队来说，就意味着失败与灭亡。

二十世纪三四十年代，日本从发动侵华战争的那一天起，就十分看重对交通线的控制，甚至认为"只要交通有保障，灭亡中国绝对不成问题"。在战略上，它的进攻主要是夺取交通线和占领交通要点，然后再利用已经夺取的交通线和交通要点，作进一步的战略展开，再去夺取新的交通线，控制新的交通要点，从而不断扩大其占领区乃至实现对整个中国的占领。在战术上，日军则把铁路和公路作为作战轴心，凭借着交通线作攻击，体现出对交通线特别是铁路的强烈依赖性。交通线是日本侵略军之薪。因此，在交通线上给其打击也就具有必然性，是釜底抽薪之举。

邓小平从参与指挥抗日战争一开始，就认识了开展交通斗争的严重性和艰巨性。对交通斗争问题，当时在抗日队伍的内部存在着不同的看法。有的看不到日寇强化交通，借以残暴地推行其殖民统治的严重性；有的虽然看到了日寇利用交通线之便利，加紧对抗日根据地"扫荡"，企图消灭抗日力量，以巩固其后方，但又认为敌人防范严密，我们对此无能为力；有的则在严酷的斗争面前，采取硬拼、硬碰的办法，企图在一个早上就砸烂敌人的交通线。邓小平对此十分清醒的认识，他把交通斗争作为对日作战的主要斗争形式之一。他在1939年3月谈到八路军的战术原则时说："我们的战术原则是运动游击战，特别是用普遍的游击战争来坚持冀南抗战，不断扰乱、疲惫和袭击敌人，打敌交通部队、运输队，包围县城，伏击它的增援部队，断绝敌人交通。"邓小平和刘伯承一方面从军事、政治、经济、文化等各方面形象地教育部队认清开展交通斗争的重要意义，另一方面又率领一二九师和太行山根据地的群众积极开展破坏敌人交通线的斗争。

1938年5月至1939年1月，邓小平和刘伯承指挥一二九师，对日军之平汉路、正太路、道清路进行了13次总破击，还夹杂着无数次小的破击战。这些大大小小的铁路破击战，此起彼伏，连绵不断，使日军的交通运输处于时断时续的半瘫痪状态，从而在一定程度上削弱了日军在正面战场上的进攻势头，严重挫折了日军速战速决的企图。

其间，邓小平和刘伯承还组织部队在日军进犯必经的公路线上打了几场漂亮的伏击战。1938年2月22日，在正太路东段，包围了旧关村，设伏长生口，消灭了由井陉出援旧关之日军1个加强中队。随即转师南下，寻歼占领邯郸、长治大道之敌。3月16日，袭击黎城，设伏神头岭，歼灭由潞城出援的日军1500人。半个月后，又在黎城至涉县间的响堂铺设伏击，将由黎城东移的敌汽车180辆全部烧毁，并全歼其掩护部队。这些公路线上的伏击战，大大削弱了日军的气焰，严重挫折了日军速战速决的企图。日军不得不从正面战场抽调主力，对八路军的活动地区进行几路围攻，并逐渐把注意力的重点，转向中国共产党领导的抗日武装。这表明，八路军开展的交通斗争确实打在了侵华日军的痛处。

抗日战争进入相持阶段后，日军把交通线主要用来推行其包含了军事目的、政治目的、经济目的和文化思想目的的"总力战"，更加重视对交通线的控制，竭尽全力保障铁路和公路的通畅。邓小平和刘伯承也日益把交通斗争作为战略手段来运用。他们认为，敌我在相持阶段中的交通斗争，是争夺战略优势的主要斗争手段。所谓交通斗争，就是我们方面想尽一切办法，用尽一切力量，以求畅通我之交通，斩断敌之交通。反之，在敌人方面也是如此。日军对交通线的依赖，既可以造成它的优势，使其获得种种便利，但也造成它的弱点，只要交通线一被切断，其战斗力便会大大被削弱，而绵长的交通线是防不胜防的，很容易被切断。也就是说，交通线既是日军不能放弃的生命线，也是它的致命弱点。

邓小平和刘伯承看准了日军的矛盾所在，把破击和袭扰它的交通线，作为化敌人的优势为劣势，化我的劣势为优劣的主要斗争手段，频频向日军占领和控制的交通线发起攻势作战。

在这个时期，日军对我敌后抗日根据地反复进行残酷异常的"扫荡"。我抗日军民与之进行了反复的艰苦卓绝的斗争。在反复的较量中，邓小平不失时机地组织对日军交通线的破击战，或者乘日军主力深入我抗日根据地后方空虚之机，主力部队跳到外线击破它的交通线；或者乘日军结束"扫荡"退回据点、我军腾出了手的时机，组织交通线破击战。常常是日军在我根据地烧杀抢掠，我军民在它的后方破击铁路和公路；常常是日军刚刚结束"扫荡"退回据点，我军便开始了铁路、公路破击战。

1939 年 4 月，当日军沿白晋公路进行"扫荡"时，邓小平和刘伯承指挥部队对正太、平汉铁路进行破击。同年 7 月，当日军出动 5 万人向晋冀豫进行大"扫荡"时，邓小平指挥冀南军区部队配合晋冀豫反"扫荡"破坏公路70 余公里。

随着抗日游击战争的发展，随着人民群众的普遍发动，随着我军的发展壮大，一二九师的交通破击战的规模越演越大，越来越是大打大闹。进入1940年后，针对日军推行的"囚笼"政策，交通斗争以更大的规模，更有计划、有组织地开展起来。

1940年初，日寇实施"囚笼政策"，以铁路为柱，公路为链，碉堡为锁，企图分割和封锁各抗日根据地。在晋冀鲁豫边区，日寇已经利用平汉线割断了八路军山区和平原的联系，利用正太线截断了太行根据地和晋察冀根据地的联系。敌人依靠这些交通线，向各抗日根据地轮番进行"扫荡"。

邓小平在分析研究了敌人修筑铁路、公路的情况后，认识到日军对抗日根据地开始实施的是"囚笼政策"，针对敌人企图分割摧毁我军抗日根据地的严重形势，从而针锋相对地系统地提出了"面向交通线"的思想。

一是要让全区军民对严重的形势有足够的、清醒的认识。当时，日军在太行、太岳山区加紧抢修白晋铁路，企图把这一地区分割成四块；在冀南平原地区敌人相继建成石（家庄）深（州）铁路，以及石家庄至南宫、邢台至威县、邯郸至大名等80余条公路，把平原分成了"井"字、"米"字和"回"字。敌人的企图就是要缩小八路军的活动范围，截断各区的相互联系与相互支援，以持久连续地分区反复"扫荡"，最终达到摧毁抗日根据地之目的。事实上，敌人通过一系列的修路和建立据点，已确实给我根据地造成了极大的困难，形势是非常严重的。

二是在战役指导上指出了必须对敌展开大规模的破交作战。在敌人采取"囚笼政策"的情况下，要保卫抗日根据地不遭日军摧毁，就必须不断破坏敌人的交通，使敌人难以深入抗日根据地进行分区"扫荡"，敌人所需的粮食、弹药、汽油等军用物资亦难以及时补给。因此，在作战中对敌人开展交通破击战，应成为抗日根据地军民对敌作战中具有战略意义的重大任务。

三是"面向交通线"实际上也可以作为当时对敌作战的一种战法来使用。邓小平在提出这一思想的同时，指出了运用这一思想时应采取"三结合"的行动方法，即主力军、地方军和广大人民群众相结合；重点破击与全面破击相结合；大破击与经常性的小破击相结合。刘伯承在评价邓小平"面向交通线"的思想时认为，这种提法简明扼要，使大家对今后开展对敌作战任务非常明确，指出了对敌作战的要害。此后，晋冀鲁豫根据地军民在刘邓的领导下，按照"面向交通线"的思想，先后发起了破击白晋铁路的战役、武（安）沙（河）战役等，取得了多次交通破击战役的胜利。

1940年4月5日，邓小平和刘伯承向一二九师部队下达了大规模破击铁路、公路的作战命令，部署各部队进行破击交通线作战。冀南军区部队从4月到7月，对平汉及与之相连的公路干线进行了两次规模大、持续时间长的破击战，第一次20天，第二次6天，每次都动员万余人，破坏铁路共计10余公里，公路200余公里。

邓小平、刘伯承亲自指挥太行军区部队和太岳军队部队开展了白晋铁路破击战。6月初，日军出动15000余人，开始"扫荡"冀鲁豫根据地，我太行军区破击平汉、正太两铁路，炸毁铁路桥5座。一二九师三八五旅一部袭击白晋铁路河口车站。同月，邓小平、刘伯承指挥部队发动武沙战役，共歼敌700余人，破铁路5.5公里、公路3公里。白晋铁路破击战从5月初开始，一直持续到8月中旬，大小破击作战40余次，仅头两天的作战，就破坏铁路50余公里，大小桥梁50余座，打破了日军修筑的白（圭）晋（城）铁路，割裂太行区和太岳区的企图，并通过这次破击作战，取得了对日军开展交通斗争的重要经验。

更大规模的交通破击，是在百团大战中。1940年8月16日，邓小平和刘伯承根据八路军总部下达的破击正太路的命令，向一二九师部队下达了破击正太路的基本命令。刘邓认为，这个战役至关重要，有必要再向部队提出几条具体要求。刘邓提出，本战役系华北本军整个行动，对全国对华北意义极大，任何一点都与全局有关，任何一项任务都必须坚决完成。本战役是连续的破击任务，目的在摧毁敌人的铁路、公路，绝不是游击一次。保证战役任务的完成，必须高度发挥坚持性与顽强性。邓小平在对部队进行政治动员时强调指出，对正太路破坏得越彻底，我们就越主动。这一仗必须打好，坚决粉碎日寇的"囚笼政策"，扩大并巩固敌后抗日民主根据地，克服投降危机，振奋全国人民的抗战信心，提高我军军威，从而对国际反法西斯的斗争也会有重大影响。

在百团大战中，一些部队只喜欢打仗，对破坏敌人的铁路、公路不积极。一二九师共出兵 46 个团，是出兵员多的一个系统，破路任务完成得最好，这与刘邓的指导思想和动员工作有很大的关系，在这一过程中，一二九师提出了很多形象鲜明生动的动员口号，诸如："铁路是大血管，公路是小血管。""铁路是大毒水管，公路是小毒水管。""破坏一里铁路，等于消灭一连敌人。""让敌人用脚跟我们赛跑。""让敌人用牛、用驴子去搬运炮弹、炸弹、飞机。""收回一根铁轨等于缴获一挺机关枪。"等等。

正太线横贯太行山脉，把晋冀鲁豫和晋察冀两大战略区分割开，是日军把守的重点，称其为"钢铁封锁线"。一二九师承担了正太路西段阳泉至榆次的破击任务。经过近 1 个月的作战，投入共约 14 个团的兵力，摧毁正太西段的 1/3，沿路的据点和铁路设施也破坏殆尽，使日军控制的正太路一度陷于瘫痪。

正太路破击战结束后不久，1940 年 9 月，邓小平和刘伯承又指挥部队，与晋察冀军区部队、一二〇师部队相配合，发起了榆辽战役，破击辽县至榆社的公路，扫清了辽县以西公路的全部日伪军据点，使日军据守的辽县县城成为一座孤岛。

这些大规模的铁路、公路破击战，不仅有力地斩断了日军的交通线，也消灭了其大量的有生力量，更重要的是严重动摇了日寇的军心，使日军的士兵深感战争前景黯淡，前途堪忧，确实收到了"夺气攻心"之效，为战略相持阶段转变敌我力量对比及战争态势创造了条件。

五、敌进我进，釜底抽薪

"敌进我进"，是毛泽东为中共发展抗日游击战争和建立抗日根据地所制定的方针和原则。也是邓小平在一二九师坚持的方针和原则。这一方针，是由晋冀鲁豫根据地首先提出并推广到其他根据地的。

邓小平认为，在敌强我弱的条件下，我军一般都采取诱敌深入，内线歼敌的作战方针，即敌在外线，我在内线。但不应为这种情势所束缚，在某些情况下，采取敌进我进的方针，恰恰是打乱敌人的作战部署，调动敌人和分散敌人，达成被动中的主动，防御中的进攻，劣势中的优势，歼敌于运动之中的有效方法。

所谓敌进我进，指的是"敌至何处我至何处"，即当敌人逐步向我根据地纵深进攻时，我军向敌人后方进攻，占领敌人后方的广大地区，敌人占领了铁路、公路等重要交通沿线以及大城市，我军则占领铁路沿线的县城与乡村，积极活动，逐步扩展，在空间上对敌形成反包围之势。

抗日战争时期，日军进入我军根据地来"清剿""蚕食"，八路军有两种办法来对付：一种是采取正面抵抗，阻敌入侵，在根据地内与敌死打硬拼，这样做的结果不仅直接破坏了我军根据地的建设，而且还要增大我根据地的消耗，保卫根据地的效果也不会好。另一种则是在敌人入侵我根据地的同时，我军也派出精干部队深入敌后去，开展广泛的游击战，乱敌部署，破敌目标，打敌要害，釜底抽薪，断敌补给，以此来密切配合根据地的正面抵抗，这样既可以有效地保卫根据地，还可以减少根据地的损失。两者相权，后者为利。

起初，我八路军采用"十六字诀"的游击战术，给日寇以沉重打击。后来日寇摸清了我军"敌进我退"的规律，使我们吃了不少亏。所以，邓小平和刘伯承根据对敌斗争形势的变化，坚持游击战为主的原则，创造性地提出了"敌进我进"的方针，当敌人主力来"扫荡"时，我军也派主力打到敌人的后方和交通线。强调选择适当的时机和地点，跳出敌人的"铁桶"，乘虚而入，袭击敌人守备薄弱的据点，或者以基干军队主力转移到外线背击敌人，让敌人"且进且击"变成"且进且挨打"。这一方针是对"十六字诀"的灵活运用和发展。至1940年底，我晋冀鲁豫军民经过半年多的艰苦奋战，共拔除敌据点千余个，歼敌76000余人；收复县城11座，光复土地6万平方公里，解放人口 500 多万，把许多被日伪军分割的小块游击区扩大成了大块的根据地，圆满地实现了"敌进我进"战略方针的作战意图，充分证明了"敌进我进"伟大战略方针的正确。

1943 年，邓小平在《五年来对敌斗争的概略总结与今后对敌斗争的方针》中，对这一方针作了系统的阐发，指出采取"敌进我进"的方针，是由于敌人对我军实行进攻政策。敌人一定要向我们前进，所以我们也一定要向敌人前进，才能破坏或阻滞敌人的前进，巩固我们的阵地。敌进我进的结果，华北根据地的游击性将不断地增加，敌占区的游击性也将不断地增加。在此犬牙交错的复杂斗争中，要求我们细心地了解敌人，善于发现敌人的规律、善于利用缝隙钻敌人的空隙，以争取主动。敌人"扫荡"这一区域时，其他区域即应利用空隙展开对敌斗争，被"扫荡"区域亦应组织腹地坚持与外线活动相配合的反"扫荡"斗争，以取得主动。他还就如何在敌占区、游击区实行"敌进我进"的方针提出了一系列具体的政策和策略。

邓小平强调说，敌人向根据地前进，我们向敌占区前进，敌人掌握敌占区，我们开展敌占区工作，将形成错综复杂、互相插花的斗争局面。我们将以多种的形式和灵活运用的政策去与敌人斗争。今后我们必须有计划地去开展敌占区的游击战争，开辟隐蔽的小块游击根据地。这不仅从积蓄力量准备反攻和战后着眼，而且是坚持山地根据地和平原游击战争的重要环节之一，是熬时间争取胜利的重要手段。这些论述，丰富和完善了"敌进我进"方针的内容，使这一方针的战略意义更加显著地体现出来。

邓小平还提出，敌进我进的斗争，也表现于隐蔽斗争上，敌人伸入根据地的特务活动，和我伸入敌占区、伪军伪组织内隐蔽积蓄力量的斗争，也将是日益发展日益激烈的。因为这是多种作战形式密切配合的结果。我一面与敌作战，敌可集中精力于一个方面，这就等于"硬碰硬"，在敌优我劣的条件下，我肯定会吃大亏；而我若多面作战，多个方向牵制敌人的精力，使其应顾不暇，各种作战部署也不能顺畅协调地相互支援，从而大大地降低其作战功能，削弱其作战优势，更有利和有效地打败敌人的进攻。

为了彻底扭转主要依托根据地反"扫荡"、反蚕食的被动局面，邓小平和刘伯承决定改变过去单纯以主力与敌人周旋的战术，组织和派遣大批精干的武装工作队（即武工队），小部队向敌后挺进，钻到敌人的心脏里去，广泛发动群众，繁殖敌后之敌后的游击战争。他们采取办集训队的办法，训练出一批批骨干，分派下去组建武工队。集训队成员，是从各部队挑选的军政素质好、战斗经验丰富、工作能力强的干部。训练的内容主要是了解研究社情、敌情和各阶层的民情，明确敌后工作的任务与原则，熟悉相应的战术，并通过必要的演习加以熟练，制订出行动计划。

在邓小平和刘伯承的具体指导下，武工队很快在各地组织起来了。仅仅几个月时间，太行、太岳、冀南 3 区就派出 40 多支武工队。武工队像一支支利箭，飞插到根据地的"格子网"或边沿敌占区内。这些武工队、小部队采取灵活多变的办法和战术，宣传群众，组织群众，打击日伪武装和政权，瓦解和争取伪军，开展和繁殖游击战争，在敌占区纵横出没，大显神威，日军惊呼出现了"心腹之患"，不得不抽出部分兵力来对付，这就减轻了根据地的压力，有效地支援了反"扫荡"、反蚕食斗争。

1944 年 4 月中旬，日军在河南发动了打通中国大陆交通线的"一号作战"行动。当时驻河南的国民党军队只坚持了一个多月就节节溃退，致使豫西大部分被白军占领。5 月以后，日军又开始向湘桂发起进攻，在豫西只留有一个师团，仅能控制陇海铁路的某些交通要点及其附近的县城。7 月，邓小平专门组织作战会议详细研究向敌后发展游击作战问题。会议传达了中央关于向河南敌后发展进攻的指示，决心采取敌进我进的方针，命令由太行军区第五分区司令员皮定均、政治委员徐子荣组建"八路军豫西抗日支队"，迅速南渡黄河，开辟豫西抗日根据地。

时隔不久，邓小平又派了两个支队挺进豫西，开展了轰轰烈烈的敌后斗争，不仅有力地打击了日伪军，而且搞得日伪军大有锋芒在背之感，后顾之忧甚大，很难再大摇大摆地到我军根据地来"清剿"、扫荡了，从此打开了豫西前线抗日斗争的新局面。

敌进我进，不是盲目地强调进攻，而是在积极防御思想的指导下，为夺取战争主动权而采取的一种作战样式。是否实施敌进我进，完全取决于敌我双方的实际情况。因此，战争指导者必须在整个战争进程中对敌我态势变化做出及时而准确的分析判断，然后决定自己的作战方针，当进则进，当退则退，当防则防，当攻则攻，时刻掌握主动，避免被动。邓小平认为，以敌进我进的方针来调动和歼灭敌人，一般在下列时机实施。

一是当敌优势兵力四面包围我军根据地时，我军内线作战难以打破敌之作战企图，不能实施有效的战略退动，那么就应该考虑敌进我进。

二是在敌人兵力过大，且猬集一团，步步为营，我军不能各个击破敌人时，就应该集中主力，敌进我进，一举突破敌之包围圈，转至外线。

三是当多路敌军向我军分进合击时，必须乘合击之势尚未形成之际，主力转移到外线，或以一部兵力出击外线，调动敌人，以伺机打击敌人较为薄弱的一路。

四是当敌战略进攻开始减弱时，应选择敌人进攻正面较为薄弱的方向，果断实施外线出击，将战争引向敌占区，为我军全面转入战略进攻创造条件。

敌进我进，必须悉心研究敌之阵势的弱点与"要穴"，正确选择敌进我进的目标与方向。敌进我进，要达到预期的战略和战役目标，最关键的是选准我之出击方向和攻击目标。只有窥破敌之阵势中的弱点与要害，以我之力量攻其防护薄弱的"要穴"，方能奏效。通常敌进我进情况下之我进主要有以下三个方向：

一是敌人力量薄弱之处。由于受到进攻地形、道路和不同部队任务区分等条件的制约，任何强大的攻势中均存在着相对薄弱的部位，如两支敌军之间的结合部等。在敌已经形成大的包围圈的情况下，采取敌进我进以跳出敌之合围，其方向必须选择在敌之战线间隙或力量薄弱之处。

二是敌人的后方与侧翼。派兵从外线出击敌人的后方，打他的补给基地，逼敌自撤。

三是敌人的战略重地。战略重地是在战略全局中居有至关重要作用的地区，在敌之进攻面前，以我军之主动的外线出击，威胁敌人的根本重地，是打乱敌人作战部署以瓦解其攻势乃至实现战略转折的重要手段。

当然，敌进我进的方向远不只是这几个方面。战争指导者应根据战争形势的变化，敌我力量对比的消长，以及地理等方面的条件，灵活地选择出击方向，以达到粉碎敌人进攻之目的。

六、避实击虚，避强击弱

中国革命战争的最基本的特点就是敌强我弱，敌我力量对比悬殊。因此，中国革命战争的基本战法，也就只能是：在战略上以弱对强，而在战役战斗上则必须以强对弱。而要实现在战役战斗上的以强攻弱，最有效的战法之一，就是打敌人的弱点。避实击虚，避强击弱这一在中国实行了数千年、被明智的军事家奉为圭臬的基本军事原则，在中国革命战争中尤为贯彻之必要。

邓小平既精通兵法，又有对中国革命战争规律的深切体察，深知敌人的强大和我军的弱小。因此，作为相对独立战略区的最高指挥员，邓小平自觉实行"以己之长击敌之短，以己之强攻敌之弱"的军事原则，并在理论与实践方面大大发展了此战略。

战争力量的强与弱，是战争胜负的基础，强胜弱败是战争的普遍规律。我军在战略上的以弱胜强，并不是对强胜弱败规律的否定，而是对它的灵活运用，即通过争取局部的优势来实现的。邓小平认为，正因为敌人军事力量占有优势，特别是技术装备相差悬殊，所以在战略方面，我们还是以弱抗强；然而，在战役和战术方面，我们必须求得以强攻弱，即使在战役上自己的力量小于敌人，也要求战术上来解决以少胜多的问题。

而要取得这种局部优势，就必须贯彻先打弱敌的原则，即在多路运动之敌中，应当先找弱一点的消灭，如此强的亦将变成弱的，倘若先攻强的，就是攻得下，损失也必大；攻不下，则弱的也变为强的，更难攻了。这就是说，捡弱的打，容易使我军形成绝对优势，实行四面包围，速战速决，全歼敌人。先消灭了弱敌，强敌失去了羽翼，受到削弱，就会出现有利于我继续歼敌人的形势。同时，有利于我军迅速转移兵力，连续歼击其他敌军。

弱军也是当面敌军之间相比较而言的。所谓弱，指的是敌人的兵力上比较弱，配备上比较弱，素质上比较弱，或者处在不利地形下的敌人。因此，邓小平在选择作战目标时，通常先选择以下目标。

第一，分散孤立之敌。比如，为控制其占领区和交通线而分散守备之敌；分路向我进攻，各路相距较远，失去协调之敌；进的脱离主力，或位置突出，不能及时得到其他部支援之敌。

第二，战斗力较弱之敌。或武器装备差，训练素质低，内部矛盾深，指挥官无能，非嫡系杂牌军，新组建的部队等。

第三，处于不利地形条件之敌。地形的好坏，对于战斗力的发挥有很大的影响，军队战斗力虽然强，处于不利地形也将变弱；战斗相对较弱的部队，占据有利地形也可使战斗效能倍增。因此，在区分强弱时，要将地形条件作为一个重要的因素加以考虑。

邓小平主张，要积极找敌弱点，在进退时都取进攻姿势。以既能歼敌又能调动敌人为原则。善战之人，看到敌人的长处，便知道它的短处；看到敌人的不足之处，便知道它所有余之处。如果能像看到日月那样看出彼己的优长，那么他的措施就会高敌一筹，像以水灭火那样。

邓小平和刘伯承指挥的上党战役，为什么能以劣势装备对敌优势装备、以劣势的兵数对优势的兵数，而终于取得了干干净净消灭侵占上党之敌的重大胜利？

刘邓回答得很有趣：因为我们的攻势是钳形的、袋形的，如果和敌人牛抵角，最多也不过是把敌人打退而已。其中的关键，就是要找准敌人的弱点。

"牛抵角抵了半天，能消灭敌人吗？不能。"

邓小平和刘伯承认为作战有三种战术：一是牛抵角战术。二是马的战术，用后蹄踢。三是狼的战术。刘邓两位均为四川人，对四川的民间故事、风土人情十分谙熟。四川民间故事说道，成都有一条坡路，狼就在坡路附近静坐等着，一个推平车的人推到半坡时，狼就照准他的腿上咬一块肉。推平车的人车放不下，跑也跑不掉，乖乖地让狼吃去了一块肉。狼的战术是高明的，人比狼总得高明一点。这个民间故事是很形象的。

邓小平在提到合围钳形攻势的要旨时指出，由于我军善于宽大机动捕捉敌人的弱点，所以战役的围攻较易奏效。但无论在阵地战或机动战，尤其是在机动战中，各部队必须根据作战基本命令与具体情况果断行事，协同动作，才能合围与歼灭敌人。合围就是防止敌人突围逃走，割裂才能各个歼灭敌人。割裂必须寻求敌防御体系的弱点（如敌人接合部、突出部、指挥部、展开态势的间隙，以及纵长队形与便于我军接近和割裂的队形之类），运用绝对优势的兵力与火力，施行主要的向心的钳形突击，而使两个突击方向会合于一点。如此不断地割裂敌人成块而各个歼灭之，就是围攻战斗指挥的要旨。割裂从突击敌人正面开始，必须从突破口渗入敌人纵深贯穿到底，又必须从突破口分向两翼卷击，扩大突破正面以肢解其防御体系。因此，主要突击方向必须有强大的兵力，作纵深的梯次配合，以便适时机动扩张战果。

1945 年 10 月的平汉战役，是邓小平运用造敌弱点，打敌弱点原则的成功战例。

当时，蒋介石在与毛泽东进行和平谈判的同时，先后调集 73 个师的重兵，摆在平绥、同浦、平汉、平津线等铁路交通线上，向华北解放区推进。邓小平、刘伯承受命指挥晋冀鲁豫军区部队发起平汉战役，阻止国民党军沿平汉线北进。这是与国民党军争夺华北控制权的关键一仗。

沿平汉路北进的国民党军，采取"并列重叠设置"，分为两个梯队，第一梯队是第十一战区司令长官孙连仲指挥的第三十、第四十军及新八军共 7 个师。第二梯队是第三十二军等部，随后跟进。孙连仲以第四十军为右翼兵团，以新八军和第三十军为左翼兵团，分两路从新乡出发，企图在石家庄与第一战区司令长官胡宗南指挥的第三、第十六军会合后，继续北进至北平，以达到控制整个平汉路的战略企图。

在战役发起前，邓小平、刘伯承即指示部队，战役的战术方针是"攻击敌人最弱的地方"，"得手后面对破竹之势扩张战果"。

从整个华北战场的形势来看，国民党军的力量是强的，但并不是每一路国民党军都强大，其中孙连仲的右翼第四十军一路就比较弱，邓小平、刘伯承决定把这部分敌人引到邯郸，割断其与其他国民党军的联系，陷入孤立突出的境地，从而成为弱敌，便于解决。

邓小平与刘伯承先以小部队与敌前锋部队接触，边打边退，诱其孤军冒进。同时，使用少量部队分割牵制从石家庄南下之敌和跟进的第三十二军。

当把第四十、第三十军和新八军诱至邯郸以南、漳河以北的预设战场后，邓小平、刘伯承立即出动数倍于敌的兵力，将其分割包围。

全面进攻开始后，高树勋指挥的国民党新八军起义，立即破坏了邯郸地区敌人的防御体系，第四十、第三十军放弃防御阵地，迅速向南突围。邓小平、刘伯承指挥部队网开一面，虚留生路，在运动中将逃敌全部歼灭。刘邓后来在总结这次战役的经验时说：此次战役获得全胜的重要原因之一，就是审慎忍耐，毫不急躁地寻求敌人的弱点，待敌弱点暴露后，兢兢业业抓住敌人弱点，全力以赴攻击之。

邓小平指挥作战善于找敌弱点，但更擅长造敌弱点。他和刘伯承指挥的许多战役战斗，都是造敌弱点，化强为弱，巧取制胜的。其中，引诱敌人犯错误，是邓小平造敌弱点的手段之一。

1939 年 1 月，日军出动 3 万余人对冀南根据地展开大规模"扫荡"，占领了多座县城，并向冀南抗日根据地的腹心突击，企图将八路军压迫出华北地区。为粉碎日军的"扫荡"，鉴于平原地区地形便于敌人快速部队行动，不便集中兵力与其硬顶的新情况，邓小平与刘伯承、徐向前将部队分为若干游击集团，分区活动，寻机歼敌，同时组织了大量游击队，广泛开展游击战，疲惫消耗敌人。

在开展袭击战的过程中，邓小平利用日军器小易怒，报复心极重，每遭袭击便要派出部队穷追不舍的弱点，在香城固地区设置伏击圈，将威县守备之敌诱出加以歼灭。他们先派出小部队连续两夜袭击威县县城里的日军，引其愤懑。而且，故意让敌人知道袭击者是补充团的新兵，使其轻敌。

2月10日，守备威县的日军调集汽车组成200多人的快速部队"扫荡"香固城。在日军行进途中，邓小平和刘伯承派一个骑兵连袭击之，打死其大队长等，这更加激怒了日军指挥官，使其急速追赶。这种战法，在兵法上叫作"示弱"，也就是实强而示之弱，实勇而示之怯。将日军引诱到香固城后，邓小平与刘伯承、徐向前指挥部队从三面发起攻击，很快解决战斗，将其全歼。

第五章
斗志与斗法结合

不但要武装手足，还要武装头脑。"不仅斗力，更主要的是斗智。"

——邓小平

战争不仅是两种军事力量的较量，而且是两种哲学、两种军事智慧以及两种道德和勇气的较量，即意志力和智慧的较量。斗智才是最聪明的兵法。邓小平认为，斗志与斗法，是用兵的把柄，要善于贯彻运用之。斗志，就是指战斗意志；斗法，就是指战术的灵活应用。斗志是基础，只有高昂的斗志，才有对战术的灵活运用，能否灵活地运用战术则体现了有无"斗志"。斗法是建立在斗志之上的东西，军队无斗志，是自己宣布了死刑。既不善斗志，又不善斗法的军队和将领，必败无疑。1947 年 8 月，邓小平、刘伯承率晋冀鲁豫野战军千里跃进大别山后，经过近 5 个月的政治的、军事的艰苦斗争，初步站稳了脚跟，实现了对国民党统治的腹心地区的战略突破，充分体现了邓小平所一贯强调与坚持的"斗志"和"斗法"。"走到大别山就是胜利"，"站稳脚跟就是胜利"，这是邓小平在指挥部队向大别山挺进和建立大别山根据地时，用来激励部队的两句话。一个"走"字，一个"站"字，"斗志"和"斗法"的奥妙尽在其中。

一、出敌不意，先机制敌

1947 年 6 月，战争第一年敌我力量对比的迅速变化，使得毛泽东对于解放战争的结局更加胸有成竹。他不等蒋介石结束其进攻作战，也不等解放军在数量上超过国民党军，毅然决定在战争的第二年向国民党区实行战略反攻。他指示邓小平和刘伯承领导的晋冀鲁豫野战军，利用国民党军把重兵分别派往陕北和山东战场，中原空虚的时机，跳出外线，直出大别山，把战争引向国统区，为人民解放军由战略防御转入战略进攻创造条件。毛泽东要求刘邓，进军大别山不能像北伐时期那样逐城逐地推进，而必须采取跃进的进攻样式，下决心不要后方，长驱直入，一举插进敌人的战略纵深，先占领广大乡村，建立革命根据地，吸引调动敌人向我进攻打运动战。

千里挺进大别山，邓小平表现了不畏艰苦、坚韧不拔的斗争精神。刘邓把这次行动，比作是"釜底抽薪"，既然大胆到"釜底"去"抽薪"，就难免烫手。千里跃进是一个大险关，如果没有惊人的毅力和勇气，去克服跃进途中的困难，我们不但不能完成全国战略进攻在中央突破的任务，而且有使自己遭受覆灭的危险。邓小平和刘伯承深知前进途中将会遇到的巨大危险，他们指示部队：勇往直前，决心不向后看，坚决勇敢地完成这一光荣、艰巨的战略任务。

邓小平分析说，我军的战略行动，必将调动蒋介石回兵救援和北追、南堵、东西截击，这一方面配合了全国各战场上的兄弟部队，有利于彻底扭转全国战局。另一方面也增加了本部队的困难。因此，他对部队特别强调了三点：第一，一切工作要服从战略进攻任务的要求。要教育各级干部和战士，这是一个极其光荣而艰巨的任务，是我军战争史上的一个创举，要为此而做出贡献，付出代价，不怕疲劳，不怕困难，不怕牺牲，连续作战。第二，在进军途中，敌人必然会北追、南堵、东西截击，我军在淮河以北主要是消灭敌人的地方武装，力避与敌主力作战和纠缠，千方百计直奔大别山腹地，走到大别山就是胜利。第三，进入新区要严格遵守党的政策与我军的纪律。

鲁西南距离大别山 1000 余华里，中间要跨越陇海线，经过黄泛区，渡过沙河、汝河、淮河。而刘邓大军将要经过的地区，东有津浦线，西有平汉线，如果国民党军觉察到我军意图，沿这两条铁路线南下，很容易先我军抵达汝河或淮河组织防线，造成前后夹击我军的态势，使我陷于被动境地。而且刘邓大军此次是完全不要后方的跃进，所经过的地区越向南就越深入国民党统治区的腹心，群众基础也就越薄弱。

8 月 7 日夜，正当坐镇开封的蒋介石以 30 个旅分路向鲁西南分进合击，已越过菏泽、巨野公路，各路敌军将扰未扰之际，邓小平和刘伯承指挥部队突然大胆甩开敌人，开始行动。为极端保密，部队不断改变番号，有的伪装成地方部队。

对这次战略行动，刘邓特别强调两个"先敌"："先敌进入大别山，先敌在大别山胶着"，"机不可失，时不我待"，"越早越好，越快越好"。邓小平把这化为一个字——"走"，提出"走到大别山就是胜利"。要走得快，一个诀窍就是邓小平所说的，沿途尽可能地不同国民党军主力纠缠和作战。

刘邓深知，进军大别山的千里征途河流纵横，敌交通便利，易于机动，故应制造敌人的错觉和不意，以保持行动的隐蔽突然，避免敌人及早觉察我战略企图。为此，邓小平和刘伯承作了精心部署：先以1个纵队在鲁西南展开攻势活动，并到黄河边佯动，造成我军即将北渡黄河的声势，吸引敌人继续向鲁西南地区合围；同时又以豫皖苏军区部队向西出击平汉线，切断敌南下之路；以暂归刘邓指挥的华东野战军外线兵团5个纵队，在鲁南、鲁西南地区积极寻歼敌人，掩护刘邓大军的出击；以中原独立旅在野战军开始实施战略跃进后，西越平汉线，直出信阳以西，作出挺进桐柏山的姿态，以迷惑武汉、信阳之敌。

刘邓主力悄悄离开鲁西南地区后，为了继续给蒋介石造成错觉，隐蔽部队进军大别山的方向，邓小平与刘伯承又对部队的行军路线作了精心部署，确定野战军主力4个纵队分左、中、右三路，沿不同路线共同前进。

从鲁西南到大别山，远隔千里，前有陇海路、黄泛区、沙河、涡河、洪河、汝河、淮河等天然障碍，后有蒋介石的几十个旅穷追不舍，加上正值酷暑雨季，河水猛涨，道路泥泞，暑气蒸人，部队本来就疲惫不堪，未及很好休整，现在又冒着酷暑踏上南进征程，马不停蹄地向南奔驰。

这是一种特殊方式的战略进攻，是无后方依托，以跳跃式的长驱直进，一直插入敌人战略纵深处的大进军。精心算计的蒋介石根本摸不清这几十万大军的意图是什么，甚至还以为"刘邓北渡不成，向南逃窜"，开始只投入十个师的兵力，分为两个部分：一部在沙河布防，一部尾随刘邓，一部侧击，企图在黄泛区决战。他根本不相信刘邓能够越过黄泛区，他以为只要凭借这一天然障碍，便可以把刘邓消灭在陇海线和黄泛区之间。但是，他与共产党打交道常常失算，这次也未能例外。邓小平和刘伯承根本不与之纠缠，他们率中路于17日先敌两天抵达黄泛区，并立即开始了徒涉，直向南插。

二、走到大别山就是胜利

第一大难关，就是那个相当于"死亡区"的黄泛区。黄泛区就是黄河泛滥大水没过的地区，是蒋介石在抗日战争期间为了阻滞日军进攻，掘开黄河大堤造成的。十年过去了，黄泛区仍宽达 40 余里，黄水过后，黄沙淤积，有些地方成了沙荒，有些地方成了泽地，即便空出些可供居住耕作的地方，也是十涝九旱，虫灾疫病，贫瘠异常。从这几十里宽的黄泛区通过，那是很难想象的。晴天赤沙炙烤，水气蒸腾，热得人发昏；雨天水深过膝，浑身淋透，冷得使人发抖。遇到泥沼地带，人人都得跋慢步，一跋就是二三里。不要说年老体弱的，就是那些年轻力壮的战士也要挂个拐棍助步。人们手牵着手，互相搀扶着向前走。

面对一眼望不到边的汪洋，邓小平身先士卒，裤腿一挽，第一个跳进水中，声音洪亮地说道："自古军队是'怕水不怕山'，我们是共产党领导的人民军队，一切都不怕，什么困难都不能阻挡我们前进！"他和刘伯承指挥着部队，不顾连续行军的疲劳，顶着当空的烈日和敌机的轰炸，一步一步跋涉在烂泥之中。

对于与敌角逐的刘邓大军来说，除了恶劣的自然环境外，后面还有重兵追赶，头上还有飞机轰炸。官兵们饥饿困顿，体弱多病，一时听不到追击的枪声，有的便仰倒地上不再想走了。就这样，经两天艰难跋涉，刘邓大军克服了重重困难，以惊人的毅力越过遍地淤泥、积水没膝的黄泛区。

尾追其后的国民党军没有魄力和勇气徒涉黄泛区，只好看着刘邓大军的身影消失在南方的地平线。

18 日夜，部队全部越过黄泛区，随即急行军 30 多里，直奔沙河北岸。这时敌人还距离较远，而且部队已经十分疲劳，有人提出休息两天再走。但邓小平和刘伯承仍然命令，不许停顿，继续前进，迅速渡河。

蒋介石见黄泛区未能阻挡我军前进，于是急令尾追的敌人加速前进，同时令防守沙河的部队将两岸的船只全部扣押，阻挠我军渡河。还派出轰炸机对我军展开大规模轰炸。从白天到黑夜蒋机一批接一批，最多时有十几架飞机同时出动。

这时，右路部队已奔赴沙河的新店渡口实行敌前强渡，抢过南岸；左路部队以一昼夜百余里的急行军迫抵沙河，夺取了太和渡口；豫皖苏军区部队也进至沙河南岸。

在刘邓的指挥下，我军于18日先于敌人而渡过了沙河，再次粉碎了敌人的追堵计划，为挺进大别山争取到宝贵的时间。

渡过沙河后，敌人被甩在了后面，邓小平利用这个时机休整部队一天，对部队进行了进军大别山的政治动员，激励指战员们的斗志。

邓小平认为，指战员们疲劳，天气炎热，后有追兵，这些困难确实存在，但只要树立起克服困难的决心和信心，在战士们中开展思想互助和体力互助，就一定能克服困难，完成挺进大别山的艰巨任务。他指示野战军政治部，向所有进军大别山的部队发出"走到大别山就是胜利"的号召，要求各级指挥员做好战士们的思想工作，共同完成党中央交给的光荣任务。

刘邓大军撤离鲁西南时，蒋介石的思维仍停留在国军进攻共军防守的阶段，认为刘邓"共匪"最终的目标是退回晋冀鲁豫解放区，根本没料到刘邓大军会南下作战。等到刘邓大军越过黄泛区，继而渡过沙河后，蒋介石方大梦初醒，意识到刘邓此行的目的地可能是大别山。不能不让其惊出一身冷汗。他绝不能让刘邓大军进入大别山，立即调集大军南阻北追，并气恼地撤了参谋总长陈诚的职务，自己亲自兼任参谋总长，飞至前线督战。本来他已派出几十部电台在陇海路以南侦听刘邓部队的电台讯号，以判明刘邓部队的去向。邓小平和刘伯承早已料到他会有这一着，命令所有部队一律停止使用电台。因此，蒋介石对刘邓的行动始终摸不着头脑。

邓小平和刘伯承立即指示各纵队领导，告诉他们敌已判明我到大别山，我军务于19日渡河完毕，以争取先机。

胜利渡过沙河之后，邓小平和刘伯承向全军指战员正式宣布了跃进大别山的战略任务。为了加快前进速度，和敌人抢时间，邓小平和刘伯承决定进一步轻装，就地埋藏和炸毁了那些笨重的武器和车辆，轻装前进。当时，刘邓大军缴获甚丰，但为了快走，很多大炮、小炮、重机枪、汽车等重装备和一些带不下的好枪、好弹药都丢了，只有部分转交给了地方武装。这对一支长期用步枪、大刀、长矛同拥有飞机大炮机关枪的敌军对抗的部队来说，可不是一件易事。决策者下决心不易，执行起来也不容易。邓小平后来不无惋惜地说："重装备带不走了，只能丢下，所以打淮海战役的时候，中野的炮兵就很少。"

经过政治动员和轻装"减负"，部队的斗志更加昂扬，于 20 日出发，以更快的速度直向汝河而去。

蒋介石第一个目标是把刘邓大军阻击在汝河以北，用火车急运整编第八十五师吴绍周指挥所部和整编第十五师的 1 个旅，沿平汉线南下，赶到汝河南岸，收缴或砸烂汝河上的所有渡船，企图先我到达汝河南岸设防。继而调集军队向南追击，以南北夹击刘邓部队，其中作为先头部队的三个整编师在 8 月 24 日中午时分由西至东，到达距汝河约 50 里的油坊店至汝南埠一带。

23 日下午，刘邓率野战军指挥部来到了汝河北岸。这是一支庞大的队伍，有刘邓的中央纵队，有指挥机关，有中共中央中原局，有大批随军南下的地方干部，还有数以万计的民工。

先行的左路第三纵队于 8 月 23 日抵达淮河，右路的第一纵队、中路的第二纵队也先后渡过了汝河，向南而去。可是，当邓小平、刘伯承率中原局和中原野战军指挥部以及第六纵队到达汝河北岸，准备抢渡时，形势突然变得危险起来。他们得知，敌整编第八十五师已占领了汝河南岸的渡口，将所有船只统统抢走，或者凿沉，并摆好了阵势，决心将我军阻挡在汝河。紧跟在背后的敌 3 个整编师，也仅仅相距 40 华里，用不了一天就可赶到。

汝河是河南省南部一条不是很大的河，它不过是淮河的一条支流，河面虽不太宽，但水深流急，水深三四米，河床深凹，两岸陡峭，无法徒涉。加上船只早被敌人拖走或破坏，河对岸还有国民党的地方团队把守，所以，部队很难立即渡过。

汝河是一道路关。汝河之战，是刘邓大军千里跃进大别山途中最紧张、最激烈、最严重、最关键的一次战斗，是关系到整个野战军能否完成这次中央突破战略任务的关键。前有阻师，后有追兵，形势真是千钧一发，万分险恶。能否在短短几个小时内抢渡汝河，关系到整个跃进行动的成败，从而也关系到整个战局。

刘邓大军的司令部一再轻装，邓小平和刘伯承常坐的那辆破旧的吉普车，在前几次轻装时早已忍痛烧掉，除了一些书籍和必备的用品外，其余的东西都扔掉了。

由黄昏后，邓小平和刘伯承不顾敌机的轮番轰炸，亲自来到汝河北岸第六纵先头部队渡河指挥所。

这时，一个参谋进来报告，尾追我军的敌人已经和后卫部队打上了。话音刚落，一颗炮弹在司令部附近爆炸，屋房顶上的尘土和秫秸被震得直往下落。

邓小平拍打着落在头上、脸上的尘土，对在场的指挥员们说，"听到了吧，情况就是这样，千钧一发啊！现在只有坚决打过去，除此没有别的出路。今天如果渡不过去，明天敌人的大军就会赶到了。我们绝不给敌人以时间！过不去就得分散打游击，或者转回去。也就是完不成党中央和毛主席赋予的战略任务！在最紧急的关头，正是考验我们共产党员和革命军人的时候，我们要不惜一切牺牲、不惜一切代价，坚决打过去。"

刘伯承："狭路相逢勇者胜啊！要勇、要猛，以进攻的手段对付进攻的敌人，从敌人的阵地打开一条血路，冲过去！"

"狭路相逢勇者胜！你们明白吗？"刘伯承一改往日温文尔雅幽默风趣的风格，提高了嗓子大声地说："从现在起，不管敌人的飞机大炮，我们要以进攻的手段对付进攻的敌人，从这里打开一条血路冲过去！"

先头部队第 18 旅 52 团趁防守汝河的敌 85 师立足未稳，全力出击，下午 3 时许强渡成功，攻占了汝河南岸的大雷岗并在河面上架起了一座浮桥。敌人马上从东、西、南三面构成一个马蹄形阵势，把这个小小村庄包围，企图夺回大雷岗，阻止解放军渡河。争夺大雷岗的战斗，打得很激烈，也很残酷，阵地失去了，又被夺回来，又失去，又夺回来，战士们杀红了眼，每个人心里都十分清楚大雷岗桥头堡控制着桥面，它的得失，关系到渡河的成败。

邓小平和刘伯承从浮桥上跑步来到汝河南岸，进入指挥部——姚官屯，决定亲自到大雷岗前沿阵地去察看。临行前，邓小平拿出纸笔，亲自给北岸的张际春副政委写了一封信，作了三项指示：（一）各部门应立即将机密文件全部烧毁，以免遗失；（二）桥头之阻敌已被我们压缩在村里了，直属队接第六纵队后尾过河；不管飞机轰炸和敌人火力封锁，一定督促各单位跟上，求得迅速通过，以免前后接敌被迫作战；（三）预定宿营地在彭店一带，过河后到齐一个单位即指定专人带走，免受空袭。

刘邓又和前卫团一道前进，纵队和旅的干部亲自下到团、营、连指挥作战。为了防止意外，前线指挥员则命令所有的步枪都安上刺刀，每颗手榴弹部揭开盖，看到敌人就打，扫完就往前冲，并要求先头部队过后，沿途不留一个敌据点和一个敌人。

邓小平来到大雷岗村前沿阵地。这里离敌人的阵地只有一二里，炮弹一个接一个落在掩体外，弹片损飞。他顾不得这些，派人把防守这里的十六旅旅长尤太忠找了来，指示他，一定要坚守住这个阵地，保护浮桥，掩护全军安全渡河。

深夜两点，刘邓亲自指挥部队从大雷岗村突然向南猛扑过去。战士们英勇顽强地同数倍于自己的敌人拼杀。抢夺桥头堡的敌人被我击退后，我军后续部队陆续渡河前进。各部队冒着敌机的低空轰炸、扫射和两边敌人近距离的侧射火力，边走边打，勇往直前，终于在大小雷岗和东西王庄一带杀出了一条七八华里的血路，掩护着中原局和野战军指挥部突破敌人层层拦阻。

此刻，野战军机关、中原局机关、大批南下地方干部和数千名从解放区跟随来的民兵，正在向汝河北岸移动，他们战斗力弱，组织混乱，有些还很小，所以，掩护他们渡河，是件十分艰巨的任务。邓小平最担心的也正是他们。

25日拂晓，部队冲破敌人的拦阻，开始渡河，直到下午，中路部队才全部渡过汝河。邓小平站在彭店的大街上，焦虑地察看着部队到达的情况。当他看到中原局机关、野战军机关和各部队都安全到达，才松了一口气，指挥全军向淮河前进。

蒋介石又输了一着。

强渡汝河后，8月26日晚，刘邓率指挥部和第六纵队主力来到淮河北岸。

淮河，是刘邓大军跃进大别山的最后一道险关。它发源于河南省西南部的桐柏山麓，流经河南、安徽、江苏3省，有颖、洪、涡、渭等十几条交流。

正当先头部队准备渡河时，淮河水上涨，渡口的船只也多遭敌人破坏，仅有10余条小船可供部队摆渡。而这时敌一个整编师距淮河渡口只有30余里路，已经与我军后卫部队接火，其后还有6个整编师等部跟进。如果刘邓大军不能在两天之内渡过淮河，势必要背水一战。但10余条小船光把先头部队摆渡过去，就很困难，更不要说大部队了。

此刻的形势与渡汝河的情况极为相似，东、西两路军已分别渡过淮河，向大别山挺进，留在淮河北岸的又是中路军，7个旅对19个旅，敌众我寡，势孤力单，情况确实令人担忧。刘邓连夜召集紧急作战会议。

邓小平有一个特点，就是战役情况越复杂，情况越紧急，越能够冷静思考，沉着应变。实施作战指导的过程中，邓小平在关键时刻特别是情况紧急的关头，总是能够做到临危不惧，迅速地提出自己的处置决心，率领部队脱离险境，使部队转危为安，为夺取胜利奠定基础。

此时已是凌晨两点钟，如果拂晓前还拿不出渡河的好办法，等敌人重兵一到，那就只得背水一战。眼下，大军云集淮河边，凶多吉少。必须设法加快渡河速度，争取多渡过一些部队。此外，还要有人先行渡河，统一领导和指挥已到达大别山的部队创建根据地。主意已定，邓小平先开了口：

"情况万分紧急，时间不等人。我已经考虑好了，我和伯承分开，伯承和际春带司令部先行渡河，指挥已渡河的部队，实行战略展开。李达留在淮河边，继续指挥渡河，能渡多少，就渡多少。我负责组织部队阻击尾追敌人，掩护全军渡河。"

"政委的话就是命令，我们分头行动吧！"刘伯承立即表示赞同。

8月的淮河正值雨季，水情变化无常。刘邓大军缺少渡船，被阻在北岸。

刘伯承借着马灯的光亮，手持竹竿，亲自探测水深。

27 日黎明，刘伯承发现河水下落，有一处可以徒涉，他立即让人告诉邓小平，命令部队抢渡。当太阳初起的时候，刘邓大军的千军万马沿着水中的路标，分成数路，陆续踏过了淮河。当国民党军的追兵抵达河边时，淮河水又一下子猛涨起来，别说徒涉，连用船也渡不过了，只好看着苦苦追赶了 20 多天的刘邓大军的背影惊呼："天意啊！天意！"

在刘邓的指挥下，部队很快渡过淮河，胜利地完成了千里跃进大别山的战略任务。邓小平后来回顾说："过淮河，天老爷帮了一个大忙，能够徒涉。过去没有人知道淮河是能够徒涉的，那一次刚涨起来的河水又落下去了，伯承亲自去踩踏，恰好就是那个时候能徒涉，这就非常顺利了。不然，我们过淮河还能过，但会有伤亡，以后的斗争会更困难一些。"（《邓小平文选》，第 3 卷，340 页）。

顺利渡过淮河确实是老天爷帮了大忙。老天爷并不偏袒我军，老天爷只钟爱自强者。刘邓大军十几万人，20 余天徒步跃进 1000 多华里，越过一道道险阻，冲破一条条封锁线。既无后方，又无接应，刘邓大军靠的是"斗志"和"斗法"，靠的是关键时的一个"勇"字，靠的是坚决而义无反顾的进攻，迫使进攻的敌人转入防御，主动变为被动。一句话，千里跃进大别山，是以意志和勇敢加上智慧取胜的，而其中"勇"字当头。

刘邓大军千里跃进大别山，对中国革命的发展和胜利有着不可估量的影响和作用。中国共产党成立 20 多年来，他所领导的革命战争长期处在防御地位，自从刘邓率领部队强渡黄河，跃进大别山后，中国的革命战争才在历史上第一次由防御转入了进攻。因此，这一伟大的壮举向人们预示了中国革命的希望和胜利，预示了国民党反动派的失败和灭亡。毛泽东对此给予高度评价，他在给刘邓的电报中说："我们总算熬出头了，二十多年来，革命一直处于防预地位，自刘邓南征后，我们的革命战争，才在历史上第一次转为战略进攻。"

《列子》曰："吞舟之鱼，不入支流。"布热津斯基说，邓小平"最重要的长处是他明确清晰的战略方向感。……邓不在无关紧要的问题上浪费时间，只集中在关键目标上，这一特点使我和卡特既感到敬畏，而又受到吸引。""走到大别山就是胜利"，是邓小平这一"吞舟之鱼""不在无关紧要的问题上浪费时间"，只集中在关键目标上的一次典型实践。邓小平的领袖气质与大帅风度，在这一事例上也表现得特别明显。

三、先为不可胜

大别山极端重要的战略地位，决定了敌人必争，我也必争，这是艰苦斗争的过程。刘邓部队经历了千辛万苦，已经到达大别山，完成了战略任务的第一步。但今后要完全控制脚下这块土地，建立巩固的大别山根据地，将会付出更大的代价，作出更多的牺牲。

对几十万大军远离后方，长驱直入蒋介石的战略要地，创建根据地的前途，毛泽东早已预料到了，并作了三种估计：一是付了代价站不住脚，准备回来；一是付了代价站不住脚，在周围坚持斗争，打游击；一是付了代价，站稳了脚。他还特别提醒，要从最困难方面着想，坚决勇敢地战胜一切困难，争取最好的前途。8月12日，当部队跨越陇海路向南挺进时，毛泽东又致电刘邓，对坚持大别山斗争的困难和长期性要有充分思想准备，告诫刘邓：不要希望短期内就能在大别山、豫西、皖西等地建立巩固根据地，这是不可能的。这些都只能是临时立足点。必须估计到我军要有很长时间（至少半年）在江河之间东西南北地区往来机动，宣传群众，发动群众，并在歼灭敌人几十个旅之后方能建立巩固根据地。

邓小平认为，毛泽东的估计完全符合大别山的实际斗争情况，因为大别山的战略地位决定了它必然会代替山东和陕北，成为敌我双方激烈争夺的战场，而争夺大别山的斗争将会经过一个异常艰苦的、长期的过程。但是他坚信，经过一个时期的艰苦斗争，部队一定能够克服困难，创建巩固大别山根据地，争取毛泽东三个估计中最好的前途。现在，他认为最重要的是要让全体指战员明白所肩负的光荣使命，在思想上做好继续吃苦的准备，树立在艰苦环境中敢于斗争，敢于胜利的信心与勇气。

8月27日，也就是部队到达大别山的当天，邓小平便为中共中央中原局起草了《关于创建巩固的大别山根据地》的指示，下发到所有部队，明确规定了进入大别山后的任务以及实现任务的办法和要求，指示部队"全心全意地义无反顾地创造巩固的大别山根据地，并与友邻兵团配合，全部控制中原"。

这个指示说：实现此历史任务，要经过一个艰难困苦的过程，发展半年以上的时间。如不大量歼灭敌人和充分发动群众，要想站稳脚跟是不可能的。因此，我们应切勿焦躁，兢兢业业，上下一心，达成每一个具体任务。

完成这一历史任务，必须有坚强的信心。《指示》要求各纵队："应向全军说明，我们有完全胜利的把握。首先是有陈谢兵团在伏牛山、豫西、豫南广大地区及山东大军在陇海路南北的互为配合。其次是我当面敌人只有二十三个旅，兵力分散，战斗意志薄弱，此次尾我失败，战略上愈显被动。再次是大别山区有长期的革命传统，且保存有游击战争的基础，我们有许多本地干部。特别是党中央、毛主席的英明领导，全军上下一致的决心和信心，胜利是有把握的，虽有困难也是能够克服的。"

大别山地区，是红军时期的鄂豫皖根据地，是刘邓大军的前身之一红四方面军的创建地。因此，这个指示又特别指出："应向全区群众说明，我们是鄂豫皖子弟兵的大回家，他们的子弟在华北胜利了，壮大队伍了；说明蒋军必败我军必胜的条件；说明我们绝不再走。我们的口号是与鄂豫皖人民共存亡，解放中原，使鄂豫皖人民获得解放。"

解放军主力从黄河一跃千里到了长江边，这可是国民党政权的心腹大患。刘邓大军一进大别山，立即就有国民党军的23个旅跟进了大别山区。大别山区自红军时代先后为红军的根据地、游击区和新四军的抗日根据地，长期为战区，屡遭到国民党军队、侵华日军与当地反动势力的疯狂摧残与报复，经济十分落后，人力资源也贫乏。再加上红军主力、红军游击队、新四军在这个地区多次进进出出，老百姓的疑虑、怨言、恐惧心理也是有的，对刘邓大军本身来说，还有一个南北方生活习惯不同的问题，不但水土不服，病多身子弱，而且人和骡马都不太会走山路和狭窄弯曲的田间小道。

因此，从一开始，邓小平就指示部队，在第一个月内，"不求打大仗"，而只是"占领城镇、肃清土顽，争取打些小胜仗"，部队主要是"熟悉地形，习惯生活，学习山地战，为大歼灭战准备条件"。但仍希望在"在半年内歼灭十个旅以上的敌人"。为此，任何时候，全军必须有高度的战斗意志和战斗的准备。而这里所说的"小胜仗"，也是那种一次歼敌一个团的仗。

紧接着，邓小平于 8 月 31 日在光山县北向店，向野战军直属部队连以上干部作《关于目前形势与任务的报告》，强调："共产党的特点是越困难，越有劲，越团结。我们要有信心克服困难，我们一定要站住脚，生下根。"

在这个报告中，邓小平全面分析了挺进中原后的全国形势，再次阐述了重建大别山根据地的有利条件。

（一）由于我们挺进大别山区，陈赓兵团胜利地出现于陇海西线，加上陕北战场的攻势，蒋介石兵力不足，更是捉襟见肘。现在尾追我们和在我们周围的敌人总共 23 个旅，不过 15 万人，其中一部是曾被我歼灭后再补充起来的，要想从其他地方抽调部队来是万分困难的。另一方面当我跨越陇海路时，敌人错误地认为我们是被迫行动，事前没有布置正面阻击，事后尾追，一直处于被动形势下，这就是蒋介石战略上的失败。

（二）中原地方，人口四千五百万万，物产丰富，是蒋介石内战中重要兵库与粮库。我们到这里，便夺取了敌人的供给，加强自己，使敌人的困难更加扩大。

（三）这个地区有我们长期的革命影响，人民受过了革命的洗礼，内心拥护我们。但由于革命四次转移，人民目前还暂时对我们采取观望态度。只要我们打胜仗，方针正确，人民会很快起来，而且会产生大批干部。

同时，邓小平也实事求是地告诉大家，在根据地没有建立之前一定还有不少困难，如敌人一定在我立脚未稳时缠住我们；北方与南方生活习惯不同，生活不惯；在群众未起来，政权未建立前，担架、粮食等问题难以解决等等。但只要全体指战员上下一心，做好充分的思想准备，积极想办法，克服困难，就一定能站住脚，建立巩固的根据地。

在讲到目前部队的具体任务时，邓小平提出了三点：（一）歼灭一定数量的敌人。只要我们把地形搞好，练习山地战，有准备有信心，有战斗意志，反对怕死鬼，歼敌不成问题。（二）在一定时期要完成初步土地改革。发动群众要充分走群众路线，大胆放手发动群众，只有过了这一关，什么问题都好解决了。（三）熟悉风俗习惯，坚决执行三大纪律八项注意。调查风俗人情，编成教材向战士讲，有困难要克服。

最后，邓小平充满信心地说："重建鄂豫皖解放区的任务是十分光荣的，是中国现代史上重要的一页，我们的决心是十分坚定的，解放区一定要建立起来！困难一定要克服！共产党的特点是越困难，越有劲，越团结。我们要有信心克服困难：我们一定要站住脚，生下根。"

可以说，邓小平的指示，充分地估计到了部队初到大别山所面临的严峻形势，可能遇到的问题以及必须克服困难、站稳脚跟的有利条件。同时对部队作战、开展群众工作、打开工作局面、严守群众纪律等与站稳脚跟的关系，都做了明确的阐述，从而，为部队在大别山开展新的斗争，确定了正确的战略指导，奠定了十分重要的发展基础。

我军进入大别山初期，敌主力尚被甩在淮河以北，大别山区极为空虚。为了迅速立足生根，邓小平以中原局的名义发出指示，分遣各部队向预定地区开进。以3个旅在皖西展开，2个旅在鄂东展开，9个旅摆在大别山北麓的商城、罗山地区，一面牵制敌人，一面就地展开。同时，将全区划分为豫东南、豫皖、皖西、鄂东四个工作地区，组成党的工作委员会，分别由各纵队抽调部队和干部，在统一领导下，开展地方工作。估计到新区斗争的复杂性和艰苦性，刘邓坚决精简机关，减轻装备，隐藏了一批辎重，减去了许多牲口，并训练部队迅速熟悉南方作战条件和生活习惯，以适应新的斗争环境。

刘邓大军实施战略展开的过程中，尾追而来的23个旅的敌人，也先后压过淮河，进入大别山区。蒋介石派来的大将有夏威、张轸、程潜，由国防部长白崇禧亲自指挥，从东、北、西三个方向出击，敌人的企图是：以多数兵力摆在平汉线及其东侧，阻我向桐柏山、大洪山地区发展；以一部兵力实行分散"清剿"，摧毁我地方政权，使我失去立足之地；另以敌国防部部长白崇禧亲自指挥的桂系两个师实行机动，寻找我主力作战，把我军赶出大别山。

邓小平与刘伯承进行了充分的研究，遵照毛泽东发来的电示，决心在目前几个月内，避开桂系主力七师、四十八师，集中兵力歼灭力量较弱的滇军。

刘邓确定先打战斗力较弱且比较孤立的滇军五十八师，牵制桂系，掩护展开。具体部署是：一、二纵队主力和六纵队的一旅，在商城以北河风集地区打第一仗，准备消灭五十八师一部。由于部队还不熟悉山地、水田作战，未能达到预期目的，然而起到了打击敌人，调动敌四十八师和十师从新县、宣化店地区回援，掩护了战略展开的作用。

商城作战后，敌四十八师又转向皖西，七师、四十师、六十五师仍在黄安、麻城地区。刘邓为了打击敌人气焰，继续吸引敌人向北，集中3个纵队主力外加1个旅，仍以歼灭商城附近的敌五十八师为目标。9月19日，在商城以西的中铺歼灭其新十旅1个团，因而又调动了敌八十五师自光山、潢川地区东授，四十八师一部自六安西援，打乱了敌人进攻部署。接着又于9月25日在光山附近打了第三仗，击退了敌增援部队八十五师的进攻。

刘邓挺进大别山不久，经过这三次作战，把敌人的机动兵力全部调到大别山以北地区，保障了在大别山南部的鄂东、皖西地区的战略展开。经过一个月的艰苦斗争，到9月底，刘邓大军各部先后解放23座县城，歼灭敌正规军6000余人，地方团队800余人，建立了17个民主县政权，初步打开了局面。

四、站住脚就是胜利

部队虽然打了一些胜仗，建立了一些地方政权，重建大别山根据地的工作也取得了较明显的成绩，但存在的问题也不少，三仗作战打得都不够理想，没有全歼敌人。原因主要是由于部队初到大别山，条件异常艰苦。部队从北方转到南方，缺乏无后方作战和山地、水田地带作战的经验。饮食不习惯，减员很大，病号普遍，穿草鞋，语言不通，地形不熟等等，都给部队造成了不少困难。面对上述困难，刘邓大军不断发展壮大自己，具备战胜敌人而不被敌人所战胜的条件，完成好中央军委赋予的光荣而艰巨的战略任务，关键是要站稳脚跟。

刘邓分析，虽然在进入大别山之初，即已指示部队抓紧形势任务教育，指出创建大别山根据地必然会遭遇到暂时的困难，强调发扬艰苦奋斗的作风。但是，自强渡黄河以来，部队一直处在连续的行军作战过程中，未能休整和进一步进行政治思想动员，所以有些同志在艰难困苦的环境中，只看到局部的暂时的困难，对重建大别山根据地的战略意义和艰苦性仍然认识不够。再加上群众未发动，政权未建立，粮食要自己筹，伤员要自己抬，人生地不熟，打完仗也没有休整的时间和地方。所以，部队中出现了纪律松弛、不愿艰苦斗争，不愿积极打硬仗、苦仗的消极情绪，有些干部打起仗来顾虑重重，错过了一些歼敌的机会。

针对当时的实际情况，邓小平和刘伯承决定于1947年9月27日在光山以南的王大湾召开旅以上高级干部会议，统一干部、部队的思想，明确对坚持大别山斗争的战略意义的认识，树立克服困难、战胜敌人的信心和勇气，明确提出"站得住就是胜利"。

与以往开会不同的是，这次会议的气氛始终很紧张严肃。过去开会，邓小平总是面带微笑热情地同大家握手、打招呼，或寒暄几句，然后才正式开会。这次却不同，他脸上没有一点笑容，也不同任何人握手、打招呼，便开始了他的发言。

他首先分析了部队进入大别山后的严峻形势以及艰巨任务，总结重建大别山根据地取得的成绩和存在的问题。接着，联系部队9月在商城、光山地区的三次战斗的经验教训，严厉地指出：至今，我们仍然有一些干部，特别是高级干部，对重建大别山根据地的战略意义认识不够，只看到局部的困难，而看不到全国战局的变化甚至不取积极主动歼灭敌人，对重建大别山根据地丧失信心，思想上存在着"右"倾情绪。有些指挥员打起仗来，左顾右盼，顾虑重重，走起路来像小脚女人一样迟缓，错过了歼敌的好机会！

讲到此，邓小平有些激动，更加严肃地说：现在，有的领导不敢对战士们讲困难，你不讲，困难也客观存在着，我们不要怕讲困难，相反，应该勇敢地正视困难，要实事求是地向大家讲明我们所面临的困难，告诉同志们，只要我们紧紧依靠人民群众，发扬我军艰苦奋斗的传统，困难是可以克服的。

他又说，越是在困难的时候，高级干部越要以身作则，鼓励战士们坚决勇敢地歼灭敌人。我们既反对在条件不可能的时候轻率地去作战，更要反对在条件可能时不敢勇敢地去作战。要教育干部、战士，对困难要有充分的思想准备，这样，才能想办法积极主动地克服困难。

在这种情形下，部队怎么样才能站住脚跟呢？邓小平明白地告诫大家：大别山的斗争，像一辆车的两个轮子，一个是消灭敌人，一个是发动群众，要让两个轮子同时转动起来，我们才能获得胜利。他强调，部队一定要牢固地树立起以大别山为家的思想，坚决克服怕打硬仗、纪律松弛、懒散无力等等右倾思想情绪。

随后，为鼓舞全军指战员坚持大别山斗争的勇气与信心，邓小平亲自到第一纵队，向连以上干部作了坚持大别山斗争，能不能在大别山站住脚的报告。

邓小平讲话从来不拿讲稿，他思路清晰，语言生动，扣人心弦，指战员们都爱听他作报告。他讲道，我们进军大别山之前，毛主席曾对我们的前途作了三种估计，这说明毛主席早就充分估计到了我们到大别山之后可能遇到的困难。说实话，我们远离解放区，深入到敌人的腹地，整天背着几十万敌军在山里转，弹药、粮食、装备得不到补充，战士们语言不通，伤病员无处安置，怎能说没有困难。有困难是事实，但有困难并不可怕，共产党的特点是越困难，越有劲，干革命就难免要同困难打交道，就要有克服困难的勇气和信心。

他接着说，有些同志对坚持大别山斗争的意义认识不足，所以，只看到我们目前有很多困难，而没有看到全国其他战场的胜利。我们进军大别山后，把敌人大多吸引到这里，我们的压力大了，而我们的兄弟部队在其他战场上就轻松了，就可以腾出手来打胜仗了。这就好比"打篮球"一样，蒋介石看到我们到大别山"投篮"来了，要"得分"了，他就把前锋、后卫、主力都调来盯着我们。这样，他的战线就拉长了，顾了南顾不了北。他不让我们在南面"投篮"，不惜用几十万大军缠着我们，可他北面的"篮板"就空出来了，我们的兄弟部队在北面就可以"投篮"得分了。

他又说，我们在大别山困难很多，是在"啃骨头"，但其他战场的兄弟部队却开始"吃肉"了，我们背上的敌人越多，啃的"骨头"越硬，兄弟部队在各战场上消灭的敌人就越多，胜利的概率也就越大。而各战场上的胜利反过来也会支援我们，减轻我们的压力。所以，眼下我们的困难是多一点，付出的代价是大了点，但这只是局部的、暂时的，为了全国革命的胜利，这是值得的，是很光荣的。

邓小平讲了两个多小时，他那生动的语言，形象的比喻，深入浅出的分析，邓小平的报告，紧紧扣住每一个指战员的心，使他们全面地了解了全国的斗争形势和党中央，毛泽东的伟大战略思想和战略步骤，了解了重建大别山根据地与争取全国革命胜利的辩证关系，认识到部队进入大别山后的分散作战并不是逃跑，而是战略展开，从而振奋了精神，增强了克服困难、争取胜利的信心。白雀园会议后，各部队从领导干部带头，坚决向右倾情绪和违法乱纪现象展开斗争，轰轰烈烈地开展争取打胜仗的挑战竞赛运动，大大调动了部队的积极因素，士气高昂，意气风发，很快扭转了作战不利的局面，大军所到之处，所向披靡，横扫了长江北岸，威震南京、武汉。

尽快建立政权，这是建立大别山根据地的重要内容，也是站稳脚跟的基本条件。所以，早在跃进大别山途中，邓小平就开始考虑怎样开展地方工作问题，并组织召开了进入大别山后开展地方工作的专题研究会议。在会上，根据大别山的自然地理状况，将大别山地区划分为四个工作区，并成立了工作委员会。进入大别山后，邓小平又将随军南下的第一批地方干部1850多人，以工作组的形式分遣到各个工作区和县，深入发动群众，打击土顽和地方民团，建立政权。作为中共中原局书记的邓小平还发出了《放手发动群众，创建大别山根据地》的指示，指出："大别山根据地的建设，决定于地方工作，军民关系，军队要真正成为大别山人民的子弟兵，一面打仗，打游击，坚决消灭蒋介石封建地主阶级的反动势力，一面积极发动群众，普遍进行土地改革，使之工作逐渐深入开展。"

在邓小平主持下，采取了迅速建立地方政权，广泛深入发动群众，加强部队纪律建设，密切军政、军民关系等一系列正确决策，使初到大别山的刘邓大军很快摆脱了困境，打开了局面，使根据地不断得到扩大，政权不断得到巩固，部队战斗力不断得到提高。1948 年 1 月 15 日，邓小平给中央的电报中指出："现在看来，我们业已站住，不管情况如何严重，敌人是赶不走我们的。"

1948 年 4 月 25 日，中共中央中原局书记的邓小平在河南鲁山召开的豫陕鄂前委和后委联席会议上，作了《跃进中原的胜利形势与今后的政策策略》的报告，深刻阐述了在大别山"站得住就是胜利"的战略思想。

其一，"改变了战略形势"。打到中原，就是打到外线，在蒋管区打，消耗的是蒋管区的人力、物力、财力，使他们陷于枯竭。这样，蒋介石由进攻转为防御，由外线转到内线，而我们则由防御转为进攻，由内线转到外线，改变了战略形势。

其二，要从总体上"好好地算算账"。首先是前进了 1000 里，占领了敌四千五百万人口的区域，将敌人控制的 3 万万人口去掉了将近 1/6，减少他们的粮源和兵源。其次全国战场在反攻后，9 个月歼敌至少 220 多万，达到了反攻前年的数目。再次，中原三支野战军虽较大别山几个纵队有削弱，减员约 50%，但江汉、豫陕鄂都各发展了 100%，桐柏发展了 50%，豫皖苏也是发展的，所以，中原部队力量在总体上比过去大。

其三，换取了战略的主动，取得了全局的胜利。我军进入大别山后，大别山取代陕北、山东，成为敌人重点进攻之地，成为敌人兵力集中最多的战场，整个中原战场吸引了蒋介石南线一半以上的兵力。这就使我其他各路野战军可以抽出来作"宽大机动作战"，保证其他地区的胜利开展。因此，中原部队特别是大别山部队在全国范围吃苦头最多，付出了代价，但换取了战略上的主动，取得了全局的胜利。

邓小平在1989年回顾这段历史时，更为明确地总结说："大别山这场斗争，主要是我们政策对头，包括军事政策。军事政策就是坚决地拿出三分之一的野战部队地方化，搞军区、军分区。因为大别山的斗争不决定于消灭好多敌人，而决定于能不能站住脚。这是毛主席的战略决策。什么叫胜利？胜利不在当时消灭多少敌人。要不要消灭敌人？要消灭，要争取打几个歼灭仗。从这一点来看，我们完成得并不好，消灭的敌人不多，除地方保安部队外，一共只消灭了几个旅。但关键是能不能站得住，站得住就是胜利，结果，我们站稳了。我们前进了一千里，直达长江，面对着武汉、南京、上海，扩大了四千五百万人口的新解放区。这是个真正的胜利，前进一千里的意义就在这里。"

五、内线与外线配合

蒋介石眼看我军在中原不仅已经立足生根而且日渐根深叶茂，而他在陕北、山东、东北等战场上又连吃败仗，大厦将倾，便决心全力与我争夺中原。争夺的重点，首先是大别山，忧心忡忡视刘邓"实为心腹大患"。为此，蒋介石不仅成立了"国防部九江指挥部"，从进攻解放区的前线调回了10个旅，纠合原在大别山的23个旅，共计33个旅，由白崇禧指挥，对大别山展开了更大规模的、更加残酷的围攻。并效仿日军的"铁壁合围"战术与"三光政策"，猖狂破坏，到处抓丁、抢粮、捕杀我地方干部，企图彻底摧毁我生存条件。形势聚紧，大别山面临一场血与火的严峻考验。

从全国战局来看，大别山解放军是处在外线作战，但就大别山这个地区来说，敌人集中重兵围攻，刘邓大军又处在外线中的内线。在这种复杂、严峻的斗争局面中，如何粉碎敌人对大别山的围攻，确实是个难题。

一切战争的敌我双方，都力争在战场、战地、战区以至整个战争中的主动权，这种主动权即是军队的自由权。军队失掉了主动权，被逼处于被动地位，这个军队就不自由，就有被消灭或被打败的危险。在一般情况下，战争的防御战和内线作战，争取主动较为困难些。而进攻的外线作战，争取主动较为容易些。对此，毛泽东主张内线作战中的外线作战的思想。他写道："处于战略上内线作战的军队，蒙受着许多的不利。但我们可以而且完全应该在战役或战斗上，把它改变过来。将敌军对我军的一个大'围剿'，改为我军对敌军的许多个别的小围剿。将敌军对我军的战略上的分进合击，改为我军对敌军的战役或战斗上的分进合击。将敌军对我军的战略上的优势，改为我军对敌军的战役或战斗上的优势。将战略上处于强者地位的敌军，使之在战役或战斗上处于弱者的地位。同时，将自己战略上的弱者地位，使之改变为战役上或战斗上的强者的地位。这即是所为内线作战中的外线作战。"（《毛泽东军事文集》，第 1 卷，745 页）

邓小平十分清楚面临的困难，并作出了精辟分析和正确破解。他指出：敌人对大别山的疯狂围攻，是垂死挣扎的表现。大别山是敌人的战略要害地区，敌人越是接近死亡，越要拼命争夺。敌人已没有战略进攻，只有战役进攻了。它对大别山的围攻，形式上虽然同过去对中央苏区的围攻相似，实质上则完全相反。过去的围攻，是在敌处于战略进攻，我军处于战略防御的情况下进行的；现在的围攻，是敌处于战略防御，我军处于战略进攻的情况下发生的。这并不表示敌人的强大，而只是敌人垂死前的回光返照。同时，我们跃进大别山，正是要吸引大量的敌人向我军进攻。把敌人吸引来的越多，我们背得越重，对其他兄弟战略区进行大规模的反攻和进攻就越有利。而各兄弟战略区的反攻和进攻，也正是对我们坚持大别山斗争最有力的支持。只要我们坚决执行毛主席指示的方针，在全国各兄弟战略区的配合和广大群众的支援下，一定能够粉碎敌人的围攻，把大别山根据地巩固起来。

粉碎敌人围攻的办法是什么？毛主席曾指示刘邓：大别山根据地的确立和巩固，是中原根据地能否最后确立和巩固的关键，足以影响整个战局的发展。因此，南线三军必须内外线紧密配合，由大别山的我野战军主力坚持不懈地斗争；由华东野战车和陈赓兵团向平汉、陇海线展开大规模的破击作战，寻机歼敌，调动和分散围攻大别山的敌人，直到彻底粉碎敌人的围攻为止。

邓小平和刘伯承认真分析了大别山敌我情况，认为既要把敌人主力拖在大别山，以利陈粟、陈谢两军在外线大量歼敌，又要在内线积极作战，粉碎敌人对大别山的围攻。由于敌人在兵力上占绝对优势，且密集靠拢，向心合击，难以捕捉战机，而根据地刚刚建立，群众尚未充分发动，政权还不巩固，加上山区作战，回旋余地狭窄，粮食困难，不便于大兵团宽大机动，不宜于集中过多的部队打大仗。因此，决定采取内线与外线配合的方式，内线坚持、向外发展，适时分散、适时集中，寻歼弱敌，发动群众，依托大别山、桐柏山、大洪山进行机动作战的方针。

桐柏、江汉、淮西均为中原战略要地，兵家必争的战场。桐柏区位于豫西南和鄂西北交界处，东隔平汉铁路与大别山相邻，西、北傍伏牛山与豫陕鄂解放区相呼应，南临汉水与江汉地区相接。江汉区位于鄂北地区，东临武汉，南凭长江，西依巴山，北接桐柏，既是防守长江中游重镇武汉的屏障，又是西进四川的门户。淮西区指淮西北岸至沙河以南一带，是鄂豫、皖西、桐柏、豫皖苏和豫西解放区的结合部又是大别山的战略后方。中原三军占领了大别山、豫陕鄂、豫皖后，再占领了桐柏、江汉、淮西，就可将中原各解放区连成一片，使平汉线东西地区衔接成江淮河汉之间宽大机动的战场，为将来三军逐鹿中原，创建巩固的中原解放区奠定良好基础。

此外，桐柏、江汉、淮西三区土地肥沃，物产丰富，是有名的粮仓。由于敌人主力都被吸引在大别山，这里兵力薄弱，防守不严。只要解放军乘虚攻入，定能辟为新解放区。这样，既能把战争进一步引向国统区，扩大解放区，又能利用该区的人力、物力、财力补充自己。

据此，刘邓决定分遣三个纵队转到外线，实施战略再展开，在外线创建新的根据地，分散敌人兵力，并配合大别山内线和陈粟、陈谢在平汉线的作战。以新从晋冀鲁豫调来的第十、第十二两个纵队西越平汉路，分别向桐柏、江汉两地区展开；以第一纵队北渡淮河，在淮西地区展开，扩大根据地，在外线蔓延与发展游击战争，施散敌人。以第二、三、六三个纵队留在大别山，和军区部队、人民武装相配合，坚持内线斗争，利用大别山的复杂地形，在内线进行小的战斗和游击战争，打击和牵制敌人。

主力部队分遣行动，实行战略再展开，指挥部也必须分为两个部分，分别指挥内线斗争和外线作战。经过研究，刘邓决定将野战军指挥部分为前方指挥部和后方指挥部，前者留在大别山指挥反"围剿"斗争，后者和中原局机关随第一纵队转移到淮西地区，指挥全局。经过一番"争论"，邓小平以其年轻身体好为理由，留在了更为艰苦、更为危险的大别山，刘伯承则坚决把警卫团留给邓小平，自己只要一个排。

坚持大别山反"围剿"斗争，是整个跃进大别山过程中最困难的时期，是"反攻以来最大考验"。此时邓小平主动承担了坚持内线斗争的艰苦任务，他十分明确党中央让他们坚持留在大别山的重大意义，一再向中央表示，再艰苦也要留在大别山，绝不离开这里。他与李先念、李达等人仅以一个营的兵力为掩护，出没于深山野岭之间，指挥大别山内的3个纵队几万人马，与敌人33个旅数十万人马进行艰苦卓绝的斗争。

当敌人集中对我合围时，我军外线部队便积极活动，兜击敌之后路，内线部队则及时分散，机动歼灭小股敌人，或破坏敌之交围，袭扰、疲惫和消耗敌人。当敌人发现我军主力已转到外线，被迫分散寻我军作战时，我军又灵活地、适当地集中力量，歼灭孤立之敌。广大地方武装则一面实行空室清野，保护群众，保卫地方政权；一面利用山区的复杂地形，开展游击活动，乘机消灭地主武装和小股敌人。这样，整个大别山的斗争就形成了内线外线犬牙交错的极为复杂的形势，包围我军的敌人，又被我军层层反包围起来了。

事实证明，分兵桐柏、江汉、淮西的决策是完全正确的。它不仅有利于内外线配合粉碎敌人对大别山的围攻，而且对实现中共中央在江、淮、河、汉之间创建辽阔的中原解放区的战略任务具有重要作用。邓小平总结说："进入新区后，首先的任务是打胜仗，占地盘。两者分不开，但是有矛盾。要占地盘，不能不分散一部兵力乃至削弱一部主力，减少野战力量。但不占地盘就没有后方，就不能发展，就不能发动群众，就无法供应军需，就不能使敌分散，也就不好打仗，故分遣适当兵力，展开占地盘是非常重要的。中原曾不顾削弱主力兵团抽出很大兵力展开，建设军区、分区和县基干队，今天证明是成功的。"他还认为："今后到新区，最好事先区分野战军和军区，每个军区为一单位，配齐军区、分区、县等三级党政军机构（包括部队），组成临时支队，一路展开，收效必快。"

事后邓小平轻描淡写地说："我一个，李先念一个，李达一个，就这么三个人，带着几百人的前方指挥所留在大别山，方针就是避战，站稳脚，一切为了站稳脚。那时六纵担负的任务最多，从东到西今天跑一趟，明天跑一趟，不知来回跑了多少趟，就在那个丘陵地带来回穿梭，一会儿由西向东，一会儿由东向西，调动敌人、迷惑敌人。别的部队基本上不大动，适当分散，避免同敌人碰面。这样搞了两个月，我们向中央军委、毛主席报告，大别山站稳了，实现了战略任务。"

六、分遣与集中

我军深入到敌人的战略纵深地域，在无后方依托的条件下实施战略展开，创建新的根据地，这在历史上是空前的创举。大别山山高路陡，南北运动方便，东西运动困难，一出皖西北山地，沼泽颇多，不便于大兵团行动。在如此复杂的地形条件、敌我兵力悬殊的情况下，要达到这一目的，就必须遵循毛泽东"分兵以发动群众，集中以应付敌人"的原则，正确地解决兵力的集结和分遣的问题。部队既要打胜仗，又要占领地方。要打仗，就不能不保持相当的机动兵力；而要占领地方，又势必分散一部分兵力，以致削弱主力。打仗和占领地方两者虽有矛盾，但是又是统一的。因为只有多打胜仗，多歼灭敌人的有生力量，才能鼓舞士气，振奋人心，有利于占领地方，另外，只有多占领地方，发动和组织群众，才便于分散敌人，消灭敌人。为此，邓小平一直进行游击战或游击性运动战，其方式是一散一集，运用分遣与集结的机动寻歼敌人，"以分耗集，以集灭分，声东击西，攻敌不备"（《开展大别山游击战》）。

在敌人"围剿"开始之前，邓小平与刘伯承研究确定了《敌我作战要领》：（一）主力宽大机动，待敌疲困时，寻机歼敌一路。（二）以二纵主力在外线分散活动，坚决打敌弱点。（三）军区和分区一部适时转移至外线，积极活动，特别是断敌补给线；同时，留一部兵力在内线，以积极进攻的游击战术，围困敌人，保护群众，实行空舍清野，反"清剿"和侦破敌情。（四）各部队各分区要深入动员，敌人是垂死挣扎，并不可怕，反对"右"倾，坚决打敌，在决战时，不怕伤亡，认清只有粉碎敌人的进攻，才有巩固的根据地。

随后，中共中原局发出了《放手发动群众创建大别山根据地》的指示，要求在全区普遍宣传党的土地法大纲，立即发动群众向封建地主恶霸展开斗争。并决定成立鄂豫、皖西两个区党委和军区。由于区分了野战军和军区部队，野战军主要用于实施机动，歼灭敌人；军区部队则用于扩展地方，发动群众，繁殖游击战争，消灭地方反动武装。这就进一步解决了兵力的集结与分遣的问题。

敌人大举"围剿"后，刘邓大军主动分遣，寻机歼敌，忽而内线，忽而外线，灵活机动，采取多种形式拉敌、疲敌，打击敌人弱点，搞得敌人筋疲力尽。

如何粉碎敌人的围攻，采取什么样的战役战法去取得反"清剿"的胜利呢？邓小平根据敌人的行动，看出敌人是以一个强大的集团寻找我军主力决战，其余则实施分散"清剿"的特点，当敌人一开始大举围攻，他就率领主力部队及时跳出了敌人的围困，内线只留少数部队坚持。随后又根据敌进攻"清剿"是多次反复进行的特点，指示各纵队作适当分遣，三个主力纵队分别在一定的地区内作辗转机动，并寻机歼敌。他认为，主力部队作分遣行动的优点是：容易争取一个旅以下的歼灭战，容易集结两个纵队作战，避免大兵团在一起机动不灵活而被迫作战。

邓小平、刘伯承运用和吸收了我军抗日战争时期游击战争的成功经验，又遵循了解放战争初期实施运动战的原则和方法，并结合大别山区地理环境和敌重兵围攻的特点，制定了进行分遣与集中的作战原则。

第一，"以小部消耗大敌，以大部歼灭弱敌"。发展外线，开展新区，除留少数军区地方武装在中心区坚持外，主力部队向外分遣，以配合内线斗争。"敌向内，我向外，敌向外，我向外。主要在外线拉敌"。这样，既可以集中大部队宽大机动消灭敌人，又可在外线的肥沃地区解决部队给养。同时，将敌人吸引向外，中心区空虚，留下的军区武装可深入作群众工作，建立根据地。

第二，以必要兵力坚持内线反"清剿"斗争任务，适时分遣集结，采取以纵队为单位，灵活分遣集结，打小歼灭战，不断积小胜成大胜。

第三，以小对大，以大对小，分派小部队游击疲敌。大部队远离敌主力；乘虚奔袭敌纵深薄弱地带，主动地机动与休整，避免被动地退却，不厌转移。强化情报通信，确实掌握情况，出敌不意，抓空开展工作。

第四，在敌强我弱的情况下，也要发扬进攻精神，"积极找敌弱点，进退时都采取进攻姿势"。要"捕歼小敌、土顽，尤应以爆破、阻击、夜袭、火攻、掳捉、破线、破路等，才能杀伤敌方人马，破坏交通、物资、消耗疲敌"。特别强调要主动分遣寻找敌人的弱点，采取多种形式拉敌、疲敌、打击敌人弱点，绝不与敌胶着打消耗。

按照这些原则，各参战部队灵活机动，与敌巧妙周旋，不断取得反"清剿"战役的胜利。

12 月初，敌人的"清剿"开始时，邓小平指挥内线部队，在敌人向中心区压缩之际，适时跳出合击圈，转到敌之侧背，采取"以小部队牵制大敌，以大部队消灭小敌"的战法，灵活机动地歼灭敌人。

第六纵队根据邓小平的指示，除留一部分武装坚持原地作战外，主力急行军 100 多公里，及时跳出敌人的合围圈，辗转机动于大别山南广大地区，采取以旅为单位的活动方式，使敌人对其"吃不下"，围不着，处处扑空，疲于奔命，调动分散了敌人，在运动中寻机歼灭了大量敌人。

第三纵队一直在皖西地区活动。12 月 7 日，按照邓小平"吸引强敌、拖疲拖困"的指示精神，以主力从麻城白果地区出发，向北转移。此后，拖着敌人 5 个整编师，在麻城、新县、黄安、商城、滨川、固始等地区周旋，在冰天雪地里连续行军，行程数千里，并多次打破敌人的合围，胜利地完成了艰巨任务。

第二纵队在完成了掩护第十纵队进军桐柏的任务后，根据邓小平的指示，奔袭固始，歼敌一部，吸引了敌两个整编师南下商城回援。1948 年 1 月，将敌两个师吸引到淮河山北后，突然掉头南下，收复光山城。

为了配合主力部队作战，鄂豫、皖西两军区部队采取分遣与集中相结合的战法，积极投入到艰苦的反"围剿"战役中。

在邓小平等指挥下，3 个纵队一会儿由西向东，一会儿由东向西，牵制敌人、迷惑敌人、疲惫敌人、袭击敌人，打了无数次小仗，经过近两个月的艰苦作战，共歼敌正规军和地方反动武装 1.5 万余人，收复了 10 余座县城，取得了大别山反"围剿"、坚持内线斗争的重大胜利。同时，邓小平领导了放手发动群众，向封建地主斗争，组建地方武装和民兵，创立了巩固的大别山根据地。1948 年 1 月 15 日，邓小平给中央的电报中指出："现在看来，我们业已站住，不管情况如何严重，敌人是赶不走我们的。"

而蒋介石对大别山实施的重兵"围剿"却以失败而告结束，使蒋介石于 1948 年 1 月开始不得不实行"分区防御"，建立起所谓的"中原防御体系"，但这最终也未能如愿以偿地阻止刘邓大军以大别山为"跳板"向中原的进军。

邓小平后来在给毛泽东的报告中写道：在进入新区初期，特别要掌握住不打无把握之仗的原则，我军主力不可轻率作战，因为如果受挫，极易陷于被动，小则大批减员，大则被迫离开。最好采取宽大机动，寻歼弱敌，既可因胜利而巩固信心，又可逐渐熟悉地形及其作战条件而使上下增加把握。一待敌情地形熟悉，军区及地方工作铺开，伤兵有地方放，再进行一些较大规模的歼灭战，比较稳当。

他认为，进入新区后，首先的任务是打胜仗，占地盘。两者分不开，但是有矛盾。要占地盘，不能不分散一部兵力乃至削弱一部主力，减少野战力量。但不占地盘就没有后方，就不能发展，就不能发动群众，就无法供应军需，就不能使敌分散，也就不好打仗，故分遣适当兵力，展开占地盘是非常重要的。中原曾不顾削弱主力兵团抽出很大兵力展开，建设军区、分区和县基干队，今天证明是成功的。他写道，我们区分野战与军区两套的办法，以野战军集中打仗，以军区部队分遣占地盘，消灭地方反动武装和打小仗，这就解决了一个主要的分遣与集中的问题。他还指出，野战军和军区的部队也各有一个分遣与集结的问题。野战军以分遣来分散敌人，而后适时集结歼其一部；军区部队则应集中力量消灭敌之军事力量为原则。

　　挺进大别山，逐鹿中原，在三山、四水之间，开辟新的战场，是我军战略反攻的第一仗，是中国革命战争史上的伟大壮举，调动和牵制了敌人，对全国战局具有深远重大意义的战略行动。刘邓大军在敌人"卧榻之旁"站稳脚跟，把国民党反动派发动反革命内战的战略后方，变成了我军转入战略进攻的前进阵地，并与陈谢、陈粟大军"经略中原"，纵横驰骋于长江、黄河、汉水之间，直接威胁南京、武汉，完全打乱了蒋介石的战略部署。毛泽东高度评价说："这是一个历史的转折点。这是蒋介石的二十年反革命统治由发展到消灭的转折点。这是一百多年以来帝国主义在中国统治由发展到消灭的转折点。这是一个伟大的事变。"从此，结束了中国革命战争20年来的战略防御，第一次转入战略进攻。一位外国观察者曾这样称赞刘邓大军挺进大别山，我阅历过多少次战争，但从未见过比共产党这次和以后抢渡黄河更为出色的军事行动。

第六章
出奇制胜斗强敌

　　现实是辩证的，指挥也应是辩证的。情况是辩证的，我们的作战方式也应是辩证的。

——邓小平

指挥战争讲究出奇制胜。邓小平用兵打仗有一个基本思想，战争实际情况是辩证的，因此作战指挥也必须是辩证的。辩证的指挥，就是要视情况和任务来运用兵力、手段和战术。简单地说，即是战法运用要不拘一格，只要能够打胜仗，什么样的战法都能用，因而充满了求实且辩证的精神。邓小平讲战法常说的一句话，就是不讲"规矩"，不按"路子"，一切看情况，打赢算数。共产党的兵法，历来是"你打你的，我打我的"，绝不会按照敌人的设计应战。强调打乱敌人的预定作战部署，使其步入我之步调，在作战时机、作战方向、作战对象上使敌听命于我，而不被动地应付于敌。因此，邓小平的作战指挥表现出高度的机动灵活，没有什么固定的模式。同样是伏击战，有的伏击退者，有的伏击救者，有的"利诱而伏击之"，有的是"威胁而伏击之"；同样是口袋战术，有的"围三阙一，网开一面，虚留生路"，有的围师不阙，聚而歼之；同样是围点打援，有的是虚张声势，攻城是假，打援是真，有的则是真围真打，既夺城又打援，如此等等。刘伯承评价说，邓小平没有上过军事学校，打仗决心那么正确，关键在于邓小平在实践中掌握了军事辩证法，因此善于根据实际情况作出决断，这是最重要的。

一、因情施变，活用战法

战法，亦即作战行动的方法，是达成战役企图的手段。灵活运用战法，就是依据战场情况，审时度势，充分发挥主观能动性实施指导的生动体现。古人云"兵无成势，无恒形。能因敌变化而取胜者，谓之神。"邓小平善于根据千变万化的战场形势，因情施变，灵活地运用战法，做到以己之长，击敌之短，克敌制胜。土地革命战争时期领导百色起义时，指挥部队歼灭反动警备第三大队的作战，初步显示了邓小平灵活运用战法的才能。

1929 年 10 月下旬，邓小平率部到达百色后，立即了解听命于桂系军阀的反动警备第三大队的情况。警备第三大队，原系广西、云南边界的土匪，为俞作柏所改编调驻南宁。大队长熊镐，原是当地一个臭名昭著的土匪头目，经收编担任警备三大队大队长后，劣性不改，欺压士兵，鱼肉百姓，吃喝嫖赌样样齐全。他手下的那班喽啰，大多也是过去的地痞流氓和土匪强盗。

当我党领导的警备第四大队撤离南宁进驻右江时，熊镐亦带领警备第三大队进驻右江各地。但该部又与右江地区的旧政权及反动民团相互勾结，企图伺机消灭警备第四大队，以破坏起义。

邓小平意识到，这股敌人是威胁革命根据地的一枚钉子，对武装斗争工作的开展极为不利，不消灭这股反动势力，不仅影响起义计划的落实，而且影响革命根据地的建设和群众运动的开展，尽快消灭这股敌人是筹划起义的关键一环。他果断地决定先搬掉这块绊脚石，为起义扫除障碍。

10 月 22 日，邓小平率部到达百色的第二天，就召开会议制订了消灭这股敌人的作战方案。

恰巧这个时候，桂系军阀黄绍竑迫不及待地向熊镐下达了向我军发动进攻的命令。他们妄图"先发制人"，对我四大队发动突然袭击。这一消息被赤卫军截获，邓小平当即召开了紧急会议，决定事不宜迟，必须抢在敌人行动之前，消灭熊镐。

面对即将打响的第一个大仗，大家按捺不住心中的激动。不少同志摩拳擦掌，恨不得跟敌人当面锣对面鼓、真刀真枪地拼个痛快。也有的同志认为不能蛮干，因为三大队多是一些兵痞惯匪，到时会狗急跳墙，不可硬拼。两种意见争论激烈，一时谁也说服不了谁。

邓小平始终全神贯注地听着大家的议论，紧张地分析着各种可能出现的情况，一直没有说话。这时，他从容地站起身来，说道：大家说的都有一定的道理，我们的部队经过改造后，成分、素质都有了很大提高，斗志旺盛，消灭熊镐这一仗是可以拿下来的。但是，对这群亡命之徒我们也不能麻痹大意。如果硬拼，势必要付出较大的代价，这将直接影响到我们马上要进行的起义和创建根据地的工作。因此，还是以智取为上策，既要取得这场战斗的胜利，还要避免大的损失，保存革命的力量。

邓小平停了停，接着又说道：而且智歼熊镐也是有可能做到的，四大队跟三大队表面上还是"兄弟"部队，例行公事文电还一直照常往来。我们要充分利用这些有利条件，也来它个"先发制人"，打它个措手不及。

这番有理有据的分析，进一步增强了大家的信心和决心，包括刚才还主张跟敌人硬拼的人也不住地连连点头。

事情也凑巧，想不到此时熊镐竟送上门来。他借口要来四大队商谈防务，实际上是想来探听虚实，搞火力侦察。邓小平等人决定将计就计，采取"擒贼先擒王"的智取方法，指示张云逸以请客名义将熊镐引来，请君入瓮，关门打狗。

毫无戒心的熊镐，自以为得计，带着几名喽啰趾高气扬地乘小汽轮从平山来到百色。停靠码头后，他大摇大摆地直接来到百色东胜街有名的公兴当铺，准备与等候在那里的张云逸晤商"要事"。没料想，他刚一进门，便被早已埋伏在这里的战士当场拿下。在四周乌黑枪管的威迫下，他带来的几名喽啰也只好乖乖地举手投降。

与此同时，按照预定的作战计划，邓小平于 10 月 28 日指挥警备第四大队，在恩隆、奉议、恩林等数县赤卫军的配合下，以出操、开会、赶集为名，悄悄地接近敌人的营地，出其不意地发动突然袭击，经过两天两夜激战，将驻扎警备第三大队大部围歼，歼敌 1000 多人，缴获各种枪械 700 多支，为百色起义的举行铺平了道路。

对邓小平来说，这是他军事生涯中首次指挥部队进行作战，并夺取了胜利，显示了其军事指挥才能，其意义可谓重大。

二、出敌不意，善打袭击

1938 年 3 月上旬，侵华日军攻占了山西临汾、汾阳、离石等重要城镇，打通了邯（郸）长（治）大道和同蒲铁路南段，进入晋东南和吕梁山区，并继续向晋西黄河各渡口猛进。邯长大道和从长治至临汾的公路就成了日军一条重要的后方交通运输线。为破坏日军的战略计划，迟滞敌军的行动，邓小平与刘伯承、徐向前决定在东阳关和涉县之间的响堂铺一带，对敌人的运输部队进行伏击。这一带的公路，是一条小河的河滩，碎石满地，路南是高山，悬崖陡立，不易攀登，路北为起伏高地，谷口较多，便于隐蔽出击和兵力展开，进退两便。在这里伏击日军的汽车运输队，把握比较大。

3月30日午夜，邓小平和徐向前指挥各部队神速、秘密、隐蔽地开进响堂铺大道以北之后宽漳至杨家山一线山地。

第二天拂晓，东阳关日军300余人向负责警戒的七七二团连队发起试探性的进攻，该连机警应对，日军觉得太平无事，乱打一气后返回了据点。8点半许，日军两个汽车中队的180多辆汽车和170余人的护送队，排着长龙式的队伍，由黎城经东阳关向响堂铺开来。9点左右，日军的车队完全进入伏击区。日军的汽车开到碎石路上，不得不减慢速度，170余辆汽车足足拉了10里长，活像一条缓缓蠕动着的长蛇。

埋伏在右翼的第七七一团率先向日军车队的后尾射击。日军毫无防备，被这突如其来的打击弄得摸不着头脑，在山沟里乱冲乱撞。

就在日军混乱之际，埋伏一夜的八路军战士，犹如猛虎下山冲了上去，用手榴弹、刺刀解决了那些顽抗之敌。激战两个多小时，战斗结束。这一仗毙伤敌400多人，还缴获了许多枪支弹药。日军从东阳关和涉县出动的援兵，也被埋伏在那里的部队打了回去。

此战，是邓小平任第一二九师政委后直接参与指挥的第一场战斗，影响很大。

4月初，日军为解除对其后方的威胁，以一〇八师团为主，纠集了3万多人，分九路向晋东南抗日根据地大举围攻，企图在辽县、左权、榆社、武乡地区围歼八路军总部及第一二九师主力，预定4月8日开始行动。

邓小平与刘伯承、徐向前根据获得的情报，制定了以一部兵力牵制日军其他各路，集中主力击破其一路的作战方针。他们认为，这次日军围攻是四面合击，第一二九师作为反围攻的主力要实现击破一路的目的，不能化整为零地在合击圈内与敌周旋，因为漳河之间的活动余地较少，根据地又是初创，群众尚未完全发动起来，这样做的结果将会陷入被动。应该立即转到合击圈外去，在武（安）涉（县）间活动，保持强有力的突击力，打击日军的后方和补给线，打乱日军的作战步骤，当日军疲惫混乱撤退时，抓住它薄弱的一路予以猛袭，一定会收到奇效。

当各路日军开始出动时，邓小平、刘伯承指挥一二九师主力向辽县以南东进至日军围攻圈外的涉县以北地区。

4月10日前后，从东、西、北三面进犯的日军相继侵入抗日根据地，大肆烧杀抢掠，大小村庄及城镇皆成焦土。邓小平和刘伯承指挥一二九师三四四旅及决死一纵队，英勇地阻击日军，使日军企图围攻八路军主力于辽、榆、武地区的狂妄计划完全落空。

但是，日军依仗其优势兵力，企图突破八路军的阻击，以摆脱被阻滞的状态。其中，南面日军一〇八师团步骑兵，分两路北犯。左翼一一七联队经段村攻占武乡，兵力较弱；右翼苫米地亲率一〇五联队等部经蟠龙、墨碛进占辽县。

苫米地是日军中一位凶狠毒辣、刚愎自用的将领，自诩精通八路军的游击战术，叫嚣要打垮八路军的主力部队。他根据八路军"敌退我追"的作战原则，"发明"了一种所谓"拖刀计"的战法：在作战中火烧民房后假装撤退，当八路军游击队尾随追击时，突然进行伏击或围攻。这种战法开始曾让一些游击队吃了亏。他更是自鸣得意，目空一切。这一次，见苫米地也是一味地孤军深入，不与友邻协调行动，根本不顾忌自己侧背暴露。

邓小平与刘伯承判断，苫米地又犯了好大喜功的老毛病，企图独占九路围攻的头功，决定将计就计，把苫米地的部队放到武乡、辽县之间来打。这一带地形有利，山高路险，蟠龙、墨碛一带是很好的伏击战场；群众深受日寇蹂躏，又经过发动，积极要求帮助八路军消灭日军。邓小平、刘伯承、徐向前发现，单独吃掉比较弱的左翼一路更为有利，便故意放苫米地北去辽县，派出部队密切监视一一七联队的行动，等候最有利的战机。

4月13日，这两路日军6000余人窜入辽县、武乡，立即遭到当地抗日游击队的袭扰，加上广大群众实行了"坚壁清野"，日军很快陷入饥饿和恐慌之中。

邓小平、刘伯承得知这一情况，立即抓住战机，于 14 日指挥陈赓旅、陈锡联旅和 115 师徐海东旅 1 个团协同动作，由涉县以北地区向西急进，配合国民党曾万钟军围困段村。

当天夜里，邓小平与刘伯承率部涉浊漳河抵段村北面的黄岩、马牧地区，转到日军一一七联队的左翼侧，造成歼敌的有利态势。

第二天，有侦察情报说：武乡日军进到榆社后，因城中经群众"空舍清野"，无法获得粮秣给养，去辽县的道路又遭严重毁坏，所以又返回来了。

原来，发动群众、坚壁清野、敌驻我扰、游击战的办法发挥了重要作用。敌军进城得到的是一座空城，担心有八路军埋伏，只得立即退出；行军找不到食物，走路找不到路标，驻营则遭到游击队、自卫队的袭扰，还极缺乏力气，不理睬又会损兵折将，丢枪失炮。这样困扰了数天之后，敌军食宿无着，惊恐疲惫不堪。邓小平高兴地说："我们的动员工作搞得好。榆社给敌人来了一个'空城计'，让鬼子饿着肚皮跑路。"

当天夜里，邓小平、刘伯承、徐向前得到报告，段村和武乡城里的敌人向东撤退，其后卫部队还在马庄停留，感到这是"击其惰归"的极好时机，决定及时把原来的围困决心改为急袭决心，紧紧地咬住这股东窜之敌，进行急袭。他们命令主力 3 个团，分两路纵队，沿漳河两岸山地实施平行追击，并以 1 个团为后续部队，沿大道跟进。

一二九师的两路纵队在邓小平、刘伯承的率领下，于 16 日早晨在浊漳河北岸的长乐村地区追上了日军。

此时，日军正行进在狭窄的河谷里，一面是浊漳河，一面是山崖，战机稍纵即逝。在另外两个旅还没有赶到的情况下，陈赓率部抢占有利地形，先敌开火，把日军阻击在河谷中，并将其截为数段，分割围歼。激烈的战斗从清晨打到下午 3 时，日军伤亡 2200 余人。这时邓小平和刘伯承得知从辽县增援的日军部队即将赶到，定无歼灭此股援敌的把握，果断命令主力部队立即撤出战斗。

长乐村之战，歼灭了九路日军中最骄纵、精锐的一路，一二九师一战而震动全局，闻名全国。各路日军闻风丧胆，纷纷回撤。接着八路军各部乘胜追击，彻底粉碎了日军九路围攻，将敌军全部赶出了晋东南。

三、先盘软了再吃

1945 年 10 月，上党战役刚结束，国民党第十一战区团司令长官马法五、高树勋奉蒋介石之命，率第三十、四十军和新编第八军共 7 个师，4.5 万余人，从新乡、安阳沿平汉路北犯冀南、豫北解放区，其后又有第三十二军跟进，企图与进占石家庄的第一战区的第三、第十六军一起夹击邯郸，然后继续北进，与空运到北平的两个军南北会师，控制平汉路。

位于河北境内的邯郸，曾是古代赵国的都城，数拒四方之敌，被称为"四战之国"。如今的邯郸这个革命战略地区，处于全国解放区的中央，扼华北解放区的大门，太行山、太岳山、中条山逶迤于西，冀鲁大平原舒展于东，南濒黄河，北界正太，它们的周围为同蒲、正太、津浦、陇海四条铁路所环绕，平汉铁路贯穿其中，因而是四战之地，而刘伯承、邓小平领导的晋冀鲁豫野战军，东面配合华东（陈毅）作战，西面配合晋绥、陕甘宁作战，南面配合中原作战，北面配合晋察冀作战。因此刘邓部队又称为"四战之军"。邯郸西部的太行山、清漳河畔，是刘邓开辟的晋冀鲁豫解放区的腹地，解放区的党政军民领导机关，中共太行区党委所属的领导机关，都设在邯郸西南 180 多华里的涉县境内。

军情十万火急，10 月 12 日，毛泽东电示刘邓：阻碍和迟滞顽军北进，是当前严重的战略任务，我太行及冀鲁豫区可集中 6 万以上兵力，由刘邓亲自统一指挥，对付平汉路北进顽军，分期歼灭其一部至大部。

邓小平和刘伯承反复商量研究，认为他们处四战之地，一定要负起四战之军的光荣任务，打好邯郸这一仗，绝不能让敌人把邯郸夺去。邯郸北面有个小车站，附近还有一个卢生和吕翁的庙。这就是传说中"黄粱梦"的古迹。历史好像在嘲弄蒋介石，他也在做"邯郸梦"，不过不像当年卢生那样，在昼梦中享尽荣华富贵，而是在梦想打通平汉线。刘伯承和邓小平针对蒋介石的如意算盘，要求干部战士都要了解"黄粱梦"这一历史传说，以鼓舞全军，建立胜利信心。

为实现中央提出的要求，刘邓集中了所属部队主力共 6 万人，并动员了 10 万以上的民兵参战，确保战役全胜，彻底打破蒋介石的"黄粱美梦"。

10 月中旬，蒋介石的十几万大军沿四条铁路向华北发动攻势，像四只爪子一齐伸出来，齐头并进，其中孙连仲的部队从新乡沿平汉路北犯，有 5 个军之多。刘邓分析认为，虽说形势严重，但这几路进犯军是以平汉路的孙连仲部为主，其左右翼部队是战略上的策应，难以作战役上的策应，故平汉线的敌人仍然是孤军深入。孙连仲部是原西北军的底子，其特点是比较有战斗力。军官较有军事素养和战斗经验，统驭能力强，士兵久经训练，装备上火力重于突击。在野战中，他们惯于以正规部队巩固阵地，慑制对方，以有力部队施行一翼或多翼包围，或以优势火力给对方以有力的杀伤。但他们缺乏机动和反攻击精神，尤不善于运动战，加上装备较笨重，行动迟缓，相互间的协同和支援较差，对后方顾虑多，怕我军抄其后路。他们不善于白刃格斗，最怕在交通不便的地方打遭遇战和夜间战。

据此，邓小平和刘伯承决定把战场选在平汉线东侧濮阳河以南、漳河以北的河套里。这里是多河地带，不好构筑工事，无坚可守，北有濮阳河可挡住敌人进路，南有漳河可断其退路，可以把敌人的长处转化为短处，使我军避其长击其短，且我军东西有纵深的根据地和广大人民的支援，可利用濮阳河、漳河间的横幅地带对敌人实行钳形攻击。

刘邓为了准备好战场，命令平汉线上的太行军区部队于上党战役结束后，攻占磁县县城，冀南军区部队在太行军区部队配合下，攻占邯郸城，命令陈再道所属部队迅速回师平汉线，并指令所有平汉线上的部队统归王宏坤、陈再道、宋任穷指挥，以坚强的部队控制河南汤明及其两侧，迟滞敌人北进，主力迅速占领临名关、蒙山两要点及临漳、成安、肥乡三城，还指令战场附近的党政军民大举破路、平沟、拆堡，以便于进行运动战。

10 月 16 日，刘邓发布基本命令，决定集中太行、冀南、冀鲁豫三区主力，于漳河北岸至临洺关平汉路两侧，分为路东军和路西军，对沿平汉路北上的敌第一梯队 3 个军实施东西钳击；以太行区独立支队结合地方武装，在平汉路新乡至安阳段两侧骚扰和迟滞敌军行动，切断敌人后方补给线。决定采取正面牵制、断敌退路、两侧迂回的战法，在邯郸东南脱县、马头、溢阳河套一片沙土地带，布设了一个口袋阵，准备放进敌人，各个歼灭。刘邓要像猫吃老鼠那样，先把它盘软了再吃。

10 月 17 日，刘邓根据敌我军双方的情况，结合上党战役的经验，发出了《平汉战役的战术指示》，具体地分析了敌军的特点，规定了我军战役战术的基本原则，以及关于野战、村落战、夜间战、特种兵战斗的具体战术，并规定了大兵团作战指挥与协同动作时的纪律和注意事项。强调兵力运用的原则是，攻弱则强者也弱，攻强则弱者也强，即以少数兵力牵制其他方面，借此腾出数量多、质量高的部队，攻击敌人最弱的地方，得手后以破竹之势扩展战果。这种预见式的战术指挥使部队在战役、战术上都有了底，打起仗来有办法，更有克敌制胜的把握。

此时，孙连仲所属马法五、高树勋部 3 个军从河南新乡出发，以左右两个纵队并列，各纵队又分前后两个梯队，沿平汉路北进，企图迅速攻下邯郸城。10 月 20 日，马法五和高树勋的先头部队已进占漳河边的岳镇、丰乐等地，掩护架桥。

但刘邓大军在向心集结的路西军主力及冀鲁豫军区部队尚在开进途中，二纵队和太行军区部队一部尚在商洛临洺关等伪军据点战斗中，这样，参战的主力中仅路东一纵已经赶到临漳地区。刘邓为了保证兵力向心集结，毅然下令第一纵先行阻击敌人，迟滞其前进。

10 月 22 日，敌主力开始北渡漳河，一纵一部即与其右翼先锋四十军之一〇六师接触，让其边打边进，至 24 日上午，其右前锋被一纵坚决遏阻于邯郸东南之崔曲、赵庄、南堡一带。敌人发现刘邓兵力之后，即采取防御，积极构筑工事。这时敌右翼前锋新八军已跨程阳河占领南起马头镇、徐庄，北至闯家浅、屯庄一带，后尾的三十军也已占领濮阳河东岸的中马头、柳儿营及南豆公以北，与新八军连接。

此时，邓小平、刘伯承看到敌人已经深陷在漳河以北、邯郸以南、濮阳河两岸的狭窄地区，完全钻进了预设的口袋阵里，进也进不得，退也退不得，于是决定在敌精力尚未大大耗散、疲惫与受挫，以及我军后续力量尚未到达前，先不与敌决战，采取他们常用的猫捉老鼠先盘软了再吃的战法，将敌围困于濮阳河套的沙漠地带，以局部消灭手段来实现大部消耗，最后消灭其主力。便当即向各纵队下达命令，要求各路大军按上述方针，坚决实施以下四点：一是以三分之一的兵力不断与敌接触，机动集结，选敌弱点，以几路合击一点的向心打法，逐步消灭其个别部队（由一两个排到一连一营），不打消耗仗，以消耗其实力。二是除以地方游击队分头启动外，应分派较多的精干小队（四五十人），携带小炮、掷弹筒等，于夜间挺入敌纵深，突袭其心脏部队，尤其是各个首脑，使其不得安息。三是敌人可能北渡的桥梁，凡我军不能控制时，则破坏之，并捕灭小股出扰之部队，打沉所有船只，堵绝其逃路，使敌完全困于河套之内；四是各部队主力应利用时间休整，注意休息与政治活动，研究歼灭敌人的战法。并限定各部队在两三天内积极行动，以争取后续部队全部到达后，一举全歼被围困之敌。

先行到达的各纵队，根据刘邓的指示一一进行着，一点一点地消灭小段敌人，破坏了一些桥梁，打沉了一些船只，堵绝了敌人退路和逃路，使敌人成为瓮中之鳖。

当得知后续部队赶到战场时，邓小平、刘伯承立即调整作战部署，军事、政治双管齐下，即一面集中优势兵力，歼其一点，再及其余，各个击敌；一面加紧对高树勋新八军的争取工作，围而不打，打而不痛，促其变化。

10月28日晚，刘邓大军发起总攻击，战至29日拂晓，歼灭敌四十军一〇六师两个团，先后占领了崔曲南堡、赵庄，打开了敌人整个防御体系的一个缺口，使得战役的进展发生了意想不到的急剧变化。

10月30日，刘邓大军的北集团军继续向南压迫敌人，并向左良、南北文庄的敌人实施攻击，先后攻克村镇20余处，歼灭第四十军一〇六师大部，重创第三十军，敌人被迫进一步收缩阵地。刘邓大军的南集团军已控制了中马头渡口，争取敌新八军的工作完全成功，新八军军长高树勋将军在10月30日这天宣布起义，使战役进入了转折点。

当天下午，刘邓指挥部得知敌人一部正在核心阵地以南一些村庄构筑工事，有些部队正在调动，非常混乱。邓小平意识到敌人要跑，必须采取紧急措施，当即对刘伯承说："敌人要跑，我们要争取主动。"刘邓果断地对围合部署做了新的调整，网开一面，将主力转到漳河以北敌退路的两侧。

30日夜，敌第三十军的1个师退到西玉曹，占领掩护阵地后，其主力随即于31日黎明前采取逐村掩护的方法向南突围。当敌人脱离阵地后，刘伯承、邓小平命令各纵队多路出击，大量民兵密布各要道，擒歼逃跑之敌。一群群南逃之敌，均在刘邓大军跟踪追击、两面截击、迎头堵击和宽面扇击下被歼灭。

31日下午，马法五率部2万人，钻入刘邓事先布置好的南北旗杆樟、马营一带包围圈。刘邓立即指挥部队围歼。马法五据守村落，指挥部队顽抗，敌三十二军主力为解马法五之围，向独立支队阵地发起猛攻，双方战斗空前激烈，伤亡不少。

刘邓决定集中两个纵队兵力，先解决马法五的指挥部。于黄昏时开始了总攻击，战至第二天，马法五部除少数漏网外，大部分放下武器投降，马法五本人被俘。从石家庄、安阳南北对进的援敌，得知马法五部已经被歼，纷纷撤回原地。

至此，平汉战役大获全胜，全歼敌军两个整军，争取一个军起义，生俘敌第十一战区副司令长官马法五、四十军副军长刘世荣及其官兵2.3万余人，粉碎了蒋介石打通平汉线的"黄粱美梦"。

平汉战役为什么能在处于劣势的情况下，在这么短的时间里就消灭国民党军4万多人？一个非常重要的因素就是战法得当而巧妙。邓小平和刘伯承在11月9日给中央军委的电报中曾作了这样的总结：针对敌人离不开铁路的特点，先准备战场，消灭铁路两侧之敌，利用根据地四面包围敌人，东西钳击敌人；作战部署尚未就绪时，以先头部队牵制、迟滞敌军行动，主力借此调整布阵，演练必要战法；诱敌脱离阵地，打击敌指挥机关，割裂其体系，实行各个歼灭。

四、纵敌其骄，诱而歼之

战争指挥者如果头脑膨胀，过高地估计自己，过低地估计对方，轻视对方，目无一切，在作战指导上必然会求胜心切，孤军冒进，争抢头功；在作战行动上，往往轻举妄动，草率用兵，漏洞百出，被人所乘，战而败之。邓小平在指挥作战时，善于利用对方这方面的弱点，纵敌其骄，乱敌之心，夺敌之谋，使其麻痹大意，受骗上当，最终歼而胜之。

1946年8月，刘伯承、邓小平发动的陇海路战役和同蒲路战役，作战13天，共歼敌2万余人，给国民党军以沉重打击，引起了国民党军的极大恐慌，蒋介石急忙向冀鲁豫战场调兵遣将，很快在郑州、新乡、开封、商丘、砀山、徐州等地集结了14个整编师约30万人，企图乘我晋冀鲁豫野战军未及休整之机，集中优势兵力，向冀鲁豫腹地的定陶、曹县地区合击，进而控制鲁西南，摆开了将我晋冀鲁豫野战军"一网打尽"的决战之势。国民党的国防部长白崇禧、参谋总长陈诚亲自到开封部署作战行动，郑州绥靖公署主任刘峙也亲自到考城、民权前线督战。

8月28日，西路国民党军的整编5个师像张开的五个指头向东明、定向、曹县伸了过来。与此同时，东路国民党军第五军和两个师也从砀山、虞城一线向城武、单县、鱼台进攻。

根据敌我双方的态势，中央军委于8月29日致电邓小平和刘伯承：集中优势兵力，相机歼灭国民党军整编第三师，因为"该师系中央军，如能歼灭影响必大"。刘邓分析后，决定集中主力3个纵队，歼灭敌西路军中的整编第三师于定陶以西的安陵集、韩集地区，以"南北钳击以求各个消灭"的战法，"纵敌其骄，诱而歼之"，尔后视情况再寻机歼灭敌整编第四十七师一部。

对于这一作战方案，邓小平最为强调的就是如何施用骄敌之法、诱敌就范的战术问题。因为要消灭这股强敌，关键在于能否通过各种作战行骄敌、耗敌、疲敌，以至于最后在我军充分准备的预设战场上一举合歼敌人。

敌整编第三师是蒋介石的嫡系部队，全一色的美式装备，同时这个师的70%的士兵在缅甸参加过对日作战，有较强的战斗力。尤其是师长赵锡田中将，不仅是黄埔军校第一期的毕业生，与刘峙有师生情谊，而且还是国民党陆军总司令顾祝同的外甥，所以一向狂妄自大，目中无人，骄横跋扈。当他率部攻占了定向西南的白茅集后，蒋介石特地从庐山发来了嘉奖令，并派陆军副总司令范汉杰和刘峙从郑州赶来大加奖赏慰劳，这更加刺激了赵锡田所固有的那股狂妄和骄横。在他看来，共产党的解放军，刘邓的晋冀鲁豫野战军也不过如此，而他的整编第三师在冀鲁豫战场会势不可挡，便立即率部孤军冒进了。

邓小平认为，赵锡田这一心理弱点，正可以给我军施"饵"以诱，纵敌其骄，提供最为重要而难得的条件。所以，对于赵锡田，只要以小股部队边打边撤，给其一点"甜头"，让其占点"地盘"，他就会被我牵着"牛鼻子"走，任我调动，就会在"节节胜利中"步入我军预设战场。

为实现这一作战意图，邓小平和刘伯承还令第六纵队抽出两个团，担任"诱饵"，对敌整编第三师实施运动防御，并以边打边撤、佯攻袭击、干扰破坏等战法，大量地消耗、疲惫、迷惑敌人，使赵锡田误以为解放军是怕他，不得不在节节败退，从而更让其放心大胆地追击，最后将其诱骗进我军预设战场。

当东西两路敌人像一把巨大的钳子，企图夹击晋冀鲁豫野战军时，邓小平直接给担任"诱饵"部队的第六纵队司令员王近山打电话，向他下达了一道比较反常的指令：部队撤离时，老乡家的院子不要扫，缸也不要挑满水，"破烂装具可以丢一点子，要撤得仓促些！"不光要轻装物品，背包也可以扔它几个，撤得要慌忙一点，要立即转移。

王近山按照邓小平的指示，下令全纵队立即转移，一些破旧的装具、背包可以放弃，轻装前进，而且是接到命令就出发，边走边组织，边走边整理行装。部队出发时，留下了一些东扔西散的装具，甚至把几匹伤老病马连鞍鞭都不解地散放在大路边上，一片狼藉，一看就会使人产生一种仓促撤离的印象。

赵锡田自恃是蒋介石的嫡系，兵精弹足，装备优良，根本看不起晋冀鲁豫野战军，狂妄吹嘘两个星期拿下鲁西南。又仗着是陆军总司令顾祝同的外甥，认为其他几支部队不敢不支援他。所以一门心思要找刘邓主力决战，现在又看到刘邓部队这样一种状况，心中不禁暗暗得意，心想解放军原来这样不堪一击，连我三师的影子还没见着就闻风而逃了。所以想都没想，便命令部队咬住六纵队的两个团紧追不舍。

这时，邓小平和刘伯承获悉，敌前线总指挥刘峙突然改变了作战部署，将原来以整编第三师和整编第四十七师合攻定陶的作战计划，改为由整编第三师直攻菏泽，整编第四十七师直攻定陶，使这两个师的配置间距扩大到10—12公里。同时，徐州进犯之敌被我军牵制在单县以东地区，距整编第三师有10余公里，其他部队距整编第三师也分别达20多公里、50公里和100多公里，这样一种战役布势，使整编第三师成了突出冒进，孤立无援之敌。

围歼赵锡田师的时机已经成熟，9月3日，刘邓命令放手诱敌整编第三师冒进，争取使它3日夜到达大小杨湖、阎集、大黄集一带预设的"口袋"。

当天下午，赵锡田率部被牵引到了预定战场，当日深夜，便指挥由第二纵队、第六纵队组成的右翼集团和由第三纵队、第七纵队组成的左翼集团，以绝对优势兵力形成了钳形攻击的战役布势，向敌整编第三师发起了猛烈攻击。

此时的赵锡田才如梦初醒，意识到自己钻进了刘邓解放军的重围之中，但他还是凭借着优势装备，在飞机、坦克、火炮的掩护下，指挥部队负隅顽抗。我军连续作战两天，战果不大。

这时，邓小平又给担任主攻的第六纵队司令员王近山打电话说："王近山同志，这一仗打得好，咱就在冀鲁豫站住脚，打不好，就背包袱回太行。回去告诉毛主席，他给的任务我们没有完成。大杨湖拿得下来拿不下来？拿不下来就把部队撤下来！"

王近山根据刘邓的指示，重新调整了主攻部队的部署，重新选择了突破口，用上了预备队，而且把身边的炊事员、饲养员及机关人员统统用来补充战斗连队，用他的话说，这是拿出了"烧床铺草"的精神，也就是拼老命的精神，要跟敌人决一死战。几经苦战，终于啃下了敌整编第三师第二旅这块"硬骨头"。赵锡田见大势已去，立即率师部及第三旅残部拼命向西南方向突围，企图与整编第四十七师会合。

邓小平和刘伯承早有准备，命令野战军乘敌刚脱离工事陷于混乱之机，发起了全线出击，迅速将逃敌围歼。国民党整编第三师全军覆没，师长赵锡田中将被活捉。

敌整编第三师被歼以后，各路进犯之敌极度惊慌，纷纷掉头回撤。刘邓指挥部队乘胜追击，首先集中主力将致整编第四十七师两个旅歼灭在退向兰封、考城的途中，尔后又歼灭逃敌一个团，并收复东明县城。郑州之敌全部退至兰封、考城一带转入防御，徐州之敌被阻于成武地区，定陶战役随之胜利结束。此役，刘邓大军共歼敌 4 个旅 17000 多人，俘敌师长赵锡田中将以下 1.2 万余人，并缴获了大量美式装备。

纵敌其骄，示弱诱敌，可以使敌人因骄傲而放松警惕和必要的戒备。但要注意它的适用范围。一般来说，在总体上敌强我弱而在局部上又是我军明显优势的情况下，比较适宜采用这一谋略。因此总体上敌强我弱，敌人就存在骄傲的心理基础，容易通过我方故意示弱而激发其骄傲之心。而在局部上我军占明显优势，又使我们可以把敌人引入我军包围圈内加以歼灭。如果我方没有包围伏击敌人的足够兵力，就难以采取这一谋略。同时，还要看对方指挥员的性格。对于生性骄横的指挥员，采取纵敌其骄的方法比较容易成功，而对于生性多疑的指挥员，未必能起多大的作用。

五、夺其魁，以解其体

古人讲："夺其魁，以解其体。"猛虎掏心，作为一种拳路，指的是出其不意地猛击对手的要害，使其无力反击而被制服。作为战役战术原则，则是指以强大而优势的兵力突然贯穿敌纵深，直捣其首脑机构，从而迅速瓦解敌人的防御体系，以各个歼灭敌人。邓小平善于出奇制胜，猛虎掏心，就是他以奇制胜的妙招之一。他认为，在遭遇战斗的进攻中，常用横宽队形；对占领阵地敌人进攻，需用纵深配备。但不论哪种，都要有重心地部署兵力，集中优势兵力，突击其一点、两点，努力突破、截断其阵地，打乱其组织序列，击灭其指挥中枢，割碎其防御配备，以求各个消灭之，不要咬大核桃。攻击目标要选择其弱点，一般是部队的结合部，阵地的侧背或突出部，特别注意寻找其指挥机关，打碎反动派的首脑。

在平汉战役中，邓小平用故意示弱、诱敌深入的方法，将进攻华北的国民党军第四十军、第三十军及新八军包围在漳河以北和邯郸以南的预设战场。在争取高树勋的新八军起义之后，邓小平判断敌将向南突围，于是网开一面，虚留生路，将主力南移到漳河以北、敌撤退必经之路的两侧。

国民党军第十一战区副司令长官马法五，率部向南突围，还没能走多远，即被我军包围在漳河以北的南北旗杆樟、辛庄、马营一带。马法五见难以走脱，便迅速就地组织防御，企图固守待援。邓小平和刘伯承在侦知马法五的指挥部设在旗杆樟之后，当即决定运用猛虎掏心战术，集中两个纵队的兵力，一下子插入敌防御纵深，猛攻旗杆樟，同时以 1 个纵队攻击掩护阵地，配合对敌指挥部的攻击。当天夜里，我军以强大攻势突入马法五的指挥部，生擒马法五。

敌人失去了指挥，顿时大乱，四处逃散，其防御体系迅即土崩瓦解，所剩之敌全成我军的囊中之物，唾手可得。

滑县战役打孙震集团，是邓小平和刘伯承实行猛虎掏心战法的又一成功战例。

守备滑县地区的国民党军孙震集团的部署是：一〇四旅在滑县以南的上官村、留固集地区，旅部驻上官村；一二五旅在滑县东南的邵耳察、黄庄、老岸镇地区，旅部驻邵耳寨；河北保安团十二纵队驻朱楼、小渠地区，总部驻朱楼，实际是孙震集团的哨兵。这三部敌人，与孙震集团的其他部队组成半环形防御，其指挥所都配置在所部防御体系的纵深。

针对孙震集团以驻地为核心的疏散配置，防守间隙较大，相互联系、支援不便，利于我军穿插分割，各个围歼守敌的情况，邓小平和刘伯承，大胆决策，决定采取"猛虎掏心"战法，置敌前出警戒和外围阵地于不顾，以突然、迅速、勇猛的动作，从敌防御的间隙地或防御的结合部直插敌防御纵深，首先攻歼指挥据点之敌，摧毁其指挥系统，吸引其所属部队来援或出走，使其脱离阵地，力求在运动中予以歼灭。并指示各纵队：敌人来的方法怪，我们打法也怪；我们不理会他那些伸出来的手，从他们的手边镖过，穿过他们的小据点，一下子抱住他的腰，猛虎掏心，打他们朱楼、邵耳寨、上官村。

邓小平认为，能否实现这一作战意图，关键在于部队的行动要隐蔽、突然、迅速，从敌人的"鼻子"底下穿插成功了，我们的战斗就能胜利，不成功就会被敌人"包饺子"，所以，各部队应在隐蔽、突然、迅速上多下些工夫准备。

邓小平和刘伯承根据"猛虎掏心"的打法，又作了精心的作战部署，确定了各纵队的任务：以第三纵队主力攻歼敌一二五旅，以第六纵队攻歼敌一〇四旅，以第二纵队主力为第二梯队，主要协同三纵队钳击一二五旅之敌，或协同六纵钳击可能由滑县来增援之敌。以第七纵队大范围地辗转机动，袭击、摧毁敌人辎重运输，寻机歼灭机动流窜之敌，阻击、侧击或截击敌后续梯队、增援之敌，迷惑、吸引邱（清泉）、胡（琏）两部，并监视和侦察敌人的动静，以滞留该敌。同时派一少部兵力开展游击活动，主动寻机袭扰敌人。其他敌后部队，也要同时积极行动起来，以各种有效行动袭扰、歼灭敌人，通报敌情，以有力的作战行动吸引各地敌人的注意力，以掩护主攻部队的秘密接敌和发起攻击。

作战方案确定之后，刘邓召开了团以上干部会议。在会上，邓小平和刘伯承就关于如何打好滑县战役问题作了详细的部署，提出了明确而具体的要求，他们强调部队指挥员，在多路并进、穿插分割敌防御阵地时，要注意和保护相应的战斗队形，尤其是在夜暗的条件下进行钳击或合围攻击，更要搞好相互的协同。

邓小平和刘伯承指出：我们的战术是以大打小，以多打少，以动打静，吃敌人一块，而且是要害的一块，各种作战队形都用，各种作战手段都使，有突破、有包围、有迂回、有合击，对敌形成一种真正的大合击——钳形攻势，这一点，各级指挥员都要做到心中有数，严密掌握和控制本部队的行动，密切注视与友邻部队的协同。

邓小平特别强调，在此次战役，采取"猛虎掏心"战法，与以往的作战不同，与以往的打法也不同。战斗没有打响前，就要在敌人的阵地内隐蔽机动，就要在敌人的眼皮底下展开战斗队形，做好攻击准备和发起攻击。对此，各部队要集中优势兵力，力争多开几个突破口，当开始突破的时候，各路的第一梯队，不要被敌人的战斗警戒所迷惑，不要受小股敌人的干扰，主要是乘破竹之势，穿透敌人心脏，割裂、撕毁敌人的防御体系，使其互不联系，断绝生命，以使"猛虎掏心"战术奏效。

11 月 15 日夜，邓小平和刘伯承按照预定计划，指挥 4 个纵队 11 个旅，采取远程奔袭战法，由濮阳、濮县、鄄城以北地区，向滑县东南孙震所部驻地隐蔽急进。开进途中，人马、装具都进行了严密伪装，马蹄用棉花或布包了起来。一律走松软的耕地，人员不准说话和抽烟，在进入敌前沿警戒线时，以精干的搜索部队为先导，遇到敌人哨兵，只准活捉，严禁放枪。在敌人毫无察觉的情况下，我军奔袭 80 余里，从敌人的结合部插入其纵深配置，直捣敌各旅指挥枢纽，将三部分割包围。

19 日拂晓，根据刘伯承、邓小平的命令，各纵队分别以强大的钳形攻势，直取上官村、邵耳寨和朱楼。由于此举完全出乎敌人意料之外，很快全歼敌两个旅部，打碎其指挥机关。没有了指挥机构，敌人根本无法组织有效的防御，只有被动挨打的分儿。滑县战役历时 4 天 5 夜，共歼敌 1.2 万余人，挫败了敌人打通平汉线的企图。刘邓后来总结此次战役经验时说：我们不理会那些伸过来的手，我们从他们的手边擦过，穿过他们的小据点，一下子抱住他的腰，猛虎掏心，打他的根。

襄樊战役成功的关键也是实施了"猛虎掏心"战法。

我军在远途奔袭成功围歼老河口、谷城之敌后，兵临襄阳城下。攻襄阳历来是先取南山再取城，但我军攻城指挥员发现南山的两处高地易守难攻，于是一反常例，决定改变计划，置南山守敌于不顾，集中优势兵力实行掏心战法，以西面为主，从东、西两面突然攻城。7月11日，主力王近山指挥第六纵队楔入西关，战至13日，占领了西关大部。敌守将康泽根本不懂军事，一见我军直逼城关立即命令南山守敌退缩城内，企图凭借坚固的城墙和复杂的街巷固守。

15日夜，我军发起攻击。以王近山的第六纵队攻西门，在密集而猛烈的炮火支援下，仅用5分钟便打开了突破口，并迅速巩固之。与此同时，攻城东关的陕南军区第十二旅和攻城东南角的桐柏军区第二十八旅，也涉壕登城，突入城内。

根据战役指导原则，突入城内的三路部队没有与外围之敌恋战，而是协调一致，猛插猛打，统统把箭头直指并很快会合于城中心杨家祠堂的康泽司令部。康泽还想组织力量顽抗，但在我军一通炮火猛打后，不得不举起双手。失去指挥的襄阳守敌随之全部被歼。

陇海战役，则是以主力分左右两路，从敌部署的结合部，透过其一线防御，置前沿警戒部队和守备据点于不顾，一夜间穿插60余里，在300里宽的正面上，向陇海路汴徐段沿线之敌发起总攻。

1949年冬天刘邓大军进军川贵，则是在更大规模上实行"猛虎掏心"的战法。战役发起后，各路大军由湘西和川东直插四川腹地，以摧枯拉朽之势，迅速撕碎国民党精心布置的西南防线，先在运动中歼灭了宋希濂集团，然后又在成都地区抓住并消灭了胡宗南集团。可以说，整个西南大进军，就是一次战略规模的掏心战。

六、攻其一点，吸其来援，啃其一边，各个击破

审视和把握有利时机，预见和创造有利的态势，这是战场上准确把握

战机，全力争取主动，以求战而胜之的基本要求，也是指挥员作战指挥水平高低的重要标志。邓小平在与敌斗智斗法的战场上，常常是游刃有余地驾驭局势，机智敏锐地审时度势，适时稳妥地把握态势，从而在两军对垒的战争舞台上，导演了一个个以劣胜优，以弱胜强的光辉范例，其间的指挥艺术，更是"运用之妙，存乎一心"。

1947 年 6 月 30 日，刘邓大军一举突破国民党军的黄河天险，大大震动了敌统帅部。蒋介石为了堵住这一缺口，仓皇从豫北战场和豫皖苏战场调集 3 个整编师和 1 个旅赶来增援，并由山东调来王敬久统一指挥，分左右两路，向定陶、巨野推进。以 4 个旅组成西集团，以吸引刘邓野战军屯兵城下，以 10 个旅组成东集团，企图齐头并进，沿金乡至郓城公路北上增援，以 1 个师向六营集推进，逼刘邓野战军于郓城、菏泽狭小地区背水作战，或逼过黄河。

从蒋介石兵力部署的态势上，邓小平、刘伯承一看就知道他要搞什么鬼把戏了。鲁西南地区是一个被黄河、运河和陇海铁路线切成的三角形地区，而郓城则位于这个三角形的顶端，是国民党军黄河防线的中心位置，所以，蒋介石调兵遣将，就是企图控制郓城，瞰制鲁西南。

邓小平和刘伯承认为，敌人兵分两路，西弱东强，且西路郓城守敌整编第五十五师不是蒋介石的嫡系部队，战斗力比较弱，如果能够乘敌东路援兵尚未到来之机，集中兵力首先攻歼西路诸点弱敌，孤立王敬久集团，使强敌变为弱敌，尔后再转兵消灭王敬久集团主力，就可以彻底粉碎蒋介石的作战企图。于是决定将计就计，采取"攻敌一点（郓城），吸敌来援，啃其一边（定陶、曹县），各个击破"的战法，以第一纵队等部积极攻取郓城，吸引敌军增援，以第二、第六纵队迅速从敌东路、西路敌人之间疾进百余里，直插敌纵深的定陶、曹县两城，乘敌第一五三旅立足未稳和尚未与菏泽之敌靠拢之机予以歼灭，并解决盘踞在曹县的一千余土顽。另外，又以第三纵队进至定陶以东之冉固集、汶上集地区待机，以便在攻歼郓城、定陶之敌后，及时投入割歼敌东路军的作战。

各路大军展开后，刘邓大军开辟了北起黄河边的郓城、鄄城，南至陇海路以北的定陶、曹县之间的广阔战场，初步摆脱了可能背水作战的危险，并为下一步歼灭东路援敌创造了条件。而此时，东路援敌不敢贸然前进，在巨野东南至金乡西北之间的百余里地段上的六营集、独山集、羊山集，由南向北，摆成一条长蛇阵。

邓小平和刘伯承认为，敌人这是"一字死蛇阵"，实际上它首尾难顾，各部自顾不暇，这正是利于我各个击破的态势，而刘邓大军各个纵队部已腾出手来。此时不打，还待何时！当即决定抓住敌人"一字长蛇阵"这一有利于我军围歼的态势，乘敌各部尚立足未稳，且部署分散的弱点，立即发起攻势，对敌实施分割包围，各个击破的打法。

7月13日拂晓，各纵队以长途奔袭的动作，迅速隐蔽地到达各自指定位置，在敌人还未及作出反应之时，就将敌人的"一字长蛇阵"切成了"蛇头"、"蛇腰"和"蛇尾"三个部分，并对其分别形成了合固态势。

王敬久顿时惊慌失措，六神无主，不知何去何从。先是急令整编第六十六师、第七十师南北对进，向中间的整编第三十二师靠拢，随后又急令整编第三十二师向北接应整编第七十师，然后再一起向南与羊山集的整编第六十六师靠拢，这样的指挥调动，将分散三个据点的敌人搞得心神不定，犹豫不决，不战自乱。

邓小平认为，此时正是我应该捕捉的有利战机，抓住敌整编第三十二师向六营集运动，失去依托阵地的好打之机，务求首先将其歼灭于六营集地区。

六营集是一个只有200多户人家的小村镇，缺粮少水。国民党军两个半旅拥挤在这样狭小的地方，一时间混乱不堪。占领村镇的敌人一面组织抢修工事，调整兵力，加强防守，一面又判明态势，寻找战机，准备突围。

为了迅速消灭被围之敌，刘邓决定改变原来四面围攻的部署，而调整为"围三阙一，虚留生路"的战法，网开一面，纵敌突围，歼敌于逃路之中。以第六纵队主力猛攻六营集的西面，以第一纵队在六营集以东的开阔地布下一个口袋阵。

天算不如人算。当第六纵队于7月14日晚发起攻击后，六营集守敌利用夜暗和青纱帐作掩护，以整编第七十师1个半旅为右翼，以整编第三十二师为左翼，向东突围逃窜。可敌人刚出六营集，就遭到第一纵队的四面围攻，阵脚大乱，迅即被全歼。

刘伯承、邓小平指挥野战军以势如破竹、雷霆万钧之力，连续地斩"蛇头"、断"蛇腰"的胜利，使"蛇尾"之敌如惊弓之鸟，猬集于羊山集避而不战。

此时，刘伯承、邓小平认为，连续的胜利，不仅大量地歼灭了敌人，收复了失地，而且对敌人造成了巨大的心理压力，我军利用敌畏惧不安，胆怯厌战这一战机，乘势而战，才能更有利于全歼残敌，即令第二、第三纵队对羊山集守敌整编第六十六师主力发起攻击，务求全歼东路之敌。

羊山集坐落在微山湖西金乡县的低洼地带，村内有千余户人家，村北为长约2公里的羊山，可瞰制羊山集镇。这里曾是侵华日军的重要据点，修筑有较为完善的防御工事，敌占领了羊山集之后，利用险峻地形又构筑了大量工事，当时因连日降雨，村镇三面环水，很难接近，加之战前我军对敌情、地形侦察不够，致使从南面、东西攻击伤亡不小，未能奏效。

这时，蒋介石慑于鲁西南的接连失败和羊山集的不断告急，于19日飞往开封亲自指挥，并从其他战场急于调兵遣将，以求挽回败局。同时，蒋介石又严令王敬久率整编第五十八师和整编第六十六师及第一九九旅由金乡北援，解羊山集之围。

根据这一情况，刘伯承、邓小平决定乘敌各路援军尚未到达之前，采取围城打援的战法，务求全歼敌人。以第三纵队主力继续围攻羊山集之敌，吸引金乡援敌北上，同时以冀鲁豫军区独立第一、第二旅和第七军分区部队阻击北援之敌，力争给敌以大量杀伤后，诱敌先头部队第一九九旅北渡万福河，然后切断其与整编第五十八师的联系，于运动中歼灭该敌。

果然不出刘邓所料，20日，敌第一九九旅急于渡过万福河北援，羊山集守敌见援兵将到，即以1个团前出接应。此时，第三纵队及冀鲁豫军区独立旅冒着倾盆大雨向敌发起攻击，突然将敌四面包围在旷野泥泞的道路上，经过两个多小时的激战，将敌第一九九旅及从羊山集前来接应的1个团全部歼灭。

这时，毛泽东又电示晋冀鲁豫野战军，为了迅速扩大已取得的主动权，应经过短期休整，立即向大别山行动。羊山集之敌如能迅速攻歼，则攻歼之，否则立即转入休整。

刘伯承、邓小平经过对敌我态势的综合分析认为：敌各路援兵还奔于途中，对羊山集守敌是策长其及；就近的金乡之敌再无力北援。羊山集之敌已经被我军削弱，且畏战、厌战心理严重。我主力部队对敌防守情况已经了解清楚，只要主力全部集中，部署得当，完全可以迅速攻歼羊山集守敌。为此，刘伯承、邓小平又调整了部署，集中 4 个纵队实施合围攻击，兵力达到了 10：3 的优势，经过一昼夜的激战，终于全歼了羊山集守敌整编第六十六师，胜利结束鲁西南战役。

七、乘隙捣虚，勇猛歼敌

乘隙捣虚，就是要会钻空子，打击敌人的弱点，关键是要发现何处何时有隙可乘。1948 年夏，刘邓大军转出大别山后，经过半年的机动作战，撕毁了蒋介石在中原地区的防御体系，大部分兵团守在徐州、郑州等几个孤立的战略要地，蒋介石彻底失败的趋势就越来越近。7 月，为了摧毁国民党军在中原的重点防御，邓小平和刘伯承率领新改称的中原野战军，发动襄阳战役，就运用了乘隙捣虚的谋略。

襄樊地区（含老河口），位于中原汉水流域的中段，地处川陕锦的娶冲。夺取此地，不仅可截断华中蒋军与西北蒋军的联系，有力地配合华东野战军在豫东战场上的行动，而且还可以直遏武汉，进而南渡长江，西进四川。

1948 年 6 月 3 日，刘邓下达老河口、襄樊战役的作战命令，计划以二、四纵队组成西兵团，以六纵队和桐柏军区主力组成南兵团，于 6 月下旬向老河口、襄樊之敌发动进攻。

正好这时华东野战军西兵团发起了豫东战役。中央军委、毛泽东分析了中原地区敌人兵力部署情况，指示中原野战军夏季作战的重点是配合华东野战军主力寻歼国民党军整编第五军。毛泽东估计，只要歼灭敌第五军，便取得了集中最大力量歼灭敌第十八军的条件。而只要这两个军被歼，中原战局就可以顺利发展。

根据毛泽东的这些指示，邓小平和刘伯承决定推迟老襄战役计划，速调4个纵队外加华野1个纵队，在平汉线以东地区，坚决阻击驰援开封的敌十八军，只把王近山的第六纵队隐蔽后置河南新野唐河地区待命。

当华东野战军攻打开封后，转兵于睢杞地区。蒋介石、白崇禧顿时慌了手脚，急令张淦临时统一指挥胡琏兵团、吴绍周兵团，分由汝南、驻马店地区北进，南阳的二十师也调至确山地区作后援。在老河口至襄阳、樊城段仅有三个旅及保安团共2万多兵力，由国民党第十五绥靖区司令官、特务头子康泽指挥。这样，老河口、襄樊之敌完全陷于孤立状态。

机不可失，时不再来。于是邓小平、刘伯承抓住战机，乘隙捣虚，集中兵力，"以突然神速动作向老河口捕捉奔袭"，急令桐柏军区司令王宏坤指挥第六纵、桐柏军区主力及陕南十二旅乘隙发起老（河口）、襄（樊）战役。待命的部队早已跃跃欲试，一声令下，就像离弦之箭，飞速向老河口、襄阳开进。邓小平对当时中原战场的这一形势作了一个十分精辟的概括："华野主力在豫东展开打，中野主力在平汉线牵住南线敌人兵团，然后我们乘敌不备，出'边车'袭取襄阳！"

我军对襄樊之敌只略占优势，一口将其全部吃掉不可能。邓小平和刘伯承决定集中兵力各个歼敌，先打老河口和谷城之敌，然后转打襄阳和樊城之敌。

7月2日凌晨，负有盛名的战将"王疯子"王近山率领第六纵队，从新野出发，冒着倾盆大雨昼夜行程75公里，于当日午夜进抵老河口，守敌向谷城逃窜。3日夜进至谷城以北，守敌又弃城南逃。这时，陕南军区十二旅已按邓小平的命令先敌一步赶到谷城以南，恰好截断逃敌退路，一举歼灭了敌一六四旅之1个团又1个营，残敌在向襄阳溃逃途中，又被桐柏军区部队截歼了1个辎重营。

战场上的隙和虚并不是一成不变的，尤其是防守一方会随着进攻一方作战企图的越来越明朗而通过调整得到改善，使原来的隙变成合，原来的虚变成实。所以，战场上为达成乘隙捣虚之目的，进攻一方必然要注意隐蔽作战企图，防止敌人有变。刘伯承、邓小平在确定了襄樊战役取乘隙捣虚、优势歼敌的作战方案之后，十分强调部队作战行动的隐蔽，为此，部队的机动、集结等一切的作战准备以及作战，都是利用暗夜和拂晓来实施的。

王近山指挥第六纵队在陕南第十二旅的配合下，沿汉水前进，于7月6日合围襄阳城。

襄阳城，是一座历史名城，依山傍水，地形险要。北通关（中）洛（阳），南接沙（市）宜（昌），东连随（县）枣（阳）走廊，直通武汉三镇，西扼川陕大道，战略地位十分重要，是敌鄂北驻守的重镇之一。襄阳北面与樊城隔汉水相望，城南群山耸立，易守难攻。襄阳守军凭借天险地势，在城内外修筑了大量工事，并在所有的交通要道、火力死角及开阔地带布满了地雷，构成坚固防御体系，康泽自吹"铁打襄阳，固若金汤"。而刘邓认为，敌人的部署，基本是依城布防，没有纵深，缺少弹性。

兵家历来认为，取襄阳必先夺南山；山存则城在，山失则城亡。所以，中野部队要拿下襄阳城，兵锋首先要指向南山。

一上来，王近山按常规打法，指挥部队向城南诸山发起攻击。守敌依托坚固设防的南山顽抗，并使用了毒气弹，造成攻击部队伤亡很大。

在攻击城南山地战斗受挫的情况下，刘邓要求参战部队发扬英勇顽强的精神，不许顾虑伤亡，不准讲价钱，以求彻底胜利！王宏坤命王近山的第六纵队担任主攻，采取扬长避短，集中力量打击敌人要害的办法，与敌人斗智斗法，继续猛攻襄阳城，一定要攻下襄阳，活捉康泽。

邓小平特别叮嘱王近山："打襄阳要纵观全局，通盘计划，像割肉一样，先割哪块，后割哪块，割肥的，割瘦的，心中要有数！"言中之意，就是要求王近山要审时度势，善识强弱，善辨隙虚，乘敌之隙，打敌之虚。

刘伯承也嘱咐王近山要更多地动脑筋，在一定条件下，最危险的地方往往也是最安全的地方，拿下这一点，全盘就好解决了。选择何处下手，要靠自己动脑筋来判断了。

身经百战、经验丰富的王近山，根据刘邓首长的指示精神，觉得与敌人硬打是不行的，必须跟敌人斗智斗法。他急中生智，一反历史上取襄阳必先夺南山的惯例，制订了"撇山打城，主攻西门，乘隙而攻，寻虚而战"的作战方案，决定以一部兵力佯攻南山，集中兵力以"掏心战法"，从东、西两面突袭襄阳城。另以桐柏军区第二十八旅继续围攻樊城。

这样，历时9天的外围战斗以较小的代价胜利结束了。

消息传来，邓小平和刘伯承高兴地指出："战役关键已过，下面该起网了。"并及时通知王近山"集中优势兵力钳形突击攻城"。7月15日晚20时20分，主攻部队对襄阳发起总攻。激战至16日，将敌全歼，生俘敌司令官康泽和副司令官郭勋祺等，共歼敌2万多人。中共中央特地给刘邓发来贺电，称赞："这一汉水中游的胜利，对中原战局的展开帮助甚大。尤其是活捉了康泽，更给全国青年受三青团迫害者以极大的兴奋。"朱德总司令则赞誉襄樊战役是"小型模范战役"。邓小平说："建樊战役的胜利，其政治意义不亚于军事意义。"

八、诱敌深入，勇打歼灭战

打歼灭战，是邓小平指挥作战的一贯原则。1948年1月26日，他指出，"改变中原形势的关键，在于打几个歼灭战。"新中国成立后，他在回顾中国革命战争历史时，多次谈到打歼灭战的问题，说：

——这样的军队一定要在战斗中才能形成。开始总是不大会打仗。但打仗是学得会的。只要真正地同人民结合起来，进行人民战争，就可以不断从作战中提高战斗力。开始不可能大量消灭敌人。开始消灭敌人无非是几个的一个小组，慢慢学会消灭敌人一个班。总之，根据我们的经验，部队逐步形成战斗力，就要学会打歼灭战。

——我们总是搞歼灭战，先搞小股敌人，先打敌人的薄弱点。

——我们运用毛泽东主席打歼灭战的原则，消灭了蒋介石差不多八百万军队。我们就是在消灭敌人来扩大自己，武装自己，用敌人的枪、炮、弹药甚至敌人的兵来补充我们自己。最后，我们有些连队，百分之七八十的兵是俘虏兵。总体来说就是要打歼灭战。

——我们的作战方针是打歼灭战。战争开始，先要利用工事消耗敌人，利用广大的地区和工事，大量杀伤敌人，削弱敌人，不能让敌人长驱直入。要创造打歼灭战的条件。没有工事，削弱不了敌人；让它长驱直入，歼灭战就打不了。

在邓小平指挥的歼灭战中，淮海战役中的双堆集决战，最具有代表性。

双堆集位于蒙城至宿县公路以东，南平集东南，是一个有 100 多户人家的平原集镇，因这里有两个古老的土堆而得名。一个是平古堆，高 30.9 米；一个是尖古堆，高 30.8 米，两堆相距约两三里，堆上建有庙宇。双堆集就在这两个古堆的中间，被刘邓大军包围的黄维兵团的兵团部就设在双堆集西南的小马庄。

蒋介石得知黄维兵团被围在双堆集后，即令黄维向东攻击突破包围，与李延年兵团会师。黄维兵团是蒋介石的王牌主力之一，此刻，12 万人被解放军团团围在几个小小的村落间，攻击不成，守无屏障，急得如同一头咆哮的困兽。

11 月 27 日，黄维集中 4 个主力师，在飞机、坦克和大炮的掩护下，企图全力向双堆集东南方向突围。敌人可以抽出的主要机动突击力量，几乎全部用上了。但是黄维没有料到，解放军已在东南部署了强大的火力，而经过邓小平等人多方面做工作，参加突围的八十五军一一〇师师长廖运周已准备带领全师举行战场起义。

廖师起义，突围不成，加深了敌人内部的失败情绪。只有在原地改善防御设施，加强火力配置，把所有的汽车、打坏了的装甲车、坦克一个接一个搞得像城墙一样，构成强固的防御工事，准备死守待援了。

在黄维 12 万人马的"精锐之师"中，也是战将如云，谋士成群的。有人就面对战场形势，忧心忡忡地对黄维说："共军作战向来是在各自战场上行事，而今则是刘陈联璧。我军如入无人之境，会不会中刘邓的诱军之计？"

而总前委刘邓陈对敌十二兵团了解得入木三分，对敌人主官的性格也颇为熟悉，知道他们色厉而内荏，志大而智小；严峻而寡恩，暴戾而恣睢；兵虽众而思维不明，将骄横计出而不用。

邓小平等总前委成员算定，敌人即使有的幕僚看出一些我军的用意，但既然成为吞含诱饵之鱼，他是脱不了钩的。当中野四、九、十一纵队在东平集、邵围子一线由东、北向西、南压缩；六纵和陕南十二旅由南向北压缩；一、二、三纵队由西向东压缩，八个纵队构成巨大的包围圈，加上华野的第七、三和十三纵队协同作战，把黄维兵团十二万人马包围在以双堆集为中心，东西二十里、南北十五里的包围圈里。黄维兵团完全钻进天罗地网之中，再也插翅难逃了。

邓小平和刘伯承、陈毅指挥部队在开阔的平原地带所实施的工程浩大的近迫作业，给敌人造成了致命的威胁。

我军广大指战员日日夜夜蹲在堑壕里，同敌人壕对壕，堡对堡，战斗频繁，工作业量极大，生活相当艰苦。但是，大家有着火一样的战斗热情，对胜利充满了信心。

包围圈里的敌人，内缺粮草，外无援兵。有的只得靠一点点红薯、豆子和宰杀骡马、夺取一点空投食物充饥，老百姓的牛羊猫狗鸡鸭被他们吃光了，甚至逮老鼠吃。伤兵无人管，死尸无人埋，怨声载道，叫苦连天。为了抢夺空投食物，互相开枪射击。当黄百韬兵团被歼灭的消息传开以后，包围圈中的敌人更加悲观失望。

这时，我军对包围圈中的敌人展开了强大的政治攻势。通过敌前喊话，送劝降信，有选择地释放俘虏，散发宣传品，在敌人阵地前沿树劝降标语牌等活动，收到了很好的效果，敌军士兵携械来降的越来越多。我们根据"随战随补""随补随战"的方针，不断输送解放战士补充部队。很多解放战士经过控诉在旧社会和反动军队里所受的痛苦，阶级觉悟提高很快。有的头天过来，第二天就杀敌立功。

这时，毛泽东指示总前委，要果断地采取攻歼黄维兵团，围困杜聿明集团，阻击李延年、刘汝明两兵团的方针。刘伯承把这一方针形象地比喻成"吃一个，夹一个，看一个"，并说，"要保证夹着的掉不了，看着的跑不了，就必须吃掉黄维兵团，腾出手来，再歼杜聿明、李延年、刘汝明。"

在华野合围杜聿明集团的同时，邓小平和刘伯承、陈毅根据中央军委的指示和战场态势，及时调整了战斗部署，命令部队采取"坚决压缩，逐步歼击"和"以地堡对地堡，以战壕对战壕"的战法，对黄维兵团进行有组织的攻击作战。至12月3日，已将黄维兵团压迫到只剩方圆十里的"死亡圈"内。

12月5日，邓小平代表总前委，向所有部队下达了对黄维兵团作战总攻击的命令，要求各部均下最大的决心，不惜任何代价，将战斗进行到底。围攻部队根据敌人的防御态势，组成3个集团。

黄维兵团到底是一支训练有素的部队，他们利用这一地区村庄多为互不连接的独立家屋，且多沟渠的特点，组成坚固的防御体系，以大量的地堡群、掩蔽部及交通壕构成，且互相贯通。工事越到纵深越坚固，兵力也越到纵深越雄厚。

中野和华野的联合攻击遭到敌人的顽强抵抗，而且越往纵深发展，抵抗也越激烈。刘陈邓命令部队，避开敌人火力，采取稳步前进，占领一村，巩固一村的战法，提高了歼敌效果减少了伤亡。

邓小平和刘伯承对攻击阵地进行科学编成。邓小平在《歼灭黄维兵团的作战总结》中写道：中原野战军各部，或很少有这样攻坚作战经验，或一年以来没有进行大的战斗而感到生疏，故在开始时很不熟练，组织不够精密。比较完满的经验是在战斗中逐步学习而来，信心一步一步地提高，伤亡也越打越少。对这样的敌人进行攻击，决定于阵地的编成及火力的组织。阵地的编成必须是无数的交通壕和地堡网，或单人散兵坑（为防止敌炮火及坦克的摧毁，单人散兵坑比地堡更为适用），平行和纵横交织地从四面八方向敌人阵地前进。我们的工事迫近敌人越近，就越易奏效和减少伤亡。一般的对敌攻击工事都距敌人很近，有的挖到敌人第一道鹿砦以内，所以易于奏效。敌人最怕的是我们的交通壕和地堡群（或单人坑）向其逐步逼近，所以敌人每天都在破坏我们的攻击准备，一般是以几辆或十辆左右的坦克，配合一两个营或者一两团的步兵，向我最迫近的工事反击，主要以坦克的炮火摧毁我们的地堡，或直接以坦克压毁我们的地堡、沟壕，这是各部队最感苦恼的事情。有效的办法是各部队从四面八方同时逼近，可使敌应付不及，一点被破坏，其他各点仍可攻击。在开始时，我们有些部队只以一两条壕沟向敌前进，遭到敌人破坏，后改为以多路壕沟同时并进，互相支援，获得了成功。

刘邓部队对火力的组织问题进行了探索，强调攻击的火力必须集中和密切地分工。邓小平在总结后写道：中原野战军各部火力比较薄弱，如一三纵的火力，只能集中一点方能成功，分散即无力量。凡使用于攻击的火器，必须紧随突击队之后，预先进入阵地。一般平射炮火配置第一线，对敌前沿及突破口两侧实行摧毁射击，为步兵开辟冲锋道路。曲射炮火和重炮则配置第二线、第三线，摧毁敌纵深主要地堡工事，压制敌火力和封锁敌预备队，压制其反击的拦阻射击。一般我们的突击队和各火器为避免敌空军的扰乱及地面炮兵的威胁，必须在先一天晚进入阵地，步兵都须准备第二天整个白天对付敌人的攻击。而尤应以防坦克武器随步兵进入阵地，以加强对敌坦克作战。因我炮火较弱，我们曾大量地使用了土制的炸药抛射筒，收效极大。在全战斗过程中，敌人浓密的炮火对我威胁颇大，我们采用指定若干炮火（主要是迫击炮），专门对付敌人炮兵，以压制其炮火，收效良好。火力的指挥也重要。一般配属于突击队的全部火力（第一、第二线），由担任突击的部队首长直接指挥之。第三线炮火则由该战斗之高级指挥员指挥之。

该地区村庄多为互不连接的独立家屋，且多沟渠，敌即利用这一特点组成防御配系。多以大量的地堡群、掩蔽部及交通壕构成互相贯通联系的、一般是三层鹿砦和三层地堡群的纵深配系，工事越到纵深越坚固，兵力也越到纵深越雄厚，所以我每攻击一点，都必须有纵深破坏、连续突击的充分准备和严密组织，其中最重要的是要求在步兵突破敌第一线阵地之后，不要混乱，能继续攻击，炮兵能按预定计划及时而准确地延伸火力，支援步兵。这点在全战斗过程中是我们最大的弱点。几次攻击未能奏效的原因，都是由于步兵队形混乱及火炮协同不好，而被敌反击出来。俘虏的敌军反映，我们在突击敌人第一线阵地时，步兵的组织及炮兵的火力非常良好，到纵深后则队形混乱，炮火无力。

12 月 6 日下午，根据总前委的命令，各集团集中优势兵力和火力，对敌人实施有重点、多方向的连续攻击，割歼敌人。

为了缩短作战进程和减少伤亡，邓小平起草了《促黄维立即投降书》，12 月 12 日，由刘伯承、陈毅以中野、华野司令员名义播出。设在邯郸的人民广播电台，把这个文告不厌其烦地一直广播到 15 日，虽说黄维拒绝投降，但这封战地劝降书对困守在狭小的包围圈里的敌人，起到了巨大的精神威慑和瓦解作用。

邓小平判断黄维兵团经过围困和不断打击，除被歼和起义外，只有十一师较完整，别的敌军均残破不堪。刘邓陈商量后，一致决定以总前委的名义批准使用总预备队，并调来华野特种兵纵队一部，开展总攻。我军直接参战攻击的部队由原来的 8 个纵队增加到 11 个，共约 30 万人，对敌形成了 3 : 1 的优势。

各纵队根据总前委的部署，采取步步逼近，层层剥皮的战法，逐日压缩包围圈。14 日，四面多路会攻双堆集东侧核心据点——野战工事。这里距离黄维兵团仅有两里，是黄维的重要屏障，黄维指派号称"威武团"的十军十八师五十四团据守。

15 日，发起最后总攻，终于全歼黄维兵团，并活捉黄维。被誉为总统王冠上的这颗"最亮的宝石"落到了刘、邓手里。由蚌埠北进的李延年，刘汝明两兵团也遭到华野的阻击，未能与黄维兵团靠拢。黄维兵团被歼后，李、刘两兵团撤至淮河以南。淮海战役第二阶段作战胜利结束。

九、兵贵神速，先机制敌

邓小平在革命战争中，总是以战略家的眼光善于详尽地考察战场，敏锐地分析态势，准确地判断趋势，巧妙地创造战机，果断地指挥行动，牢牢地把握主动，由此做到了"兵贵神速，先机制敌"，战而胜之。1949 年 12 月，邓小平与刘伯承共同指挥的成都战役就充分体现了这一高超的指挥艺术。

兵贵神速，一是靠行动隐蔽突然，出敌不意；二是靠行动迅速快捷，先敌一步。而做到这两点的前提，就是要及早预测战场态势的发展趋势，超前筹划，先动于敌，把握主动。1949 年 12 月初，邓小平和刘伯承、贺龙率部解放重庆和川南广大地区，蒋介石偕"国民政府"诸要员乘飞机逃往台湾岛，他命令由重庆及其以北地区西撤之敌，在正面迟滞解放军行动，以胡宗南、张群等部，退向成都，企图向西康和云南逃窜。

邓小平和刘伯承在分析战场态势及发展趋势之后，决定应把主要精力集中在对蒋介石最后的一支主力胡宗南集团的作战上。

邓小平和刘伯承认为，歼灭胡宗南集团的关键，仍在于部队先敌占领乐山、新津、邛崃、蒲江等要点，阻绝敌人向康、滇的退却。然而，二野部队经过一个多月的连续作战，已有相当的耗损和疲惫。面对这一现实，邓小平和刘伯承显示出另一个指挥特色：慈不掌兵。他们认为，"此时不惜部属的耗损和疲惫，正是免去将来的耗损和疲惫"。于是，他们决定不给敌人以喘息的机会，立即发起成都战役。

为此，邓小平和刘伯承先敌提前作出部署，令第五兵团主力及第十军抢占乐山、青神、浦江等要地，从南面兜击敌人。以第三兵团主力昼夜兼程，迅速而隐蔽地占领新津、邛崃，大邑和简阳等地，从东、西两面向敌人推进。第四兵团在完成广西战役后，经百色迂回云南，从西、南、东三面压向成都之敌。此外，电告贺龙、李井泉率第十八兵团及一野第七军等部，越过秦岭，由陕南、陇南前出川北，从北面向敌人推进。

兵力部署完后，刘邓首长强调，各部队在占领各自指定地区以后，要迅速加强伪装，构筑工事，做好阻止准备，先动于敌，控制敌逃脱的必经之路。

根据刘邓的决心部署，部队开始了长距离的隐蔽迅速大奔袭。为了鼓舞士气，增强信心，激励斗志，前方指挥部向部队提出了"抓住敌人就是胜利""争速度抢时间""绝不让敌人逃跑"等口号。

邓小平与刘伯承再度分析战场发展态势，认为速度是至关重要的，兵贵神速，一定要打赢与胡宗南的这场速决战。于是，他们要求第十六军、十军务必于 12 月 15 日或 16 日占领乐山、眉山之线，尔后迅速向蒲江、洪雅、夹江地区疾进，切断胡宗南南逃云南之路。并强调指出：这个战役的关键在于占领乐山，完全切断敌人退往西昌、会理、云南的公路线。十军、十六军在富顺、南溪地区休息时间不宜过长，以三天最多五天为度，尔后该两军主力即协力指向乐山、井研、荣县地区继续前进。由于乐山、井研、荣县地区为敌退路，可能引起胡匪与我争夺，此点必须注意做充分的战斗准备。

战场上的兵员神速，不仅仅是机动行动的快速，也包括形成作战态势的快速，在敌人还不察我之意图，不明我之动向，不辨我之态势之时，就以快速而突然的行动形成作战部署。邓小平和刘伯承在指挥成都战役时就是这样，部队的长途奔袭，胡宗南始终不明我真正的作战意图，只是盲目地阻击和撤退，直到合围态势的形成已经明朗，胡宗南才如梦初醒。正如邓小平和刘伯承给军委的报告中所说的那样："由于我们战胜了上述的困难，进军得非常神速，到处出敌意外，故敌人处处被动，一切部署都落在我军之后，所有企图抵抗之敌人，都在其尚未到达预定地点时，即被我军击溃或消灭，因之一般地未遇到较有组织的顽强抵抗，我之伤亡不大（连最后歼灭李文兵团在内，共计伤亡不到五十人），敌人的破坏企图均未得逞，重庆、成都、贵阳诸城市均较完整地获得解放。"

我各路解放军根据刘邓首长的作战部署，夺关越险，势如破竹，横扫西南，成（都）巴（中）公路向西疾进。部队不顾一个多月以来连续行军作战的疲劳，克服一切困难，就是一个念头，按时到达指定位置。第一野战军第十八兵团等部沿着"难于上青天"的蜀道，勇闯剑门关、朝天驿，以破竹之势，直下绵阳、新都，追歼逃敌 8 万余人，进逼成都。第三、第五兵团不停顿地向成都方向发展。12 月 20 日攻占了浦江、邛崃、大邑等城，消灭了先我到达之敌。这样就从西、南、东三面对成都地区形成了袋形部署。到 12 月 21 日止，我解放军将川境内的国民党军"水到渠成"地包围于成都地区，完全控制起来，解放战争中，我军最大的一次追击战胜利结束。经收缩包围圈，全线发起攻击，27 日全歼成都地区守敌。

这也是邓小平"兵贵神速"谋略的一次成功的运用。打运动战，贵在抢时间，神速动作，不失战机。时间的因素，是关系战果大小、战局胜负的决定性因素。两军对战，你要攻其不备，出其不意，要调动敌人，围歼敌人，要应付战局中的各种变化，要在最后猛烈扩张战果，就离不开争取时间。掌握了时间，主动权在手，保持战役战斗的突然性，加上兵力集中等条件，打击敌人，必能形成雷霆万钧之势，容易以小的代价换取大的胜利。

计划作战或决定重大行动时，最先进入思维领域的，通常是已有的经验，既定的方案，现成的做法，惯用的例证。这属于"定势作用"下的常规思维，符合"最省力原理"，但不一定是最佳方案。情况在不断变化，经验也好，预案也好，都是有限的、过去的。不能简单地用有限推导无限，用过去推导将来，用静态推导动态。忠实地依照历史经验制订的战略计划、作战方案，往往以失败告终。战争艺术不同于战争法规，后者需要遵循，前者贵在创造。兵法也和艺术一样，要辉煌隽永，就得创造，在战争中能创造优势才能生存和胜利。

第七章
虚实变幻多奇谋

兵贵定谋，先计后战，以"不战而屈人之兵"为最高原则，使自己不受损失，而达成降服敌人的战略目的，这是谋略的最高法则和理想境界。《孙子兵法·虚实篇》曰："故兵无成势，水无恒形，能因敌变化而取胜者，谓之神。"邓小平用兵可以称得上，兵无常势，因敌变化，谓之神也。邓小平足智多谋，神机妙算，善于运用谋略上的虚实变幻，给敌人造成许多假象，迷惑和麻痹敌人，出奇制胜，攻其不备，讲究以小的代价换取大的胜利，讲究给敌人吃亏而自己不吃亏。敌人与之交手，常常是未战而谋划先输，他们还以为是按自己的意志行事时，就在不知不觉中落入邓小平为之布置的圈套。

一、以弱示敌，骗敌就范

以弱示敌，是指用弱于敌人的兵力与敌周旋，使敌误以为我兵力弱小，好打易胜，或主动寻找交战，以求获胜；或对我掉以轻心，放松警惕，失之戒备；或对我轻举妄动，草率用兵，行动疏漏。我则可以在敌人受骗上当之中，预设战场、寻求战机，骗敌就范，因而全歼。邓小平指挥作战，善于根据敌情、地形、我情，灵活创造战法，巧妙运用谋略，使敌常常受骗上当，屡战屡败。

1947 年 10 月 25 日，一直尾随刘邓军主力南下的国民党整编第四十师和整编第五十二师的八十二旅奉命从上巴河、浠水出发，沿浠（水）广（济）公路向东南进犯，从黄安、麻城地区，经浠水向广济迂回，进至蕲春东北的漕河镇地区，企图把刘邓大军主力压缩到长江北岸的湖沼地带，一举全歼。

敌整编第四十师原系西北军，其部队全部是美式装备，自恃装备精良，受过蒋介石的嘉奖，十分骄纵，进入鄂东后即孤军冒进，尾追我第一纵队不放，企图先拔头功，再受奖赏。此时，该敌长途跟进已是精疲力竭，且是孤军深入，正是求之不得的良机，刘邓命令分遣在长江北岸的部队立即作向心集结，决心打个歼灭战。

此时，刘邓部队刚进入大别山区，主力部队正在战略展开，装备又差，不适应打山地战，战斗力受到削弱，要打一个大规模的歼灭战，确实面临较多困难，但可以通过集中兵力，通过施谋用计创造战机来弥补，而且这些情况很可能助长敌人的轻敌麻痹思想，可以助长敌人骄横盲从心理，这给我施用以弱示敌，骗敌就范之计提供了必需而又难得的条件。他们分析认为，敌人急于寻找我主力决战，以为我军作战行动频繁、分散疲劳、装备较差、保障严重不足的轻视思想，正利于我采取以弱示敌，致敌麻痹，骄横冒进，骗敌就范，围而全歼的战法。

邓小平说："敌人的四十师从千里跃进起，跟着我们护送了一路，够辛苦的了，这次我看就给这个冤家把伙食账结算一个。高山铺一带地形很好，我们就利用这个狭长的山谷，打个伏击战，你们看如何？"

刘邓决定采取以弱示敌之计，以一部兵力前出，牵制、袭扰和消耗敌人，使敌在急于寻找我主力决战的心理支配下，迅速集中主力，在敌人必经而又对我极为有利的高山铺地区预设战场，采取伏击手段，杀他一个"回马枪"，围歼敌人于运动之中。

高山铺是一个狭长的山谷，位于浠（水）广（济）公路云山谷段，东临浠水河，当面是这段山脉的最高峰，洪武垴和界岭，背后是李家砦，一前一后紧锁着浠广公路西端；它的南北有绵延陡立的茅庵屼、大王寨山和蚂蚁山耸立，形成两道天然的屏障，牢牢箍住狭窄的公路。由东西南北七座山峰怀抱而形成了高山铺的狭长盆地地形。位于公路两侧的洪武地和界岭，是敌必经之路的要冲，地形险要，居高临下，便于发挥火力和实施攻击，只要我以部分兵力坚守，就可以扼住浠广公路的咽喉，堵住敌人的必经之路。

刘邓抓住战机，决心把分遣在长江北岸的4个纵队立即作向心集结，部署在高山铺地区周围，准备打歼灭战：以攻克从武穴的第一纵队抄近路回师，隐蔽进至高山铺以东及东北、东南地区，构筑工事设伏，完成对敌之包围，并置重点于西北及南面，防敌逃走；第六纵队从团风赶向十里铺，尾敌东进，并以一部与敌保持接触，迟滞敌人，保障我部队的集结。第二纵队主力为预备队，在黄梅地区作保障。同时，调第三纵队西进，随时准备参战扩大战果。

邓小平和刘伯承同时派出中原独立旅（归一纵指挥），化装成地方游击队，进至漕河镇、刘公河之间地区，前去和敌先头部队接触，边走边打，把敌人诱至我设伏地区，并千方百计阻滞敌人，争取时间，保障各参战部队按时赶到。刘邓指出："一定要牵着敌人的鼻子走，叫他们按照我们的指挥行动！"

邓小平和刘伯承的指挥部设在高山铺北面的胡凉亭，在亭子上可以俯瞰敌人必经之狭长山谷。

这天早晨，中原独立旅在大路铺地区与敌人稍微接触后，就撤到大王砦地区。敌人果然中计，继续沿着公路追击中原独立旅。

上午9时，敌前卫部队追到高山铺，与一纵队警戒接触上了。警戒部队也按照邓小平的命令主动退到畸山。当时大雾迷漫，不易观察。敌错误判断我兵力不多，是阻滞其前进，以掩护主力转移，因而他们仅以少数兵力进行侦察，控制沿公路的小山，主力仍继续向广济推进。一天之内，敌人放心大胆地向前推进了 60 华里。

刘邓的巧安排生效了，迫到洪武垴山的敌人，遇到一纵队的阻击，被卡住了前进的道路。双方展开了激战。一纵队经过 13 次反冲击，不仅守住了自己的阵地，而且给进攻的敌人以重创，这样敌四十师前进不了，只好退守清水河，以第八十二旅缩守高山铺，乖乖地钻进了我军事先布好的口袋里。

随后，伏于山上的我军，像一把大钳似的，从南北两面死死地卡住了敌人的咽喉。整编第四十师师长李振清这才恍然大悟，解放军并不是只有一个旅的"弱敌"，而是刘邓大军的强大之旅，感到有全军覆灭的危险，不顾一切地组织部队，冒着倾盆大雨，向四周攻击，企图突围。但是，闹腾了一天一夜，还是没有抓到一线可以逃命的缝隙。

经过一番苦战，刘邓首长指示第一纵队，要迅速调整部署，坚决不能让敌人在我预设战场的任何一个位置打开一个缺口，否则，我们的作战就会前功尽弃。

根据刘邓的指示，27 日拂晓，第一纵队第二、第十九旅及第六纵队主力按时进入预定地区。

敌发觉我正在巩固和紧缩包围圈，于是便组织就地抢修工事，并向洪武垴、蚂蚁山等高地发起猛烈攻击，企图抢占有利地形，固守待援，但数次攻击非但没有奏效，反遭我猛烈的反击，不得不弃阵向清水河方向撤退。

第二天上午 9 时，乘敌惊慌混乱之机，刘邓命令发起总攻。各路部队冒雨苦战。在勇猛冲击和居高临下的密集火力射击下，敌拼命沿公路向西南逃窜，在高山铺西南的安山脚下，被预伏的第六纵队迎头截击，国民党军陷入水深过膝的稻田地带，无法运动。

敌人连续组织反扑，都被解放军坚决击退，两个小时后，敌人溃不成军，12000 多人马就这样全部覆灭了。

　　战斗解决得如此迅速、干脆，以致当我军带着俘虏离开战场的时候，从武汉起飞的一批敌机，还在高山铺上空投下热馒头、烧饼，来支援他们的部队呢！

　　高山铺战斗创造了进入大别山以来第一次歼灭敌一个整师的纪录，是"示敌以弱，骗敌就范"的指挥谋略运用的胜利。这次战役的胜利，调动了国民党统治集团，使长江重镇南京、武汉国民党当局内部一片混乱，惊恐万状，迫使蒋介石重新研究部署长江防线。中共中央致电刘邓大军在高山铺"歼灭四十师及八十二旅之大胜利"。

二、围师必阙，虚留生路

　　古兵法有云："大抵围师必阙，阙之前面多有险伏。"其意是说，实行包围的军队要故意留下一个缺口，而缺口的前面常常要设有伏兵。这一用兵谋略的精神实质是，首先要从心理上给敌人造成败势，以防止困兽犹斗的局面发生。通过优势兵力的包围或围攻，给敌人造成心理恐慌，由此产生寻机突围之意。而突围就使其必然失去原有的完善的防御设施等有利条件，变成了在运动中，在我预有准备的、设伏的战场上将其全歼。可见，围师是虚，设伏是实。围师是为设伏创造条件的，设伏必须是通过围师来实现的。这就是围师必阙，虚留生路与多有设伏，进而全歼之间的辩证关系。两者互为条件，密切衔接，方可战而胜之。邓小平在实施作战指挥中，熟谙此理，运用达到了炉火纯青的程度。其中，上党战役就是这一谋略运用的成功战例。

　　根据军委的指示，1945 年 9 月初，邓小平和刘伯承主持召开军事会议，对上党战役作了具体部署。针对阎锡山第十九军等部孤军深入，分散守备，"重于守城"，"极不善于野战"的弱点，邓小平与刘伯承确定了围城打援、夺城打援和消灭突围逃跑之敌的作战方针。确定先逐个夺取长治外围各城，轮流以主力兵团一部担任攻城任务，以地方兵团、游击队和民兵围困其余各城，不许外围各城守军向长治集中，吸引长治援兵，而以主力兵团集结于便于机动的位置，力求在运动中歼其主力，尔后围攻长治这座孤城，再施虚留生路之计，退敌弃城突围逃跑，最后予以全歼。

9月7日，邓小平、刘伯承下达关于上党战役的第一道命令。计划先夺取位于长治西北面的屯留，吸引长治阎军来援，争取在长（治）屯（留）公路上，消灭运动之中的援敌。

9月10日凌晨2时，我太行纵队首先对屯留、上村之敌发起攻击。同时，太岳、冀南两纵队也都隐蔽地进入了伏击位置，准备歼击长治出援之敌。

长治是上党地区的首府，是个重点设防的城市，城高壕深，工事坚固，国民党军第19军军长史泽波率主力3个师据守。这时，史泽波派出部队先后两次向屯留方向增援，但由于我个别部队过早地暴露了目标，敌与我部队未经接触即缩回了长治。

战至20日，我太行、太岳、冀南三个纵队又乘胜扩大战果，以迅速果敢的行动，从长治的城东、城南、城西三个方向，完成了先夺关、后攻城、虚留北关的部署，决心集中兵力乘胜夺取长治城。

9月20日起，各参战部队冒着连日阴雨展开合围长治城的行动，并向长治外围据点发起猛烈的攻击，战至9月24日，我军占领城关据点多处。这时，中央军委又电示刘邓：仍以一部积极围攻长治，主力部署于原亭、夏店、屯留地区，乘其在运动中首先消灭敌之增援部队，被困于长治之敌也可消灭。

据此，刘邓命令各部队继续攻城，并不断扩大攻城的声势，给敌造成巨大的心理压力，以逼迫长治守军加紧呼救，促其催援军迅速南下，从而创造在必经之地歼灭援军的有利条件。

果然，9月27日，阎锡山部队的第八十三军的三个师约7余人到达沁县，其先头四个团于28日进至沁县以南、原亭以北的新店地区，并有继续南下增援长治被围之敌的征候。

针对这一新的情况，为了更有把握地诱歼增援之敌，同时歼灭可能由长治突围出来之敌，邓小平和刘伯承又反复研究，决定改变原来攻城的决心，调整部署，将"攻城"为主改变为"打援"为主。

9月30日，敌人的援兵没有走常隆，而是沿虒亭至屯留的公路继续南下。邓小平和刘伯承也随即改变了部署，将打援部队的主力向虒屯公路两侧转移，改以第十七师及独立支队尾击敌增援部队。10月2日，增援之敌进入我预定作战地区，我各部队随即向敌人发起了猛烈的攻击，逐步将敌合围于榆林、老爷岭、关上村、磨盘垴地区，并切断了敌人的通信指挥联系，控制了水源，使敌人陷入缺粮断水、失去指挥控制的混乱困境之中。几经激战，敌被迫步步收缩，最后猬集在磨盘垴、老爷岭及关上村地区。

邓小平和刘伯承查明，被围的援敌并非是三个师7000人，而是8个师另两个炮兵团，共2万余人。鉴于这种情况，为了确有把握地全歼增援之敌，邓小平和刘伯承又从围困长治的部队中调出1个纵队作为后续力量，投入打援战斗。而长治方向只有地方部队围困城内之敌。

为了防止被围的增援之敌作困兽之斗，邓小平和刘伯承对增援之敌仍然采取"围师必阙，虚留生路"的部署，在北面故意敞开了一个口子，诱骗敌人脱离阵地，力争在运动中歼灭增援之敌。

10月5日，我左翼部队攻克了老爷岭主峰，守敌乘夜间向北突围，被我军已设伏在此的部队堵住。我主力部队则沿虒屯公路及两侧进行了跟踪追击与平行追击，猛烈穿插，使增援之敌溃不成军，各不相顾，夺路奔逃，大部被歼。第七集团军副总司令彭霸斌被击毙。

增援之敌被歼之后，长治守将史泽波深觉待援无望，固守孤城同样逃脱不了被歼的命运。他曾组织了"敢死队"，拼命突围达17次之多，均未奏效。但我攻城部队要想顺利突破敌人坚固的城池，也不是一件易事，而且要付出一定的代价。于是，邓小平和刘伯承研究决定，攻城部队从城东、城南、城北三面继续以积极的攻城行动给守敌施加压力，网开一面，虚留生路，诱敌突围，争取在运动中务求全歼。

这一作战部署和打法果然灵验，史泽波也是急不择路，10月8日黄昏乘着滂沱大雨，偷偷地弃城向西逃窜，企图奔回临汾。为合歼最后一股敌人，刘邓命令除以围城部队进行截击和跟踪追击之外，又以太岳纵队从虒亭地区向南直出马壁村、古堆村，以控制沁河，进行兜击。太岳区的人民武装也沿途进行截击和袭扰。3 天后全歼残敌 1 万余人，军长史泽波被生俘。

上党战役胜利结束，我军解放了除沁县以外的全部晋东南地区，完成了党中央、中央军委交给的"除掉心腹之患"的重要指示。

三、避实击虚，乘敌不意

《孙子兵法》曰："夫兵形象水，水之形，避高而趋下；兵之形，避实而击虚。"其意是说，用兵的法则像流动的水一样，水流动起来是避开高处而流向低处，用兵的法则是避开敌人防守坚实的地方而攻击其空虚薄弱的部位。敌情的虚实制约着战争胜负，制胜的规律是避实而击虚。但敌之虚实是不断变化的，要做到避实击虚，就必须根据敌之虚实的变化，使自己虚实也加以变化。邓小平与刘伯承共同指挥晋冀鲁豫野战军所实施的鄄南战役，就是避实击虚，乘敌不意，打敌作战部署的"软肋部"，进而取得胜利的成功战例。

巨野战役结束后，蒋介石一心要与我晋冀鲁豫野战军主力决战，于 1946 年 10 月下旬纠集了 8 个整编师，由第七军军长王敬久统一指挥，兵分三路向嘉祥、巨野、郓城、濮阳进犯，企图围歼我晋冀鲁豫野战军主力，控制鲁西南，进而打通平汉线。

此时，国民党军因多次遭受失败，行动更加小心谨慎，在向巨野、嘉祥、郓城进犯时，六七个旅前后紧靠，交替掩护，分段推进，稳扎稳进，步步为营，使我晋冀鲁豫野战军在郓城、巨野和嘉祥之线以西难以寻找到有利战机。

邓小平和刘伯承反复分析了敌人的行动特点，认为针对敌人急于寻找我主力决战的心理，可以少量部队与敌保持接触，吸引、分散、疲惫敌人，为主力部队待机歼敌创造战机。

为了改变与王敬久集团的正面僵持状态，积极创造和寻找敌作战部署的弱点，捕捉有利战机，邓小平和刘伯承采取声东击西的战法，以 1 个纵队配合地方武装，在郓城西南地区大造声势，拆围墙、填壕沟，准备战场，摆出一副与敌决战的架势，迷惑诱骗敌人，主力3个纵队甩开王敬久部，西进濮阳地区，寻歼向濮阳进攻的国民党第五绥靖部队。

10月27日夜，刘邓以大踏步地机动实施秘密转移，秘密西进濮阳、滑县地区，寻歼突出于北面的孙震部队。为迷惑和牵制王敬久集团，刘邓命令第七纵队结合冀鲁豫军区部队假充主力，在郓城西南地区拆寨墙、平壕沟，准备战场，扬言要与第五军决战。

10月28日晨，主力部队刚刚到达指定地域，邓小平和刘伯承突然得知，由菏泽北犯郓城的敌——一一九旅及另一部，在旅长刘广信指挥下，孤军冒进，从菏泽进军鄄城，并企图与敌整编第十一师相协同共同占领鄄城。

邓小平和刘伯承分析认为，我晋冀鲁豫野战军主力已经顺利完成了第一步任务，解决了与王敬久集团这一强敌的僵持"抵牛角"的局面，通过正面的机动，现抓住了较弱之敌刘广信部，且刘广信又是不明我军部署情况，将"实"误判为"虚"。因为他们27日在菏泽出发前，曾从联总那里获得信息，说鄄城一带没有水，也没有一个共军，第五军及整编第十一师又说他们已经占领了鄄城以东的红船口，在这种情况下，他们认为，在美国飞机大炮的掩护下，进攻鄄城打共军又是乘虚而入，必胜无疑。于是刘广信更加麻痹大意。敌指挥官的这种心理状态，也是我避实击虚，达成乘敌不意之效的有利条件。

邓小平与刘伯承还分析，在诸敌中，刘广信部属于蒋介石的非嫡系部队，而邱清泉部、胡琏部则属于蒋介石的嫡系部队，与刘广信部之间存有矛盾。所以，当刘广信部受到攻击和围歼时，其邱、胡两敌不会积极救援，致使刘广信部成了弱小而孤立无援之敌，更利于我将其迅速全歼。

邓小平和刘伯承当机立断，决心避实击虚，应该立即集中主力部队，迅速完成作战部署，抓住战机，乘敌不意，杀他个"回马枪"，全歼刘广信部。为此，决心集中多于敌人4倍的优势兵力，令第二、三、六纵队迅速回师南下，在鄄城之南展开，形成钳形攻势的战斗部署，力求在敌人纵长的战斗队形上形成多处突破，并从各突破口实施贯穿突击，将敌战斗队形分割零碎，使之互不联系，然后再从敌侧背实施兜击，造成各个歼灭之态势，最终全歼该敌。

按照邓小平和刘伯承的作战部署，各部队开始隐蔽机动，进入了指定作战地域。当时，刘广信正率其主力已经进到了鄄城以南的苏屯、高魁庄、刘家庄、任庄地区，没有遇到我军的抗击，也没有发现我军的行踪。刘广信对"鄄城方面十分空虚"的情报更是信以为真了。但他还是让侦察队借"黄河小组"勘察地形之名，乘吉普车对鄄城的地形、道路和我军的情况进行了现地侦察，但所到之处，确实没有发现我军的任何迹象，反而发现了我牵制部队的行踪，所以，刘广信不得不相信，我军已由菏泽、巨野公路向濮阳、清丰北撤了，鄄城几乎没有共军防守了。于是他命令所部大胆地向鄄城进犯。

10 月 29 日黄昏前，刘广信所部进至距鄄城 5 公里的高魁庄、任庄、刘家庄地区后，安寨扎营了，由于没有发现我军主力，便放松了警惕。

当晚，邓小平、刘伯承指挥部队向刘广信部突然发起攻击。3 天后，敌刘广信部被全部消灭。

另外，在战役过程中，由东西策应的邱清泉部、胡琏部，在我第七纵队的顽强阻击下，只前进了两里路，根本没有起到策应的作用。鄄南战役至此胜利结束。这一仗的胜利，充分体现了邓小平在作战指挥上善于谋划造势，避实击虚，把握战机，乘敌不意的艺术。

四、攻其不备，出其不意

攻其不备，出其不意，是孙子兵法"兵以诈立"的精髓，是进攻作战谋略运用的基本原则，被历代军事家奉为座右铭。战略上的攻其无备，在于迫使敌人实行错误的计划和方针，采取错误的战略行动，以保证首次打击的效果。战术上的攻其不备，常指战场上采取大胆而坚决的行动，巧妙地利用天时、地利和空间，以创新的战术使用现有的兵力、兵器，抓住战机，乘之敌隙。邓小平在指挥千军万马的战场上，可谓是创造"攻其不备，出其不意"态势的高手。

1947 年春，在战场上节节失利的蒋介石不得不将主要指向南部战线两翼的陕北和山东战场，而在晋冀鲁豫等战场上转取守势。蒋介石为了保持其重点进攻，不使晋冀鲁豫野战军南下支援山东战场，于 3 月 9 日全部堵死花园口，将黄河水引入故道，构成了从晋南风陵渡到鲁中济南约 1000 公里正面的"黄河防线"。

邓小平、刘伯承针对这一情况，并根据中央军委关于主动出击，大量歼灭敌人的有生力量，准备转入外线作战的指示精神，策应陕北和山东战场上解放军的作战行动，同时也为本部队转入战略进攻创造条件，决定集中主力在山西南部、河南北部地区组织战略性反攻，以 4 个纵队的兵力，从张秋镇至临濮集 300 多里长的地段上渡过黄河，发起鲁西南战役，首先歼灭国民党第四绥靖区刘汝明部整编第五十五、六十八师，然后寻歼援敌于运动中，华东野战军粉碎敌人对山东的重点进攻；进而逐步向豫皖苏、大别山区挺进。为了顺利成这一作战目的，邓小平和刘伯承精妙地采取了"攻其不备，出其不意"的战法。

能否胜利突破黄河天险是实施战略出击的首要环节。但究竟从哪里突破更为有利？突破"黄河天险"会有一定困难，但古兵法讲："地无兵不固，兵无地不强"，国民党军自恃黄河天险易守难攻而对此不预重防，在黄河南岸东阿到开封数百公里的防线上，只布防少数兵力，构筑了简单的滩头阵地和野战工事，思想麻痹，准备不足，这是实施"攻其不备，出其不意"之计的极好条件。

邓小平指出：蒋介石把两个铁锤放在山东和陕北，中间是黄河天险，刚好是个"把"，这就是所谓的"哑铃战略"。针对这一战略，我们应该把突破黄河防线的渡河地点选在鲁西南的东阿至横县之间，计划在张秋镇到临濮集的 150 公里间，分 8 个地段突破黄河。在这一河段突破，虽然河宽水深，但正因如此，刘汝明才自恃天险，布兵设防和准备相对薄弱，从而便于我迅速突破。另外，由此突破，东有华东野战军配合，南有豫皖苏军区部队接应，还有较为广阔的战场，更利于我大兵团实施广泛机动作战。

同时，邓小平和刘伯承为各纵队所选择的渡河位置，基本上都是敌沿岸布防较弱的地点，也是敌"不意"之处。

为了达成渡河作战的突然性，使敌人疏于黄河沿岸防守，产生更大的"不意"，在率主力突破黄河天险的前夕，邓小平和刘伯承巧妙地采取了"声东击西""暗度陈仓"以及横渡与强渡相结合的谋略，隐蔽企图和佯动惑敌。

"明修栈道，暗度陈仓"是指以正面佯攻、佯动迷惑敌人，以伪装攻击路线和突破点。西汉初，汉高祖刘邦撤入汉中时把一路走过的几百里栈道全部烧毁，迷惑项羽，使他以为刘邦真的不打算出来了，从而放松了对刘邦的戒备。等刘邦养精蓄锐，发兵进攻项羽时，则重修栈道，吸引楚兵把守道口。实则刘邦率大军从陈仓出击，一举成功。

以明显的佯动来吸引敌人的注意力，造成错觉和错误的判断，掩护自己真实的意图，往往会收到出其不意、攻其不备的效果。邓小平和刘伯承指挥部队南渡黄河时，也使用了上述计策。

豫北反攻战役结束后，刘邓率晋冀鲁豫野战军主力一直在汤阴、安阳地区按兵不动，使敌人不明他们下一步的动向。又以太行、冀南、冀鲁豫军区部队伪装主力，在豫北积极出击，频繁活动，大造声势，使敌造成刘邓部队并没有做强渡黄河准备的错觉；以豫皖苏军区部队向开封以南地区积极发起佯攻，造成我欲攻城的假象，用以转移敌人视线；以冀鲁豫军区独立第一旅先期秘密渡河，会同在鲁西南的独立第二旅及地方武装，接应野战军主力。渡河作战临发起前，才令主力向渡河点秘密开进。刘邓还特别叮嘱：必须保证不泄露秘密，在出发地、宿营地多方防谍，切勿暴露动向，做到这一点特别重要。

我野战军这些渡河的准备，都是秘密进行的。相反，我豫北军区、豫皖苏军区各部队积极、主动、坚决、猛烈的佯攻，倒使敌军信以为真。敌郑州前线指挥部就误以为我刘邓大军是溃不成军，这样坚决地实施攻势行动，有可能是为其主力的退却扫清道路，或是向西退却，而不是进攻，更不是突破黄河天险。

在这一系列严密而周到的安排下，刘邓又力求在渡河发起时间上达成出敌不意。6 月 30 日深夜，正当豫北军区、豫皖苏军区各佯攻部队虚张声势，积极进攻，将敌人的注意力全部吸引过去的时候，邓小平和刘伯承突然下达了突破黄河防御的作战命令。午夜零时，也就是黄河沿岸守敌完全熟睡之后，晋冀鲁豫野战军的大炮开火了，惊雷般巨响划破了寂静的夜空，河对岸立刻变成了一片火海。刘邓首长指挥 10 万余人野战军主力，以迅雷不及掩耳之势，一举突破被蒋介石吹嘘为足以抵挡"四十万大军"的黄河天险。

邓小平和刘伯承以"攻其不备，出其不意"之策，"明修栈道，暗度陈仓"之举，揭开了人民解放军战略反攻的序幕。

这一消息传到南京，美军顾问团和蒋介石无不大为震惊。美国驻蒋政府大使司徒雷登惊叹："这简直是不可思议的，是惊人的事件！"司徒雷登的惊叹，不仅反映出对国民党的失望，也流露出对刘邓大军作战神奇勇猛的赞叹。

1949 年 11 月，邓小平和刘伯承在指挥大军挺进大西南中，巧妙运用"明修栈道，暗度陈仓"之计，出敌不意，使其上当受骗，争得了战略、战役上的主动，赢得了最后的胜利。

刘邓大军打过长江以后，以风扫残云之势，迅即解放了长江以南的大城市以及江苏、安徽、浙江全部和江西、湖北、福建三省的部分地区。毛泽东于 5 月间，就进军大西南的作战方针，对第二野战军发出指示，要求二野主力待广州解放，国民党政府迁到重庆以后，在第四野战军发起广西战役的同时，以大迁回、大包围的动作，取道湘西、鄂西，挺进叙府（宜宾）、泸州、重庆之线，直出贵州，切断胡宗南集团及川境各敌南退云南之路，及其与白崇禧的联系。同时，毛泽东又指示第一野战军司令员贺龙，以一野第十八兵团佯攻秦岭一线，造成解放军将由陕入川的假象，抑留胡宗南集团于川北一带。待第二野战军切断川敌退往康滇的通路之后，即迅速占领川北及成都地区，配合二野围歼胡宗南集团。

毛泽东还明确了与白崇禧作战的基本方法："均不要采取近距离包围迂回方法，而应采远距离包围迂回方法，方能掌握主动，即完全不理白部的临时部署，而远远地超过他，占领他的后方，迫其最后不得不和我作战。""总之，我对白崇禧及西南各敌均取大迂回动作，插至敌后，先完成包围，然后再回打之方针。"

刘邓分析，蒋介石认为我军入川的话，一定会从北面或东面两个方向，特别北面开始行动。在他看来，川贵这方面地势险要，交通不便，大兵团行动困难，而且白崇禧集团又集结在湘桂地区。因此，我军不会舍近求远，去碰白崇禧，而川北方向是我军入川的捷径，又有陇海路和背后的老解放区，补给问题较难解决。因此他要求胡宗南三个兵团固守川北，构筑了三道防线。又以宋希濂的两个兵团和孙元良兵团扼守川东门户。同时还将罗广文兵团置于便于向北或向东机动的位置。刘邓决定在川北方向突而不破，让敌人把精力继续放在北线，乘虚从南面大包围。为了达到战略欺骗上的效果，他们决定采取一些其他的措施，比如利用报纸、电台这个公开的传播媒介，发一些以假乱真的消息，进一步造成敌人的错觉。

一野第十八兵团佯攻秦岭、威逼巴山，活动在陕南和鄂西北地区的中原军区部队积极佯动，造成通过大巴山进击四川的声势很快就产生了效果。蒋介石真的以为解放军入川的主攻方向在川北，遂以嫡系胡宗南集团等扼守秦岭等天脉，阻止解放军入川，以白崇禧集团等组织湘粤联防，凭借两广作为困守西南掩护。如广东不保，白部退入老巢广西，联络云贵军阀，负隅顽抗，以待时机。这就造成了川南、滇、黔方向敌人兵力的相对空虚。

刘邓将计就计，为使大迂回、大包围行动更加有效，很有必要以战役佯动相配合，利用蒋介石对我军作战意图判断上的错误，采取"明修栈道"之计，以第二野战军的行动，将敌人判断上的错误推向极端，出其所必趋，趋其所不意，从而为我创造更大的战机。

邓小平和刘伯承在参加了开国大典的一系列活动后，于10月22日赶到徐州，与陈毅会面，庆贺胜利。刘邓命令野战军领导机关率第三兵团，经津浦、陇海铁路，以公开的方式向湘西开进。刘邓也登上了二野指挥部西进的列车。一路上，刘邓一再公开露面，大肆声张。到郑州，出席了群众欢迎大会，宣布大军即将入川。新华社还公开发布了邓小平和刘伯承率部途经徐州、郑州西进，大举进发四川的新闻报道。而实际上，二野主力解放军却没有继续西进，而是突然从郑州折西南下，直奔湘、鄂西。同时，刘邓令第五兵团乘第四野战军进行衡（阳）宝（庆）、广东战役的机会，就势隐蔽地到达湘西集结。邓小平和刘伯承也再未公开露面。10月中旬，二野第三、五兵团先后进入湖南常德、邵阳、桃源等地集结。

南下到武汉时，刘邓只出席了二野欢迎四野同志的极小规模的内部联欢。所有这些活动更加造成了蒋军的错觉，使其对刘邓真实的战略企图毫无所知。而二野的三兵团和五兵团，在开进途中，完全以四野部队的名义出现。

这样，一方面向华南进军的四野是浩浩荡荡，势吞两广；一方面向西南进军的二野潜形匿迹。在武汉，刘伯承和邓小平都说：毛主席就是要这种气氛，这很好。在武汉，我们还可以和四野的同志们在解放电影院那样小的场合联欢，等过了长沙，就连这点都要避免，越秘密越好。我们正是要在四野行动的掩护下，实现出奇制胜的意图。

邓小平、刘伯承所采取的"明修栈道"作战行动，有效地隐匿了二野主力向湘西远距离机动集结的大迂回踪迹。直到10月下旬，蒋介石仍判断刘邓大军主力将"由川北直趋成都：一部绕道玉树进入西康，堵塞西南之侧后门；一部由湘黔路直趋昆明，切断川桂联系，以囊括西南"。胡宗南甚至吹嘘说，由关陇地区扼守秦岭山岳地带，是西北战场在战略上的重大决策，守住秦岭，陕南、川北以至成都平原大可高枕无忧。

邓小平深深地懂得时间的重要性，战争的双方谁赢得了时间，谁就赢得了空间，谁赢得了时间和空间，谁就赢得了胜利。对于蒋军来说，他们的计划和步子慢了。

按照毛泽东的指示，在四野胜利结束衡宝战役和广东战役，乘胜挺进广西之后，11月1日，邓小平和刘伯承利用敌人视线转移的战机，指挥二野发起了进军川黔作战。

在北路以第三兵团主力和四野第四十七军为左集团，直出彭水、黔江地区，协同四野第五十军、四十二军及湖北军区部队所组成的右集团，会歼宋希濂集团于彭水以东地区。在南北路以第五兵团及第十军，实行大迂回，直入贵州，夺取贵阳、遵义，进击宜宾、纳溪、泸州，断敌逃往云南的退路。

正是由于我解放军在北起湖北巴东，南至贵州天柱一线，宽约千余华里的正面上对敌展开了多路突然、迅速、勇猛的出击，使敌顿觉有"泰山压顶"之感。尤其这种大规模、宽正面的战役行动，完全出乎蒋介石的判断，使其以此判断为据所实施的兵力防御部署顿时变得无济于事，南辕北辙了。坚守在秦岭防线的胡宗南集团鞭长莫及，设防在湘鄂西、川东和黔东的宋希濂、孙震及谷正伦部猝不及防，纷纷溃退。此时，坐镇重庆的蒋介石才如梦初醒，从我军的战役布势和作战行动中开始觉察到邓小平、刘伯承的真正意图，但为时已晚。

激战至11月28日，一举歼灭了宋希濂集团主力及罗广文兵团3万余人。第三兵团及第四十七军解放了重庆外围之涪陵、綦江、江津等地，粉碎了敌人在长江南岸的抵抗。30日进占重庆。

五、围师不阙，关门打狗

战而有法，但无定法。邓小平在与敌军事斗争中，十分强调的是从客观实际情况出发，灵活施计，多变用谋，而绝不能死抱兵书，套用战法。否则，无以取胜，反会必败无疑。淮海战役中，作为总前委书记的邓小平，审时度势，多谋善断。在指挥攻取宿县和抢占永城的作战中，反常用兵，巧施围师不阙，关门打狗，对敌四面包围，聚而歼之的战法，收到了打破敌人战役态势，推进淮海战役重大进程的效果。这对"围师必阙"的战法也是一种创造和发展。

1948年11月初，中央军委、毛泽东根据中原局势的变化及徐州之敌有总退却的企图，随即指示华东野战军、中原野战军：应极力争取在徐州附近歼灭敌人主力，勿使南窜，实行"隔断徐（州）、蚌（埠），歼灭刘峙主力的总方针"。

根据军委指示，邓小平、陈毅开始率领中原野战军主力东进至商丘东南地区，正向亳州、涡阳、永城地区集结，刘伯承则率一部正在蒙城、涡城一带牵制黄维集团。

解放郑州以后，在陈毅、邓小平给军委的往来电报中，数次提出进攻徐蚌线，攻击宿县问题。毛泽东也把攻占宿县、蚌埠作为中野主力的进攻目标之一。认为我军一开始在这个地区出现，"对整个敌人威胁极大，这种威胁作用，胜过在蚌徐线上打一胜仗"。显然，军委和邓小平、刘伯承、陈毅都把进攻徐蚌线各点的行动看作是战役牵制。

华野围歼黄百韬兵团的战役打响后，敌徐州东线战场吃紧，蒋介石急忙采取救援措施，将孙元良兵团从蒙城调向徐州，命令邱清泉和李弥兵团增援黄百韬兵团，而且有放弃徐州的迹象。11 月 2 日，孙元良有从蒙城向宿县收缩的趋势。

宿县位于徐蚌战场的枢纽地带，扼制南北交通要冲，是津浦路徐州、蚌埠之间的一个重镇，也是国民党军队徐州重兵集团的要塞。该地存放大量武器、弹药、被服、装具等军需物资，是他们极为重要的后方补给基地，也是该集团通向南京大本营的必经之路。

邓小平、陈毅判断：孙元良兵团开始向徐州以南的宿县收缩，刘汝明兵团可能要放弃商丘，退守汤山、黄口地区，邱清泉兵团则可能缩回徐州，似有转入支援黄百韬的迹象，便于 11 月 2 日致电中央军委和当时在豫西指挥的刘伯承，提出新的作战方案，建议将原计划在徐州西南方向牵制敌军以保证东面歼黄兵团的行动改为攻击行动，以阻止敌军向徐州收缩。从西、南两个方向对徐州采取攻势行动，并准备以一部兵力攻占宿县、徐州中间地区，切断徐州战场与南京的联系，造成"关门打狗"之势，在孙元良聚集时歼其一部。刘伯承也于 3 日致电给中央军委和陈邓，请军委和陈邓切实考虑：只要不发生重大的不利变化，陈邓主力似应力求首先截断徐（州）、宿（县）间铁路，造成切断孙元良兵团，会攻徐州之形势。

毛泽东完全赞同刘陈邓的意见，要求他们应集中合力攻取宿县，控制徐、蚌段，截断徐州敌人的退路。

这一天，刘伯承也由豫西赶到河南杞城，与邓小平、陈毅全力指挥攻宿县。他们反复研究认为：从整个战场态势上分析看，徐州以北已被我华东野战军占领，以西郑州、开封、商丘刚刚被我中原野战军解放，徐州以东地区也被华东野战军所控制，唯有徐州以南尚被敌人控制。蒋介石以重兵固守徐州，他唯一的补给线和退路就是津浦路。可见，如果我军攻克了宿县，控制了徐蚌段，那就切断了敌人的补给线，阻绝了徐州之敌的退路。更重要的是，对徐州之敌形成了四面包围、关门打狗的战役态势，不仅孙元良兵团不能北援，便于我在运动中给予歼击，而且邱清泉兵团也可能被迫南顾，以减轻东面华东野战军的压力。这对实现中央军委淮海战役总方针实在是一着举足轻重的妙棋，这一着被刘伯承称为"关门打狗"的要着。

经过全面权衡分析，邓小平与刘伯承、陈毅最后确定了"一攻宿县，二占永城，孤立徐州，断敌退路，围师不阙，关门打狗"的作战部署。决定以第三纵队和第九纵队一部进攻宿县；以第四纵队和华东野战军第三纵队、两广纵队，沿津浦路徐宿段向东北攻击，牵制邱清泉、李弥两兵团东援黄百韬；以第九纵队主力及豫皖苏独立旅，沿津浦路的固镇至蚌埠段向南推进，阻击李延年、刘汝明两兵团北援；以第一纵队为预备队，同时要求第二、第六纵队坚决阻击东进之敌黄维兵团，保证主力在徐蚌铁路线上胜利作战。

在随后召集的作战会议上，邓小平言简意赅地明确了作战意图："切断徐蚌线，占领宿县，可以北拒徐州，堵住徐州之敌南逃的后路；可以南阻蚌埠，斩断南线敌人北援之交通；制止孙元良兵团支援，夹住黄维兵团北上，黄百韬兵团只有束手待毙，蒋介石称为生命线的津浦铁路，就要被切断了。"他以大无畏的精神告诫各级指挥员："只要消灭了南线的敌军主力，中野就是打光了，全国各解放军还可以取得全国的胜利，这代价是值的！"

形势的发展完全证实了刘邓陈的预料：由于徐州东线战场黄百韬吃紧，蒋介石急忙采取了救援部署，将孙元良兵团从宿县调徐州，以便腾出他的"王牌军"邱清泉兵团和李弥兵团的主要兵力，增援黄百韬兵团，而且有放弃徐州模样。

　　毛泽东于 11 月 9 日到 11 日，接连致电刘陈邓，指示他们迅速部署兵力，集中全力攻击宿县，"控制徐蚌段断敌退路，越快越好，至要至盼"。"此战胜利，即完成了包围徐州的战略任务。然后以宿县为中心控制整个徐蚌线，构筑几道防线阻止徐敌南逃，待其南逃时协同华野全歼徐敌"。

　　据此，刘陈邓指挥参战部队于 11 日连夜向宿县开进，第二天就包围了宿县县城。邓小平指示部队：此役甚为关键，各部一定要充分准备，迅速勇猛，大胆攻歼。

　　宿县是一座年代久远的古城，有着坚实高厚的城墙，垛箭楼高接天际，实是雄壮。环城是一条宽约 10 米、水深 2 米的护城河。坚固的城墙上能并排行驶两辆大卡车。守军在桥头、城墙、街口等要点修筑了大批永备工事。铁路上常有敌装甲车来回活动。宿县守敌约 1.3 万人，装备好，战斗力强，其中交警队为军统系统部队，成员均受过良好训练，是守备宿县的主要力量。

　　11 月 15 日，中原野战军第三纵队和第九纵队一部在扫清了宿县外围据点后，利用夜暗向宿县县城发起了总攻击。激烈的战斗持续了 10 个小时，第二天拂晓，刘邓部队攻占宿县，聚歼守敌 12000 余人，缴获大批军需物资。

　　就在中原野战军及华东野战军一部攻占宿县县城的同时，中原野战军的第四纵队和华东野战军的第三纵队及两广纵队也迅速出击，占领了蚌埠以北宿县以南的固镇，并破击了徐州以南曹村至固镇间 200 多里的铁路。

　　攻克宿县，切断了徐蚌间敌人南逃之路，提前完成了对徐州这个十字架的战略包围，为淮海战役的第二阶段围歼黄维兵团准备了战场，直接实现了中央军委没敢作估计的战略目标，意味着"小淮海"成为"大淮海"，即以歼黄百韬兵团为主要目标扩大为以歼刘峙集团主力为主要目标，并将原来提出的在 1949 年 3 月至 7 月"将敌打至江边各点固守"的设想调整为防止敌人南窜，在淮海战场消灭敌"南线主力"。这是一个巨大的、极富重大战略意义的变化。毛泽东高度称赞说："这是一个伟大的胜利。在战役发起前，我们已估计到第一阶段可能消灭敌人十八个师，但对切断徐蚌，使徐敌完全孤立这一点，那时我们尚不敢作这种估计。这种形势的造成，主观上是因为我华东、中原两大野战军会合攻占宿县，客观上是敌人只有某种程度的防御能力，很少有攻击能力。"（《毛泽东军事文集》，第5卷，263页）

继攻克宿县之后，邓小平为首的总前委指挥部队，将东援徐州的黄维兵团包围在宿县西南的双堆集等地，参战各纵进入攻击前准备。

这时，杜聿明奉蒋介石的命令，于11月30日率3个兵团约30万人撤离徐州，沿徐州至永城公路西撤，企图经永城南下，靠拢黄维。如让杜集团抵达永城，顺涡阳、蒙城、阜阳一线南下，会同南面蚌埠方向的李延年、刘汝明两兵团，取南北对进之势增援，一起接应黄维兵团，黄维由里向外，敌以6个兵团之众从几个方向兜击我军，其局势将极为险恶。

永城，在徐州西南90公里处。如果敌人到了永城就可往西分散逃走，往东南兜击中原野战军侧背，后果不堪设想。当时，华野、中野主力都集中在徐州周围蚌埠地区和双堆集附近一时难以赶到，而永城地区只有豫皖苏第三军分区部队守备。

中野面临南北两大敌人的两面夹击。中野围歼黄维兵团确实起到了牵动全局，承上启下的作用。在淮海战场上，敌我双方共有100多万军队在进行激战，但在徐州之敌突然西逃的紧急时刻，永城那个小小的地方和永城军分区那支小小的部队，就是影响整个战局的关键。

邓小平早就看出，蒋介石这一决策，正是我军求之不得的态势，正是加速徐州杜聿明集团覆灭进程的有利战机。因为从攻占宿县决策之日起，军委和毛泽东就把徐州之敌视为囊中之物，准备在消灭黄百韬兵团后再组织江淮战役消灭该敌。如果该敌依托徐州工事固守，可能会使我全歼该敌有些难度，而现在徐州杜聿明集团主动脱离了徐州工事，处于运动之中，毫无依托，这样，难打之敌反而变成了好打之敌，这就为我军迅速在运动中全歼杜聿明集团提供了难得的战机。

另一方面，邓小平也精确分析道：南撤的杜聿明集团继续向西南进占永城，顺涡阳、蒙城、阜阳一线南下，不仅该敌将逃脱我精心运筹设下的战略包围圈，而且对我军还会构成从侧后兜击的威胁，并可以会同南面李延年等部形成南北夹击之势，黄维再遥相呼应，这样，敌6个兵团里应外合，陷我中原野战军于腹背受敌的险境。当务之急是堵截杜聿明集团，紧锁敌南逃之门，形成"关门打狗"之势。

此时，军委也来急电指示，务必首先截住杜聿明集团，坚决不能让其西进南下与黄维兵团会合，坚决阻击蚌埠方向之敌，加速歼灭黄维兵团。

根据战场情况的变化和军委指示，邓小平立即与刘伯承、陈毅研究，对整个部署作了紧急调整，及时作出堵截、阻击、围歼的具体方案，派华野11个纵队分3路向永城、涡阳、亳县急进，阻击和拦击敌人；中野各纵加紧缩小对黄维兵团的包围圈，准备发起总攻击。

在情急之中，邓小平直接要通了豫皖苏军区司令员的电话。他首先询问了永城地区守备部队的情况，明确地告诉军分区司令员，杜聿明集团正在逃往永城的情况及其企图，以及堵截杜聿明集团的重要作用，然后叮嘱道：

"总前委已命令华野几个纵队日夜兼程赶往永城堵截敌人，在大部队到达之前，如果敌人先头部队赶到，你们无论如何不能让敌人通过永城，即使打到只剩一兵一卒也不准敌人通过。剩下你一个人也要顶住！"

"再重复一次，增援部队正日夜兼程地往你们那里赶！"

直到对方多次坚定地回答后，邓小平才放下电话。随后，邓小平就一直守在作战室，随时听取永城的情况汇报并指挥作战。

12月2日，从蚌埠地区赶往永城阻敌的华野第二纵队正好通过小李家村外，邓小平和刘伯承、陈毅兴奋异常，一同到村外校阅。

邓小平亲自对第二纵队领导说："情况紧急，敌人正星夜向永城前进，那边部队少，你们要跑步前进。"

他想了想又说："不管白天黑夜，不管敌人飞机轰炸扫射，不管掉队多少，都不要顾及，一定要挡住敌人。"

这就是邓小平作战指导的一个突出特点，是善于在错综复杂、扑朔迷离的诸多事物中，抓住事物关键。所以作为淮海战役总前委书记的邓小平才打破常规，亲自向一位军分区司令员领导直接交代任务，使下级了解到责任重大、任务艰巨。

永城地区守备部队没有辜负邓小平的信任和重托，终于顶住了敌先头部队一天多的猛烈进攻，直到我增援的大部队到达，迎头拦住了杜聿明集团西逃去路，关紧了大门，陷其于插翅难飞之绝境。永城地区守备部队对整个战役起了关键作用。

永城阻击战取得胜利，是我军合围杜聿明集团的关键，对掩护中原野战军最后歼灭黄维兵团和淮海战役第三阶段全歼杜聿明集团发挥了重要作用。

六、奇正相生，以奇制胜

1948 年下半年的解放战争，国共力量对比发生了根本性变化。但在南线战场上，蒋介石仍以 75 万的重兵集团，据守着平汉线南段以及汉口为中心的广大地区，妄图以此为依托，再作挣扎。在此期间，为挽救其被动局面，抽调其所谓的精锐部队，配合以地方武装，妄图将我中原野战军和华东野战军东西分离，寻机歼灭我主力部队，以振奋精神，激励士气；军事上改变态势，稳定战局，屏障南京、武汉及江南之目的。

针对蒋介石这一战略企图，刘伯承、邓小平根据毛泽东和中央军委的战略部署，决定在中原的广大地区，采取南北分兵、拖散敌人，寻机歼敌的作战方针。这其中，分兵以南是为了拖住敌人，以阻敌机动力量；分兵以北，是将主力开赴北线战场，以部署具有决战意义的作战行动。

邓小平对这一作战方针作了精辟的诠释：从全局来说，南线拖的敌人越多，拖的时间越长，拖的效果越好，就越有利于北线主力的作战，越有利于实现我们的作战方针，完成好毛主席交给我们的战略任务。

为了达成这一作战目的和要求，邓小平强调必须采取机动灵活的战略战术，具体地说，就是斗力与斗智，重在斗智；斗志与斗法，贵在结合；用正与用奇、妙在灵活；奇正相生，以奇制胜。

如何才能拖散敌人呢？邓小平又进行了深入分析：以少部兵力出击，小打小闹，不痛不痒，敌人显然不会上当受骗；所以，必须放手大干，以必要的兵力、隐蔽突然的出击，击敌要害，打敌痛处，并利用敌欲寻找我主力决战的心理，以积极的行动吸引敌人，创造更多的歼敌战机，诱敌就范，骗敌上当，中我下怀。这样既可以拖住敌人，又可以有效歼敌。

为更好地创造有利的态势和达成这样的作战效果，邓小平和刘伯承决定采取大胆机动，灵活用兵，奇正相生，以奇制胜之计。为此，他们指示，以中原野战军的第二、第六纵队和江汉军区、桐柏军区主力，迅速隐蔽地在随（县）、枣（阳）、桐（柏）、唐（河）地区集结，大部主力休整待机，以少数部队佯装主力，以示"正兵"，颠繁活动，积极出击，影响甚大，威震武汉。

此时，白崇禧对我这支佯动部队误认为是中原野战军之主力部队在活动，意在扩大自己的根据地，进而直接威胁武汉。为了保持中原的稳定，10月中下旬，白崇禧开始调兵遣将，企图在上述地区寻找我主力决战。

从这一部署上不难看出，白崇禧是做好了四面压进，对我构成合围的态势，企图与我中原野战军主力决战。然而，白崇禧万万没有想到的是，他的作战部署，正是我"正兵"佯动所需要的结果。因为在我佯动部队四处打击敌人，以"正兵"吸引敌人注意力的同时，我野战军主力早已以出敌意料的行动完成了秘密转移，长驱北上，使敌重兵集团的四面包围不仅扑了一个空，而且也失去了有利的战机和战场态势。

刘邓首长的"奇正相生，以奇制胜"这一着，初步实现了抑留黄维兵团于桐柏山，将张淦兵团拉入大别山的战略意图。

紧接着，号称"小诸葛"的白崇禧又摆下了一条由北向南的"一字长蛇阵"，以对付我中原野战军，江汉军区、桐柏军区部分主力及地方武装。致部署的头部在大洪山、小洪山、桐崇山之间，腰部在云梦、安陆、应城一带，尾部在衰河南岸。白崇禧的这一手，貌似攻势，实际上却是为了稳定其在华中地区的战略防御态势。

针对敌人的这一部署，邓小平与刘伯承商量，敌人以守待攻，并一相情愿地认为我因其已构成了完备的防御部署而不会来攻。从"虚则实之"的兵法上说，这种情况下，更有利于我利用其思维定式，采取将计就计之策，以小部兵力继续从正面牵制敌人，以主力奇兵向敌最敏感、最薄弱、最空虚的地区实施广泛的迂回机动，敌进我进，以奇制胜。

刘邓出的"奇兵"，正好打敌措手不及，取得了"奇正相生，以奇制胜"的战果，使敌大上其当。

邓小平和刘伯承为了进一步寻机歼敌，实现拖散敌人的作战意图，又利用"小诸葛"白崇禧得意地集中兵力于桐柏、唐河地区，而对其"长蛇阵"的腰部——云梦、安陆、应城一带已丧失警惕，且突出地暴露在我野战军的正面的难得战机，决心集中兵力对其腰部——应城狠狠地再刺一刀，力求给敌以重创，以夺三军之气，并就此震动武汉，拖回敌张波的三兵团，更有利地支援和配合郑州战役。

为了达成应城攻坚战的突然性，以达到以奇制胜的目的，邓小平与刘伯承反复研究，决定采取一连串的施佯用诈的"正法"，造成敌人分析判断情况的错误，为以奇攻取应城创造条件。

攻城前夕，邓小平和刘伯承对部队提出，要广泛地利用隐蔽地形和昏暗天气，声东击西，神出鬼没，曲折运动，迷惑敌人，以造成敌人对我意图和行动分析的失真、判断的失准、决策的失误。为此，我军采取了一系列的示假隐真的佯动欺骗行动，以两个团向荆门以南地区进击，以牵制敌人东进；以一个分区部队攻袭宜城；以一个团破袭花园、孝感之间的铁路；以一个团穿上新棉衣，到随县、安陆一带，变换着番号、易地号房，大摇大摆地佯装军区主力部队进行各种袭扰活动。

我军这一系列的佯动活动，造成了敌人的误判和错觉，使敌迷离莫测，疲于应付，号称"小诸葛"的白崇禧果然受骗上当了，他慌里慌张地将主力缩回到平汉铁路南段和信阳、花园公路两侧，以防不测。也正是在我军各部队以各种佯动的"正法"吸引敌注意力，并收到理想效果时，我军的侦察分队却在采取各种侦察手段对应城守敌的兵力部署、火力配系、工事构筑等各个方面进行了详尽而周密的侦察，以对应城的奇袭做好了充分的准备，争取了宝贵的战机。

通过侦察，对应城的防御准备情况，可以得出一个易守难攻的结论。但邓小平与刘伯承对此也作了深刻的分析：从敌情上看，守敌不是散兵游勇、乡保土顽之辈，而是以正规军为骨干，聚集千余众的奸诈狡猾之徒，我军与敌正规军作战中虽积累了许多宝贵的经验，但进行如此规模的攻坚战尚属首次。从地形上看，应城是武汉西北的门户，它下连江汉，水陆交通便利，地理位置十分重要，是历代兵家的必争之地。然而，敌人越是占据有利的防御条件，就越是易于放松警惕，越是疏于防守，尤其是在我军积极佯动行动的欺骗下，敌对我军行动的注意力早已转到了桐柏、唐河地区，这种判断上的失误所导致的麻痹轻敌的思想，正是我对应城实施以奇制胜的有利战机。战机有利，战机宝贵，战机难得，必须抓住。

根据敌应城的设防情况，前线指挥员决心利用好以奇制胜的战机，为此以独立旅和第二分区第四、五、六三个团全部投入战斗。在攻坚战法上，确定了"破攻其内，必先破其外"的常规"正法"。

攻城部队于 24 日晚同时发起了扫清外围防御的攻击，但都因工事坚固或地势和气候不利而屡攻未克。

刘伯承和邓小平反复研究认为：按常规战法，攻城战都是先攻其外，打破其坚硬的外壳，再攻其内，捣毁其防御体系。而应城防御，是敌人的防御设施坚固完备，在阵前与敌死打硬拼，不仅消耗大，而且不易奏效。所以，应城攻坚战，应打破常规，从敌防御的弱处突然突破，迅速向纵深发展，两面卷击，从内向外攻，这一奇法，不仅可以有效制敌，也能置敌坚固工事和完备防御体系于无用武之地，而且还可以减少消耗，速战速决，以奇制胜。

根据刘邓首长的指示，前线指挥员经过一天的抵近侦察，发现大南门敌守备薄弱，大南门正面地形凹凸不平，有一道弯弯曲曲的小沟，便于我攻击分队隐蔽接敌，在离城门六七十米处还有一道对着城门的横向土堤，是极为理想的冲击出发阵地，有了这样的依托，只要城门一破，攻击部队即可鱼贯而入，直捣纵深，进而实施由内向外的攻击和两翼卷击，用此出奇战法，战而胜之。

重新确定战法后，部队集中了所有的炮兵火力于南大门，在较窄的正面上，形成了绝对的炮兵火力优势，同时采取将发射阵地靠前配置的办法，以求提高命中率和增大炮火威力。我工兵分队用炸药包炸开了南门，部队迅速冲入城内，很快就控制了南大街和两条小巷，占领了街两边的楼房。敌虽组织了多次疯狂的反击，但在我第二梯队及时投入战斗后的顽强抗击下，均遭失败。而我后续梯队，就像插入敌"软腹部"的锋利尖刀，不断地向两翼卷击发展，不断地扩大突破口，这种从里向外、从后向前勇猛突击的战法，打乱了敌防御部署，割裂了敌防御体系，尤其是使敌人完备的防御工事、设施完全被置于无用武之地，由此给防御之敌以极大的震慑，兵力不知其所动，火力不知其所用，应城防御顷刻瓦解。

七、两翼合击，聚而全歼

实施多方面的合击，以使敌人多方向应战，顾此失彼，逃无出路，易被全歼。邓小平和刘伯承挥师解放大西南的作战中，在正确贯彻执行毛泽东及中央军委关于实施大迂回、大包围，歼敌于国内的战略方针的过程中，每一个具体的战役也都体现了这一战略方针的要求。先实施迂回、分割、包围、穿插的作战行动，造成或钳形攻击，或两翼合击，或侧后卷击，或先围后击等作战部署，最后达成无一漏网，聚而全歼的目的。

西昌战役，是解放大西南的最后一次战役，主要是歼灭胡宗南集团的少数残余部队。西昌地区，位于西康省的边陲，南临金沙江，北濒大渡河，东有凉山作屏障，西有雅砻江环绕，地处川、滇要冲，战略地位十分重要，也是敌人外逃的理想通道。所以，胡宗南早在成都战役之前，就将西昌作为一个战略后方而进行准备。胡宗南认为，能不能固守西昌三个月，关键在于固守西昌能有多少力量。经过详细分析之后，胡宗南认为，如果要在大陆上保持一个据点，就应该在云南以西地区想办法，把西昌、泸定和雷波、马边、屏山、峨边地区作为游击区，以利于进可攻，退可守。另外，胡宗南也认识到，西昌是个彝族区，汉人很少，一旦失败，即将全军覆灭，石达开即是先例。针对敌人的这种处境，为了尽快消灭国民党军队在大陆的最后一个据点，邓小平和刘伯承决定，不给敌人以喘息之机，立即发起西昌战役。

在周密侦察和正确分析判断的基础上，邓小平和刘伯承决心采取南北合击、不使漏网、聚而全歼的战法，彻底歼灭胡宗南残部，完成解放大西南的历史使命。为此，决定集中第十四、十五、六十二军各一部，配属桂滇黔边纵队一部兵力，分为南北各一部，分进合击，对敌形成了迂回、包围的战场态势，为彻底消灭胡宗南残部创造了胜利的条件。

遵照邓小平和刘伯承的命令，第十五军四十四师于 1950 年 3 月 12 日由云南曲靖地区开进，19 日进抵金沙江南岸的战役集结地隆街、巧家地区，第六十二军一部于 3 月 12 日由温江地区分路开进，经夹江、峨眉，连续攻克了富林、汉源等地，沿途歼灭了王百华残敌一部，继而又神速地渡过了大渡河，抢占大树堡，跟踪追击南窜的王百华残部，直指越西、冕宁地区。第十五军一部，隐蔽开进，急速直指西昌。而此时的胡宗南及其同伙，察觉到了我人民解放军各路大军从不同方向直通西昌，残部所设防线根本弱得不堪一击，胡宗南、贺国光等分别乘两架飞机向海南岛的海口逃窜，此时的西昌城内已经一片混乱。

根据作战部署所形成的态势，各路大军本着边打边迫，边追边打的原则，大量地歼灭了敌人的有生力量。3 月 21 日，第十五军四十四师部队分由隆衔、巧家地区渡过了金沙江，全歼守军。

西昌战役胜利结束，蒋介石在大陆的最后一支部队被消灭了。这一胜利，充分体现了邓小平和刘伯承在大迂回、大包围部署中，巧妙地实施局部上的小迂回、小包围，进而实现分进合击，聚而全歼的军事指挥艺术。

第八章
指挥若定显胆识

　　邓小平戎马一生，从起兵百色到万里长征，从领兵太行到淮海决战，从挺进西南到进军西藏，走遍了半个中国，形成了独特的指挥风格。邓小平举重若轻，是一个胸有丘壑、深藏不露的实干家，胆大多谋；既胆略过人，又严谨慎行，他把胆略建立在严谨的基础之上，在一些关键点上，常常是连细节也会关心的；善于处理各种错综复杂的矛盾，善于抓住那些关键性环节和稍纵即逝的战机，及时排险解难，转危为安，把握主动，将革命从战争引向胜利。

一、从容应对，排危解难

邓小平自信、达观、刚毅，有一种坚不可摧的气度。身处严酷的战争环境，面对凶恶的敌人，邓小平善于"卒然临之而不惊，无故加之而不怒"，沉着冷静，镇定自若，从容应对，排危解难，克敌制胜。

战争，是最容易引起人们产生激情的领域。瞬息万变的战场情况和隐蔽巧妙的战略战术，每时每刻都在撞击着人们的心理平衡。复杂的战斗情况随时会掀起人们情感的惊涛骇浪。敌人凶狠残暴的行为，成千上万人的流血牺牲，战斗失利的屈辱，再加上敌人故意的戏辱等，都容易点燃激情之火。但是，战争又要求人们必须善于控制消极激情的爆发。我国古代军事家孙子把将领"忿速"（指急躁易怒）视为"用兵之灾"，列为覆军杀将的五种危险之一。德国著名的军事理论家克劳塞维茨认为，"容易激动和暴躁的人，本来对实际生活就不太适应，因而对战争就更不适宜"。原因是，这种人要在感情激烈冲动时保持镇静就更加困难，因而常常失去理智，对指挥员来说，这是最糟糕的一面。

战争实践证明，在军事上，消极的爆发情绪，犹如脱缰的野马，一个指挥员，如果控制不住这匹"烈马"，凭一时的感情冲动而轻举妄动，不仅会扰乱理智的计谋，而且容易被敌方的"激将法"诱使自己上钩，上当受骗，误入圈套，造成无法挽回的失误。历史上有不少能征善战的将军，曾因"激情"爆发而导致失败，有的甚至掉了脑袋。

中国革命战争要消灭敌人，推翻反动统治，必然遭到敌人的拼死反抗。要赢得革命战争的胜利，不敢打恶仗，是决然不行的。邓小平戎马一生，练就了不畏强敌、视险如夷、雷霆不移的宏伟气魄和革命胆略。他是用大手笔写历史的人，写重要历史篇章的人。这种人在历史上是不多见的，他们能超越自我，顺应历史呼唤。平素和他接触，感觉他和常人无异处，也说笑话，也打扑克、摸麻将，喜爱孩子、吃喜欢吃的菜。可是在历史的紧要关头，哪怕是泰山压顶，大难临头，总是知难而进，顶风搏浪，毫无畏色，不达目的，绝不罢休。

邓小平在多次战斗险恶的情况下，始终做到急而能安，缓而不辍，即便在战斗最激烈的时候，也能按下"心头火"，沉着冷静地考虑问题。他丝毫不为敌人的"挑战书""激将法"所动，不为一时的困难而动摇既定的决心，不为暂时的敌强我弱、冲击失利而灰心丧气，不为下级部队久攻不克、伤亡较大而埋怨动怒，也不为一役之胜而冲昏头脑，始终保持冷静的头脑，正确分析形势，判断情况，掌握战场主动权。尤其是在对我不利的情况下，他坚持"忍辱避战"，不打不利条件下的决战，不打无准备无把握之仗。在险要和危难关头，以高度的克制力和冷静的分析，寻找战胜方略，转危为安，化险为夷。

邓小平在长期的战争实践中，练就了坚韧不拔的容忍力、刚毅顽强的意志力。最后一口气即是胜败分水岭。许多指挥员在最艰苦最严重的时候，比如说伤亡很大，反复地打上去又退下来，部队连续作战与连续行军很易感觉疲劳等，这种时候最易动摇军心，最易把最后决胜的时机放过去。但是，当你是最严重、最困难的时候，也是敌人最严重、最困难的时候，常常是当你困难而决心发生动摇的时候，也恰恰正是敌人对胜利已感到绝望的时候。这种时机是最紧要的关头。毛泽东曾说，胜利就在于坚持一下的努力之中，谁能努力地"坚持一下"，战争的胜利就属于谁。有坚持力的军事指挥员，哪怕面临危境，也常常可以在"坚持一下"的努力之中绝路逢生，甚至反败为胜。

邓小平就是一个善于连续作战"坚持一下"，接连打几仗的军事指挥员。1946 年 8 月 21 日，邓小平和刘伯承领导的晋冀鲁豫野战军结束了陇海路战役后，开封各路之敌尾追而来，此时正值我军在陇海线上作战半月，伤亡5000 人，部队已非常疲劳，亟待休整，但为了不失时机地歼灭敌人，在主力部队休整不足 5 天的情况下，邓小平和刘伯承下定决心，指挥部队连续作战，毅然决定发起定陶战役。

定陶战役打得相当紧张、艰苦，当我向扬湖之敌进攻的部队子弹快打光，且有很大伤亡时，敌人仍在不断地实施反击。更糟糕的是，天也快亮了，这样，敌人的飞机和地面部队就要实施快速增援，形势会朝着不利于我的方向发展。怎么办？打，还是停？打则困难重重，停会前功尽弃。

正当部队产生犹豫的关键时刻，邓小平和刘伯承告诉部队，我们困难，敌人更加困难，敌人顽强，我们更顽强，只要坚持到底就是胜利，鼓励部队再坚持一下，从而坚定了指战员连续作战的信心和决心。他们下令把机关、后勤人员统统组织起来，硬是以顽强的耐力和压倒一切的气概，再次连续向敌人发起了进攻，结果5分钟就解决了战斗，取得了重大胜利。

二、破釜沉舟，不怕"倾家荡产"

邓小平用兵打仗，善于制造和捕捉战机，一经捉住便不惜一切代价争取胜利，敢于破釜沉舟，不怕"倾家荡产"。

1948年10月，解放军分别攻占了郑州、洛阳、开封，控制了这一区域内的平汉、陇海铁路枢纽，但徐州及其附近的主要城镇、交通干线则在国民党控制之中，而国民党军北面有傅作义集团，南面有白崇禧集团，西面有胡宗南集团。因此，按《孙子兵法》，在淮海战场上，解放军属于"少则能逃之"类型。如果说千里跃进中原和在大别山站住脚是解放战争时期邓小平承担的"最困难"的一个重担，那么，淮海战役则是一个分量最大的重担。打胜了，长江上大定，全国也基本定局。未胜或未取得根本性的胜利，则国共两党还不知要逐鹿几年。

整个淮海战役的兵力对比是，敌70万人或80万人，我60万人。解放军的华野实力不错，中野则因原一二九师系统几次分兵、千里跃进中原、大别山苦战而力量比较薄弱。邓小平曾说："从大别山出来以后，二野就削弱了。二野本来武器就差，好不容易从敌人手里夺来的重武器，过黄泛区时也丢掉了。二野兵力小，还分了两摊，刘邓一摊，陈赓一摊（陈部主力在1948年5月与刘邓合编为中野，另有两个师和1个纵队分别编入豫陕鄂、陕南和晋冀鲁豫军区）。主体四个纵队都削弱了，有两个纵队每个只有两个旅（纵队相当于军，编制完整者有两个师、六个步兵旅）。"战役最后歼灭黄维兵团取得巨大成功，说明了邓小平等人当初的分析判断、定下决心是正确的。然而这次战役确实是一着险棋。特别是围歼黄维兵团一仗，更是险中之险。

根据当时的敌我态势，以邓小平为书记的总前委率部合围了黄维兵团后，感到只要歼灭了该兵团，徐州的杜聿明集团就彻底被孤立，淮海战役的胜利大局就可确定。

黄维本人是黄埔军校第一期学生，对蒋介石唯命是从，忠心耿耿。黄维兵团号称蒋军五大主力，隶属华中"剿总"司令官白崇禧指挥，是国民党的嫡系精锐部队之一，两个月前刚刚组建，拥有 4 个军 11 个师，配属 1 个快速纵队，共约 12 万人。号称"攻如猛虎，守如泰山，静如处子，动如脱兔"。特别是第十八军（即原整编第十一师），是国民党军队"五大主力"之一，装备精良，军官为清一色军校毕业生，训练严格，讲究战术。整个兵团武器装备先进，机动性强，是一支全部美械装备、战斗力很强的部队，也是中原野战军进入中原后遇到的一块最硬、最难啃的骨头。李达曾这样写道："淮海战役是人民解放战争中规模最激烈的一次战役，而双堆集作战，则是中野在自卫战争以来规模最大而最激烈的一次作战。这次作战，所遇到的敌人，是蒋军的第一等精锐部队黄维兵团，它的兵力之大，装备之较现代化，工事之强度，抵抗之坚决，在中野来说，也都是第一次遇到的。"

参加围歼黄维兵团的解放军虽然说起来也是 12 万人，兵力上与黄维兵团旗鼓相当，但由于坚持大别山斗争时的消耗和部分兵力留置，造成各纵队兵员不足。编制不全，兵员不充实，除了四纵、九纵和六纵比较充实外，其余几个纵队都不很满员，与黄维集团的兵力是一比一，但武器装备却比敌人差多了，重炮很少，弹药奇缺。除了几十门野炮、山炮、步兵炮和 200 多门迫击炮外，基本武器只是轻重机枪、步马枪和手榴弹，而且弹药不足。显然，以敌我兵力相当，武器装备我处于明显劣势的情况下，来对付这支全部美械装备、蒋介石的王牌军队，是相当吃力的，要想取得胜利，非付出极大努力不行。要打这样的恶仗、硬仗、大仗，困难很大，邓小平心里十分清楚。他在各纵队首长会议上，曾非常形象地比喻了中原打黄维的艰难处境，他说，

"消灭黄维兵团，对中原野战军来说，犹如'瘦狗屙硬屎'。"

与黄维兵团的实力相比，中原野战军的力量是薄弱了些，但是，邓小平和刘伯承、陈毅着眼整个战局，重视调动和发挥全体指战员的主观能动性。他们认为歼黄作战，事关整个战役进程，对解放整个中原地区有重要作用，便以"烧铺草"的决心，拿出"倾家荡产"的气魄，义无反顾地挑起这副重担来。

"烧铺草"，是南方一种习俗，即人死后要把死者铺过的草烧掉。邓小平在各纵队领导会议上告诉大家，就是要有"烧铺草"的决心，以必死的决心去争取胜利，就是要拿出"倾家荡产"的气魄。邓小平和刘伯承、陈毅对围歼黄维兵团充满必胜的信心，在向中央军委一再要求先打黄维的同时就已经下了最大的决心，只要能消灭黄维兵团，保证整个战役的胜利，中野就是拼光了，也在所不惜。邓小平在各纵队领导会上严峻而激动地说：我们这次围歼黄维兵团是决战，是非常艰苦的，也是非常光荣的。要消灭敌人，没有牺牲精神是不行的。我们要不惜一切代价，在华野协助下，完成歼灭黄维兵团的任务。即使这一仗中野全部拼光了也值得，其他野战军照样渡江，中国革命照样胜利。这个代价是值得的。表现了破釜沉舟的决心。

但是，邓小平清楚，"把中野打光"，也并不完全是一种决心，而的确是一种可能，一种准备。

此时，黄维兵团的处境，极其狼狈，12万大军只占有7个小村庄，村庄里"都是土墙茅草盖的小房子"，住没有宿营地，吃的是红薯，屎特别多，"遍地挤满了人，插足都没地方，哪还能拉屎"。虽然如此，黄维兵团仍是个劲敌。邓小平在1949年1月3日起草的《关于歼灭黄维兵团作战》的报告中说："敌人的坦克此次发挥作用较大，直到最后，我们对付的办法还不够多，我们防坦克的武器很少，且无弹药。敌人使用的坦克多系15吨到30吨之美式坦克，一般战防枪和日式战防炮都对之无效。火箭筒有效射程在百米以内，而敌坦克则在200米左右开火。""敌人浓密的炮火对我威胁颇大"。"敌大量空军轰炸",不仅使我军伤亡大,而且使我军"有村庄也不能住","有的部队终日在有水的战壕里生活"。"对付敌大炮、飞机、坦克的联合进攻,实属艰苦"。除此之外,敌军还有一些新式的或我军官兵接触较少的武器,如火焰喷射器、催泪瓦斯弹等,这"常引起个别部队的混乱","使战士在精神上产生了紧张状态"。

敌军除了装备好之外,还修筑了大量的防御工事,我军攻坚能力有限,缩小包围圈和进行歼击也很困难。邓小平对此介绍说,这些"防御配系","多以大量的地堡群,掩蔽部及交通壕构成,互相贯通,一般是三和二层地堡群的纵深配系,越到纵深越坚固,兵力也越到纵深越雄厚"。"我们在突击敌人第一线阵地时,步兵的组织和炮兵的火力非常良好,到纵深后则队形混乱,炮火无力"。

在后来的作战中,邓小平在电话上反复指示各纵队首长,要坚决贯彻中央军委把敌人歼灭在淮河以北的指示,发扬千里跃进大别山的顽强精神,服从大局,不畏艰难,不惜最大牺牲,以"破釜沉舟"的决心,争取打好中原作战的最后一个硬仗。

在总前委和邓小平的鼓舞下,中野部队从上到下,对歼灭黄维兵团的决心很大。各部队深入进行动员,说明战役的整体性、持久性和连续性。不顾一切勇敢地与敌人进行决战。各参战部队领导带头,自上而下普遍开展了革命英雄主义运动。树立不获全胜绝不罢休的雄心壮志。决心以最大的强力,高度发扬我之优点,利用敌之弱点,不怕牺牲,克服一切困难,坚决完成任务,在战斗中勇立大功。

在整个作战的过程中,各纵队部经过三次到四次的火线编组,中原野战军共伤亡2万余人,作出了巨大牺牲。这表明,围歼黄维是中野逐鹿中原后啃到的一块最硬、最难啃的骨头。邓小平在给毛泽东的报告中也讲:在总攻的时候,中野各纵伤亡达2万余人,气已不足,结果使用了华野两个纵队才解决了战斗。战后各纵一致感觉中野不充实,以不能独歼黄维,增加华野过大负担为憾。

就是这样，在艰苦的决战岁月里，邓小平以其战略家气魄和胆略，以申明全部拼光的决心和勇气，亲由策划和指挥了双堆集歼灭战，描绘了淮海战役中最为壮观、最惊心动魄的场面，创造了中原野战军历史上又一次光辉的战例。邓小平在写给中央军委、毛泽东的总结报告中指出："歼灭黄维时，各部均下了最大决心，不顾任何代价，消灭黄维的意志一直贯彻到下面，故在整个作战过程中，各纵队虽经过三次到四次的火线整编，没有叫苦的。"

三、珠联璧合，共筹帷幄

邓小平善打胜仗的一个重要秘诀，就是与刘伯承珠联璧合，共筹帷幄。这也是邓小平的重要兵法原则。邓小平与刘伯承称得上"黄金搭档"，并肩战斗十三年，紧密配合，通力合作，组成了享有盛誉和驰名中外的"刘邓大军"。"刘邓大军"这段历史，是邓小平光辉生涯中最辉煌的篇章之一。

邓小平和刘伯承都是四川人，"天府之国"的山水和习俗，特别是出生入死的革命经历，造就了他们坚毅的性格和高尚的情操，这使他们有了许多的相同之处。长期并肩战斗的戎马生涯，更使他们互相关心、互相爱护。

邓小平与刘伯承虽同是四川人，但年龄、外表、性格、爱好却完全不同。邓小平比刘伯承小 13 岁，这在当时人民解放军高级将领中可谓是年龄悬殊最大的一对。邓小平身材矮小，刘伯承魁梧高大；邓小平性格内向，文质彬彬、不苟言笑，刘伯承豪放开朗、幽默风趣；邓小平烟吸得很凶，喜欢打牌、下棋等娱乐活动，刘伯承却不嗜烟酒，更不会打牌、下棋，只喜欢读书、散步。

就这样年龄、外表、性格、爱好却完全不同的两个人，工作起来非常协调、默契。刘伯承对党忠心耿耿，对工作极端负责任，热爱人民，关心同志，平易近人，使你在他面前，能感到一种慈父般的温暖。邓小平做事果断、干脆，对干部要求严格，并敢于批评，给人的印象，像个严师。在这十三年中，他们两个，一个师长，一个政委；一个军事主官，一个政治主官；一个慈父，一个严师，密切配合，相互支持；加上作风正派，艰苦朴素，以身作则，给下面树立了很好的榜样。刘邓两位首长虽然一军一政，各有所长，但都不是单才，而是文武全才；因此他们在军政工作上常常口径一致，一唱一和，相互支持。

刘伯承主管军事工作，邓小平主管政治工作，这是他们的职责分工。但在实际工作中，他们是既有分工又有合作，分工不分家，是智慧的交流与相互激荡。在军事上，他们共同指挥，尤以刘伯承为主；在政治上他们密切配合，多以邓小平为主。在政治委员与司令员的关系上，他们两人一直是既分工明确，又协调一致，配合默契。邓小平常说：司令员和政委的工作是无法截然分开的，应该既分工又合作。

无论是开辟太行山抗日根据地，还是挺进大别山，激战淮海，进军大西南，许多重大作战方案，都是刘邓一起商定的，各种命令都是以刘邓署名签发的，多次重大战役都是刘邓共同指挥的。在作战的时候，大的计划部署下去了，邓小平就亲自守在电话机旁，彻夜不眠地指挥前线部队作战。邓小平负责部队中的党政工作，要用极大的精力领导开辟地方工作；而且在军事指挥上，又是刘伯承得力的助手。

邓小平经常在一些作战会议讨论军事决策方案时，提出许多作战方案意见。例如，渡江战役时，邓小平亲自执笔拟定了《京沪杭战役实施纲要》，并报中央，毛泽东很快复电批准这个纲要。

邓小平除了做好政治工作外，还主动参与军事决策，协助刘伯承共同指挥打仗，有时也单独指挥作战。特别是在解放战争时期，邓小平不仅是一名杰出的政治工作者，而且是一名优秀的军事指挥者，是刘伯承在军事上的得力助手。每次拟定作战计划和命令时，邓小平先敏锐地分析判断敌情，提出几种作战方案，并明确提出自己的倾向意见。刘伯承总是充分考虑和尊重邓小平的意见，并根据自己丰富的作战经验加以充实和完善。

淮海战役过程中，李达参谋长留豫西后方指挥所，组织后方支前工作。因此，战役一开始，邓小平就告诉前指的同志，战役过程中，参谋长的工作由他兼任，凡是参谋长职责范围内的工作，直接向他请示报告，只有重大决策才必须向刘司令员报告。邓小平身为总前委书记，既要负责战役全局的决策、谋划，又主动承担歼灭黄维兵团作战的具体组织指挥工作，还要具体领导中野司令部的工作。凡是敌情的变化，战况的进展，通信联络的畅通，兵员的补充，部队组织的调整，武器弹药的补充，后方对部队生活的保障等，无不亲自过问，重要的则亲自处理，并组织司令部有关部门和人员，负责工作的落实。当时前指人员很精干，但大家在邓政委亲自领导与组织下，在邓政委工作极端负责和为战争胜利无私奉献的精神的激励和感召下，人人精神振奋，个个忘我工作，从而较好地完成司令部的工作任务。

邓小平十分尊重刘伯承。他常讲："按刘师长的意见办。"并且解释说，我称呼"师长"是尊敬老师的意思。邓小平在很多方面都把刘伯承当作自己的"师长"。刘伯承年事较高，又仅有一只视力微弱的左眼，行动上多有不便。为了照顾他的身体，邓小平往往力争多做一些组织实施协作工作，前方指挥，总是勇挑重担，亲自起草、签发电报，亲自值班守电话，检查、督促作战方案的贯彻执行。邓小平常说：刘司令员年高体弱，司令部要特别注意哩！有事多找我和参谋长。他是我们的军事家，大事才找他决策。

刘伯承则常说：邓政委是我们的好政委，文武双全，我们大家都要尊敬他，都要听政委的。每次召开军事会议，讨论作战方案，在最后下定决心以前，刘伯承都要请邓小平发表意见，并且常常在会议结束时宣布：就按小平同志的意见办。刘伯承在加强党对军队的绝对领导、反对居功自傲和斗志衰退、发动群众整顿军纪方面，都十分尊重和全力支持邓小平的工作部署。他一句常说的话：政委说了，就是决定，立即执行。比如，在逐鹿中原、挺进大别山渡汝河前夕，邓小平建议：刘司令员先过河指挥部队，他同李达参谋长留下阻击追敌。刘伯承说：政委的决定就是指示，按政委说的立即行动。

曾一直跟随刘邓的杨国宁说，在抗日战争和解放战争长达十几年的两个革命战争时期，刘邓曾先后共同领导和指挥八路军一二九师和第二野战军，共同经略晋冀鲁豫、中原和西南三大战略区，亲密无间。从这个意义上来说，刘邓是军事指挥上的并肩者。而在一个战役接连一个战役，一个战场转到另一个战场这种漫长而又频繁的战争过程中，在这种极度耗费脑力和体力的战场生活中，刘邓又是互相把在对方肩头上的重担换到自己肩头上来，分成两副担子来分担。从这个意义上来说，刘邓又是军事指挥上的并肩者和分担者。即使在大别山因为斗争的需要而分成两个指挥所，部队接到的战略战术指示，仍然是出自一个刘邓司令部。历史既然以自己的行程形成了这种情况，我们也就难以把刘邓的指挥艺术和作战谋略完全分割开来了。他还形象地说，刘邓连在一起，像一座威严的山。一座威严的太行山，一座威严的大别山，一座威严的喜马拉雅山。

有的同志描述说："在刘邓之间，是难以放进一个逗号的。"邓小平后来说："我们一起工作，是 1938 年在八路军一二九师，一个师长，一个政治委员，以后在晋冀鲁豫野战军、中原野战军、第二野战军，前后共事十三年，两人感情非常融洽，工作非常协调。我比他小十多岁，性格爱好也不尽相同，但合作得很好。人们习惯地把'刘邓'连在一起，在我们两人心里，也觉得彼此难以分开。同伯承一起共事，一起打仗，我的心情是非常愉快的。"

邓小平和刘伯承在长达十几年的戎马生涯中，并肩沙场，驰骋中原，征战南北，历尽艰险。刘伯承是军事家，指挥有方；邓小平是政治家，从善如流。他们二人相互支持，可谓珠联璧合，相得益彰。人们在谈到邓小平性格时，对邓小平遇事不怒，怒而不发等惊人自制力、容忍力和坚持力印象极为深刻。邓小平的领导风格很严肃，也相当严厉，但实际上特别实事求是，绝不苟求，绝不盲目，绝不说空话、说大话。另一方面，无论多么大的重任，无论多么大的重压，邓小平也敢于承担，而且完成得稳稳当当，可以把它轻轻松松地放下来。这并不是天生的，而是在长期的革命斗争和政治生涯中养成的，其中也有刘伯承的影响这一因素在内。

邓小平和刘伯承搭档十三年，从来没有出现过互相埋怨、互相推诿、互相扯皮的现象，在作战指挥和部队建设的一些重大问题上，更没有互相拆台的现象。即便有时因军情或战事紧急，来不及碰头商量，其中一位领导做出了决策或对部属进行了批评，另一位领导也是极力支持，并坚决贯彻执行的。在这方面，他们配合得相当默契。同他们一道工作的干部，都深深地有感于他们之间的相待以诚、相忍为公、团结协作的精神。人们称颂：二野是团结的，二野的团结，始自于刘邓的团结；团结就是力量，一种不可战胜的力量。正是由于刘邓的和衷共济，默契配合，情同手足，使刘邓大军不管遇到多么大的困难，始终信心坚定，步调一致，一往无前，从胜利走向胜利。

四、知人善任，因势利导

邓小平用兵，一个重要兵法原则，就是知人甚深，用人得法，因势利导。对于各军区、各部队的领导干部，既要求严格，又充分放手发挥他们的主观能动性和作战指挥才能、大胆使用。在他手下工作的干部都说，他们可以尽量地施展才干。从挑选张国华和十八军进军西藏，就反映出邓小平知人善任的高超艺术。

当时任第十八军军长的张国华，具有突出的组织领导才干和人格魅力。这位红军出身的高级指挥员当时年仅 36 岁，在长期的军旅生涯中，他不仅身经百战，指挥有方，屡立战功，而且在任何艰苦卓绝的环境里，始终表现出一个年轻共产党人勤奋好学、开拓进取的执着精神和优秀品质。特别是在担任豫皖苏军区司令员任上，处处体现出一个老共产党员严格掌握党的政策的良好政治素质，尤其擅长做思想政治工作，使部队纵横驰骋于蒋管区里如入无人之境，具有开辟和经营新区的斗争经验和能力。这次率部进军西藏，当刘邓等商妥，把报经党中央同意的这一重大决定通知张国华时，尽管他有些意外，但仍然毫不犹豫地接受了。邓小平告诉张国华和十八军指战员：为什么让十八军担负这项任务，主要考虑的是干部问题。大家打过恶仗，特别能够吃苦忍耐。

又如襄樊战役，邓小平作为中原野战军的领导，只是确定了战役总体构想，下达了基本作战命令，而具体作战的统一指挥则交由桐柏军区司令员王宏坤负责。在攻取襄阳城时，第六纵队司令员王近山担任攻坚战的统一指挥。他根据城南高地一时不易攻下，城之西东两面守备薄弱的情况，果断改变原来的先取南山再攻城的计划，改为猛虎掏心，直接攻城。他把这个想法上报后，邓小平和刘伯承表示完全同意。

刘邓指挥作战，强调机断行事，就是要求各级指挥员根据总的作战意图和计划，在自己的职权范围内最大限度地发挥主观能动性，不依赖上级，灵活机动地完成作战任务。

邓小平深知，作战的全局指挥与作战的局部指挥之间的关系必须是辩证的。全局指挥不可能详尽地关照作战的各个局部，每一个局部都会遇到各自所独具的情况。更为重要的是，越是向战斗的局部引申，情况的变化就越迅速，就越是不允许逐级地按部就班地请示，就越需要独立、果断地定下决心。尤其是捕捉到稍纵即逝的战机时，更是需要机断行事。所以，他绝不把下级指挥员限制死，而是提倡各级指挥员在不违背总的作战意图的前提下，以高度的负责精神，机断行事。

在宛西战役之后，遵照中央军委的命令，中原野战军决定发起宛东战役，以牵制临颖地区的敌整编第十八军，配合华东野战军南下作战。战役的基本决心，是以3个纵队组成的东集团进攻确山，吸引敌第十八军南下增援，以3个纵队加上桐柏军区和豫西第七军分区的部队组成西集团，阻击由南阳东援的张轸兵团，并寻机全歼之。

发起攻击确山后，刘邓即断定敌第十八军必然南援，张轸兵团也必然东援，而由正阳西援的敌整编第二十八师首先单独来援的可能性极小。因此，决定除留陈（士榘）唐（亮）兵团阻击敌第十八军，留六纵队1个旅佯攻确山外，东西两集团对进，围歼张轸兵团于赊旗镇、唐河以东地区。5月29日，属于西集团的中原陈再道纵队的两个旅扭击张轸兵团于埠口，随后其他部队陆续赶到，形成合击张轸兵团的态势。这时，刘邓判断张轸将放弃东援计划退回南阳。因而命令西集团由西、南、北三面攻击，向东压迫，以使我东集团参加决战。但西集团指挥员误以为张轸仍将执行东援计划，加上该敌守于密集不易分割，因此把主力东进羊册、郭集地区，欲从南北夹击张轸兵团，而放松了极重要的西面兜击，给张轸西退留下了可乘之机。

31日凌晨，张轸兵团向西逃走，中午逃到桥头。陈再道纵队在执行西集团的命令过程中，注意到敌向西退走的可能，因此未完全向东而向西。当得知张轸西退的消息，陈纵队在来不及请示的情况下，果断西插，与华野宋时轮纵队及中原野战军的第二纵队相配合，将张轸兵团的6000余人，堵截在南阳以东之马刘营地区，予以全歼。

陈再道纵队和宋时轮纵队的机断专行，在一定程度上弥补上因西集团指挥员对敌之动向判断的不正确所造成的失误。刘邓肯定了这种"君命有所不受"的做法，是很耐人寻味的。

邓小平和刘伯承这种提倡机断行事，鼓励部属在上级总的意图下勇于负责、自主决断的指挥风格，极大地调动了各级指挥员的积极性，充分发挥了他们的聪明才智，并增强部队上下级的相互信任和内部团结。邓小平曾评价说："二野的内部关系是非常团结、非常协调的。上下级之间，各纵队之间，甚至于更下层一点，关系都很协调。你们可能注意到，从战争一开始，每一次的具体作战，指挥的都是各纵队的头头，刘邓没有亲自到战场上指挥过一个战斗行动。羊山集战斗就是陈再道指挥的，好几个战斗是陈锡联指挥的，双堆集战斗有一面是王近山、杜义德指挥的，也有是陈赓、杨勇、苏振华指挥的。我们没有发现过下面有什么不对的，也没有纠正过任何纵队领导同志指挥的战斗。我们如果对指挥有意见，发现有不妥的地方，有电话可以联络。这种做法对增加上下级之间的相互信任，提高部队的战斗力，很有好处，还可以锻炼指挥员的主动性，讲句哲学语言叫发挥能动性。野战军的领导人相信自己的部下，下面也相信领导，这种互相团结、互相信任的关系从作战一开始就是这样的。这是个了不起的力量。二野所以能锻炼成这么样一个了不起的部队，主要靠的这一条。"（《邓小平文选》第3卷，342页）

五、集中智慧，发扬民主

邓小平在作战指挥上通常未雨绸缪，明确提出自己在战略和战役战术上的主张，同时他也善于和身边的指挥员共同商讨作战方针，集思广益，找出作战良策。1949年，邓小平筹划指挥渡江战役，就是一例。

邓小平精心组织制定的《京沪杭战役实施纲要》，其考虑之周密、组织之精心、内容之完善，在我军组织的重大战役中非常少见，堪称我军宏观决策的典范。

邓小平十分善于发挥广大干部的作用，广泛听取各种不同的意见。他为使作战决策更加符合实际，不仅自己反复权衡、不倦思考，从不同角度进行分析和考察，进行审慎的抉择，而且还注重广泛听取意见，特别是党委成员的意见和建议。

在邓小平看来，如果只有领导的积极性，而没有群众的积极性相结合，战争指导者的决策，就有可能成为毫无意义的纸上谈兵。在《纲要》形成过程中，只要条件允许，邓小平都要召开研究渡江作战的各种会议，充分发扬军事民主，并注意听取下级指挥员的建议，以避免决策的盲目性和片面性。

早在淮海战役尚在进行中的 1948 年 12 月 17 日，根据中央军委和毛泽东指示，邓小平即在华东野战军驻地蔡洼村主持召开了第一次总前委全体会议，会议主要讨论了中央军委关于渡江作战的初步计划，并提出了渡江作战的建议：歼灭杜聿明集团后，部队就向南开进，准备发起渡江战役。

1949 年 2 月 9 日，邓小平在商丘主持召开了总前委会议，具体讨论了有关渡江作战的时间、部署、后勤、政治教育等问题。会上，粟裕提出：在 3 月半出动，3 月底开始渡江为最好。他认为，政治、军事都有利，天候、季节也允许。对此，大家基本表示同意，只是感到准备时间比较仓促。邓小平最后指出，时间问题就这样暂时定下来，至于准备中的困难，要想办法克服，克服不了的，可上报中央请示解决。

在谈到渡江的兵力布势时，邓小平认为，最好来一个全线突破，在宽大正面上，使用大部队强渡长江，让蒋介石的长江防线首尾不能相顾。最后讨论拟定以 5 个兵团一线展开、同期渡江，以 2 个兵团作为总预备队实施佯动和牵制。会后，邓小平责成有关人员起草了《关于渡江作战方案和准备工作意见》，经修改签发后上报中央。

1949 年 3 月 22 日，邓小平根据在中共七届二中全会期间毛泽东召见他时针对渡江作战所作的一系列指示，主持召开总前委和华东局会议，进一步讨论了渡江作战的问题，基本上形成了战役的决心方案。然而，邓小平感到渡江战役的决策事关重大，需要更多层次的指挥员共同积极参与。于是，从3月26日开始连续几天，总前委召开扩大了的二野、三野兵团以上高级干部会议。会议首先听取了各兵团指挥员关于渡江作战的准备情况和对渡江作战的意见后，由邓小平主持讨论渡江作战方案。

由于当时刘伯承正在组织部队向江北岸开进，没有参加这次会议，给总前委写了一份针对渡江作战的研究报告。于是，邓小平在会上向大家读了这份材料，紧接着围绕会议讨论的主要问题结合这份材料，大家进行了深入的讨论。邓小平在大家讨论的基础上指出，渡江作战的重点就在于能不能登上对岸，首先可以不进攻那些设防坚固的要塞。历史上的渡江作战，对南京的进攻一般都将渡江点选在南京西南或以东地区，而且侧面渡江者多，正面渡江者少。

会议一直开到31日，最终讨论通过了渡江作战的作战方案和部署，形成了战役决心。会后，邓小平归纳大家意见，亲自执笔拟定了《京沪杭战役实施纲要》。4月1日，邓小平又召集有关同志，逐段讨论修改，随即上报中央军委。3日，中央军委和毛泽东批准了这一纲要。

《京沪杭战役实施纲要》的形成过程中，邓小平充分发挥组织才能，坚持领导与群众的高度统一，依靠党委成员和各级指挥员的集体力量，群策群力，集思广益，博采众谋之长，周密地制定了纲要，达成了战役决策主观与客观相统一，为我军取得渡江战役的胜利提供了可靠的保证。

六、谨慎细致，稳操胜券

邓小平既胆略过人，又严谨慎行，他把胆略建立在严谨的基础之上。邓小平指挥作战是非常细致入微的，在一些关键点上，他常常是连细节也会关心的。即使是已经稳操胜券，邓小平也不会有丝毫的懈怠。这种指挥风格，源于邓小平对革命事业和对战士生命的极端负责精神。

　　解放战争中，刘邓大军突破敌黄河防线并发起鲁西南战役，被称为是一大壮举。之所以如此，其原因主要是渡河作战难度较大。要突破敌人的黄河防线，渡河准备是战役的关键。黄河是我国的第二大河流，河宽水急，加上又有敌人的兵力防守，我军要突破敌人的黄河防线并发起鲁西南战役，难度可想而知。

　　邓小平从战役准备一开始就指出，要充分利用老根据地良好的群众条件和各级政府的大力支持进行渡河准备。从 1947 年 2 月，邓小平便开始亲自抓渡河准备工作。当时，黄河还没有回归故道，国民党不断威胁说要放水回归，情况非常紧张。根据这一情况和渡河作战的需要，冀鲁军区党委根据邓小平的指示成立了黄河河防指挥部，专门负责黄河南北交通和河防安全，同时组织广大人民群众积极修复和加固黄河两岸的大堤，以防黄河水回归。按照邓小平的要求，在各级政府的组织下，沿河人民群众主动修复船只，以备黄河归故后使用。

　　3 月 15 日，国民党将当年在花园口炸开的缺口重新合龙，使河水重归故道，构成了从风陵渡到济南约 1000 公里正面的黄河防线，企图依靠黄河"天险"节约部分兵力，缓和其兵力不足的矛盾，同时又可阻止我军南下作战。在这种情况下，邓小平立即指示各级政府，要求广泛地发动群众，抓紧时间进行渡河准备。

　　在准备的过程中，邓小平多次亲自检查和督促。广大人民群众积极响应政府的号召，积极参加筹料、建立造船厂的工作，各地的能工巧匠主动加入造船的行列。到 6 月初，共建新船 54 只，修理旧船 100 余只，基本上满足了部队渡河作战的需要。这些船只少则可坐二三十人，大则可乘 100 多人或载五六辆汽车。为了保证船只不遭敌破坏，群众把造好的船藏在村里，有的藏在地窖里。为了使船能够顺利入河，还专门挖了若干条长 400 多米、深 3 米、宽 30 米的引河。与此同时，8 万多民兵踊跃报名，准备随军参战，110 万武装民工组成了支援供应线。此外，沿河各县组织了 1000 多名船工和水手专门进行驾驶。总之，在邓小平的亲自关注下，通过上述紧张的准备，为我军渡河作战奠定了胜利的基础。

淮海战役后，国民党军的败局已定，其苦心经营的长江防线，明眼人一看便知已不堪一击，就连蒋介石本人也不相信长江会给予多大帮助，早早就把家当搬到了台湾。但担负渡江战役总指挥、总设计的邓小平，即使是胜算在手，仍须精心策划，精心组织，从敌的部署到我军的具体战术，他都考虑得非常细，以求把战争的代价减少到最低限度。

邓小平认为，渡江战役是我军夺取全国胜利的关键一仗，虽然敌人处于败势，我军取得战役胜利已完全在预料之中，可敌人仍有 70 多万军队凭借长江"天险"进行防御，绝对不能掉以轻心，一切都要从最复杂、最困难的情况出发。

在长江这样宽阔的水面上进行大兵团作战，没有足够的船只和相应的器材，那简直是不可想象的。敌人鉴于湖口至贵池一带，长江向南岸凸出的地形特点，抢先在这里实行严密的军事控制，平毁村寨，驱逐居民，尤其将船只劫掠一空，企图增加解放军渡江的困难。邓小平根据组织鲁西南战役的经验，把船只的准备和战前训练作为战役准备的关键来抓。先后主持召开的华东局、中原局和总前委会议，多次听取汇报和部署这项工作，他要求在地方政府的配合下，进行船只征集、修理和管理。邓小平和刘伯承根据先遣队的经验，指挥各部队普遍与地方党政机关组成船只管理委员会，专门负责筹措船只。结果，到战前就征集到木帆船 2 万余只，加上部队自制的运送火炮、车辆的竹筏、木排，基本上解决了第一梯队的乘载问题。同时，部队自己训练水手 3 万余名，加上从地方动员的近万名船工，为驾船渡江提供了保证。

与此同时，部队在内湖、夹江昼夜展开紧张的水上练兵。各部队在逐渐熟悉水性的基础上，按前委要求不断加大、加快训练强度和进度，从水上一般性课目到航渡队形、指挥联络、步炮协同及登陆突破等战术动作，都进行了严格的演练。邓小平还多次听取了渡江战术训练情况汇报，派专人深入实地检查。经过苦练，广大指战员掌握了水上作战技能，牢固树立了强渡和快速、主动协同、有进无退的战术思想，提高了渡江作战的胜利信心。经过苦练，广大指战员提高水上作战技能，增强了渡江作战的胜利信心。就连北方人晕船的问题，邓小平说："我们的人是北方人，北方人怕水。曹操吃亏就在这个地方。"经过多方面的训练演习，也就不怕了。

为解决百万官兵、320 万常备民工和近 2 万随军南下干部所需的大量物资供应，总前委指示支前委、支前司令部，在苏、鲁、皖三省筹粮 3.4 亿斤，还筹措大批柴草、服装、军鞋、弹药等军用物资，组织民工完成军事行动需要的筑路、架桥、挖河、架线、运送物资、组织救护等任务，从而保障了渡江作战前线生活、交通、通讯等方面需要。国民党方面的军事专家很多情况预料不到，往往就是忽略了这数以百万、千万计的人民群众。这也说明了总前委的筹划周密，准备充分，务求必胜。

与此同时，邓小平领导部队展开战前思想动员，教育广大指战员树立敢打必胜的信心。遵照中央军委的指示，邓小平和总前委要求第二、第三野战军前委及各兵团党委，相继下发了渡江作战的政治工作指示，针对干部、战士中存在的"和平渡江"的盲目乐观思想，麻痹松懈、畏难情绪，缺乏信心等实际情况，对战士的思想教育进行了部署。要求将中央军委和总前委的决心意图传达到每一个干部战士，告诫全体指战员们不能对和谈抱有任何幻想，要真正认识到蒋介石国民党统治集团的阶级本质决定了他们绝不会甘心自己的失败，他们必然会利用长江天险阻止人民解放军的渡江，阻止向全国的进军。立足点一定要放在这一点上，一切准备工作都要围绕着"打过去"展开，任何情况、任何条件下，都要保持坚定的战斗意志和充分的战斗准备，克服任何轻敌的侥幸心理，克服任何恐敌的畏惧心理。

正如邓小平在渡江成功后给毛泽东的报告中所说："这信心不单是建立在政治的信念上，而且是建立在实际的准备之上。""这是由于敌人抵抗甚弱，更主要的是由于我军在军事准备和政治动员诸方面均属充分。而江北各地党政和人民的努力支前，特别是皖北新区尽到了超过其本身能力的努力，尤属值得赞扬。"（《关于渡江情况的报告》）

在进军西南的作战中，邓小平强调，越是战争的最后越要谨慎。

1949 年 12 月，四川境内的国民党军向康滇退逃的后路被我切断，并被包围于成都地区之后，胡宗南深感我人民解放军的作战行动之神速是他和同僚们所始料不及的，同时也预感到形势的严重，只好收缩兵力，组织防御。

邓小平和刘伯承认为，目前已将胡宗南集团压缩成一个核桃，胡宗南集团凭其 30 万军队，肯定不会坐以待毙，所以，最可能的是，首先集中力量实施突围，一旦突围不成，有可能在成都地区来一个困兽之斗，作垂死挣扎。我军追击战已告结束。当前的注意力应放在精心组织指挥、大胆分插、逐个击破上面，要严防轻敌乱碰。越是胜利的时候越要兢兢业业，切不可粗心大意。对胡宗南集团，绝非一两个冲锋所能消灭。渡江作战以来所采用的猛追、猛打、猛冲的战术，不一定能奏效。必须依敌情、地形、群众条件等的变化。为了打好陆上最后这场战役，邓小平、刘伯承致电各兵团：敌尚有反击的力量和局部进攻的可能，我们必须十分慎重。尔后各军应就现地调整态势，掌握部队、恢复体力、调集火力、鼓励士气、瓦解敌军。要"特别加强对敌作精密的技术侦察，提出你们的作战意见。今后的作战方式，仍用先打弱点和集中力量割开敌人，一点一点吃的战法。千万不可进行无准备无把握的战斗。"

随后，刘邓指挥第二野战军，在不到 10 天的时间内，迅猛地切断了胡宗南集团的退路，并从东、西、南三面对成都布成了口袋形阵地，使胡宗南集团及川境残部完全处于被刘邓大军包围之中，如瓮中之鳖。

邓小平感到成都作战时机已经成熟，他及时地与刘伯承商量决定，于 12 月 21 日命令第二野战军各兵团发起了大陆上最后一次大战役——成都战役，并采取了先打弱敌和"一口一口吃掉"的战术以及政治瓦解的策略，使战斗进行得极为顺利。尽管胡宗南发起多次攻击，企图向西南突围，都没有奏效。结果，胡宗南集团和主力被邓小平指挥的大军一口一口地吃掉了，最后只剩下了成都市一部分孤立的守敌和少数逃往西昌的部队。胡宗南见势不妙，乘飞机只身逃往台湾。

根据刘邓的指示精神，第三兵团、第五兵团利用战斗间隙，调整部署，整顿组织，临战动员，调集炮兵，研究战法，加强侦察，组织开展战前训练，积极做好战前准备。并广泛运用战场喊话、广播、发送传单信件等各种形式，对胡宗南军进行政治争取和瓦解工作。在我军严密的军事包围和有力的政治攻势之下，4万敌兵起义。只有胡的亲信第五兵团司令李文执迷不悟，组织7个军兵力，向西南方向突围，当即遭到二野第十二军的顽强阻击，除少数残敌逃往西昌外，李文以下5万余人被活捉。成都战役胜利结束。

第九章
纵横捭阖，攻心为上

在中国历代兵家主张"攻心为上"，"心战为上"。战争从来都不仅仅是军事的较量，而且也是政治的较量。这里所讲的政治，就是指军心，其中包括军队内部的团结、官兵的士气和对战争目的的认识等。在历来的军事斗争中，激励己方军心，瓦解敌方军心都是头等重要的事情。中国共产党领导的人民军队不仅把瓦解敌军的"攻心"、"心战"摆在非常重要的地位，而且赋予其新的内容。如果说传统的"攻心"和"心战"，主要是离间敌人内部关系，手段多是收买的话，那么，我军则更强调根据敌军内部的阶级关系，把工作重点放在广大士兵和下层军官身上，启发他们的阶级觉悟和正义感，使其认识到他们的阶级利益所在，认识到他们所服务的军队和战争的非正义性。邓小平深得其道。他用兵打仗，善于从政治高度领导和指挥战争，因而更能突破单纯军事观点的束缚，更能够从党的路线、方针、政策、策略的角度来思考、观察和解决问题，因而更能从战场之外来正确解决战场上的问题。从外部看到军队内部矛盾的症结所在，因此始终保持清醒的头脑，牢牢掌握对敌斗争的大方向，纵横捭阖地开展对敌伪和顽军的斗争，创造了丰富生动的历史经验，表现出高超的政治智慧和娴熟的策略手段。

一、深明大义，争取上层

统一战线，是我党在中国革命战争中战胜敌人的三大法宝之一。邓小平曾经深刻地指出：统一战线的对象是把一切能够联合的都联合起来，范围以宽为宜，宽有利，不是窄有利。统一战线的本质是"团结大多数，孤立敌人"。实践证明，建立了广泛的统一战线，就可争取和团结一切能够争取和团结的力量，取得千百万人民群众对我党我军的广泛支持，我军实施对敌作战也就可取得广泛的同情与支持。邓小平在对敌军事斗争中，坚持党的统一战线原则，紧紧掌握斗争的大方向，努力团结中间观望派力量，孤立顽固派。

土地革命战争时期，邓小平出色的统战工作为武装起义和创建红军提供了条件。当时，正值第一次国共合作全面破裂之后，我党开始独立领导武装斗争时期。当时，国民党主政广西的俞作柏是桂系军阀中的实力派，先后担任过国民党省党部部长、省政府工农厅厅长兼广西军官学校校长，是国民党左派领袖。李明瑞是桂系中一员骁勇善战的名将，北伐战争中贺胜桥一战使他名扬整个北伐战场。他比俞作柏的革命倾向更为明显。他们俩虽然执掌了广西军政大权，但根基比较薄弱。1929 年 7 月，到广西领导武装起义的邓小平，根据当地的实际情况，决定把搞好统战工作作为展开武装起义全面准备的突破口。邓小平说："中央派我去广西，就是去做统战工作。"（毛毛著：《我的父亲邓小平》，上卷，225 页）

但是，当时的中共中央和广东省委由于国共合作破裂后受"左"倾思想的影响，对邓小平在广西的工作和中共广西党组织的工作方针提出了不切实际的批评。1929 年 10 月 8 日，中共中央在给广东省委并转广西特委的指示信中指出："在俞、李及改组派统治的广西，一切政治的设施，显然是带有浓厚的改良主义色彩的——不管其实质上能否实现其改良主义的企图，但政治上欺骗的影响确已渗入到工农劳苦群众中去了。"指示信中甚至将中共党员做兵运工作，掌握指挥权和县级政权的革命行动，说成是"猎官做"，是"可耻行为"，要求广西特委和邓小平等都不应对俞、李抱有任何幻想，要严防党内右倾的发展。

邓小平从广西的实际情况出发，审时度势，认为俞作柏、李明瑞虽然是国民党军人，不免仍有国民党旧军人的特点，但他们又是中共过去的朋友，他们与蒋介石和桂系李宗仁、白崇禧、黄绍竑的矛盾我们完全可以利用，他们所采取的一切进步措施，我们应该欢迎、支持，中共与俞、李之间对革命有利的关系都应当发展。为此，邓小平采取将革命的原则性和灵活性相结合的工作方法，积极对俞作柏、李明瑞做好统战工作，巧妙地利用他们对革命有利的一面，使其为中国共产党实现革命的计划。他亲自做俞、李等上层人物的工作，巧妙地安排了大批共产党员到广西军政部门任职，同时在合作中坚持独立自主地发展革命力量，改造了广西教导总队、警备第四大队和第五大队等武装力量。

1929 年 9 月，俞作柏、李明瑞倒戈反蒋、出兵攻打亲蒋粤将陈济棠遭受失败，率残部逃回南宁，随后撤往左江地区的龙州，准备利用粤桂军阀混战桂平、贵县一带，南宁陈济棠部空虚之机，派警备第四、五大队会攻南宁。路过龙州准备前往上海汇报工作的邓小平在路上正巧遇到李明瑞，知道了他的想法，感到李明瑞和俞作柏对于是否打红旗，还持犹豫态度，但除此之外又没有别的出路。为做好李明瑞的工作，邓小平与他一道又返回了百色。

邓小平针对李明瑞想利用龙州的地理条件，伺机与李宗仁等再作较量的思想，多次找他谈话，深刻分析形势，明确指出他这样做是不可取的，南宁眼前虽然兵力空虚，但两个大队的人马妄想进攻南宁也并不容易，即使攻进去也难守得住，劝他不要打南宁。邓小平劝说李明瑞参加革命，与中国共产党在广西所掌握的武装一同起义，建立革命根据地，并向他说明了这一做法的可行性和光明前景。李明瑞感到邓小平说得有道理，表示还要再仔细考虑考虑。

李明瑞执意要攻打南宁，后因内部有人叛变，计划落空。李明瑞陷入极度苦闷和矛盾之中。邓小平抓住这个机会，和张云逸等同志对李明瑞做了耐心细致的政治思想教育工作，宣传革命道理，指出军阀混战的危害。他肯定了李明瑞在北伐战争中为革命立下的功劳，以及主政广西时为革命做出的贡献。还向李明瑞介绍了中国共产党的方针、路线和一贯主张，介绍《共产党宣言》等革命书籍给他看，再次希望他参加革命，跟着共产党走。告诉他，共产党不仅主张用革命战争反对反革命战争，还要依靠广大工农群众搞土地革命，计划组建红军，在左右江建立根据地，准备百色、龙州起义，真诚希望他跟共产党走革命的道路。邓小平对李明瑞不仅在思想上好言开导、安慰鼓励，而且在生活上给予关照，派一个连的兵力保护他；在政治上，充分信任，郑重表示日后成立红七、红八军时，请他担任两军总指挥。

在此基础上，邓小平、张云逸与李明瑞一同研究了左江地区的工作，确定了不反攻南宁，坚持在龙州准备发动武装起义的方针，其中特别强调改造旧军队的重要性。李明瑞受领任务后，立即赶回龙州。邓小平与李明瑞、俞作柏商量后，召开党员干部会，分析了全国和左江的革命形势，研究了龙州起义的具体计划，部署了各项工作。他还和李明瑞作了一次长谈，进一步坚定李明瑞对革命前途的信心。

由于邓小平等人耐心工作和以诚相待，表明中共广西特委对李明瑞的高度信任和真诚希望，从而使李明瑞这位赫赫有名的北伐名将，深明大义，拒绝蒋桂军阀等多方的威逼利诱，欣然接受邓小平的劝告，毅然投身于工农革命。

1930年1月，邓小平返回上海。他向中共中央汇报了在广西开展工作的情况。由于受当时"左"倾错误的影响，中共中央有的领导人表示，对李明瑞绝对不要有"丝毫的幻想"，要求加紧与其进行斗争，否则将被其出卖。

对此，邓小平分析到，李明瑞虽为旧军官，但他毕竟是北伐名将，是反蒋勇士，是百色、龙州起义的领导人之一，更重要的是，他已经接受了共产党的感召，坚定地投身于革命队伍的行列。邓小平认为他最了解李明瑞，也最信任李明瑞。面对中央和中央军委一些领导同志的不同意见，邓小平非常诚恳地做了解释说服工作。他说："对李明瑞，我们当然不好怎样还存幻想，但是现在，在左江我们主观的力量还不够赶他走，而以为暂时利用他的线索去发动其下层群众工作也不是不可以的。当然，主要的要发动下层群众工作是对的，但是我们不能把建立工作的上层线索忽视掉。"（毛毛：《我的父亲邓小平》，上卷，225 页）他还根据李明瑞在广西的地位和实际作用，以及政治态度和表现，向中共中央建议吸收李明瑞加入共产党。在中共中央军事部长周恩来的主持下，邓小平的正确设想基本得到了中央的肯定。李明瑞也被批准加入中国共产党。

当时年仅 25 岁的邓小平，能在广西复杂的政治形势中周旋，他的聪明才智及将革命的原则性和灵活性相结合的工作方法，为广西党的领导和广大干部接受。广西革命斗争发展的实践证明，邓小平的工作方针和措施是正确的，而当时中央的批评是错误的。正是邓小平卓有成效的统战工作，形成了良好的武装起义的政治形势，为百色、龙州起义的成功举行和红七军、红八军的发展壮大，奠定了坚实的基础。周恩来在 1944 年撰写的《关于党的"六大"研究》一文中充分肯定了邓小平争取李明瑞参加革命的宝贵经验。他写道："'六大'认为在官长中进行工作就是军事投机。后来的事实证明，敌军大部队的哗变和投降红军，都是由于我们在军官中进行了工作。如广西李明瑞的一个师变为红军，江西第二十六路军的起义，都是由军官领导的。"（《周恩来选集》，上卷，183 页）

二、瓦解敌军与革命的两面政策

邓小平深知从政治上瓦解敌军，对于取得战争胜利的意义。他作为战略区的最高政治首长，指挥作战从来都不仅考虑如何在军事上打击敌人，而且考虑如何进行政治攻心，如何开展心战，以从政治上瓦解敌人，涣散敌人的斗志，最终战而胜之。不仅对国内的强大敌人是这样，对于日本侵略军也是如此。

抗日战争时期，邓小平模范执行中央关于抗日民族统一战线的政策与策略，高度重视建立和发展抗日民族统一战线，紧密结合太行山各根据地对敌斗争的实际，全面落实党中央提出的"三三制"政权建设思想，使我党领导下的各级人民政权得到了广泛的拥护。

抗战初期，日本军队比国民党军表现出更高的军事素质和政治素质，它的士兵和军官更有组织、更有纪律，大多具有顽强的战斗意志，往往是宁死而不投降，尤其是其狭隘的、盲目的民族自大感和优越感，使他们看不起中国人，耻于向中国军队和民众缴械投降，因而我在战场上往往是击毙多而俘虏少。这样，在我军内部就有人怀疑对日军开展政治攻势效果，以为对国民党军有效的政治攻势在日本军队身上不会见效。

邓小平却不以为然，他和刘伯承提出在政治上瓦解日伪军是抗日游击队的基本任务之一，他指出："我们要做到每一处的敌人，每天特别是每晚总是处于游击队的袭扰、威胁与政治瓦解之中。"（《艰苦奋斗中的冀南》）。要到处袭击、伏击、围困敌人，并宣传我们愿意联合台湾同胞、朝鲜民族及日本劳苦民众，特别是在日军中的群众，共同打倒日本帝国主义；要优待日军被俘官兵，经宣传给资放回，以瓦解日军。特别是对日军利用华人灭华、里应外合的暗在特务机关和明在维持会、自治政府、新民会的一切汉奸，要严密肃清，并散发其财产给抗日军人亲属及民众，使日本侵略军灭亡中国的力量由受损害、打击瓦解而归于消灭。1941 年 3 月 31 日，邓小平对加强平汉线两侧敌伪军的政治瓦解工作做出具体指示，强调要利用事实在敌占区、在根据地进行广泛的宣传鼓动工作。"提出日军工作的比重，掌握各地日本反战同盟的活动，对台（湾）（朝）鲜人的争取也须加紧。"（《新形势下的工作任务》）

邓小平坚信，在对日军进行坚决的军事打击的同时，对其开展政治攻势是有意义的。日军不是铁块一板，它所从事战争的非正义性决定了它内部不可避免地会产生裂痕，只要结合坚决而有力的军事打击发动强大的政治攻势，迟早会在日本军队中激发出强烈的反战情绪，并使之蔓延。尤其是对附逆的伪军，更要在打击的同时，争取其中有民族心的士兵和军官反正，以削弱协助日本侵占中国的力量。"利用一切线索、一切机会，加紧争取与瓦解伪军伪组织。敌人强化伪军伪政权，我们则应强化瓦解、争取工作，这是具有战

略意义的事，不可马虎、敷衍。"（《反对麻木，打开太行区的严重局面》）

邓小平多次提出瓦解伪军的方针和具体的措施办法。他强调，要掌握中日矛盾的实质，发展抗日民族统一战线，团结各阶层一切抗日人民对敌斗争。邓小平就如何抓中日矛盾去扩大抗日统一战线提出了三点指示：一是在敌占区不应该去扩大中国人自己的阶级矛盾，基本是团结对敌。二是团结中国人对敌，也要有斗争，但应主要采取和平的、政治的斗争方式。只对那种死心事敌、为人民所痛恨的汉奸、特务分子，才采取坚决打击的方式。三是在根据地也应切实注意巩固团结问题。充分发动群众是统一战线的坚实基础，但必须把发动群众约束在统一战线内，团结各阶层，两者都不可偏废。他甚至提出："对铁路两侧之敌伪据点，应每个据点指定一个专门同志管理，进行长期瓦解敌伪，尤其是伪军及争取群众的工作。"（《加强平汉线两侧敌伪军的政治瓦解工作》）

实践证明邓小平的预见是正确的。抗日战争仅仅进行了两年，日本军队的战斗意志便开始滑坡，出现了拒绝作战甚至拖枪逃跑的现象。

随着抗战的节节胜利，邓小平领导一二九师和中共北方局，在加强军事打击的同时，日益发展和扩大了对日伪的政治瓦解。从 1941 年起，针对日军推进的"囚笼政策"和"强化治安运动"，晋冀鲁豫军区连续组织了几次较大的政治攻势。各部队广泛组织武工队深入到敌占区，一面坚决打击敌伪政权，威慑敌伪；一面广为宣传抗战的胜利成果，震慑敌伪军心，并在民众中扩大抗战的政治影响。

1942 年夏天，在总结前几次政治攻势的经验基础上，根据中共中央北方局、野战军政治部颁布对敌开展政治攻势的指令，邓小平领导晋冀鲁豫区各部队发起"七七政治攻势"，各部队组织了大量 10 余人至 50 余人的武工队和小部队，渗透到敌占区，在宣传群众的同时，对敌伪军发动了强大的政治攻势，向敌伪据点投掷宣传品、组织喊话，在敌人占领的城镇和火车站张贴传单，严厉打击伪政权和"维持会"一类的汉奸组织，对伪军家属进行教育，发动广大群众参加对敌人的政治攻势，壮大了"七七政治攻势"的声势。政治攻势取得了良好的效果，不少伪军、伪组织被我武工队和小部队掌握，在日军中激发了其官兵的厌战和反战情绪。

为了做好对日伪军的统战工作，邓小平提出了要用革命的两手反对反革命的两手的策略主张。这一策略运用到革命斗争实践中，有时表现为军事的打与政治的拉相结合，有时表现为战场上的军事斗争与谈判桌上的据理力争相结合，有时则表现为非法斗争和合法斗争、公开斗争和隐蔽斗争各种形式的有机结合。革命的两面派是一切为积累革命力量，准备最后的反攻，应付敌人只是出于不得已。这是一种瓦解敌军、化敌为友，为我们控心战术，可以收到战场上无法收到的效果。革命的两手，一文一武，一刚一柔，文武相济，充分表现了邓小平政治战策略的灵活性。正如他自己所说，我们必须在不同的地区，不同的环境，有不同的灵活的斗争策略。

抗日战争进入相持阶段后，针对日寇的"总力战"，邓小平提出"以政治斗争为主，以武装斗争为骨干的全面抗战"方针。政治斗争的形式之一就是实施"革命的两面派"谋略。邓小平认为，"革命的两面派"政策是深入敌人内部的进攻政策。它的实施说到底是一项"打入"工作：打入敌占区群众中去，打入敌占城市中去，打入伪军组织中去，打入黑团、帮会、土匪中去，打入一切组织中去，而以伪军为当时打入的主要目标。打入的任务是长期埋伏，进行隐蔽的、巧妙的、谨慎的对敌斗争和宣传组织工作，在敌人内部积蓄力量，以待时机，配合反攻或进攻。他提出："切实运用革命两面派政策，正确掌握与运用公开工作与秘密工作、合法斗争与非法斗争的联系和配合，而以非法斗争和秘密工作为主，把政治攻势经常化，要求政治攻势与当时当地的具体情况和对敌斗争要求密切联系，经常地进行。"（《新形势下的工作任务》）

邓小平注意区分"革命的两面派"谋略有两种不同的应用范围。在伪军或上层伪组织中的运用，首先要充分利用日伪矛盾和伪军组织内部的矛盾，以便以敌攻敌，趁机发展自己。这是基本出发点。此外还要善于广交朋友；善于利用自己的合法身份以非常隐蔽、巧妙的方式开展工作；善于把握时机，争取同事、下级尤其是上级成为两面派；充分照顾个人特别是革命抗日分子的利益；对没有危害于我的特务分子采取"敬鬼神而远之"的态度；对于死心塌地的汉奸及借刀杀人分子，则不惜采取任何手段铲除之。这是一种极其残酷复杂、充满神秘色彩的斗争方式。邓小平认为，一个革命的两面派都要具有既大胆又谨慎的素质，不夸张、不蛮干、不暴露，脚踏实地地做，就能收到良好效果。

邓小平认为，在敌占区或占优势的游击区也可运用相应的革命两面政策。不过，这需要具备以下条件：第一，必须是全乡全村一致对敌的；第二，必须有武装斗争的配合；第三，各种组织形式表面上不能不是伪组织的一套，但实质则必须是抗日的；第四，必须由一村的一致发展到全乡乃至一个区域的一致，才能便利应付敌人欺骗敌人。对封建地主，邓小平提出要采取"又打又拉，打中有拉，拉中有打"的策略方针，团结他们中的大多数，使他们拥护我党我军的抗战。应根据不同的县区去确定打的阶段还是拉的阶段。在打的阶段中，要善于运用打中有拉的策略指导原则；在拉的阶段中，要善于运用拉中有打的策略指导原则。打得要恰当，拉得要及时。

推行革命的两面派谋略，打入敌人内部，在敌后发展势力，不只是在抗战中有对日斗争的意义，邓小平还看到它在战后有对蒋斗争的意义。他看到国民党在这方面比共产党更积极，抗战一开始，它就着眼于在敌占区积蓄力量，着眼战后优势，派人打入日军内部，努力争取伪军组织。共产党则长期停留在宣传阶段，满足于取得情报，没有认真地打入生根，组织力量。他号召大家向国民党"学习"，大胆利用日伪矛盾，变被动为主动，大力开展工作。正是由于邓小平重视统战工作，加上卓有成效的指导，有效地巩固和发展了所辖范围的抗日民族统一战线，为我军广泛开展游击战和反击国民党顽固派提供了可靠的保证。

三、退避三舍，争取主动

邓小平在他的军事指挥生涯中，善于把握大局，洞察形势，从政治和军事的结合上施谋展略，指挥决策。抗日战争时期，邓小平为了巩固和发展抗日民族统一战线，联合一切可能抗日的军队共同抗日，针对鹿钟麟、石友三和朱怀冰等组成顽固派阵营，采取争取的策略，按照有理、有利、有节的原则，坚持以斗争求团结，退避三舍，以求主动。

1939 年初，国民党蒋介石错误坚持"溶共、防共、限共、反共"的方针，不顾国家和民族的利益，在全国各地蓄意制造了各种军事摩擦，致使流血事件不断发生。鹿钟麟、石友三和朱怀冰等人就组成反动阵营，不断进攻我晋冀鲁豫抗日根据地。根据地抗日军民强烈要求消灭这些反动派。就当时我军的情况来看，消灭这些反动力量也是有把握的。中共中央和毛泽东要求我党我军在同国民党顽固派的斗争中，必须坚持从维护抗日民族统一战线的大局出发，实施有理、有利、有节的斗争策略。

按照这一指示，邓小平面对进一步扩大的摩擦，和刘伯承反复商量，决定从巩固发展全民族抗日统一战线，联合一切抗日军队共同抗日的大局出发，坚持有理、有利、有节的斗争策略，对非顽固反共的国民党将领开诚相见，并在不放弃斗争原则和党及人民利益的前提下，作出一定让步，并多次与国民党将领会谈，宣传我军的抗日主张。

邓小平曾亲自面见石友三，同他进行深谈。邓小平向石友三反复宣传我党申明大义，以国家和民族利益为重，团结御侮、一致抗日的主张。并一再说明，我党发动群众，建立抗日民主政权，正是为了团结广大民众共同抗日的需要，从而使其打消对共产党和八路军的疑虑及戒备。

当时，部队中一部分同志对我党我军对于国民党制造摩擦和纠纷的行为采取忍让和克制的态度不甚理解，甚至产生埋怨的情绪。为此，邓小平对广大指战员进行统一战线思想教育，他亲自给大家作报告，讲清道理，教育大家要巩固与友军友党及各阶层的团结，减少摩擦。对待友军要有诚恳的态度，帮助其解决困难；配合友军作战，对友军的胜利要宣传。从而有效地消除了一些同志的顾虑。

然而，蒋介石却出于其反动阶级本性，消极抗日，积极反共，不断策划反共阴谋。他密电石友三：华北平原不能让共产党、八路军作根据地，遗患未来；要将八路军消灭或赶到北边去。据此，石友三策划了向我根据地进犯的计划，派军队袭击了冀南、冀中八路军和抗日根据地，使当地的军民遭受了较大的损失，尤其是我青年抗日纵队一营损失更大。同时，其他各地的顽固派残杀抗日军民、制造各种摩擦的事件也有增无减。就是在这种形势下，我军还是从团结的愿望出发，对其并没有马上实施军事行动。邓小平两次亲赴石友三的军部，当面揭露其假抗日真反共的阴谋，敦促其以民族利益为重，团结抗日。

针对蒋介石顽固派的反共反人民的行径，邓小平在《解放》周刊上发表了题为《敌后方的两个路线》的文章，一针见血地指出，抗日统一战线内部经常发生摩擦的原因，主要是在敌后方存在着两种不同的路线。一种是共产党所主张和坚持的统一战线，民主同盟。另一种就是蒋介石所坚持的"溶共、防共、限共和反共"的反动路线。邓小平揭露和谴责了一些国民党顽固派不顾国家和民族的利益，专门与八路军、与人民、与进步摩擦，加紧破坏团结和统一，把抗日第一的原则抛开，以"防共"为第一要义。他诚恳指出，巩固团结和统一，要有互助互让合作精神，不是搞摩擦，造谣中伤，乘人之危，对消力量，而应减少不必要的摩擦，一致对敌。应以是否有利于国家，是否有利于抗战作为确定是否让步及让步程度为标准。邓小平郑重地声明，一成不变，顽固守旧，自起摩擦，逼翻民众，那就是无异在帮助敌人，自取败亡。

邓小平的檄文，不仅从一个侧面反映了我们党以国家和民族利益为重，不惜牺牲局部利益来换取团结合作的诚意，反映了我党相忍为贵，对国民党顽固派的倒行逆施采取有条件的克制和忍让的斗争策略，而且也表明了我们党对那些坚持反动立场，一贯与人民为敌的顽固派的克制和忍让是有条件、有限度的，超出了限度的摩擦，是要受到应有的惩罚的态度。

虽然我党一忍再忍，一让再让，却被蒋介石视为是软弱可欺，是委曲求全。于是，蒋介石变本加厉，6月下旬又授意其部属秘密制订了《共党问题处置办法》，企图以"统一""集中"和"服从"之名，取消共产党领导的人民武装力量和抗日根据地。紧接着，顽固派张荫梧部出兵包围了我赞皇工作团，捕走八路军工作团和群众抗日团体工作人员 10 余人，后来又以千余人再次实施了围攻。

邓小平说，张荫梧、石友三等"摩擦专家"欺人太甚，应该教训他们，政治的、军事的双管齐下，没有斗争，抗日统一战线就巩固不了。如果我们的部队都被搞垮了，哪里还有什么统一战线可言，就只剩他国民党一家独裁了。同时，邓小平还指出，对这些人也要区别对待，对搞我们最积极的张荫梧等，要毫不客气地教训一下，而对石友三等目前应以争取为主。根据邓小平的指示，1939 年 8 月中下旬，一二九师组织力量对张荫梧部给予了军事反击，取得了较好的作战效果。

中共中央对邓小平、刘伯承率领一二九师对国民党军采取的斗争策略，处理局部武装冲突的立场和行动表示赞同，同时又提出了"人不犯我，我不犯人，人若犯我，我必犯人"的自卫原则。这一原则，要求一方面不给分裂者以借口，不让其取得攻击我方的口实，影响统一战线；另一方面，要求站在自己的立场上，忍让和克制是有限度的，要坚决打击与教训敢于向我进攻的顽固派。

根据中共中央指示，结合对敌斗争的形势，邓小平和刘伯承指示冀南根据地的领导：我们的一切应站稳抗日而不是对内的立场，对顽固派制造的摩擦也仅是自卫的立场，这样可以会更好地孤立对方，以便于在有利的时机求得适当的解决。并强调指出，要积极与顽军军官多取得一些联系，诚恳地谈一谈目前的形势，搞摩擦是错误的，人民是反对摩擦的，通过宣传，争取好的分子。

没想到蒋介石更为变本加厉，于 1939 年 11 月亲自主持制订了《处理异党问题实施方案》，把进攻的矛头直接指向陕甘宁边区和晋西、晋东南根据地，掀起第一次反共高潮。

在蒋介石的指使下，国民党顽固派的骨干分子朱怀冰率部很快攻占了晋西，抢占八路军的要点，包围或围攻青年抗日纵队、冀西游击队等抗日力量，破坏我抗日政权，抢劫民众财产和物资，公然叫嚣要彻底"驱逐八路军"。石友三也指使部下活埋了我东进抗日纵队的 1 个排，到处捕杀抗日游击队和政府工作人员。

对于国民党顽固派这种猖狂的倒行逆施，邓小平和朱德、彭德怀等八路军的高级将领及时致电蒋介石，说明了当我军与日本侵略者浴血奋战时，国民党的顽固派却在不断地制造大规模的摩擦，不仅破坏了抗战行动，而且消耗了抗战力量，扰乱了抗日统一战线的建立。对此，应该予以坚决杜绝。必须坚持反对摩擦、巩固团结，实现统一，坚持抗日的方针。同时，邓小平利用舆论工具，揭露国民党顽固派的罪恶行径，使国内外都认识到破坏抗日的是国民党反动派，而不是中国共产党和八路军。

从上述的局势中不难看出，邓小平在与国民党顽固派的斗争中，既坚持了以抗日大局和民族利益为重，在政治上、军事上对国民党顽固派的无理侵犯和故意制造摩擦，做到了仁至义尽，一忍再忍，成功地运用了"退避三舍"的谋略，通过一系列的谈判和策略性的退让，我根据地军民虽有一定的损失，可已经取得了政治上的主动权，这样我军奋起自卫，打击国民党顽固派就成了顺理成章的事。

四、后发制人，战而胜之

后发制人是比较先发制人而言，是一古老的谋略。《军志》和《左传》中的"后于人以待其衰"，可说是对后发制人的概括，意思说后于敌人进攻，要等敌人斗志衰落。古往今来，后发制人的战例展出不鲜，比较著名的有楚汉成皋之战，新汉昆阳之战、吴魏赤壁之战等。毛泽东认为，这些有名的大战，都是双方强弱不同，弱者先让一步，后发制人，因而取胜的。在反摩擦斗争中，邓小平成功地采取了后发制人，战而胜之的谋略。

中共和八路军以抗日大局为重，在政治上、军事上对顽固派的无理进攻已经仁至义尽，真正是"退避三舍"。但是，朱怀冰、石友三等人一意孤行，在蒋介石的命令下多次侵犯我太行、冀南根据地。尤其是朱怀冰指挥所部制造了极为严重的"贾壁事件"，在磁县、武安、涉县等地猖狂围攻八路军，使我军受到了重大伤亡和损失。石友三甚至还直接与日军勾结，公开配合日军实施"扫荡"。1940年2月初，朱怀冰、鹿钟麟、孙殿英、石友三等在蒋介石的命令下，再次向太行、冀南我军大举进攻。蒋介石还调来两个军由黄河以南向太行开进，作为后援。

这时，八路军总部及时指示邓小平和刘伯承，要认真对付庞炳勋、朱怀冰和石友三等部的进攻，并从晋察冀边区抽调部队进入太行根据地，以加强一二九师的力量。

面对国民党顽固派两面进逼，邓小平和刘伯承决心同时出击。当时，太行、冀南部队和前来增援的晋察冀、冀中等部队，共有13个团，数量上是顽军的3倍，而且国民党增援的两个军还在黄河以南，形势对八路军有利。于是，刘邓决定调集一切能够参战的部队，发起了磁（县）、武（安）、涉（县）、林（县）战役和卫（河）东战役。

邓小平在研究战役计划时说：朱怀冰是进攻我们的急先锋，根据目前顽军的态势，我们的作战意图应该是集中兵力歼灭朱怀冰部，监视鹿钟麟和孙殿英部，尽可能争取他们中立。石友三流氓成性，反复无常，坚决反共，也是我们目前的打击对象，我们不打则已，打就要打胜。

这次作战的成败，直接关系整个华北抗战局面，是一次军事、政治双管齐下的作战。为此，邓小平和刘伯承根据八路军总部的指示，周密细致地制订了作战计划。以独立支队为别动支队，以主力编成左、中、右3个纵队，分三路进攻，采取包围穿插战术，插入朱怀冰的纵深，直捣他的心脏。邓小平统一指挥3个主力纵队。

刘伯承说，这次打顽军，我作为一师之长，不便出头露面，将来谈判时，也好留有余地。后经请示八路军总部，决定由邓小平政委和李达参谋长"出面"，在前边指挥作战。

3月5日2时，邓小平一声令下，发起磁武涉林战役。中央纵队在李达参谋长的指挥下，按预定路线突击。敌人两个师的结合部果然防御薄弱，他们在我军的猛烈炮火下纷纷逃窜。中央纵队当晚插到前牧牛池，攻占沿途全部碉堡，歼灭其补充团大部，迫使顽军主力退集于岭底、两岔口、花园、贾壁地区。

右翼队由进攻出发地攻击前进，途中遇到了孙殿英的部队。右翼指挥周希汉上前说明八路军专打朱怀冰，该部指挥官立即命令让开道路。右翼队迅速攻占南王庄、齐家岭，打退了顽军多次反扑，关上了顽军突围的大门。左翼队和别动队也进至预定地区，阻止顽军逃窜。

3月6日拂晓，一二九师部队接近顽军后，以迅雷不及掩耳的突然袭击，直捣朱怀冰的军部。

根据各部的报告，3月6日邓小平又签发了第二号作战命令，要求部队坚决追歼顽军于林县以北地区，要不顾一切疲劳完成作战任务。并提醒各部注意：突击的重点仍然是对朱怀冰的军直及九十四师，对二十四师及其他中间部队仍然采取争取的方针。非到敌向我攻击，或阻我必须经过的前进道路时，不得轻易采取军事行动，以致违犯我党的斗争政策。

朱怀冰万万没有料到八路军这么快就打到了他的军部，还没来得及组织反攻，他的部队早已被打得溃不成军，无法收拾，只得丢下全部辎重和后方机关，慌忙抢渡漳河，向林县方向逃去。

邓小平下令全线追击。经数日激战，歼灭朱怀冰第九十七军及其他游杂武装万余人。不少将军都成了一二九师的俘虏。

3月9日，国民党第一战区司令长官卫立煌出面要求八路军停止追击，八路军总司令朱德代表八路军同意这一要求，双方经过谈判，划定了两军边界，商定彼此不得越界侵犯。随后，邓小平奉命率追击部队后撤，并全部释放战俘。

磁武涉林战役和卫东战役相配合，粉碎了国民党顽固派联结太行、冀南、鲁西反动势力，隔断八路军南北联系阴谋，改变了虎狼夹击的严重形势。此役，是邓小平根据中央军委和毛泽东对国民党顽固派斗争的政治策略，以政治需求规范战役的典型战例。邓小平在指导此次战役时，其目的也不是消灭顽军越多越好，而是从团结的政治目的出发，对极为顽固者就是要给予坚决消灭，而对其余的能争取则争取，所以采取了"利用矛盾，争取多数，反对少数，各个击破"的斗争策略。

邓小平和刘伯承等在反顽斗争中运用的退避三舍和后发制人实际上是统一的，退避是为了制人。其优点是，可以避敌锋芒，骄纵对方，寻其破绽。还可以鼓舞士气，以逸身先士待劳。特别是在战场上运用这一谋略，会得到更多的同情和声援，有利于孤立敌人，各个击破。对此，毛泽东的形象比喻是谁人不知两个拳师放对，聪明的拳师往往退让一步，而蠢人则其势汹，开头就使出全副本领，结果往往被退让者打倒。邓小平回忆道："国民党同我们搞摩擦，几个大解放区都有，但最集中的是在晋冀鲁豫。本来，国难当头，国共两党应同舟共济，全国各军应同忾敌忾，共同打击日本侵略军，光复中华。但是，蒋介石出于反动阶级本质，消极抗日，积极反共，策划了一个又一个反共阴谋。毛泽东认为，这样的事如果不加制止，中国就会在这些反动派手里灭亡。"邓小平和刘伯承领导晋冀鲁豫地区军民，在日寇和顽固派虎狼夹击的危险情况下，前门打虎，后门拒狼，取得了抗击日寇、打击反共顽固派斗争的重大胜利。

五、政治攻势，敦促起义

政治攻势与军事打击，从来都是相辅相成，相得益彰的。因为军事打击如果有政治攻势相配合，则可以尽可能地减少军事上的损失而取得更大的作战效益；反之，政治攻势通常都是在军事上强有力的打击才能产生效果的。这也是谋求军政全胜的一条基本规律。邓小平在与敌军事斗争的关键时刻，总是利用一切可能利用的条件，甚至是创造条件去争取军政全胜。平汉战役多种手段并用，最后促成高树勋部和平起义，就是典型的成功范例。

当时，邓小平经常和刘伯承讨论要打退国民党反动派的进攻，一方面要在军事上挫败敌人，另一方面要在国民党军队中开展反对内战的统战工作，尤其是要利用国民党军队中杂牌和嫡系的矛盾，和平民主分子与法西斯分子之间的矛盾，争取一切可以争取的国民党高级将领站到和平民主的旗帜下来。邓小平利用与高树勋多次打交道较为熟悉的条件，多次派人深入高部做工作，并又派人到新乡附近建立联络站，同高树勋联系，他自己还亲自处理与此有关的重要问题。

高树勋，新八军军长，第三十九集团军总司令，第十一战区副司令长官。新八军是西北军的旧部，长期受国民党军中央系的歧视和排挤，国民党一直想吃掉他。所以与蒋介石的矛盾很深，抗战胜利后，高树勋对蒋介石派他充当内战的急先锋更为不满。1942年至1944年期间，高树勋就同我们党有联系，关系比较久。9月间高树勋部开赴平汉路前，邓小平和刘伯承就布置在高树勋部队的中共地下党员王定南，抓紧做好争取高树勋的工作。

高树勋部随北犯国民党军沿平汉路开进后，高树勋就暗中派王定南与我军进行联系。王定南把高树勋亲自写给彭德怀副司令希望友好联合的信交给刘邓，并说明近几年来高树勋在国民党军中受此歧视、遭排挤，感到只有靠近共产党才能生存下去。听了王定南的汇报后，邓小平说：你来得正好，我们也准备做这项工作。为了打退蒋介石的进攻，使其在政治上陷于孤立，必须在国民党军队中开辟新的战线，首先争取受蒋介石排挤、歧视的非嫡系部队，争取一切可能争取的国民党将领，站到和平、民主的旗帜下面来。

邓小平对王定南说：党中央和毛主席要求这项工作迅速做出成绩，所以你要赶快回去，做好高树勋的工作。

邓小平和刘伯承联名写了回信给高树勋，表示欢迎高树勋将军派人来联系，希望他不断进取，为革命为人民做出贡献。

平汉战役打响后，刘邓各路开始出击，由于敌人依托村落构筑的工事比较完备，收缩阵地负隅顽抗，等待援兵，所以作战收效甚微，即使再次组织出击也难以达到作战目的。在大兵压境面前，刘邓权衡分析利弊，认为要打好平汉战役，除了实施强有力的军事打击之外，更多地要借助可资利用的政治攻势去瓦解敌军，以破坏其军事攻击部署，把军事仗和政治仗结合在一起打！

1945 年 8 月 24 日，国民党北犯的 3 个军进入我军预设包围圈后，高树勋部更加动摇消极。邓小平了解到这一情况，在与刘伯承商量后认为机会难得，要采取政治和军事双管齐下，争取高树勋率新八军战场起义，分化瓦解敌军，就可以更有把握地赢得平汉战役的胜利。所以立即设法召见了王定南。

邓小平告诉王定南：情况变化很快，高树勋的新八军和河北民军，已经离开新乡，到达磁县马头镇。党中央和毛主席指示我们，不惜一切代价拦阻国民党这 3 个军北进。这是我们当前严重的战略任务。他向王定南明确交代任务：现在你回去对高树勋将军讲，根据形势需要，他要就地起义，配合我们完成阻止国民党北上的战略任务。

邓小平在谋求政治攻势的同时，为了促使高树勋尽快起义，以第 3 纵队对新 8 军首先进行一定的打击，在给予心理上的压力后改为佯动，同时对敌第四十军、三十军进行重点打击并给其重大杀伤。同时，让有意施放我军马上就要发起总攻，首歼目标就是力量较弱的高树勋部的假情报，从而给高部心理上造成形势极为危险的压力，使高树勋更深切地感受到"四面楚歌"的危机和率部起义的出路所在。

在刘邓命令全军发起总攻击的 10 月 28 日清晨，王定南匆匆回来向刘邓汇报说，高树勋愿意同我军谈判，但还有些顾虑，主要是担心国民党杀害他在徐州的家属。

邓小平听了汇报，斩钉截铁地说：这是一个军事仗，又是一个政治仗，一定要军政双胜。高树勋现在起义，不仅对当前作用很大，对今后的政治影响也是很大的。你转告他，时机很重要啊！刘伯承强调说：当断不断，反受其乱。关于高夫人和其他军官家属的安全问题，我们可以请示中央解决。接说，随即签发了给中共中央的电报。

王定南临行时，邓小平再次强调说：党中央、毛主席明确指示，绝不能让国民党这两个军继续北进。你回去告诉高树勋将军，希望他能以民族大义为重，立即举行战场起义，站到人民方面来，配合我军完成阻止国民党这两个军北上的战略任务，为国家、为人民作出贡献。

　　10 月 29 日，王定南又赶回来向邓小平汇报说：我今天见到了高树勋，把刘司令员、邓政委的话，原原本本地转告了他。告别时把刘邓首长十分关心高夫人刘秀珍的安全，已电请中共中央转新四军陈毅军长派人到徐州车站去接她的消息告诉了他，当时高树勋激动地说：我立即起义，走革命的路。

　　邓小平听后十分高兴，对参谋长李达说：我看你马上去一趟，代表刘司令员和我去看望高树勋，一方面鼓励他坚定已下的决心，另一方面看他还有什么问题，好作最后的商榷。

　　李达是 1931 年宁都起义时由西北军部队参加工农红军的，与高树勋是老相识，由他担任联络是最适当的。在高树勋倾向于起义的关键时刻，邓小平与刘伯承派出李达参谋长亲赴谈判，使高树勋感到我军的诚意和善待之情，明确表示第二天宣布起义。高还提出，起义后，新八军改编为和平建国军，由他担任总司令、在毛主席、朱总司令领导之外，与刘伯承、邓小平同等。李达代表刘伯承、邓小平答应同意。

　　不久，新四军第四师师长张爱萍奉命派人到徐州，把高夫人及其他起义军官家属接到了解放区。高树勋听说后，感激地说："共产党办事，真是言必信，行必果，实在了不起啊！"

　　正是由于在邓小平、刘伯承的悉心指导下，经过军事上的打击和威慑，政治上的施压和争取，终于使高树勋定下决心，于 10 月 30 日宣布战场起义。刘伯承、邓小平得知这一消息后，马上意识到高树勋一起义，马法五必感到恐慌与孤立，有可能突围逃跑。基于这种考虑，刘邓果断地对围攻部署作了新的调整，网开一面，将主力转到漳河以北地区。

　　高树勋将军的起义对平汉战役的胜利起到了重要作用，其影响甚至超过了战役的本身。果然不出刘伯承、邓小平所料，高树勋 10 月 29 日下午宣布起义，马法五部第二天拂晓就突围溃逃，全部被歼灭。

　　邓小平和刘伯承运用军政兼施、恩威并重的方法，上兵伐谋，首创了全国解放战争中，利用国民党内部矛盾，策动其高级将领率部阵前起义，以促成战役迅速结束和获得彻底胜利的成功范例。毛泽东在评价高树勋起义一事时指出：为粉碎国民党的进攻，我党必须对一切准备进攻和正在进攻的国民党军队，进行分化工作。使大量国民党军队在战争紧急关头，仿照高树勋榜样，站到人民方面来反对内战，主张和平。邓小平后来回忆说："平汉战役应该说主要是政治仗打得好，争取了高树勋起义。如果硬斗硬，我们伤亡会很大。我一直遗憾的是，后来我们对高树勋处理不公道。他的功劳很大。没有他起义，敌人虽然不会胜利，但是也不会失败得那么干脆，退走的能力还是有的，至少可以跑出主力。他一起义，马法五的两个军就被我们消灭了，只跑掉三千人。这个政治仗，我们下的本钱也不小。"（《邓小平文选》，第3卷，337页）

六、攻心夺气，瓦解敌军

气是影响战斗力强弱的重要因素，影响着战役的胜负。古人"攻心为上""心战为上"的著名论断，就是说士气在战争中的重要地位和作用。瓦解敌军的士气，是我军对敌政治攻势的重要内容，邓小平对此也非常重视。作战指导中，邓小平善于运用多种行之有效的方法和手段，从心理上、精神上瓦解敌人的士气，从而大大削弱敌人的战斗力，以收兵不血刃之效。淮海战役中，在围歼黄维兵团和杜聿明集团过程中，邓小平注重发挥战场攻心作战，收到了很好的效果。

邓小平在指挥一线部队坚决压缩、逐步围歼守敌的同时，又加紧了对黄维兵团的政治攻势，促其投降。

此时，黄维兵团被围后，整个部队猬集在狭小地区，粮弹俱缺，大量的伤员只好收容于地下坑道或隐蔽部。加上昼夜作战，部队的伤亡剧增。每当空投补给时，一部分补给品落于解放军的阵地上，眼看着拿不到；另一部分就是落在了国民党军阵地上，也难以满足需要，各军自行捡收，甚至因争抢而互相开枪威吓。由各兵站分监部收集到的补给品，分配时则又争多争少，吵闹不休，陷于一片混乱，维持正常秩序已感到万分困难。这样的部队，哪里还有战斗力可言。

在对敌人展开强大的军事攻势和严密的军事封锁下，以邓小平为首的总前委又发起了政治攻势；邓小平起草了以两大野战军司令员刘伯承、陈毅名义发表的《促黄维立即投降书》，向黄维严正指出：你的整个兵团全部歼灭，只是几天的事。而期待的援军孙元良兵团，业已全歼。邱清泉、李弥两兵团业已陷入重围，损失惨重，自身难保，必遭歼灭。李延年兵团被我军阻击，尚在 80 里以外，寸步难移，伤亡惨重。规劝黄维：在这种情况下，你本人和你的部属，再作绝望的抵抗，不但没有丝毫出路，只能在人民解放军的强烈炮火下完全毁灭。贵官身为兵团司令，应爱惜部属的生命，立即放下武器，不再让你的官兵作无谓牺牲，如果你接受我们这一最后警告，请即决策。

《促黄维立即投降书》的发布，沉重地打击了黄维兵团官兵的抵抗信心，破灭了一息尚存的逃生希望。

与此同时，根据刘邓的指示，野战军各部队在前线展开了各种形式的瓦解攻心工作，其前线广播在劝告国民党军官兵缴械投降时指出："只要你们立即放下武器，有秩序的缴枪，不破坏武器装备，我们保证你们所有人的生命安全。"有些部队还贴出了标语和散发了传单："内无粮、外无援、为谁打仗，缴枪不杀。"还有的部队优待逃跑过来的士兵，尔后再派回去作宣传，甚至带一些食品回去，产生了极好的瓦解效果。双方对峙的战场上，黄维兵团出现了整班整排，或整连整营的持枪械来投降的场面。

与此同时，在黄维组织力量准备突围的关键时刻，受邓小平、刘伯承指派，长期隐蔽于黄维兵团第一一〇师的廖运周师长，抓住难得战机，率部举行战场起义，以突然的行动打乱黄维的突围作战部署，成为加速黄维兵团失败之关键。

由此，黄维兵团所固守的防御阵地开始土崩瓦解，顽抗之敌在我人民解放军随即发起的全线总攻之下被彻底消灭。这不仅是军事攻势的胜利，也是政治攻势的胜利，更是邓小平从淮海战役战场实际出发，灵活运用军事攻势与政治攻势同时并举的作战指导原则的成功战例。

黄维兵团被歼后，蒋介石为避免李延年兵团在北援途中遭到同样的命运，遂令其迅速南撤，并与刘汝明兵团共同守备淮河，以阻止我军南进。这样，杜聿明集团的两个兵团 8 个军就猬集在以陈官庄为中心的南北约 5 公里、东西约 10 公里的狭小地域内。

毛泽东鉴于平津战役正处在截断傅作义集团西窜或南逃的道路、将敌分割包围阶段，遂指示淮海前线总前委，对杜聿明集团在若干天内"只作防御，不作攻击"，并强调主要展开敦促杜聿明率部投降的政治攻势。

根据这一指示，以邓小平为书记的总前委指挥打响了一场"攻心夺气"战。

首先，采取全面封锁的方法，瓦解敌军士气。当时正值寒冬，连日雨雪，加上我军的对空火力封锁，敌人的空投很难进行，基本断绝。敌人在狭小的弹丸之地，且不说无法施展优良装备的威力，就连起码的生存保障也成了问题。士兵饥寒交迫，叫苦连天，人心浮动，士气十分低落，杜聿明集团上下一筹莫展，充满着悲观绝望的情绪。有的将官把安全当个俘虏作为理想，有的听天由命，有的已准备好便装以便伺机逃命。下层官兵朝不保夕，更是惊慌不安，精神委靡。

其次，采取多种手段加强政治宣传，挫败敌军斗志。我军对敌军事封锁的同时，展开了连续不断的强大政治攻势，以加速敌军的动摇和瓦解。杜聿明集团被围后，华野、中野就多次向包围圈内的敌军发出过劝降信。随后，在前沿阵地上全文广播了毛泽东亲自为华野、中野两大野战军司令部起草的《敦促杜聿明等投降书》的广播稿。同时，采取电台广播、战场喊话、写劝降信、送饭送食、遣返俘虏等多种方式，不断瓦解和动摇着被围之敌军。

在我军强大的政治攻势下，每天都有几十至几百敌军，冲破封锁，成班、成排前来投诚。有的夜里偷偷跑过来，有的白天公开过来。20 天中，前来投诚者达 1.4 万多人，相当于敌军两个师的兵力。这不但在数量上削弱了敌人，更重要的是瓦解了敌军的斗志，动摇了敌军军心，为我军尔后全歼敌人创造了条件。就连杜聿明事后也承认：解放军在停止攻击的 20 天里，进行了"政治攻势，广播、喊话、送信、架电话、送饭吃等，也起了瓦解蒋军士气的作用。经常有整排整连的官兵投降解放军，使蒋军内部上下狐疑，惶恐不安。"

孙武主张攻心为上，攻城为下。但邓小平的攻心，侧重的是思想层次的攻心，而不是一般的生理、心理层次上的攻击。他强调的是从政治上、思想上、精神上征服敌人，其本质是思想战和意识形态战。他特别重视通过积极的政治宣传，把无产阶级的政治精神通过各种途径传播给敌方阵营，尽量用真理来劝服他们。邓小平认为，政治攻心既要重视理性宣传，也要重视"革命的人道主义"情感感召。他一贯主张，对放下武器的敌人，要把他们当作人，给予悔过自新的机会。

解放战争中，刘邓大军歼灭了几十万国民党军队，活捉了一大批将校级军官。针对这种情况，邓小平在总前委会上提出要注意做好另一条战线的工作，即争取和瓦解敌军的工作，以促进蒋军内部的反内战运动。这样，从野战军到各军区、各纵队都相继建立和健全了敌军工作部。在刘邓的亲自指导下，各部队积极开展了群众性的政治攻势和战场上瓦解敌军的工作，加强了对罢战、交枪和被俘的蒋军官兵的优待、管理和教育。1947 年 7 月，晋冀鲁豫野战军在解放河南省汤阴县时，俘虏了国民党整编第三纵队司令孙殿英将军及 9 位团长。刘伯承和邓小平对他们均以礼相待，同样设宴招待。在席间，邓小平还说起，孙殿英在抗战时担任蒋军军长期间，当八路军一二九师惩罚摩擦专家朱怀冰时孙让过路，一二九师经过他的防地时，孙请邓小平、刘伯承吃过饭，以后又主动送给八路军一些枪支等物。旧情不忘，以诚待之。随后，邓小平、刘伯承派人护送孙殿英到解放军后方，一路上加强了安全措施，将孙殿英安全送到了目的地。孙殿英一再感谢邓小平和刘伯承的不杀之恩，表示与蒋介石决裂，永远跟着共产党，使其立场得到了重要的转变，这对分化瓦解蒋军官兵产生了深刻的影响。

七、政治攻势，敦促起义

解放战争后期，邓小平和刘伯承指挥第二野战军进军大西南歼灭胡宗南集团时，成功地运用了"心战"之法，即在军事斗争顺利发展的形势下，对敌又施以"攻心"之策，结果有效地瓦解了胡宗南集团的军事力量，从而加快了大西南解放的步伐。

1949 年初，解放战争已进入尾声，我人民解放军正以摧枯拉朽之势，席卷大西南、大西北，节节败退的国民党军士气低落，内部分裂，人心涣散，战斗力大减，在西南地区已再难组织力量形成有效的抵抗。邓小平和刘伯承认为，这正是开展政治攻势瓦解敌人意志，配合军事斗争，增大斗争效果，减少军事斗争消耗和破坏的有利时机。于是，他们在向西南大进军，消灭胡宗南集团的作战中，首先开展的是政治攻势。

11 月初，邓小平和刘伯承指挥第二野战军，按计划开始向川南实施大迂回后，发展极为顺利，胡宗南集团许多部队或望风而逃，或就地投降，众将领无心再战，都在为自己谋求后路。邓小平认为，面对这样的斗争形势，敌人这样的心态，无疑给我军开展政治攻势提供了难得的契机，只要在敌人穷途末路的时候，给他们指出一条新生的路、光明的路，宣传我军对敌斗争的政策，使之深入人心，国民党的许多官兵甚至将领，就会弃暗投明，或放下武器，或站到人民军队的行列里。为此，邓小平和刘伯承根据毛泽东主席提出的，必须兼用政治方式——即以"北平方式"去解决敌人的原则，在刚进军西南不久，适时向川、康、云、贵四省的国民党军政人员发起政治攻势，提出四项忠告，劝告他们停止抵抗，弃暗投明，悔过自新，立功赎罪。同时要求解放军广大指战员，在进军途中注意做好对国民党军的争取瓦解工作。

忠告说：国民党残余力量经我人民解放军在华北、华中、华南、西北各地给予接连不断的歼灭打击后，现已接近被歼灭之期。贵阳已经为我军占领，国民党的所谓最后战略体系，又已被我拦截打断。四川东南门户也已洞开，重庆、成都、康定、昆明等地短期内也将获解放。蒋、白、阎等残余势力企图收招残余力量，退集康、滇、桂边之计划已为实际所不允许，其退路则将为我军截断。蒋、李、白、阎诸匪首倡言所谓"美援"和"反攻"，所谓"第三次世界大战即将到来，一切有终于第三次世界大战"，均为诸匪首之梦想，其目的纯系为帝国主义张目，为了欺骗并驱使部属，使其与该匪首一同进入坟墓。你们应该明了这种形势，迅速选择自己应走的道路。本军此次奉命进军西南，负有坚决推翻国民党在西南的反动统治及解放西南 7000 万人民之使命，但对西南国民党军政人员一本人民政协共同纲领及毛泽东、朱总司令约法八章之旨，给予改过自新、立功赎罪的机会。

忠告要求国民党军队应即停止抵抗，停止破坏，听候改编；国民党政府机关政治、经济、文化、教育工作等人员，应即保护原有机关学校财产、用具、档案，听候接收；国民党特务人员，应即痛改前非，停止作恶；乡保人员，应即在解放军指示下，维持地方秩序，为人民解放军办差事。有功者奖，有罪者罚。忠告根据这四类人的可能的不同的表现，做出了明确的处置办法。

忠告最后指出：西南国民党军政人员们，早日进入和平建设，恢复多年战争创伤，这是全国人民一致的愿望。你们不应再作无所谓的抵抗，徒然增加自己的罪孽。如能立即觉悟，投向光明，为时不晚，还有向人民悔过的机会。若再延误，将永远不能为人民所谅解，其应得后果，身必受之。继续反动与立即回头，黑暗与光明，死与生，两条道路摆在面前，不容徘徊，望早抉择。

四项忠告公布以后，在西南国民党军队内部引起了强烈的反响。一些高级将领根据自己的所作所为，按照忠告明确的政策条款，开始寻求个人出路或退路问题。一些中级、低级军官也在盘算着还能不能再给国民党卖命了，既然人民解放军的政策宽大，出路光明，许多将领是愿意接受改编，立功赎罪，争取宽大处理的。正是邓小平和刘伯承所拟制和发布的忠告，在敌人左右为难，进退犹豫不决的时候，及时给其明确了政策，指明了出路，从而瓦解了其抵抗意志和顽抗的决心。

与此同时，邓小平和刘伯承又利用有利关系，加紧对西南地区国民党高级将领的政治工作。12 月 9 日，云南省主席卢汉、西康省主席刘文辉、西南长官公署副长官邓锡侯、潘文华诸将领，在全国胜利形势的影响下，特别是在中共中央的长期争取和刘邓四项忠告的感召下，脱离国民党反动派，分别在昆明、彭县宣布起义。随后，早与共产党有联系的国民党高级将领郭汝瑰、王伯勋、罗文义和陈克非等率部起义，从而实现了加快解放大西南的战略目的。

八、政治重于军事

邓小平从来都是从政治上看待战争问题和谋划国防安全的，既打军事仗，又打政治仗，军政双赢。

军事战是武力打击的硬杀伤，政治战是非武力攻击的软杀伤。军事仗的胜利和巩固，必须以政治仗的胜利为根本保证；政治仗的胜利和巩固，必须以军事仗的胜利为重要支撑。实践中，政治仗必须寓于军事行动之中，贯穿于战前、战中、战后等战争的全过程。邓小平认为，政治仗与军事仗可以相辅相成，政治仗打好了可以有效配合军事仗。同时，军事仗打好了，又能给政治仗带来主动。在邓小平看来，军事仗本质上是政治问题，左右军事行动和战争结局的决定因素往往不是物质力量，而是政治力量。因此，邓小平研究军事问题，不同于一般的军事家，一般军事家只是就军事言军事，除军事以外看不到别的东西。邓小平抓军事问题，就首先作为政治问题、社会问题、人民革命的问题，加以具体理论考察，这样透入本质，而能进行军事思想和战争实践的伟大创造。在解放西藏过程中，邓小平提出了政治重于军事，补给重于战斗的战略思想。

邓小平作为从金戈铁马的战争硝烟中走出来的政治家、战略家，无论是在烽火连天的抗日前线，还是在千里跃进大别山的非凡岁月，他都以一种胸装百万兵，雄视天下小的伟人气魄，在中国的政治、战争舞台上纵横捭阖、举重若轻，留下许多让后人叹为观止的历史大手笔。可是，唯独在对这地域特殊、风情特殊的西藏事务的处理中，显得格外的谨慎。解放西藏，或许是邓小平戎马生涯中最为特殊的一场战斗，要在这块特殊的少数民族地区完成进军任务，进行革命和建设事业，是史无前例，也没有现成的经验可以借鉴。

因为在邓小平的革命生涯，以前只是同日本军国主义打仗，同国民党反动派打仗，并且打的主要是军事仗，在战场一见高低。靠的主要是军事指挥的胆识和谋略，靠的是战斗实力和士气。在与日本帝国主义和国民党军队的斗争中，邓小平几乎是屡战屡胜。尤其是在解放战争时期，更是势如破竹，所向披靡。解放西藏则是一场不同于以往的特殊战斗。因为这是一块国际地位极其重要的国土。它广袤荒凉，贫穷落后，情况复杂，矛盾错综。这里居住着约 200 万藏族同胞。在历史上看，对藏多次用兵部未解决问题，且当时西藏仍然处在农奴社会，西藏广大群众都信奉藏传佛教。面临这样一个特殊对象，邓小平在作战指导思想上进行了创新：政治重于军事。以往在抗日战争和解放战争时期，军事斗争是第一位的、"枪杆子里面出政权"，在人民政权建立以后，尤其是对西藏这样一个少数民族地区，必须改变以往在其他地区的工作方式，才能收到良好的效果。他决定要把解放西藏的筹码拨到和平的天平上。

邓小平根据中央的总意图，从西藏的历史与现实、政治与军事、宗教与神权的对比中，对此作了深刻的阐述。他说，西藏是少数民族地区，政治、军事、经济、宗教和文化都有其特殊性，政策性强。主要是民族区域自治，政教分离。在宗教问题上，达赖集团是有其相当力量的，这是历史的事实，不可取代。要团结达赖、班禅两大派，靠政策走路，靠政策吃饭。解放西藏有军事问题，需要一定数量的军事力量，但军事与政治相比，政治是主要的，军事与政治协同解决，政治重于军事、政治大于军事、政治先于军事。从历史上看，对藏多次用兵均未成功，而解决较为成功者多靠政治。如唐朝和蕃就是一个成功的范例。因此，解放西藏问题要靠政策走路。

进军西藏当然需要相当兵力，但是兵力过大，以后有些问题不好解决，因此进藏部队要力求精干。邓小平认为主力部队有 3 万人就够了。他告诫担负进军西藏任务的十八军：政策就是生命，要积极进行作战准备，展开政治攻势，同时向藏军展示我军是文明之师、威武之师的形象。必须紧密联系群众，依靠群众，要用正确的政策扫除中外反动派制造的各种迷雾，消除历史上造成的民族隔阂和成见，将西藏的广大僧俗人员和爱国人士团结到反帝爱国的大旗下来。

邓小平指示十八军军长张国华，必须立即成立一个政策研究室，要调查西藏的情况。同时各级都要动员起来学会几句藏语，以便应酬宣传。要沟通和藏民族的语言，便于接近他们、了解他们，便于开展工作。不懂藏语，一到西藏你就成了聋子，就要吃亏。

在邓小平的严格要求下，进藏部队全体官兵纪律严明，秋毫无犯。即使在冰天雪地的进军途中，也始终坚持住帐篷而不进寺庙，不经同意不住民房。许多干部战士断粮了，宁可饿肚子，也绝不吃群众地里的一把青稞。

在宗教这个西藏最敏感的问题上，邓小平更是多次教导进藏部队，要切实保护喇嘛寺庙，尊重西藏僧俗人民的宗教信仰，用自身的模范行动增进汉藏民族的团结。1951 年 9 月，由十八军副政委王其梅率领的先头部队准备进入拉萨城之前，邓小平专门交代，到拉萨之后，会见达赖喇嘛时，如果他提出来摸顶，可以不受我们军队纪律的约束，让他摸顶，并代表官兵向他赠送礼品。

进藏部队这种严格要求、认真执行纪律的作风，赢得了西藏广大僧俗人民的信任，无论是西藏的高层官员、僧侣、贵族，还是一般的老百姓，都热情地称赞进藏部队是"新汉人""菩萨兵"。

邓小平起草并向中央提交了作为与西藏地方政府和平谈判的十大政策：（一）西藏人民团结起来，驱逐英美帝国主义势力出西藏，西藏人民回到中华人民共和国祖国的大家庭中来。（二）实行西藏民族区域自治。（三）西藏现行各种政治制度维持原状概不变更。达赖活佛之地位及职权不予变更。各级官员照常供职。（四）实行宗教自由，保护喇嘛寺庙，尊重西藏人民的宗教信仰和风俗习惯。（五）维持西藏现行军事制度不予变更，西藏现有军队成为中华人民共和国国防武装之一部分。（六）发展西藏民族的语言文字和学校教育。（七）发展西藏的农牧、工商业，改善人民生活。（八）有关西藏的各项改革事宜，完全根据西藏人民的意志，由西藏人民及西藏领导人员采取协商方式解决。（九）对于过去亲英美和亲国民党的官员，只要他们脱离与英美帝国主义和国民党的关系，不进行破坏和反抗，一律继续任职，既往不咎。（十）中国人民解放军进入西藏，巩固国防。人民解放军遵守上列各项政策。人民解放军的经费完全由中央人民政府供给。人民解放军买卖公平。

这十项政策，充分考虑到了西藏社会的现实，照顾到了各阶层的利益，非常符合西藏的实际情况，甚至有的藏族代表人士还觉得这十条太多了些。邓小平说：我们对西藏的十条，就是安定一点，这是真的，不是假的，不是骗他们的。所以这个政策的影响很大，其力量是不可估量的。这十项政策，凝聚着邓小平的智慧和创造，充分展示出了他作为一个政治家的胆略和气魄。它既充分照顾到了西藏各族各阶层人民的利益，又维护了祖国的统一和民族的大团结。

邓小平起草的这份历史性文件，由西南局报到中央后，立即受到了党中央、毛泽东的充分肯定和高度赞扬。后来中央人民政府同西藏地方政府签订的和平解放西藏的十七条协议，就是以这十条为基础，在这个大的框架上发展起来的。

历代兵家常说：兵马未动，粮草先行。根据毛泽东提出的"进军西藏，不吃地方"的方针，邓小平还提出了"补给重于战斗"的进军方针，并强调进军西藏衣、食、住、行都是新问题，吃饭是头等大事，进藏所需各类物资除就近购买和筹措外，主要由内地运送的补给原则。

解放西藏当然需要相当兵力，但是邓小平认识到兵力过大会引起以后问题不好解决，因此进藏部队要力求精干。邓小平认为，作战部队有3万人就够了，而补给线至少要1万人，以加强兵站线。后来还组织了一个规模庞大的支援司令部，包括后勤部队和西南军区空军司令部，从根本上解决修路运输问题。这些措施是为了进军"西藏不吃地方"，以便树立正义之师的形象，为政治解决铺平道路。

可是，尽管党中央和西南局为西藏的和平解放倾注了大量的心血，但在帝国主义和外国反动势力的支持下，西藏当局始终紧闭和平的大门。

就在解放军准备进藏期间，西藏地方政府在帝国主义的支持下，将其部队主力部署于昌都一带，企图凭金沙江之险，以武装对抗阻止解放军入藏。昌都是藏东政治、经济中心，西藏地方政府的总署所在地，是解放军进藏必经的咽喉要地。邓小平和刘伯承果断地决定一方面继续积极利用各种关系进行政治争取，另一方面命令部队在政治争取不成的情况下，发起昌都战役，粉碎西藏地方政府企图以武力阻止解放军入藏的阴谋，促其内部转化、分化，争取整个西藏问题的和平解决。

1950 年 10 月 6 日，人民解放军发起昌都战役。战役历时 18 天，于 10 月 24 日胜利结束，消灭了藏军的主力，粉碎了帝国主义和西藏上层中的分裂分子企图分裂中国的阴谋，促进了西藏地方政府的转变和分化，为和平解放西藏创造了有利条件。在中国共产党政策的感召和各方面的努力下，达赖喇嘛终于面对现实，抛弃了幻想，派出了以阿沛·阿旺晋美为首的西藏地方政府和谈代表团。

1951 年 4 月 16 日，西藏和谈代表阿沛·阿旺晋美一行到达重庆，受到各方面代表和群众的热烈欢迎。邓小平等西南党政军领导接见并宴请了他们。邓小平耐心地向他们讲述了中国共产党争取和平解放西藏的十大政策，一再坦诚而又坚定地表示，中国共产党一定会认真执行这些政策，并阐明了争取达赖从亚东回来对和平进军的好处，希望他们消除隔阂和猜疑，使谈判成功。邓小平对阿沛·阿旺晋美在关键时刻深明大义，从西藏广大人民的利益出发而主张和谈的历史性选择，作了高度评价，并勉励他永远保持爱国本色，为西藏人民的建设事业作出更大的贡献。5 月 23 日，中央人民政府和西藏地方政府签订了和平解放西藏的十七条协议。西藏终于实现了和平解放。

第十章
慈不掌兵，以治为胜

　　古往今来富有远见的军事家、有建树的名将都主张治军从严。春秋时期的军事家吴起说要以治为胜。在中国战争年代那种特殊的环境里，把党的政治纲领和军事战略变成再造山川的战争实践，需要高超的指挥艺术，同时也需要从严治军的腕力和气度。邓小平在长期的军旅生涯中，不仅以指挥英明、多谋善断而著称，而且也以治军严格而享誉全军。他熟悉治军规律，善于把军事号令的"严"与政治节操的"严"、把对部队的"严"与对领导干部的"严"结合起来，注重教育养成，强调一体遵循。

一、严明军纪

《孙子兵法·地形篇》曰：厚而不能使，爱而不能令，乱而不能治，"譬如骄子，不可用也。"几十年的军旅生活，使邓小平十分喜爱他和刘伯承亲手带出的部队，他称赞二野挑了重担，完成了任务，锻炼成一支"了不起的部队"。但他深知，对士兵仅厚待而不能使用，只知溺爱而不能命令，违法乱纪也不能整治，如娇生惯养的孩子一样的军队不能用来打仗。由此而脱离群众，也如鱼离开水一样而无法生存，所以始终强调慈不掌兵，严明军纪。

（一）从战略高度认识纪律的极端重要性

纪律是构成军队战斗力的重要因素。邓小平认为，纪律是军队性质的反映，连纪律都建设不好的军队，是无法战胜困难的，更是无法战胜比我们还强大的敌人的；好的军队，必然有好的纪律作保证，与人民的利益相一致，这是任何敌人都无法战胜我们的无价之宝。严格的纪律是我们赖以战胜强大敌人的基本优势，提高纪律性是争取革命胜利的中心环节。所以，邓小平在革命战争年代，始终注重对部队的纪律建设，放在战略的高度来加强教育，作为治军之基础来抓，使军队形成统一的意志，统一的指挥，统一的行动；使军队在民众中展现出文明之师、正义之师、仁义之师的形象，这样的军队才能无往不胜。他反复告诫部队干部："如果军事纪律、群众纪律、经济纪律不执行起来，纪律可有可无，那么就要搞到连打仗也不行的地步了。一定要警惕到，群众不是命里注定要跟我们走的，如果我们纪律不好，如果国民党军队纪律好，为什么老百姓不可以跟国民党走呢？"（《发动群众执行纪律，反对自由主义》）这就从人心向背的高度阐明纪律的重要性，语重心长，发人深省。

邓小平把毛泽东提出的"三大纪律八项注意"提到战略高度来认识，深刻地指出：三大纪律，八项注意，是毛主席亲手制订的，绝不能把三大纪律、八项注意看作是一个枝节问题，是一个简单的规定。它是一个战略、策略和政策的大事，是能否夺取战争胜利的大事。他还反复强调说，把三大纪律八项注意办到了，一个革命军人才是够了格，只靠冲两次锋，是不够格的。

大别山时期，当部队遇到许多预想不到的困难时，出现了一些违犯群众纪律，侵占群众利益，纪律松弛，作风松散，管理松懈，政令不畅等问题之后，邓小平马上意识到了问题的严重性。他亲自组织召开高级干部会议，及时统一思想，提高认识，有效地克服不良现象。会上，邓小平首先分析了部队进入大别山后，反映出一些干部，特别是高级干部，对重建大别山根据地的战略意义认识不够，与完成艰巨的战略任务不相适应等问题之后，对部队的纪律松弛问题也进行了一针见血的批评：部队纪律不好，这是我军政治危机的开始，而政治危机必然带来军事危机，后果不堪设想，我们要想在大别山站稳脚跟，就要发动群众；而要发动群众，就要必须严肃纪律。纪律与完成战略任务密切相关，与部队的生存密切相关，与根据地的发展密切相关，也与战胜敌人有关。所以，我们各级领导，对部队的纪律问题万勿忽视。所有高级指挥员都必须带头执行三大纪律八项注意，强调部队纪律的好坏直接关系到根据地的建立与巩固的问题，必须当作一项严肃的政治任务去抓，不得有丝毫的松动，更不得有一点的变通。邓小平、刘伯承还为部队规定了约法三章：以枪打老百姓者，枪毙；掠夺财物者，枪毙；强奸妇女者，枪毙。与此同时，他还要求所有的干部、战士要互相监督，严格执行，并指示成立了执法小组，务必严厉惩处违反纪律者。

他在一次讲话中说："群众最痛恨的就是抛撒粮食，抛撒稻草，还有住群众内房。"邓小平加进了"最痛恨"三个字，指出了问题的严重性。为此，邓小平要求全体官兵一定要特别注意不做群众痛恨的事，要求干部战士建立密切的群众关系。邓小平还尖锐地指出，目前部队中破坏纪律的人员一百人当中只有两三个。问题之所以严重，在于另外九十几人对这几个破坏纪律的分子采取了自由主义。为此，他力倡发动执行纪律的群众运动，要求各级首长负起责任，严明赏罚，扶持正气，形成监督与批评的强大压力，使破坏纪律者不敢随便亵渎战斗集体的荣誉。

邓小平更是把严格执行三大纪律八项注意作为争取群众的重要一环，不仅要求各级领导身体力行，以身作则，率先垂范，带头执行，而且还要求各级领导在执行中要根据一些新情况、新问题及时补充和完善纪律规定。有一次邓小平来到黄安（今红安）县七里坪的一个村里开展工作，当他听说村里有个老红军家属，家里只有 3 升米，而部队征粮的同志却硬要他拿出两升米时，十分生气，他焦急地对刘伯承说："如果照此下去，老百姓不是更不敢接近我们吗？"于是，他与刘伯承连夜商量当即起草了一份《粮草通知》，其内容是：部队征集粮草一定要给钱，未付钱的要打借条，同时要向老百姓说明白，革命胜利后，我们一定要如数付清。《粮草通知》立即下发到各部队，邓小平反复强调，执行《粮草通知》，就是具体贯彻执行三大纪律八项注意，这不是件小事情，而是关系到党的政策和我军声誉的大问题，一定要严格执行。

正是因为邓小平始终把部队的纪律作风建设作为实现战略意图、完成战略任务的重要组成部分来抓，常抓不懈，使部队在艰苦卓绝的条件下，很快扭转了纪律松弛，作风松散，管理松懈的问题，取得了群众的支持和帮助，在大别山站稳了脚跟，创造了不被敌人战胜，不被困难压倒的条件。

（二）执行纪律要从严从快处理

抓住部队中带倾向性的问题，反复进行严明军纪的教育，造就令行禁止的素质与风气，从而保证战斗力的提高，是邓小平掌兵治军的一个特点。邓小平常讲：战争中，慈不能拿兵；执行纪律中，慈也不能掌兵。有令不行，有纪不执，有章不循，有法不依，等于一纸空文。所以，要把纪律落实好，要使纪律真正有效地约束部队，促进部队的建设，就必须从执行上严格起来。邓小平担任师政委、野战军政委、总前委书记，每天该有多少军政大事需要解决，但对涉及军纪的"小事"也十分重视，从不手软，要求从严从快处理，一抓到底。

邓小平出任一二九师政委不久，就主持了一次军人宣判大会，处决一名强奸妇女的战士。宣判大会气氛十分严肃，大家都站立着。师政治部军法处的同志宣布罪犯犯罪经过，并宣读判决书。之后，邓小平同志讲话。

　　师政委一般只在团以上干部大会上作报告，不在军人大会上作报告。邓小平话不多，不太喜欢作报告，更不会轻易破例。但这件事很严重，除了强奸妇女本身性质严重外，更严重的是有一些人前来为强奸犯求情，认为判重了。这说明部队内部和当地群众对八路军这支抗日队伍还有模糊认识，对其严明的纪律认识不清。因此，邓小平决定讲话。

　　他非常严肃、严厉地指出：我们共产党领导下的八路军同军阀部队最大的区别之一，就是纪律严明，绝不允许侵犯群众利益。只有做到这样，我们才能得到群众的爱戴，才能在敌后生存。老百姓历来怕当兵的，山西的统治者过去还向群众灌输过共产党红军是多么可恶、多么可怕。为了让群众真正了解我们八路军的真面目，它完全不同于旧军队，那就需要用我们的实际模范行动，来打动群众。这次奸污妇女的事件，虽然是一个战士的犯罪，但一传开，就会对我军造成很坏的影响，并会破坏我们这几个月来好容易在群众中树立的好印象。我们绝不能心软，一定要严肃地处理这件事。一定要从这件事情中吸取教训，严明群众纪律，遵守三大纪律八项注意，才不愧为革命军人。

　　邓小平对部队中个别人员违犯纪律的行为十分愤慨，认为这是一种政治上右倾和丧失胜利信心的表现。他不但反复向干部战士们讲明遵守群众纪律的重要，而且每到一地亲自去检查纪律，发现问题马上追究和处理。

　　大别山时期，有一天邓小平在路上发现一名军人刺刀上挂着一捆花布，一捆粉条。当即指示查明此人此事。得知是警卫团的一名副连长从一个无人看管的店铺里拿了这些东西，因为当时该地老百姓都已经跑光。

　　在讨论副连长的问题时，邓小平主张按约法三章办事，以"抢掠民财"治罪——枪毙。由于这位副连长打仗勇敢，立过战功，所以，许多人为他求情，请求司令部饶恕他，给他一个立功赎罪的机会。一些群众也前来为他说情，请部队首长刀下留情。负责督办此事的副政委张际春见状请示邓小平能否宽大处理。邓小平严肃地说："群众的话，我们可以理解，但既规定了约法三章，就不能说话不算数，失信于民。如果对一个副连长姑息、迁就，不能执行纪律，那么今后更多的人犯纪律怎么办？不下决心严整军纪，部队的纪律就会继续坏下去，群众就更不相信我们，而我们在大别山也就站不住脚！"

邓小平讲得铿锵有力，不容动摇。这个副连长在群众公审大会上被枪决了。这件事在全军和群众中引起的震动强度是可想而知的。枪毙了一个副连长，避免了十个、百个像副连长这样的干部和战士重犯这样的错误，教育了更多的人从中汲取教训，认识到严格遵守群众纪律的重要，赢得了人民的拥护和爱戴，得到了人民的支持和帮助，为之在大别山顺利地站稳脚跟，奠定了坚实的基础，创造了宝贵的条件。

邓小平说，带部队的同志对部队纪律整顿的怎样，首先要看他的直属队和他的警卫员。他还曾尖锐地批评一些干部："一点小行李，自己也不背，两个小包袱还要老百姓来挑，仿佛我是来革命的，老百姓应该干在我面前。"

（三）整饬军纪，提高战斗力

邓小平重身教，律己严，执行纪律一丝不苟，常亲自深入部队督促检查，一经发现不良倾向，立即进行整顿。

1946 年 8 月的陇海战役中，第七纵队英勇作战，解放砀山城，歼敌5000 多人。但在战斗中纪律不好，损坏了群众家具等，不少群众家被弄乱了。反映到邓小平那里，他非常重视，当即踏着泥水来到前线，召集团以上干部会议。

邓小平严肃地说，陇海战役打了四天，这一阶段你们打得很好，解放了砀山城，俘虏了几千人，缴获武器也不少。但必须指出，你们有人违犯了群众纪律。你们打仗牺牲了那么多人，为了什么？不就是为了解放人民群众吗？为什么还要损害群众利益呢？你们要认真赔偿群众的损失。他语重心长地说：违犯了群众纪律，就得不到人民的支持，没有人民的支持，取得战争的胜利是不可能的。

纵队领导当场承认了错误，并立即进行赔偿工作。

定陶战役后，由于居功情绪滋长，个别部队纪律有些松弛。邓小平决定召开高级干部会议，专门部署整饬军纪的工作。会议定于 9 月 10 日召开，这天又正好是中秋佳节。当各纵队的领导满面春风地向他伸出手来表示问候时，邓小平摆摆手，板起面孔说："这次开的是不握手会议。"一时竟说得各纵队领导面面相觑，不知所云。

会议一开始，邓小平就开宗明义地说：

"今天我们把大家请来，不是欢度佳节，庆祝胜利。而是要开一个不握手的会议。我们不要以为打了两个胜仗，就沾沾自喜，握手言欢，心满意足，你好我好，什么都好。要更多地想想自己的不足。邯郸出发以来，我们的工作做得怎样？群众纪律怎样？军民、官兵的团结搞得好不好？部队的指挥和战斗作风还存在哪些问题？希望大家就此发言吧！"

邓小平的话刚说完，各纵队的首长就明白了为什么要开这样的会议。接着，刘伯承司令员、李达参谋长和张际春副政委先后发了言，指出部队中存在的问题和解决问题的办法。与会的各纵队领导结合自己所在部队的情况，纷纷对照检查，开展批评与自我批评。

事后，各纵队领导回忆起这次不握手会议的情形时，常爱对人们讲：小平同志对高级干部要求非常严格，在重大是非原则问题上，从不迁就任何人，但他对这些历经战争考验的干部们又是非常信赖的，相信他们的觉悟，知道他们一旦认识到错在哪里，就一定会勇于接受并加以改正的。

巨野、鄄城、滑县战役后，大批被俘和起义的蒋军人员加入了解放军，十几万大军集中在三四个县内，物质供应紧张，生活较艰苦，没来得及做深入思想改造工作，一部分指战员的头脑中滋生一些骄傲的情绪，违反部队纪律，个别部队的斗志有所松懈，军民和官兵的团结也出现了问题。邓小平深刻体会到，战场大军云集，得道多助，失道寡助，民心向背是决定战争胜败的重要因素。因此，邓小平和刘伯承把这当作一项战略任务来抓，立即成立了一个纪律检查团，由野战军指挥部民运部长穰明德任团长，对部队的纪律作一全面检查。

纪律检查团在执行任务时，发现某纵队的一些战士在宿营地随便摘吃群众果园中的果子，群众对此意见很大，个别干部拒不接受批评，还傲气十足地说："我们打了胜仗，口渴了，吃几个果子算不了什么。"

邓小平听说后，严肃地说："这个典型抓得好，抓得及时。我要亲自去过问一下，整顿纪律，事关重大，就要有魄力，不然就打不了胜仗。"

到了这个纵队的宿营地，邓小平下令立即集合营以上干部训话，严肃地说道："在陇海路战役中，你们打了胜仗，这无疑是你们的光荣，但绝不是你们居功自傲、违反军纪的本钱，听说有些战士随便摘吃群众的果子，这不是违犯毛主席提出的三大纪律八项注意吗？三大纪律八项注意是我军的光荣传统，必须坚决执行。违反了群众纪律，我们就得不到人民群众的支持，就不能取得战争的胜利。"

回到指挥部，他主动与刘伯承商量，以军区的名义发布一个关于整顿部队纪律的命令。邓小平嘱咐穰明德，迅速派人到各个纵队，传达他和刘伯承的指示下决心整顿纪律，否则，部队就形不成强大的战斗力，就不能打胜仗开辟新区，那么我们就只有背着背包再回到太行山去打游击。大战在即，纪律检查团奉命冒雨传达邓小平的指示，采取先党内后党外的工作方法，传达了刘邓关于开展纪律检查的意义和改正期限，并向广大指战员宣传了三大纪律八项注意，指导和协助部队开展纪律检查活动，采取"惩前毖后，治病救人"的方针，处理了违法事件和有关人员，取得了很好的效果，使军政军民之间的团结得到了加强。结果，这次整顿立见成效，部队取得了定陶战役的胜利。

1948年秋，毛泽东提出全党当前的任务，是"军队向前进，生产长一寸，提高纪律性，革命无不胜"。同时强调指出：提高纪律性，即克服全党严重存在的无政府无纪律状态，为保障前两项任务及革命胜利之中心环节。正在西柏坡参加中央政治局会议的邓小平致电中原局各委员，指出："我们本身对此环节的意义了解极不深刻，或只了解成为报告制度及政策的统一性，而未充分认识无政府无纪律状态给予党的损害。""中原局及中原军区对中央军委报告不够，对下面的不报告多采取原谅态度，亦即是自由主义态度"（《中原区关于执行加强纪律性等问题的意见》），他建议中原局和中原军区要响应毛主席的号召，迅速就部队中无政府和无纪律状态做出检讨，坚决扭转各地、各部队自出布告，自订政策，事前不请示、事后不报告或报告不真实的松散现象。

军队执行纪律的核心是执行政策、法令。越是把战争引向蒋管区，战争形势越是如火如荼，就越需要加强正确思想的灌输。针对淮海战役后中原野战军出现的严重的无政府无纪律现象，邓小平及时提出要从军队的正规化着眼，克服无组织无纪律状态。他在给中央军委的报告中写道：

根据最近材料反映，特别在歼灭黄维兵团后，战场纪律之极度混乱为历来所未有，证明中野的无政府无纪律状态不仅是严重的，而且是发展的。中野各部团结及群众纪律大致均好，作风简单朴素。无政府无纪律状态，主要表现在游击主义或游击习气非常浓厚。军队的组织生活和制度极不正规，且极涣散。表现在我们干部自自卫战争以来，一般缺乏学习党的理论和政策的空气，从而发展了庸俗的生活习惯和自由主义的空气，缺乏政治的严肃性和前进的精神。在执行党的政策方面，越到下面越少自动性。领导机关提出注意时执行就好；领导机关注意不够时或部队独立行动时执行就差。在军队组织及制度方面，各级干部一般缺乏严格遵守纪律的习惯（作战纪律是好的），特别表现于部队的本位主义，编制很难行通。对一般命令常打折扣，对报告制度满不在乎或极端迟缓。对人员武器的调剂，用走私的办法，比命令还易通行。自定章程法规的事仍时常发生。多报人数、多领粮食、衣物的事更属普遍。在军队管理方面，极端松懈和散漫，很少部队注意军风纪律，部队装备随补随丢，对公物极为不爱惜，军容不整，以滥为光荣。名义是正规军，而在组织和习惯上则仍是游击状态。

邓小平分析指出："更重要的是，我们领导上历来多注意于作战、群众纪律、部队的团结和朴素的风气，对其他方面的要求多不严格。所以克服中野无政府无纪律状态，必须从造成干部学习党的理论和政策的空气着眼，从军队的正规化着眼，从领导上贯彻到底着眼。"（《从军队的正规化着眼，克服无组织无纪律状态》）

这适时敲响的警钟，促使各级干部在贯彻执行党的指示和上级意图方面变得兢兢业业，保持了清醒头脑。部队中庸俗的生活习惯和自由主义的空气为之一扫，政治的严肃性和前进精神大为发扬。

为避免整肃军纪过程中的泛泛要求和大而化之，邓小平强调要有成文的具体指导。他说，中央指示的一般原则，对下级干部和战士来说是很难理解的。他们要求的是具体的规定。事实上出毛病的，往往是领导机关没有预想到或者没有具体规定的事情。在他的督促下，二野关于战场纪律、群众纪律、城市政策、俘虏政策以及外交、金融等方面的规定性文件、守则都是比较具体的，有的还编成了顺口溜和歌谣，以利部队潜移默化，自然养成。

和平建设的新时期，针对林彪、"四人帮"破坏给军队造成的派性、纪律性的问题，邓小平全面总结我军的历史经验，提出了"整顿军队必须严格整顿纪律"的思想，强调治军要严，首先要严格军队的纪律。不整顿纪律，照此发展下去，我党亲手创建的这支有着优良传统的军队就会不成样子。对于部队中有的单位闹派性、搞山头问题，对于有些干部对上面的指示不执行、命令不服从的问题，对于有些部队组织纪律差的问题，邓小平忧心忡忡，他反复强调，军队要像军队的样子；军队没有纪律不行。一支军队如果没有严明的纪律，就无法执行各种任务，就难以形成战斗力，就谈不上质量建设，走精兵之路。

1975 年，邓小平提出："军队的整顿，一个是要提高党性，消除派性；一个是要加强纪律性。"（《邓小平文选》，第 2 卷，2 页）事隔半年，他在军委扩大会议上又指出："现在军队组织纪律性差，什么下级服从上级呀，个人服从组织呀，都不管了。过去军队组织纪律性是很强的……现在不行，不只是个人，甚至有的单位也违抗命令。"（《邓小平文选》第 2 卷，17 页）针对由于林彪、"四人帮"的干扰破坏，军队存在的纪律松散、管理松弛，无组织无纪律现象严重的状况，邓小平尖锐地指出："为什么毛泽东同志提出要唱《三大纪律八项注意》歌，而且专门唱那一条，叫作'一切行动听指挥'呢？就是强调纪律嘛。"

粉碎"四人帮"之后，邓小平在 1977 年的中央军委全体会议上的讲话中，再次强调纪律的重要性。他说："军队非讲纪律不可，纪律松弛是不行的"。(《邓小平文选》，第 2 卷，81 页）邓小平语重心长地说，我们这个军队，历来强调一切行动听指挥，强调遵守组织纪律。不这样，我们能够战胜比我们强大很多的敌人吗？能保证党对军队的领导，贯彻执行党的路线、方针政策吗？能够加速我军的革命化建设吗？所以，要经常不断地教育我们的同志，我军是中国共产党亲手缔造的人民军队，是无产阶级的军队。无产阶级是具有高度组织纪律性的阶级。无产阶级的军队必然就体现了本阶级的优秀品质和优良作风，其中突出的一点就是纪律严明，在思想政治、作战、训练等一切工作、一切军事活动中都坚持从严要求。正因为这样，我们的军队才做到了任何艰难困苦而不溃散，步调一致走向胜利。这个优良传统我们一定要发扬下去。怎样发扬、怎样做到严格呢？就是严在坚持标准上，严在贯彻不走样上。

由于林彪、"四人帮"的干扰破坏，有些干部战士的群众纪律观念淡化，在社会公众面前行为不检点，违反社会公德和群众纪律的现象时有发生。邓小平对此高度重视，多次强调加强群众纪律的重要性，如果认为这些问题无关紧要，没有警觉，那是很危险的。强调要把严明群众纪律作为部队政治教育和群众工作的一项重要内容，进行经常性的群众纪律教育，不断提高干部战士对严明群众纪律重大意义的认识，增强执行群众纪律的自觉性。他指出："三大纪律八项注意的基本精神不能变，也没有变，但怎样贯彻执行，如果不研究不结合新的情况，就贯彻不好。""要按照新的情况，从各方面搞好军民关系，正确地解决军民关系问题。"(《邓小平文选》，第 2 卷，120 页）

针对我军"有些干部对上面的指示不执行，命令不服从"的问题，邓小平反复强调军队要加强纪律性，"一个是一切行动听指挥，一个是自觉遵守纪律。要加强这方面的教育。"并严厉指出："对不执行命令的，不走的，赶！有的开除军籍，有的降级，要执行纪律。如果军队连这一条都办不到，还叫什么军队！"(《邓小平文选》，第 2 卷，82 页）强调军队内部要坚决反对一切不遵守纪律的现象。他从严格纪律入手，全面整顿军队的政治纪律、军事纪律、组织纪律和群众纪律等，使官兵素质和部队质量有了很大提高。

二、抓头头，治军先治官

培养部队的过硬作风，关键在干部。强将手下无弱兵，有什么样的干部就会有什么样的士兵。邓小平从严治军，首先是从头头抓起，从领导干部抓起的。

为此，邓小平重身教、律己严，以身作则，执行纪律一丝不苟，同时严格要求高级干部，绝不允许他们居功自傲，沾沾自喜，放松对部队的要求。一经发现不良倾向，立即进行整顿，处理起来从来都是铁面无私的。

邓小平一贯坚持用党性标准来识别和使用干部，对干部的缺点从不采取庸俗的自由主义和迁就态度，尤其不能原谅那些思想懒惰、办事马虎、工作打折扣、执行上级指示讲价钱的人。他常说，提拔干部的标准德是第一，德就是原则性和阶级性，才、资是次要的，这一点必须明确。有些干部尽管资历不浅，也比较能打仗，但政治上对自己要求不严，不能团结同志，不能模范地贯彻上级指示，邓小平就宁可用那些才资稍逊，但政治上却较强的同志。正因为他自己一身正气，从不搞拉拉扯扯、亲亲疏疏的一套，批评错误的东西不徇私情，所以他手下的干部感到在邓政委领导下工作有一种无形的压力。

邓小平指出，在人民军队里面，始终贯穿着两种因素的斗争。一种是积极的因素，就是把革命推向前进的因素，这是主导因素，是正气。另一种是消极的因素，就是各种非无产阶级的错误倾向与思想意识，这是邪气，两种因素的斗争结果关系到革命成败，因此各级干部必须不信邪，敢较真，成为把革命事业推向前进的一杆旗。在二野有一种说法，叫作"枪打出头鸟"，"杀一儆百"，谁敢首开蔑视党规军纪的先例，谁就要取其咎，食其果，成为一个反面的典型。

有一位旅级的干部结婚时，叫警卫到地主老财家里搬了几样家具。邓小平知道后，在干部会上指名道姓地把这件事作为资产阶级思想的表现狠批一通，引起了很大震动。解放郑州时，某纵队后勤部的一位领导去向当地铁路局借小汽车，与对方发生争执。这位领导一贯表现不错，工作很负责任，但邓小平这次硬是坚持撤销了他的职务。邓小平说：什么借？你是胜利之师，这是明借暗要，不是抢也是抢，违犯了我党我军的城市政策。

在胜利面前，保持清醒的头脑，反对居功自傲和追求享乐，戒满防骄，谨行励志，越是胜利到来之际越要遵纪守法，这是刘邓对部队特别是对高级干部的一贯要求。

淮海战役刚刚结束，邓小平告诫各级干部：这个胜利"仅仅是全国千百次重要胜利的一个。一如坚持大别山的意义一样，只能把它的宝贵经验提取出来，作为我们继续进步的基础，而不能把它变成障碍自己前进的政治包袱！"

渡江作战前后，有些干部认为二野特别苦、出的力特别大，背上了居功自傲的思想包袱。在接管南京时出现了公私不分，擅自处理缴获物资补充自己和怀疑友邻，妄自尊大等现象，邓小平抓住一位高级干部的典型，以前委名义通报批评，并由此发起了一场加强人民国家观念、革命整体观念的教育。

1949 年 8 月，第二野战军党委发出指示，强调全体官兵特别是各级干部要放下包袱，轻装前进，不能把大别山斗争变成阻碍自己前进的政治包袱。邓小平讲道："党对大别山斗争，已经有了正确适当的估价，它有很大的战略意义，这确是光荣的历史事实，但不能把它当成包袱来背上。应当知道，其他野战军兄弟部队的功绩，虽然不叫'大别山'，但他们都有别的许多伟大的功绩，绝不要认为只有我们苦。"

9 月 5 日，刘邓又发出指示，号召全军干部放下包袱，向三野、四野学习。当时二野正准备从三野所在地区华东区出发，经四野所在地区中南区进军。刘邓特别强调：由于我们干部特别是某些高级干部背上了"大别山"的包袱，淮海战役、渡江战役诸胜利的包袱，骄傲起来，以致大大损害了我们的工作。二野穷、二野苦的舆论，掩盖着我们的本位思想。各级党委和各级负责同志，现在是放下包袱的时候了。现在是我们二野干部（不是战士和下级干部，而是上级和高级干部）向四野、三野学习艰苦朴素、遵守政策、模范执行纪律、顾全大局和友爱团结的时候了。

9月底，邓小平、张际春在关于进军西南的准备情况向中共中央的报告中又指出：二野渡江前后，干部中甚至个别高级干部中滋长着一种认为"二野特别苦和特别出了力"，要求过高待遇的错误思想，由于这一思想包袱的存在，便产生了二野一般干部中人民国家观念、革命的整体观念缺乏，无政府无纪律的倾向不能得到迅速地克服。因此，发生在南京接管工作中，好些部门公私不分，并不打算请示与报告就自由处理和补充物资；好几个师级干部在乘火车中可以不遵守铁路规章，横蛮要求车站予以特殊，以及军运中多报人数与物资需用量，对上埋怨，对友邻怀疑，骄傲自大，叫苦，要求条件不许可的补充等不良倾向。我们认为这种倾向和思想对于执行进军和建设西南的任务，对于二野本身的进步都有极大妨碍。

为什么要这么严呢？因为形势和环境发生了很大变化，能否戒骄戒躁，避免李闯王进京所犯的历史错误，这是重大原则问题。若不纠之以猛，就刹不住胜利者的傲气，后面就会跟上一连串类似的问题。因此，邓小平对于干部的严是恨铁不成钢。严是爱，松是害，惩治是为教育，为了使更多的同志不犯错误。由于狠抓了这个问题，因而使二野全军上下，及时克服了各种错误思想，意气风发，斗志昂扬地踏上了进军大西南的艰苦征途。

邓小平和刘伯承率领野战军主力一年来转战江淮河汉，艰险的环境使部分指战员甚至高级干部中的右倾情绪和无组织、无纪律、无政府的现象不断滋生。1950年元旦刚过，邓小平在成都战役总结大会上，针对干部中正在发展的享乐思想，一针见血地问道：西南的仗到底打完了没有？接着他分析了改造90万国民党军队、发动6000万基本群众、提高60万我军人员素质的艰巨任务，十分动情地警策与会者，在这样严峻的形势面前，有些同志认为仗已经打完了，该享乐了，这是何等的危险与可怕？

邓小平强调，所谓享乐思想，实际上是团以上干部的思想。不愿住乡村，不愿到小城市，不愿住无电灯的房子，也是团以上干部的思想。而各高级首长能否以身作则，关系尤大。邓小平非常气愤地谴责重庆闹房子不够住的现象，说这简直是要搞"华尔街"。为此专门发出通知，明令不准住私人公馆，房子挤着住，集体办伙食，严防铺张浪费，同时要特别注意下级干部及战士在制度规定范围内的福利。随后，他又督促成立各级党的纪律检查委员会，专司监督之责，以便随时揭露与清除干部中的腐败现象。进驻重庆后，邓小平还亲自参加处理过个别高级干部喜新厌旧，乱搞男女关系，强占小车，无限制追求生活待遇等违法乱纪、影响极坏事件，起到了很好的效果。

粉碎"四人帮"后，在抓军队整顿时，邓小平还特别强调治军先治官，对领导班子要严，对高级干部更要严。强调高级干部要做艰苦奋斗的榜样，做实事求是的榜样。他针对军队有的领导和机关中存在着严重松散的问题深刻指出，现在，不正之风很突出，要先从领导干部纠正起。领导干部，特别是高级干部以身作则非常重要，群众对干部总是要听其言，观其行的。连长指导员不以身作则，就带不出好兵；领导干部不做出好样子，就带不出部队的好风气，就出不了战斗力。所以，军队整顿纪律，首先要从整顿干部抓起，从整顿班子抓起，这样，整顿才有说服力，管理才有基础，带兵才有权威，建设才能出质量。

三、身先士卒，爱兵如子

刘邓治军严是同爱兵联系在一起的。他们向来身先士卒，爱兵如子。他们始终以身作则，和军民同甘共苦。凡是号召大家办的事，他们必先办到；凡是不准许办的，他们带头不办。所以全部队有令则行，有禁则止。不论对敌斗争多么残酷，物质生活多么艰苦，大家始终团结一致，心情舒畅，斗志昂扬。

抗日战争中，中国共产党没有执政地位，没有掌握国家政权，领导的根据地都是一些今日普遍为国家或省级"贫困县"的地区，等等。中共凭什么去壮大自己的队伍？一二九师及整个八路军为什么能如此迅速壮大？

参加八路军的，有的是农民，有的是民间的游杂武装，有的是从国民党"中央军""地方军"来的，有的是投诚反正的伪军，有的则是热血沸腾的知识青年、城镇青年，"老红军""老八路""老革命"等骨干的比例相当小，大体上只能满足军队团以上、地方军分区干部的需要，等等。中共又如何去领导好这支队伍？

对这个问题，邓小平在任八路军政治部副主任时就已有一些宝贵的认识和设想，其中的一个认识是：我们不能同意这样的观点，以为完全用长官的严厉统制办法，就可以达到上述目的。固然，军队的严格的纪律与合理的统构是必需的，但是不够的，还要求政治工作的配合。通过政治工作，使战士从"自己的觉悟中发生出无比的战斗威力"，"在任何困难环境中还会保持一致以支持艰苦的斗争"。"提倡合理的统御，采取更多的教育说服方式，推动新战士自觉地遵守纪律，努力学习。"他经常叮嘱各级领导干部：要关心战士们的生活，这不是小事情啊！越是在艰苦的条件下，越是要关心战士们的生活，这和打仗同样重要。

1940 年 9 月 5 日，在一二九师各部参加百团大战连续作战了 15 天后，刘邓下了一道"休整令"，布置了收容整理等 6 个方面的工作，其中第一条命令是"休养体力，保障供给，买羊肉吃。"一二九师《关于百团大战给奖问题的命令》，规定了十几项评奖标准，第三项就是保障供给，让官兵"从未饿过一餐饭"的人员，奖品全部是衣服、布、鞋、毛巾。

1943 年 8 月 2 日，一二九师发布《关于生产粮食，度过灾荒，迎接胜利》的命令，其中之一，是降低小米供应标准，正规部队由每人每天一斤半（旧制 24 两）分期减到一斤（16 两），地方武装，由一斤减到 15 两，机关人员由一斤减到 13 两。这虽然是"节食"，但在当时则称得上一个奇迹。在 1941 年到 1943 年，八路军经受了一个严重的饥荒时期。1943 年 3 月，彭德怀在左权县一个村庄召集会议，与会者饿得连坐都坐不稳，一贯对作风要求严厉的彭德怀只好请与会者躺在炕上，回总部后，彭德怀立即下令将总部和中共北方局的机关人员，包括他自己在内的日供粮食标准，从 4 月到秋，减为 7 两（旧制 11 两）。

有一次，邓小平来到边区政府找杨秀清、戎子和、李清三人谈工作，看到戎子和瘦得只有 100 斤（原 125 斤），谈话时，杨秀清还硬撑着，戎、李两人则因精力不济，打起了瞌睡。邓小平心疼得很，当面告诉杨秀清，政府厅一级干部，每月津贴增加到 10 元（当时一二九师战士干部的月津贴为 1.5 元至 5 元）。

因此，那时刘邓带兵要诀之一，就是很简单但也最根本的吃饭第一，力求温饱。这个秘诀，后来为日军发现，从 1942 年起，日军开始了以抢粮食为目标的作战，1943 年更为突出。这年秋天，日军集结 20 余万大军，在华北方面军司令冈村宁次的亲自率领下对华北各根据地展开全面"扫荡"，其主要目的之一就是抢粮食和破坏我根据地军民的秋收。我军反"扫荡"，一个主要的任务也是保护主要产粮区的抢收抢种。七六九团，是一二九师的三个老团之一，是一把不轻易出鞘的镇军宝剑，但在这次秋季反"扫荡"中，却为保护秋收作战 45 次，掩护屯粮 88 次，武装护送粮食 23 次。

在这异常艰难的时期，邓小平和刘伯承也和大家一样节约用粮，并一再向行政科和管理员交代，不准揩大食堂的油。他们也和大家一样穿的是深一片浅一片的灰土布棉衣。有一年，供给处给他们每人做了一套细灰布棉军衣，却被坚决退回，并严肃指出：这不是对我们的爱护，是要我们脱离群众。开展生产自救，邓小平在办公室带头支起纺车，在百忙中挤出时间摇动纺车。他还拿出纱锭和参谋人员观摩比较。1943 年 10 月，邓小平作为北方局代理书记，并主持八路军前部的工作，带头执行前总机关规定的生产任务，开荒种麦子，并聘请有经验的老农民担任技术指导。

在坚持大别山斗争中，部队几乎天天行动，很少有时间休息。在这种困难条件下，邓小平和刘伯承总是用自己的模范行动去影响部队。

他们带头执行纪律，严格自律，毫不含糊。在率领部队行军、走村过店时，邓小平宁可在麦场上坐等到天亮，也绝不在深更半夜去打扰群众。有时候干脆就在田间地头找一个草棚，点亮煤油灯，摊开地图，与刘伯承一起继续研究作战方案，这些行动在部队传为佳话。

当时部队粮食供应比较困难，要动员一些有马骑的干部用马驮粮食。邓小平首先"下马"，和干部战士一样，逢山爬山，见水涉水。部队做棉衣，有的同志嫌这个布质量不好，那个布颜色难看。刘邓穿的什么呢？他们做棉衣的布，稀得和纱布差不多，连棉花都可以看见，颜色是用稻草灰染的。大家看见刘邓都穿这种衣服，自己还有什么可说的呢？

当时斗争紧张，部队分散，不容易及时得到上级的指示。刘邓就分头到各部队去了解情况，帮助下面解决具体困难。他们每到一个部队，都给干部们作报告，讲全国战局和大别山斗争的形势和任务，解释干部战士思想中的疑难问题。干部们看到刘邓工作那样繁忙而紧张，还经常跑到下面了解情况和作报告，很受感动。邓小平、刘伯承这种关心部属和深入细致的作风，对部队是一个良好的榜样。

在困难的斗争环境中，部队本身的团结、特别是干部之间的团结，是有决定的意义的。刘邓在执行中央方针政策和军事指挥上的团结一致，又成为部队内部团结的核心和榜样。

邓小平对所属将领，同样也是严与爱相结合。邓小平曾经对陈赓这名大将发了火，使得陈赓都有点怕他。另外，陈赓又是刘邓手下最为喜爱和最受重用的大将。邓小平女儿说，每次谈到陈赓，邓小平都流露出一种为之骄傲自豪的感情。他曾对子女们讲过这样一个陈赓的故事，他说：京沪杭那些仗呀，打得快。原因是敌人跑得快。我们分成很多路，成排、成连、成团地跑路，否则追都追不上。陈赓打得最远，占领了江西的全省。红军时期，蒋介石抓住了陈赓，后来念及陈赓在大革命时期曾救过蒋介石一命，就把陈赓放了。蒋介石放陈赓的时候，在南昌，有人说：欢迎你再来。陈赓说："再来，我就带十万部队来！"结果，真是陈赓带兵占领了南昌。幸好我们当时没让陈赓打南京，让他直接往南边打去。否则，陈赓就实现不了他的诺言和愿望了！

四、整顿思想，培养顽强作风

邓小平要求部队，坚决服从命令，细心研究命令，完成任务。他的信条是，对命令打折扣，或者以不坚决的敷衍的态度去对待命令，都必将在作战中造成不可宽恕的罪恶。他平时要求从严从难训练部队，掌握过硬本领，培养顽强作风，打起仗来部队能吃大苦耐大劳，敢打敢拼，能打硬仗、恶仗。无论是在任何情况下，他都绝不容许他指挥的部队斗志松懈，意志松散，特别是当部队打了胜仗的时候，他都要教育部队戒骄戒躁，保持清醒的头脑，使各级指战员都懂得，只有具有坚韧不拔的、顽强的战斗作风的部队才能立于不败之地。

邓小平要求部队有高度的顽强性。所谓顽强性，应具体表现在敢于白刃扑搏上面，不能进行坚强的白刃战的部队，就没有资格称为顽强的党军。在进攻时要坚决、勇敢、迅速。在行动时要保守军事秘密，要忍耐急行军、夜行军的困难，在转移时要机动灵活，要明了一切行动都是为着战斗的胜利，打垮敌人时禁止拿东西，一切为着追击敌人，消灭敌人，争取更大的胜利。1940 年 2 月 3 日，他在起草《冀南战役政治保障命令》中写道："我们要以最大的毅力，最坚强的斗争勇气，来坚持华北的艰苦斗争。"1941 年新年到来之际，他告诫全师指战员："为了消灭敌人，打大胜仗，必须发挥部队作战的顽强性，不但要有消灭敌人一部和几部的决心与信心，而且当我们抓住了消灭敌人的机会时，应不惜牺牲以求干脆的消灭，任何犹豫迟疑都是不可能容许的。"（《迎接一九四一年》）

针对一些同志在对敌斗争中表现出的严重退缩和右倾、恐日情绪，邓小平在 1941 年 4 月撰写了《反对麻木，打开太行区的严重局面》的著名文章。文章首先说明：晋冀鲁豫边区无论在军事、政治以及党和群众工作方面都有相当基础，足以使敌伪胆寒，更使全体军民具有充分的信心走向抗战胜利的道路。与此同时，文章也根据太行区出现的"敌占区日越扩大，抗战区日越缩小的严重局面"，实事求是地指出："革命者的责任，不是掩饰局势的严重性来麻痹自己，而是以足够的警惕性去认识这种严重性，寻求形成严重性的根源，并提出克服严重性的办法。"这就必须反对麻木不仁和张皇失措的右倾情绪，团结一致，正视困难，面向敌人，面向交通线展开顽强的对敌斗争，反对关起门来建设。邓小平坚信，只要认识了困难，就能够克服困难，只要懂得了局面的严重，就能够改变这个局面。

抗日战争结束后，革命阵营里出现了一种幻想和平和斗志松懈的思想倾向，对这种图安厌战的情绪，邓小平又尖锐地予以批评，指出：要战争不要和平的不是我们而是蒋介石，而害怕反攻的辛苦，就意味着向敌人妥协。正因为邓小平十分注重用党的路线和政策规范部队，统一意志，所以晋冀鲁豫军民在抗战结束之后，思想上不麻痹，行动上不迟疑，不但在敌人发动的进攻中主动从容，斗则必胜，不失时机地发起上党战役，揭开了人民解放战争的序幕，尔后又促成了大举出击、经略中原的有利形势。

为保持和增强部队顽强的战斗作风，邓小平注重抓部队的思想政治工作，及时进行思想作风整顿。

1947 年 5 月，刘邓率领晋冀鲁豫野战军取得豫北反攻的胜利后，根据中央的指示就地休整，着手转入外线作战的各项准备工作。在准备的过程中，邓小平发现，有许多同志认为敌人的兵力还非常强大，对转入外线作战、实施战略反攻的时机是否成熟存有疑虑。于是，邓小平着重抓了部队的思想政治工作，采取先在野战军领导班子内统一认识、尔后逐渐展开的方法，使广大指挥员逐步提高了对形势的认识。他指示野战军政治部，组织学习中共中央关于实行战略进攻的指示，学习 5 月 1 日新华社《全力准备大反攻》的社论和毛泽东 5 月 3 日为新华社写的《蒋介石政府已处在全民的包围中》的社论。6 月 3 日，他授意政治部发出《目前形势与方针任务的报告大纲》，在干部战士中普遍进行形势与任务的教育，动员各级干部认清形势，明确战略进攻的意义和任务，提高争取胜利的信心，增强斗志。6 月 21 日，邓小平在野战军直属队营以上干部会议上，又作了《关于解答时局与任务中几个问题的报告》，不仅详细分析了解放战争的整体形势，而且深刻阐述了战略反攻的必要性。

当时，我军经过一年的艰苦作战，共歼敌正规军上百万，国民党军多陷于对交通线和重要据点的守备，能进行机动作战的兵力为数不多。解放军的兵力、物力得到了及时补充和发展，总兵力由战争开始时的 127 万发展到195 万。对这些总体形势分析后可以看到，敌后方空虚，国民党反动统治集团面临严重的政治、经济、军事危机，其统治已开始动摇。敌人在东北战场、豫北战场、同蒲线战场已支离破碎，不得不采取重点防御，我军已在这些战场转入反攻，同时敌人在山东战场和陕北战场也没有什么建树。

因此，邓小平认为，中央军委和毛泽东对整个形势的判断是准确的，中央军委和毛泽东根据整个战局的发展情况以及敌人南线的不利态势，命令我部转入战略反攻，实现外线出击、兵出中原，也是非常正确的。针对大家对一些具体问题提出的疑问，邓小平都一一进行了分析解答。

邓小平在讲到反攻的时机问题时说：党中央和毛主席说，反攻时机到来了。这是有根据的。为什么？首先，是由于蒋介石反动集团面临着严重的军事危机，不能照旧统治下去。蒋介石在第一线集中了二百二十多个旅，后方兵力非常空虚。在山东、陕北两个主要战场上，他不但打不出名堂来，而且还被我逐步歼灭了；在其他几个战场上，他已经完全处于被动挨打的地位。……蒋介石"线"不能保持住，"点"也不能保持住，所以不能不来一个重点防御。我们歼灭蒋军九十个旅以上，战局没有理由不发生变化，事实上已经发生变化了。从军事上看，敌人采取重点防御。我们是让蒋介石巩固了他的统治区，喘口气再来打我们，还是我们先去剥夺他的兵员、财力，扩大解放区，来充实我们自己的力量，到底这两种办法哪一种好呢？这是很明白地摆着。蒋介石到处被动，好像两个人打架，只要再加一拳就能把对方打败，你偏偏要歇一歇让他喘口气，自然是不对的。这用之于革命会使革命失败，要犯严重错误。保守主义的危险性就在这里。

对于一些人提出反攻出去，打不打大城市？能不能站住脚？有没有困难等疑问，邓小平一一给予明确的解答。他说：对城市好打就打，不好打就不打，你采取重点防御，我就占"面"，有机会就占地方，地方占多了，人口增加了，兵员解决了，财经也解决了，反过来敌人就困难了，力量对比又要起新变化。道理就在这里。

关于反攻出去能不能站住脚的问题，邓小平充满信心地讲道：能，一定能够站住脚，但有一条，要看我们三大任务完成得好不好。我们在思想上要上下决心不向后看，即回头看着晋冀鲁豫，要讲战法，要讲政策，把三大任务完成好。蒋管区人民那样好，有什么理由站不住脚呢？如果三大任务有任何一条完成得不好，都会站不住脚。三条任务完成得好，不要多久就会站住脚，新区很快就会变成解放区。

接着，邓小平分析了反攻后可能遇到的困难，他说：困难有没有？一定有的。在新区不能设想能像在解放区内线作战那样方便。要设想更多的困难，餐把饭吃不上等都会有的，思想上必须有充分准备。即使有困难，只要完成三大任务，困难也是暂时的，而且影响不了站不站得住脚。当然，我们是要历尽辛苦，你们想一想，像我们中国这样大的国家，人口占全世界四分之一，要革命成功，不花辛苦是不行的。我们这一代的确是辛苦的、光荣的，我们将要造成子子孙孙的幸福，即令牺牲也是值得的。反攻确实辛苦，并且是持久性的，争取得好，就快些，厌倦不应该，真正把革命干成功，辛苦是值得的。今天我们需得拿出英雄气拼命地干，前仆后继，英勇奋斗，一定可以干成功。

邓小平的动员报告解决了一部分干部、战士思想上的疑问，提高了他们对反攻形势和外线作战的认识鼓舞了他们的信心和斗志，纷纷表示，早日出征，打过黄河去，开辟新解放区，坚决为实现党中央的战略进攻方针而斗争。

1947 年 8 月，邓小平为中原局起草的给晋冀鲁豫野战军所属部队发出的指示中强调："任何时候，全军都必须有高度的战斗意志和战斗准备。"(《创建巩固的大别山根据地》)

1948 年春天，刘邓大军从大别山到淮西进而到豫西，本属党中央战略计划的一部分，属于正常的调动。但是，这次行动在一些指战员的思想上引起了一阵波动，甚至有一些人看到刘邓大军来到豫陕鄂，怀疑形势变坏了。邓小平及时发现这种思想苗头，抓住时机开展思想政治工作。他在 3 月 6 日向野战军直局部队干部作了《关于反攻形势和整党问题的报告》；又于 4 月 25 日在鲁山主持召开豫陕鄂全区地委书记、专员联席会议，针对错误认识作了重要讲话。

邓小平分析指出：一些同志面对大好形势却悲观失望，原因是这些同志的思想意志的脆弱，缺乏坚定的斗争毅力，犯急性病和看问题不全面、不从实际出发。他讲道：只因为自己多吃了些苦，多走了些路，就迷失了方向；只看到自己这一块消灭敌人少了，看不到全局消灭敌人多了；只是局部受点挫折，个人受点损失，就认为整个革命没有希望了。胜利了就以为明天革命就会成功，挫折了就以为明天革命就会失败。这要好好反省，需要加以马列主义的锻炼和考验。加强党的工作、政治工作，思想工作尤为主要。思想上要做足够准备，革命不是那么容易，那么舒服的事情，总有一个时候要过关的。越往后越是险关，只要硬一下过了关，下面就可以走很长的一段路，发展一定时期，又要过一个关。在过险关的时候，就须不怕吃苦，还必须不怕死，每个人都要随时准备付出自己的生命。我们宁可向严重方向做准备，这是没有坏处的。（《由内线防御转入外线进攻的战略意义》）

针对部队出现的畏难情绪，邓小平尖锐地批评说："我们有些共产党员，马列主义的思想方法太少，看见自己头上有一小块云，就认为天下都是云，凭直觉来看问题，凭自己脑袋上面有没有乌云来判断革命胜利或失败，这样，遇到困难就不会看到光明和胜利，就没有不悲观失望的。我们的力量是发展的，胜利不小，不过外线作战确实不如内线作战痛快、舒服。革命就是不能那样舒服，往后还要更艰苦，越接近胜利斗争越艰苦，谁都希望革命快些胜利，可是，问你敢不敢胜利，问题就来了。不一定希望胜利的人就敢于胜利。要胜利就要吃苦。北方的很多部队不习惯南方生活，就怕过长江。但是，敢于胜利，就要过长江。敌人还统治着几万万人口的地区，只有打过长江去，打到敌人的心脏，才能取得全国的胜利。怕过江的人最懦弱，屈服于困难的人就是革命不坚决的人。真正的英雄，就是要克服困难，准备吃苦，准备勇敢坚决地打过长江。地方工作的同志也是一样。这是路线问题，是革命坚决不坚决的问题。"

邓小平深入细致的思想工作，很快化解了大家思想上的疙瘩，使大家振作起来。而且，刘邓大军在豫西的斗争实践也使大家兴奋不已。在刘邓、中原局的领导下，中原地区的各项工作热火朝天地开展起来。

五、依法从严治军

严法纪，明号令，是建精锐之师，走精兵之路的重要保证。随着我军建设跨进和平时期以后，尤其是面对新的历史条件，军队建设出现了许多新情况、新问题之后，对依法治军、强化纪律、严格管理提出了许多新的要求，邓小平对此洞察秋毫，见微知著，提出了一系列重要思想，成为我军质量建军、依法治军的基本遵循。他坚持和发展了毛泽东关于军队要加强组织性、计划性、准确性和纪律性的思想，按照正规化的要求，从严治军，健全、完善条例条令、规章制度和军事法规，并组织、教育全军严格遵守，实现行动规范化和管理科学化。

无法不成军，无法难治军。依法从严治军，首要的问题是要有法可依，完善各项军事法规，健全各种规章制度。因为这些法规、章程和制度，既是军队各项建设和工作的遵循，也是对建设水平和工作效果检查评价的依据。所以，邓小平从客观和全局的需要出发，多次强调，领导制度、组织制度问题更带有根本性、全局性、稳定性和长期性。这种制度问题，关系到党和国家是否改变颜色，必须引起全党的高度重视，没有规矩，就不能成方圆，没有法规，就谈不上治军，可见法规、章程和制度问题是管理能否落实和落实质量的决定性因素。

在广西创建红军和领导百色起义过程中，邓小平就亲手领导制订了红七军纪律。抗日战争时期，邓小平主持制订了《一二九师政治工作条例》《晋冀豫军区人民武装抗日自卫队暂行条例》等法规制度。解放战争中，邓小平反复强调军队要完善和坚持政治民主、经济民主、军事民主制度。新的历史时期，邓小平十分重视继承和发扬我军依法从严治军的优良传统。他指出："我们这个军队有好传统。从井冈山起，毛泽东同志就为我军建立了非常好的制度，树立了非常好的作风。"（《邓小平文选》，第2卷，1页）邓小平指出，必要的规章制度一定要恢复和健全，军队所有的领域、所有的方面，都要订出章程。他还指出，20世纪50年代的一些法规，如军官服役条例、后勤工作条例等，基本上都是些好设想、好办法，要抓紧修改，尽快发下去执行。

邓小平围绕建立健全规章制度，完善军事法规，解决有法可依的问题，不仅提出了许多重要论述，并且还亲自抓了一些重要军事法规制度的制定和完善，审核并颁发了许多具有重要指导意义的法规和条令条例，要求军队在大力加强"三化"建设的同时，必须制定一套完整的军事法规，要加强各项法规制度的建立和完善工作，没有规定纪律或规定得不完善的、不合理的要迅速规定和完善，要求应在军队所有的领域，所有的方面都订出章程，建立和完善军队的各种条令条例等法规制度，使国防和军队建设的各个领域、各个方面、各个环节都有法可依；必须建立能够保证军事法规顺利实施的运行机制，充分发挥军事法规在国防和军队建设中的引导、推动和保障作用；必须大力加强司法、执法、法律监督检查工作，真正做到有法必依，执法必严，违法必究；必须在全军广泛深入开展法制宣传教育，提高全军官兵守法、执法的自觉性；必须加强法制机构和法制干部队伍建设，使其与担负的任务相适应。

在邓小平的指示下，1985年12月军委会议上，就制定并通过了9个决定、条例。邓小平对此还强调说："这次会议，对我们军队几乎所有的领域，所有的方面，都订出了章程。这些章程有些是过去有的，被林彪、'四人帮'破坏了，这次把他们恢复了，有的是新订的，所有这些章程，都是整顿军队，准备打仗所必需的。有了这些章程，我们就有章可循，就能够统一认识，统一行动。"后来他又多次指出：制度要建立，要非常严，每一个人都要有。一点差错不能有，每个人要有自己的职责。

中共十一届三中全会以后，按照邓小平依法从严治军的思想，我军不仅修改并重新颁布了一系列条令条例，而且制定了许多新的军事法规，使我军的法规制度建设日臻完善，从而使军队的各项工作，各种建设，各种行动，都得到了全面的规范，完全走上了正规化、法制化、制度化的轨道，都做到了有章可循，有法可依。

建立了法规制度，就要有人抓落实，就要有各负其责，责任到人，否则，再好的法规制度就形同一纸空文。所以，邓小平明确指出，在管理制度上，要特别注意加强责任制。要建立很多规章制度。比如讲责任制，什么责任，归哪个部，归哪个承担，都要明确。一定不要像过去那样，缺少严格的岗位责任制，很多人往往不能独立负责地很好地承担起所分管的工作，很多责任都没有落实，这样的管理肯定要出事。为了杜绝此类问题再发生，一定要按级负责，责任到人，确保法规制度的很好落实。

法规制度的贯彻落实，必须坚持必依、必严的要求。邓小平多次告诫军队，对军队的治理、整顿"一定要从严"，党有党规，国有国法，军有军纪，对一切无纪律、无政府、违反法制的现象，部必须坚决反对和纠正。对于那些违法乱纪的，有的要依法处置，有的要执行纪律。否则，就失去了法规、纪律存在的意义和作用。在军队中，尤为如此，不应有半点的松动和犹豫。这关系到军队的生存和发展，也关系到建军质量的高低。所以，军队落实法规制度，一定要做到有法必依，执法必严，以维护法规、纪律和制度的权威性、严肃性，以利于以法治军。

新的形势下，由于军队所处的内部和外部环境的变化，依法从严治军的问题就显得更为重要。同时要加强法制教育，增强官兵法律意识。法制建设的中心环节是依法办事，没有广大指战员法律意识的提高，遵纪守法的风气就难以形成。因此，邓小平一再强调，必须对全军指战员深入进行法制教育，增强广大官兵的法律意识，切实做到有法必依，执法必严，违法必究，犯法必治。这些思想和要求，适应了我军长期建设和发展的需要，是全军官兵增强法律意识的有力思想武器。

第十一章
胸怀世界，运筹中国

作为一个具有世界影响的军事家、政治家、战略家，邓小平既继承前人，又以战略家的气魄和深邃的洞察力，站在国际斗争风云变化莫测的大背景下，冷静地剖析了战后40多年国际战略形势发生的巨大变化，以及由此反映出来的时代特征的重大改变，大胆超越经典的战争与革命的时代观，总揽天下大势，超越前人之上，对战争与和平问题作出了一系列令人耳目一新的战略判断和战略结论。

一、和平与发展是当代世界的两大问题

战争与和平问题，是涉及人类命运和文明发展的重大问题，也是制约军事战略、国防和军队建设，乃至影响整个国家内外政策的基本问题，邓小平不仅率先提出了和平与发展是世界两大主题等英明论断，对国际政治理论作了极大的升华和引申。

怎样看待当前的国际形势，世界大趋势是"革命与战争"的走向还是"和平与发展"的问题等？在过去相当长的一段时间内，由于一直面临着严峻的国际环境，我们的基本看法沿袭了一条公式：不是战争引起革命，就是革命制止战争。

战争是政治的继续，革命是政治的继续，不是战争引起革命，就是革命制止战争。这一理论固然是正确的，但不能全面反映时代发展的大趋势，也不能为改变国内以阶级斗争为纲的路线提供科学理论依据。邓小平依据马克思主义的基本原理，从政治和经济两个角度把握世界的整体性与变动性，把政治和经济两个条件辩证统一起来，立足社会发展战略的国际性与超前性，透过美苏长期对峙、地区冲突频繁的表象，对世界战略格局进行了科学判断，提出和平与发展是世界两大问题，但两个问题都没有解决，从而为我国争取一个稳定的和平环境，致力于经济建设提供了极其重要的理论依据。

当历史进入 20 世纪 80 年代以后，邓小平根据对国际形势和国际战略格局的长期观察和对世界主要矛盾的实事求是的分析，系统地提出了判断国际形势、认识现代战争与和平问题的科学方法。这一方法的实质就是，从政治、经济和军事相统一的原则出发，全面考察时代特征，认识到维护世界和平，是全世界人民的共同愿望，是各国谋求发展、友好合作、促进共同繁荣必不可少的条件，也是当今世界不可逆转的历史潮流；促进发展成为当今世界各国面临的共同课题和紧迫任务，广大的发展中国家在取得政治独立之后，面临的主要任务是发展民族经济，发展科学技术，提高人民的物质文化生活水平，并以经济上的发展来巩固政治上的独立和提高国防实力。即使是发达的

资本主义国家在科学技术高速发展的新形势下，也面临着再发展的问题；在和平与发展中，发展是核心问题，如果没有发展，和平就没有基础，所以发展便带有根本性和长远性；争取世界经济的发展，就必须反对霸权主义，维护世界和平，建立合理的国际政治、经济新秩序，以促进世界的和平与稳定。

根据邓小平的战略判断，战争是政治的继续，革命是政治的继续，和平与发展同样是政治的继续，而且是更深刻地反映现时代特征的政治的继续。中共十一届三中全会以来，我国的生产力水平和综合国力之所以获得了突飞猛进的发展，又之所以能在国际风云急剧变幻、各种挑战接踵而来的形势下应付自如，并使我国的国际地位和国际威望不断提升，邓小平面向世界、面向未来，又反映世界、反映未来的伟大战略思想发挥了举足轻重的作用。

二、世界大战是可能避免的

因为过去我们的观点，一直认为战争是不可避免的，而且是迫在眉睫。各方面工作的立足点，都是放在准备早打、大打、打核战争上。这样使我们军队和其他的各个方面的工作，始终是处于一种临战状态。邓小平冷静考察了当代国际战争力量与和平力量的发展逻辑和消长变化的实际状况，认为世界和平力量的增长超过了战争力量增长，改变了长期以来大战迫在眉睫的观点，从认识上突破了对"世界战争不可避免"的以往判断，作出了只要工作做得好，新的世界大战有可能推迟和避免这一具有划时代意义的战略判断，驱散了长期笼罩在中国人民头上的战争阴影，同时他又强调，战争危险依然存在，和平必须争取才能赢得。

这是邓小平在和平时期对军队的第一个重大的贡献。他对这个问题的认识是逐步深入的。世界大战打不起来的时间，先是 20 世纪 70 年代末提出可以推迟三至五年，接着是五至十年，十年二十年，到 1988 年提出"可以预见下世纪三十至五十年是个和平的局面"。

20 世纪 70 年代后期开始，特别是中共十一届三中全会以来，邓小平以其战略家、军事家的胆略和敏锐眼光，打破以往对世界大战的看法，重新审视了国际形势，对国际形势发展的走向作出冷静、深刻的分析，认为虽然战争的危险还存在，但是制约战争的力量有了可喜的发展，世界和平力量的增长将超过战争因素的增长，可以争取延续战争的爆发。

1977 年 12 月，邓小平在中央军委全体会议上的讲话中谈道："国际形势也是好的。我们有可能争取多一点时间不打仗。因为我们有毛泽东同志的关于划分三个世界的战略和外交路线，可以搞好国际的反霸斗争。另一方面，苏联的全球战略部署还没有准备好。美国在东南亚失败后，全球战略目前是防守的，打世界大战也没有准备好。所以，可以争取延续战争的爆发。"但他又强调说："我想强调一点，就是要抢时间。战争可能延缓爆发，可是我们不能只看到这一方面，我们要防备别人早打、大打。"（《邓小平论国防和军队建设》，31 页）1980 年，他在中共中央召集的干部会议上讲话时，进一步表达了那一时期党在战争与和平问题上的认识。他指出："我们有信心，如果反霸权主义斗争搞得好，可以延缓战争的爆发，争取更长一点时间的和平。这是可能的，我们也正是这样努力的。"（《邓小平文选》，第 2 卷，241 页）1981 年，他在一个谈话中说：看来，争取五至十年不打仗的和平环境是可能的。但他又说，国际事态的发展是不以人的意志为转移的。谁晓得哪一天会出现一个疯子！两次世界大战都是因一些小问题而爆发起来的。尽管我们要争取和平，但对战争始终要保持警惕。这里提出一个"五到十年"不打仗的问题。

1983 年 3 月，邓小平在视察江苏等地回京后，讲了这样一段话："现在的问题是要注意争取时间，该上的要上。大战打不起来，不要怕，不存在什么冒险的问题。以前总是担心打仗，每年总要说一次。现在看，担心得过分了。我看至少十年打不起来。"（《邓小平文选》，第 3 卷，25 页）这里有一个"十年"不打仗的问题。

1985 年 6 月，邓小平在军委扩大会议上，提出了"在较长时间内不发生大规模的世界战争是有可能的"战略判断，并对这一问题作了深刻、全面的分析。他说：粉碎"四人帮"以后，特别是党的十一届三中全会以后，我们对国际形势的判断有变化，也就是对战争与和平问题认识有变化。"过去我们的观点一直是战争不可避免，而且迫在眉睫。我们好多的决策，包括一、二、三线的建设布局，'山、散、洞'的方针在内，都是从这个观点出发的。这几年我们仔细地观察了形势，认为就打世界大战来说，只有两个超级大国有资格，一个苏联，另一个美国，而这两家都还不敢打。首先，苏美两家原子弹多，常规武器也多，都有毁灭对手的力量，毁灭人类恐怕还办不到，但有本事把世界打得乱七八糟就是了。因此谁也不敢先动手。其次，苏美两家都在努力进行全球战略部署，但都受到了挫折，都没有完成，因此都不敢动。同时，苏美两家还在进行军备竞赛，世界战争的危险还是存在的。但是世界和平力量的增长超过战争力量的增长。这个和平力量，首长是第三世界，我们中国也属于第三世界。第三世界的人口占世界人口的四分之三，第三世界是不希望战争的。这个和平力量还应该包括美苏以外的发达国家，真要打仗，他们不是干的呀！美国人民、苏联人民也是不支持战争的。世界很大，复杂得很，但一分析，真正支持战争的没有多少，人民是要和平、反对战争的。还要看到，世界新科技革命蓬勃发展，经济、科技在世界竞争中的地位日益突出，这种形势，无论美国、苏联、其他发达国家和发展中国家都不能不认真对待。由此提出结论，在较长时间内不发生大规模的世界是有可能的，维护世界和平是有希望的。根据对世界大势的这些分析，以及对我们周围环境的分析，我们改变了原来认为战争的危险很迫近的看法。"（《邓小平文选》，第3卷，126-127页）

　　同年9月，他在一次会见外宾时指出：有这么大不愿意战争、维护和平的力量存在，尽管仍存在着战争的危险，但如果我们搞得好，战争是可以避免的。如果本世纪打不起来，下个世纪和平就更有希望。同时又强调：我们在战争问题上由悲观变为乐观，但不能掉以轻心，和平必须争取才能赢得。

　　1987年5月，他在同外宾谈话时指出：对于总的国际局势，我的看法是，争取比较长期的和平是可能的，战争是可以避免的。后来他又进一步指出，如果世界和平力量发展起来，第三世界国家发展起来、可以避免世界大战。

1988 年 10 月 4 日，他在会见外宾时明确提出：国际和平看得见，本世纪内看得见，本世纪内不会打仗。而且可以预见下世纪三十至五十年是个和平的局面。这是讲第三次世界大战不会爆发。

当时，美苏之间的军备竞赛正趋于白热化，谋求世界霸权的争夺十分尖锐；中苏之间的军事对峙尚未结束，原苏联在中蒙、中苏边界陈兵百万；中国人民解放军对越边境自卫作战还在继续；南沙群岛归属问题的矛盾日显突出；中印边界争端尚未解决。但是，邓小平全面衡量战争因素与和平因素的关系，把握时代主流，认为战争危险虽然存在，但世界和平力量的增长超过战争力量的增长，在较长时间内不发生大规模的世界战争是有可能的，我国完全可以赢得一个相对稳定的和平环境。

三、霸权主义是当代战争的主要根源

战争危险依然存在，霸权主义是当代战争的主要根源。延缓战争的爆发没有别的道路，只有对战争的策源地进行斗争。这是邓小平对战争发展和消亡、战争产生问题的又一个基本观点。

马克思、恩格斯认为，私有制和阶级的存在是战争的主要根源。列宁提出"现代战争产生于帝国主义。"（《列宁全集》第二十一卷，324 页）邓小平通过对战后国际形势的透彻分析，明确指出："当今世界不安宁来源于霸权主义的争夺"，"战争是同霸权主义联系在一起的。"（《人民日报》1984 年 5 月 18 日）这是对现代战争根源更深刻、更准确、更全面地揭示，是对马克思主义战争根源理论的重大发展。

第二次世界大战结束至今，虽然全球总体相对和平，但世界并未获得真正的安宁，世界各地共发生过上百起局部战争和地区武装冲突。这些战争和冲突有其复杂的原因，但大多是由一些国家推行霸权主义和强权政治所致。这是当代世界局势动荡的主要原因。邓小平一再告诫人们，战争的威胁始终存在，对战争的危险性要有足够的认识。

早在 20 世纪 80 年代初期，邓小平就果断地提出："霸权主义是一种对外政策，是世界最危险的战争策源地，是危害世界和平安全和稳定的根源。""当今世界不安宁来源于霸权主义的争夺。""霸权主义是战争的根源。"（《邓小平文选》，第3卷，104页）经过多年的冷静观察与审慎思考，邓小平把这一论断又进一步完善为：无论是世界性霸权主义，还是地区性霸权主义，都是当代战争的根源。

邓小平在谈战争根源的时候，首先指明了超级大国的霸权主义是当今世界最突出的危险，是当代战争的主要根源。他指出："我们讲的战争不是小打小闹，是世界战争，打世界大战只有两个超级大国有资格，别人没有资格"（《邓小平文选》，第3卷，104页），"超级大国奉行的霸权主义，威胁着世界和平。"（《解放军报》1988年3月2日）战后以来的事实正是如此。美苏两个超级大国一直奉行霸权主义政策，进行了长达40多年的军备竞赛，他们凭借实力到处划分势力范围，搞侵略扩张，严重地破坏了世界的和平与安宁。苏联解体后，美国虽然也受到削弱，但仍没有放弃霸权主义。美国声称"没有人能代替美国的领导地位"，其目标是建立以美国为主导的世界新秩序，实现"美国统治下的和平"。这是霸权主义的新表现。

其次，地区霸权主义是造成地区动乱的重要祸根。邓小平指出："在国际上不仅有全球霸权主义，也有地区霸权主义。"（《人民日报》1978年11月9日）第二次世界大战以来的局部战争表明，地区霸权主义是引起局部战争和武装冲突的一个重要因素。某些国家依仗其在地区范围内具有的较强实力，推行霸权主义的扩张政策，不断制造事端，向邻国挑起武装冲突或局部战争。近几年局部战争的事实表明，地区霸权主义也是当代引发战争的重要根源。

霸权主义是国际社会政治经济发展不平衡的产物，霸权主义推行的战争政策和强权政治是世界不安全、不稳定的根源。因此，要推迟或延续世界大战的爆发，要维护世界和平，为中国和世界各国的发展及繁荣创造一个和平稳定的国际安全环境，就必须坚持不懈地同霸权主义作坚决的、毫不退让的斗争。如果我们失之于此，对霸权主义警惕、不斗争、不遏制，世界的和平就会遭到破坏，人民就会不得安宁，人民就会遭殃，我们国家的经济建设、军队的发展就会受到影响。所以，邓小平始终把反对霸权主义作为一项战略任务来要求。邓小平指出："中国的对外政策，主要是两句话。一句是反对霸权主义，维护世界和平，另一句是中国永远属于第三世界。"（《邓小平文选》，第3卷，56页）他还强调："谁搞霸权主义我们就反对谁，谁侵略我们就反对谁。"（同上，162页）这些年来，正是由于我们坚持了这一外交政策，才使我们国家的政治分量更加重了，受到了国际社会的普遍赞誉。20世纪80年代，邓小平提出了我们要做的三件大事，其中第一件事就是在国际事务中反对霸权主义，维护世界和平。邓小平强调指出：反对霸权主义的斗争，始终是作为一项严重的任务摆在我们国家和全国人民的日程上面就是了。

邓小平认为，世界和平力量的发展，是制止战争、维护和平的根本因素。20世纪80年代以来，他多次指出，我们现在的观点是战争应该避免，也可以避免，问题在于和平力量、一切不愿意战争的力量要发展起来、团结起来。如果世界和平的力量发展起来，第三世界国家发展起来，可以避免世界大战。中国的发展是和平力量的发展，是制约战争力量的发展。如果中国在本世纪末达到"小康水平"，那么制约战争的力量将有很大的增长。如果中国再经过二十年到五十年的建设接近发达国家水平，那时战争就更难打起来，不是说完全没有可能，而是更难打起来。

历史发展到今天，人类社会已经面临着这样的可能性：除了用战争消灭战争，用革命战争、正义战争消灭反革命战争、非正义战争之外，还可以通过发展和平力量，壮大和平力量，促进和平力量更大程度增长的方式，创造制止大规模战争、避免大规模战争、维护世界和平的根本条件。正是在这个意义上，邓小平指出，发展自己同维护和平是一回事情，从全局看，本世纪和下一个世纪相当一段时间仗打不起来。我们不要丧失这个时机，而要利用这二十年、三十年、四十年的和平时间好好发展我们自己。我们的力量越发展，这个仗就更打不起来，从而维持更长一段时间的和平，即使不说是永久的和平。

四、要不怕打仗，不信邪

邓小平在指出世界战争可以避免的同时，也一再告诫我们，战争危险依然存在，不能掉以轻心，既要坚信大仗一时打不起来，工作做得好的话，还可以避免，又不能放松对战争危险的警惕性，既不要盘马弯弓箭待发，时刻想打仗的弦绷得很紧，又不能刀枪入库，马放南山。如果我们认为大仗一时打不起来，甚至于可能被制止，就麻痹松懈，放松军队的现代化建设，放松战备观念，那是很危险的。为此，要树立不信邪的形象。

邓小平的胆量和气魄是超人的，具有遇强更强的无畏斗志。几十年的革命生涯，使邓小平形成了临危不惧、不屈不挠的奋斗精神和勇于斗争、善于斗争、不达目的誓不罢休的坚韧意志。

在革命、战争的大江大河里，邓小平敢于接受挑战、迎接挑战。俗话说，狭路相逢勇者胜。在漫长的革命战争的"大江大河"里，一支弱小的力量，能够最终以弱胜强，转劣为优，如果没有敢于斗争、善于斗争的勇气和智慧，那是不可思议的。在强敌面前，只有具备压倒一切敌人的勇气而绝不被敌人所压服，才会灭敌人的威风，长自己的志气。

和平时期，邓小平反复告诫人们要有志气、有骨气，不信邪、不怕鬼，1981 年 3 月，邓小平在一次讲话中说，虽然大仗几年打不起来，但军队还是要随时准备打仗的。即便大战马上打起来，我们也来得及。说老实话，我军的装备在近几年不可能有大的变化。我军队还是这些人，武器也还是这些武器，打就打，又有什么可怕的！

他曾对到访的外宾讲：中国有它的长处，就是地方大、人多，但确实穷，装备也确实落后。可是我们对自己也有一个清醒的估计，我们"块头大"这个好处，还有就是不信邪。如果国际上有人把战争强加于我们，我们也不害怕，无非拖延若干年，打完仗再搞建设。

1984 年 11 月 1 日，他在一次谈话中指出：中国人在国际上有这么一个声誉——能够对付最复杂的情况，解决最困难的问题。

1989 年春夏之交发生政治风波之际，一些西方国家借机掀起反华高潮，制裁中国，妄图以压促变。邓小平在同外宾谈话时回顾说，美国、西方那一套人权、自由、民主，是维护恃强凌弱的强国、富国的利益的，维护霸权主义者、强权主义者利益的。我们从来就不听那一套。"过去我们很弱的时候就没有听，在井冈山打旗帜才几千人，一打就是二十二年，最后还是战胜了帝国主义和他们支持的力量，中国人站起来了。新中国成立之后，困难很多，内战刚结束，国内问题成堆，又打了一场抗美援朝的战争，实际上是中国和美国打了一仗。美国是一个庞然大物，力量对比起来，中国很弱，特别是装备差得多。但是，正义取得了胜利，美国只得坐下来同我们在板门店谈判。"（《邓小平文选》，第 3 卷，345 页）

邓小平告诫国人，要不信邪，不怕打仗。他说："我是一个中国人，懂得外国侵略中国的历史。"（《邓小平文选》，第 3 卷，357 页）"国际形势有一个战争问题。美苏两家打不起来，就没有世界大战。小的战争不可避免，现在不发达国家之间的战争，实际上是发达国家的需要。发达国家欺侮落后国家的政策没有变。中国自己要稳住阵脚，否则，人家就要打我们的主意。世界上希望我们好起来的人很多，想整我们的人也有的是。我们自己要保持警惕，放松不得。要维护我们独立自主、不信邪、不怕鬼的形象。我们绝不能示弱。你越怕，越示弱，人家劲头就越大。并不因为你软了人家就对你好一些，反倒是你软了人家看不起你。我们怕什么？我们并不怕战争。我们分析世界大战打不起来，真打起来也不怕。谁敢来打我们，他们进得来出不去。中国有抵御外敌入侵的丰富经验，打垮了侵略者，我们再来建设。""我们的基础好，是几十年打出来的，这个威势一直要传到后代，保持下去，这是本钱。"（《邓小平文选》，第 3 卷，319-320 页，320 页）

五、用和平方式解决国际争端

现代世界史表明，国家间的利益冲突，往往成为诱发战争的"热点"，在解决国际争端问题上，军事手段与政治手段都是可能的选择，但问题在于，过去的时代，各国在选择解决方式上，更偏重于军事手段，而仅仅把政治手段作为军事手段的补充，或者是交替使用。因此，政治解决争端不能构成主要的手段。在和平与发展成为时代主题的新的历史条件下，如何解决国际争端？这是邓小平极为关注、认真思考的重大课题。邓小平以他创造性的思维，继承马克思主义关于处理国家与国家之间矛盾的和平共处的思想，提出用和平方式而不是用战争的方式解决国际争端。通过双方互相克制，求同存异，灵活地通过协商、对话等一系列政治方式，加以和平解决。他说："世界上有许多争端，总要找个解决问题的出路。我多年来一直在想，找个什么办法，不用战争手段而用和平方式，来解决这种问题。否则僵持下去，总会爆发冲突，及至武力冲突。所谓和平方式就是要找出一个为各方所接受的方式，使问题得到解决。""假如能够采取合情合理的办法，就可以消除爆发点，稳定国际局势。"（《邓小平文选》，第 3 卷，68 页）

邓小平在谈到用"一国两制"解决中国香港、中国台湾问题时指出："世界上的许多争端用类似这样的办法解决，我认为是可取的。否则始终顶着，僵持下去，总会爆发冲突，甚至武力冲突。如果不要战争，只能采取我上面讲的这类方式。这样能向人民交代，局势可以稳定，并且是长期稳定，也不伤害哪一方。各位是研究国际问题的，请好好了解和研究一下我们对中国台湾、中国香港问题提出的解决方式。总要从死胡同里找个出路。"（《邓小平文选》，第 3 卷，49 页）他明确指出："世界上一系列争端都面临着用和平方式来解决还是用非和平方式来解决问题。总得找出个办法来，新问题就得用新办法来解决。"（《邓小平文选》，第 3 卷，59 页）

实践证明，战争手段并不是解决国际争端的最佳途径。和平解决国际争端，稳定世界局势，维护各国发展所需要的和平环境，日益成为世界各国的共同需要。邓小平解决国际争端的基本思路是：力求找到一条能为争端各方所接受，使各方利益都能得到维护，从而使争端得到化解，达到稳定局势，保持和平共处的目的。可以说，这种用非对抗性的方法解决国际间争端、消除战争威胁的思想，是邓小平对马克思主义关于战争学说的一种发展，也是对国际形势向着和平与稳定、建设与发展的方向演进的一大贡献。

对于国际上的领土、资源争端，邓小平提出，要从尊重现实出发，找条新的路子来解决，即搁置争议，共同开发。他说："有些国际上的领土争端，可以先不谈主权，先进行共同开发。"（《邓小平文选》，第3卷，49页）对于领土上有争议的地区，双方可以先搁置主权，本着共同投资、利益共享的原则，先进行开发建设，用经济手段把两国人民的利益先联系起来，从而可以先消除双方的对立情绪，为以后解决领土主权创造良好的氛围、奠定一个思想基础。

所谓搁置争议，就是把那些有争议的主权问题暂时放在一边，先从那些没有争议的事情做起，这样可以避免双方激化矛盾。搁置争议要求双方互相谅解，尊重历史和现实，但并不是说解决了争议或者说不解决争议，而是等双方达成共识或时机成熟时，再采取适当方式加以解决。"先不谈主权"，绝不是"不谈主权"，而是一个如何选择"谈主权"的时机问题。在时机和条件不成熟的情况下谈主权，往往会把事情弄僵，得不到圆满解决；在时机成熟的情况下谈主权，才能得到较好的解决。所谓共同开发，是从经济利益入手，用经济利益的共同纽带将争议中的各方连接起来，各方共同得利，为合理解决争端创造和谐有利的气氛，最终达到消除争端。这一争议和潜在冲突为合作的战略设想，符合争议各方的战略利益，是和平解决国际争端的全新思路。用这种办法解决争端不伤害任何一方，不是你吃掉我，也不是我吃掉你，而是共同存在、共同得利、共同发展。

这是现代国际上处理国与国间的历史遗留下来的领土争端问题的崭新思路。这一战略构想，展示了邓小平敢于用前人没有想过、没有做过的方式解决国际争端的气魄。

1984年10月22日，在中央顾问委员会第三次全体会议上讲话时，邓小平谈道：我跟外宾谈话时还提出：解决国际争端，要根据新情况、新问题，提出新办法。"一国两制"，是从我们自己的实际提出来的，但是这个思路可以延伸到某些国际问题的处理上。很多国际争端，解决不好会成为爆发点。

我说是不是有些可以采取"一国两制"的办法，有些还可以用"共同开发"的办法。"共同开发"的设想，最早也是从我们自己的实际提出来的。我们有个钓鱼岛问题，还有个南沙群岛问题。我访问日本的时候，在记者招待会上他们提出钓鱼岛问题，我当时答复说，这个问题我们同日本有争议，钓鱼岛日本叫尖阁列岛，名字就不同。这个问题可以把它放一下，也许下一代人比我们更聪明些，会找到实际解决的办法。当时我脑子里在考虑，这样的问题是不是可以不涉及两国的主权争议，共同开发。共同开发的无非是那个岛屿附近的海底石油之类，可以合资经营嘛，共同得利嘛。不用打仗，也不要好多轮谈判。（《邓小平文选》，第3卷，87页）1989年5月16日，邓小平会见戈尔巴乔夫时，谈到采用共同开发的办法解决钓鱼岛问题的主张。邓小平说："南沙群岛，历来世界地图是划到中国的，属中国，现在除中国台湾占了一个岛以外，菲律宾占了几个岛，越南占了几个岛，马来西亚占了几个岛。将来怎么办？一个办法是我们用武力统统把这些岛收回来。一个办法是把主权搁置起来，共同开发，这就可以消除多年积累下来的问题。"他是倾向后一种办法的。

另外，在解决争端问题的策略上，邓小平还一贯主张加强对话，反对对抗。这也是实现维护和平之目的的有效办法。他认为，"对话比对抗好，缓和比紧张好"。双方在尊重本国人民感情和尊重历史的前提下，本着合情合理的原则，在双方互相沟通、互相谅解、互相让步的前提下，可以先寻求一个令双方都能满意，又容易接受的比较好的方案。即使一时解决不了，可以先放一放，在贸易、经济、文化等各个领域还可以做很多事情，发展往来，增进了解和友谊。这样做，可以避免武装冲突，从长计议，从大处着眼以解决好此类问题。邓小平认为，通过谈判对话来解决国际争端，反对动不动诉诸武力或以武力相威胁。他甚至明确提出：哪里有矛盾，有争端，有对抗，大家就去哪里做工作，帮助疏通关系，协调相互对话，以防止矛盾激化，争端演变，对抗升级。通过"南北对话"以缓解南北矛盾，通过"南北合作"，甚至"南南合作"，以减少对抗因素，达到维护和平的目的。

　　总之，暴力不是解决国际争端的唯一手段，暴力手段不仅无助于争端的根本性解决，而且后患无穷。以和平方式解决国际争端，较之以战争方式解决国际争端更加符合世界人民的共同利益，更加顺应历史发展的大趋势，是消除当前人类面临着的共同威胁、维护世界和平、促进经济发展的有效手段。和平方式在过去解决国际争端中，也曾经使用过，但其仅仅是作为军事手段的补充，或是为进一步使用武力解决而施展的政治手段。它只是一种特殊的手段，而在当今的国际社会中，世界核武库的储存量已足以给人类造成难以承受的毁灭性的灾难。在这种情况下，邓小平认为，不应当把和平方式作为一种权宜之计，而应当作为一种国际关系中的普遍方式，这样，才能使其成为国际关系中的行为准则，使得世界上的许多"热点"得以消除，有助于维护世界和平。当然，由于存在着帝国主义，存在着国际上的霸权主义这种政治行为，和平方式成为国际政治的普遍模式，还会减轻阻力和困难。但是，也应当看到，由于全世界人民的日益觉醒和中国等爱好和平的国家和人民的不懈努力，和平方式将对当代国际关系的稳定和世界和平产生巨大的影响。

　　历史已经清楚地证明，人类在阶级存在的社会里，解决战争问题的方法不止一种，在帝国主义已经爆发战争的历史条件下，列宁、斯大林和毛泽东开创并实践了以革命战争制止反革命战争的"以战止战"、求得和平的正确道路；而在和平与发展的新的历史条件下，邓小平顺应历史潮流，把握发展大势，用卓越的军事谋略思想解决国际争端问题，提出并实践了以和平方式抑制战争因素增长的"以和抑战"、维护和平的新思想、新途径、新办法，从而为世界的和平与发展做出了积极而卓越的贡献。

第十二章
建设现代化的国防

    邓小平在继承和发展马列主义、毛泽东国防思想的基础上，根据现代战争的客观需要和我国国防建设的具体实际，提出了瞄准世界先进水平的现代国防理论和从根本上增强综合国力的现代化国防思想，深刻地揭示了现代国防建设的规律，创造性地阐明了现代国防的基本理论与实践问题。

一、军队建设指导思想的战略性转变

中共十一届三中全会确定把国家工作的着重点转移到社会主义现代化建设上来。这就要求我国各条战线要以大局为重，支持党和国家把经济建设搞上去。国防和军队建设工作如果继续沿用过去准备"早打、大打、打核战争"的指导思想，那么势必需要较多的国防费用，从而影响经济建设的步伐。这样，既有悖于全党工作重点的转移，也与毛泽东历来强调的军事路线必须服从政治路线的原则不相一致。邓小平作为我国四化建设的总设计师，着眼全局，在领导全党实现工作重点转移之后，经过充分的理论准备，在 1985 年 5 月召开的中央军委扩大会议上，果断地作出了军队建设指导思想，实行从临战状态向和平时期建设的战略性转变的重大决策。

这一战略性转变的基本内涵是：在新的历史条件下，要把军队建设从过去立足于"早打、大打、打核战争"的临战状态，真正转移到和平时期建设的轨道上来。也就是说，要充分利用相对和平的环境，把军队建设的基点，从随时准备应付全面战争的状态中，转移到以现代化建设为中心的总体建设上来，建精锐之师，走精兵之路。

军队建设指导思想的战略性转变，是我军建设的一个新的里程碑，是我军历史上又一次带根本性的转变。它结束了国防建设和军队建设长期存在的被动应付局面，理顺了国家经济建设与国防建设、国防建设与军队建设、军队建设与战备工作等各方面的关系，使国防建设与军队建设走上了正确的健康发展的轨道。

军队建设指导思想上的战略性转变，不是指建立一支什么性质的军队的指导思想，而是对战争环境、战争样式以及如何在和平时期进行军队建设的新认识，是从立足于"早打、大打、打核战争"的临战准备，真正转入和平时期建设的轨道，有着极为丰富的内容。

一是从临战状态的应急建设转向相对稳定形势的从根本解决军队发展的建设。以往我们主要是强调尽快尽可能多地把国防潜力转化为国防实力；现在，根据国际形势变化、世界战争可能在相当一段时间里不会发生，因此，要充分利用今后较长时间内大仗打不起来的和平环境，在服从国家经济建设大局的前提下，抓紧时间，有计划、有步骤地加强以现代化为中心的根本建设，努力把部队整编好，把武器装备搞精良，把干部培训好，把一些规章制度建立健全起来，把军队的一些关系理顺，提高军政素质，增强我军在现代战争条件下的自卫作战能力。国防建设重点则是从加强现实力转向国防潜力的积蓄、以保持国防建设持续发展的后劲。

二是从侧重军队建设转向全面抓国防建设。军队建设是国防建设的主要组成部分，但不是国防建设的全部。国防建设既包括对军队这一进行战争的直接力量的建设，也包括对进行战争的间接力量的建设；既要求重视国防实力的建设，也要求重视国防潜力的建设。这样，才能在不是以综合国力定胜负的现代战争中立于不败之地。

三是从单目标的国防建设和军队建设转向服从国家经济建设大局的整体建设。从临战状态转入和平建设时期，要求我们既考虑到国防力量的战时运用，也考虑到其平时运用；既考虑如何实现国防现代化，也考虑如何促进工业、农业、科学技术现代化；既考虑到应付一种战争的威胁，也考虑到应付多种战争的威胁；既考虑对付核战争，又考虑到对付常规战争，既能对付全面战争，又能对付局部战争。一句话，军队建设要立足于国防建设的总目标，要服从国家建设的大局，增强整体效益。军队建设指导思想实行战略性转变要求把军队建设纳入国防建设、国家建设的大系统中，加强以现代化为中心的根本建设，赢得未来可能发生的战争。

军队建设指导思想实行战略性转变，准确反映和揭示了 20 世纪 80 年代以来和平与发展这一新的时代主题，反映了社会主义现代化建设的客观需求，使我国国防和军队建设指导思想与时代特征和国际战略环境相适应，使党在新时期的军事路线与党在新时期的政治路线相适应，从根本上端正了我国国防与军队建设的大方向。它明确提出了和平时期我国国防和军队建设的总目标。这就是建设一支强大的、现代化的、正规化的革命军队。这"三化"是缺一不可的统一体，其中军队的现代化是和平时期我军全部工作的中心；明确指出了新时期我国国防和军队建设的重点，即从过去以阶级斗争为纲和随时准备对付外敌的大规模入侵，转向把提高军队战斗力作为军队改革与建设的出发点和落脚点，作为检验军队各项工作成效的根本标准，着重准备对付可能发生的局部战争和军事冲突等。

二、军队要服从国家建设大局

邓小平的战略着眼点，首先致力于消弭战端，控制危机，制约战争，维护和平，保证国家经济建设这个中心免遭战乱的影响和干扰。在现代条件下，包括战争在内的一切国防活动，在一定意义上说都是以经济和科技为主的综合国力的竞争和较量。要巩固国防，发展国防力量，从根本上说就是要增强我国的综合国力。一般来说，综合国力是指一个国家所拥有的全部实力和潜力以及在国际社会中影响力的综合，它包括人口、领土、资源、经济、科技、文教、国防、政治、外交和国民凝聚力等因素，在这其中，经济和科技起着决定性、基础性的作用。只有在全面增强综合国力尤其是在搞好经济建设的基础上，才能搞好国防现代化建设，提高国家防卫能力。

增强我国的综合国力，就要靠实现四个现代化，四个现代化的核心是发展经济。邓小平指出："要加紧经济建设，就是加紧四个现代化建设。四个现代化，集中起来讲就是经济建设。""当然，其他许多事情都要搞好，但是主要是必须把经济建设搞好。"（《邓小平文选》，第2卷，240-241页）由此可见，邓小平不仅把经济建设视为国防建设发展的基础，还把它作为整个国家现代化发展的关键所在。邓小平反复强调："我们当前以及今后相当长一个历史时期的主要任务是什么？一句话，就是搞现代化建设。能否实现四个现代化，决定着我们国家的命运、民族的命运。"（《邓小平文选》第2卷，162页）"现在要横下心来，除了爆发大规模战争外，就要始终如一地、贯彻始终地搞这件事，一切围绕着这件事，不受任何干扰。"（《邓小平文选》第2卷，249页）因此，集中精力把经济建设搞上去，是社会主义的根本任务，是解决中国一切问题的关键。

怎样理顺国防建设与经济建设的关系，选择一条适合中国国情和世界时代特征的国防发展道路，是邓小平在 20 世纪 70 年代末到 80 年代中期重点思考的一个问题。

由于和平力量的增长和各种因素的制约，50 多年来，世界大战一直没有发生，但各国维护国家安全的国防活动的内容和形式不断发展，局部战争也连绵不断。作为国防和战争物质基础的高技术的涌现，使得国防对经济的依赖越来越大。邓小平依据第二次世界大战以来，尤其是 20 世纪 70 年代以来的世界军事发展的状况，反复强调经济建设的重要性，他明确指出："国防建设，没有一定的经济基础不行。"（《邓小平文选》第 2 卷，第 240 页）国防的现代化只有建立在国家整个工业以及农业发展的基础上才有可能。

随着国际形势和国家经济建设事业的发展，邓小平逐渐坚定了理顺国防建设与国家建设的关系的思想，提出了相对和平时期的经济建设是整个国家的大局、全局，军队必须服从并服务于这个大局。他明确指出："四化总得有先有后，军队装备真正现代化，只有国民经济有了比较好的基础才有可能。"（《邓小平论国防和军队建设》，147 页）；又说："现代化建设的任务是多方面的，各个方面需要综合平衡，不能单打一。但是说到最后，还是要把经济建设当作中心。离开了经济建设这个中心，就有丧失物质基础的危险。其他一切任务都要服从这个中心，围绕这个中心，绝不能干扰它，冲击它。"（《邓小平文选》，第 2 卷，250 页）

面对我军武器装备落后的现实，很多人希望能尽快改善装备，有的人提出经济建设要向国防建设倾斜；有的人提出可以暂时牺牲一点经济建设，先把国防建设搞上去；甚至有人认为国防建设应该处于中心位置。针对这个问题，邓小平坚定地认为，经济建设是我们党和国家全部工作的重点，是全局；国防建设是四个现代化建设的一个方面，相对于经济建设来说，它处于服从的地位，是局部，"军队要服从整个国家建设大局"。"大局好起来了，国力大大增强了，再搞一点原子弹、导弹，更新一些装备，空中的也好，海上的也好，陆上的也好，到那个时候就容易了。"（《邓小平文选》，第 3 卷，99—100 页）1985 年 6 月 4 日，邓小平在军委扩大会议上旗帜鲜明地指出：四化总得有先有后。军队装备真正现代化，只有国民经济建立了比较好的基础才有可能。所以，我们要忍耐几年。我看，到 20 世纪末我们肯定会超过翻两番的目标，到那个时候我们经济力量强了，就可以拿出比较多的钱来更新装备。先把经济搞上去，一切都好办。现在就是要硬着头皮把经济搞上去，就这么一个大局、一切都要服从这个大局。搞建设要有先有后，先把经济搞上去，一切都好办。（《邓小平论国访和军队建设》，147 页）他强调指出：加速改进军队的装备，但这里有个条件，请大家注意，就是要根据可能。国家只能拿出那么多钱,用于军事方面多少,还要进行综合平衡。国防的现代化，只有建立在国家整个工业以及农业发展的基础上才有可能。也就是说，我们军队要实现武器装备的现代化，就必须以现有的经济基础和经济条件为前提。到 20 世纪末我们肯定会超过翻两番的目标，到那个时候我国经济力量强了，就可以拿出比较多的钱来更新装备。

邓小平的这些论述深刻地阐明了经济建设对国家全局和发展的决定性作用。他提出以经济建设为中心，正突出了我国社会主义现代化建设的重点，紧紧抓住了我国发展进程中的重要薄弱环节和关键，为我们确定了国防建设发展的目标和道路，指明了正确的方向。

在邓小平这一思想的引导下，到 20 世纪 80 年代中期，我国经济建设迅速发展，国防建设也有了长足的进步。

邓小平不仅强调国防建设要服从大局，而且要努力为大局服务。就军队来说，为经济建设大局服务，一方面要充分履行"保卫社会主义、保卫四化建设的光荣使命"（《邓小平文选》，第 2 卷，395 页），为经济建设提供一个和平稳定的环境。另一方面要积极支援和参加国家经济建设。1980 年 3 月 12 日，邓小平在军委常委扩大会上讲话时说："我们国家现在支付的军费相当大，这不利于国家建设"，"如果能够节省出一点用到经济建设上就更好了"。邓小平要求："我们军队有自己的责任，不能妨碍这个大局，要紧密地配合这个大局，而且要在这个大局下面行动。军队各个方面都和国家建设有关系，都要考虑如何支援和积极参加国家建设。无论空军也好，海军也好，国防科工委也好，都应该考虑腾出力量来支援国民经济的发展。如空军，可腾出一些机场，一是搞军民合用，一是搞民用，支援国家发展民航事业。海军的港口，有的可以合用，有的可以腾出来搞民用，以增大国家港口的吞吐能力。国防工业设备好，技术力量雄厚，要充分到用起来，加入到整个国家建设中去，大力发展民用生产。这样做，有百利而无一害。"（《邓小平文选》，第 3 卷，99 页）

邓小平还创造性地提出，培养军队和地方两用人才，也是个顾全大局的问题。他在 1984 年中央军委座谈会上讲话明确提出：军队要服从整个国家建设大局，再一个是培养军队和地方两用人才，也是个顾全大局的问题。现在军队这方面工作做得不错，有成绩，这个很好。军队培养两用人才，地方是欢迎的。这方面工作真正做好了，部队干部战士转业复员到地方就容易了。我们军队培养了不少有专业技术的人才，把其中一些人才转到地方各行各业去，对地方也是个支援。其实不是单方面的支援，好处是双方的。据统计，1985 年军用技术转为民用 2 万多项，成交金额 10 亿多元，这等于多了 10 亿元军费收入。按通常技术转让所产生的经济效益 1：7-1：100 算，又等于为国家创造了 70 亿 -100 亿元的经济效益。国家财政那块馅饼做大了，再多摘一点武器装备也就容易了，真是"有百利而无一害"。

三、在经济发展的基础上，加速国防现代化建设

国防现代化是国家四个现代化的重要组成部分，四个现代化建设以发展经济为中心，但绝不是不要国防现代化，经济建设与国防建设相互依存、协调发展。在发展经济的同时，也要相应地加强国防建设，两者密不可分，不能等经济建设发展到一定现代化水平后再进行国防建设。邓小平继承了毛泽东的"一手抓经济、一手抓国防"的思想，始终把发展经济和巩固国防作为最重要的两件大事来抓。在提出以经济建设为中心的同时，邓小平始终重视

国防现代化建设，强调在经济发展的基础上，加强国防现代化建设。

经济实力只是国防强大的必要前提，经济建设搞上去了，并不意味着国防就会自然巩固。因此，在国民经济不断发展的基础上，必须合理确定和增加国防投入比例，改善武器装备，加速国防现代化，增强军队在高技术条件下的防卫作战能力。国防现代化是社会主义现代化的一个重要方面，像我们这样一个社会主义国家，离开国防现代化，就不足以成为对国际事务有重要影响的大国，就不足以显示社会主义制度的优越性，就不足以振奋民族自尊心、自信心，弘扬爱国主义精神。因此，国防建设应该纳入国家现代化建设的总体规划和历史进程之中；经济建设应充分考虑国防建设的需要，把国防建设摆在一个恰当的位置上。从维护国家的根本利益着想，任何忽视和削弱国防建设的思想和行为，都可能导致严重的后果。因此，我们必须在发展经济的基础上，逐步增强国防力量，使国防建设和经济建设相互促进，达到富国与强兵的协调发展，综合国力有效增强的目的。

邓小平要求军队要在大局下积极行动，军队要服从大局，要"忍耐"几年。然而，邓小平所说的服从和"忍耐"，绝不是一种消极的服从和"忍耐"，绝不是国防建设不重要，可以无所作为。这个"忍耐"只是权宜之计，是一种策略，而不是长远的发展战略。邓小平曾明确批评过这些模糊认识，他说："现在我们搞的四个现代化就包括国防现代化，这是毛主席的思想。西方报刊说我们不要军队现代化，那是不了解情况。在我们非常困难的时期，毛主席就说我们要搞原子弹，这不是现代化？"（《邓小平论国防和军队建设》，60页），国防现代化这个问题也涉及大局。四个现代化，其中就有一个国防现代化。如果不搞国防现代化，那岂不是只有三个现代化了？（《邓小平文选》，第3卷，128页）

我们是在一个复杂的国际和国内环境中进行社会主义现代化建设的。虽然大战打不起来，但"小的战争不可避免……世界上希望我们好起来的人很多，想整我们的人也有的是。"（《邓小平文选》第3卷，319页）。同时，国内也存在着许多不稳定的因素。没有一个强大的国防和军队，国家的安全和稳定就无法得到可靠的保障。这就要求我们把国防和军队建设摆在一个既不过高也不过低，适当的重要位置上，要求国家经济建设也要适当照顾国防建设的需要，保证国防建设水平能够随着国民经济实力不断增长而逐步提高。那种认为和平时期搞国防建设不着急，等经济上来了再搞国防建设的认识和做法，是不符合国防建设的客观规律的，也是极其危险和有害的。

邓小平在强调服从并服务于国家经济建设大局的同时，并未因此降低军队建设的标准和要求，要求军队在大局下积极行动，有所作为。采取的办法之一，就是加大改革力度，精简整编，裁军 100 万，把省下来的钱用于更新装备。这样，既减轻了国家负担，有力地配合了国家建设大局，又大大地推进了我军现代化正规化建设，体现了服从大局和在服从大局的条件下积极行动、有所作为的统一。

邓小平强调，搞国防和军队建设必须精打细算，把有限的军费用得更好，用得更合理，真正用在加强战斗力上。

国防建设贯彻服从大局的原则，其财力、物力等资源投入肯定会与国防建设的客观需要产生一定的矛盾。在经费不足的情况下，国防建设特别是军队建设必须发扬艰苦奋斗的精神，过紧日子。邓小平指出："军费搞得太高不可能，肯定影响经济建设。所以对我们军队的同志、在座的同志来说，就是怎么把这个钱用好，把钱更多地用来改进我们的装备。这也是我们考虑的一个战略问题。""军队要考虑的，不是增加军费预算在国家财政开支中的比重的问题，而是在这个已定比例范围内，怎么用好这个钱，用得更好，用得更合理，真正用在加强战斗力上。"他还说："军队本身的任务就是把钱花得好。怎么花是个学问，要好好研究，精打细算，方针要对头，办法要对头。"（《邓小平论国防和军队建设》，101 页）由此可见，在军费有限，并且不可能大幅度增加的情况下，只要我们克服消极依靠思想，充分发挥主动性和创造性，把着眼点放在挖掘军队内部潜力上，改善军队运行机制，向科学决策要效益、向改革开放要效益，就能把军队建设的能量充分释放出来，花较少的钱，办更多的事，在服从并服务于大局的同时，保持军队建设的稳步、持续发展。

四、国防建设要面向世界、面向未来

邓小平认为，国防建设必须面向世界、面向未来。国防现代化是使国家在防务与安全在总体上达到世界的先进水平。这是一个世界性的概念，它所反映的国防先进水平是世界性的，是以世界的发展为参照系，其标准是客观的，具有世界普遍性。

面对新技术革命促使经济和科学技术迅猛发展和世界各国竞争的日益激烈，以及军事领域日新月异的变化，如何建设我们现代化国防？邓小平提出了"面向未来"的思想。他认为，建设现代化的国防必须面向未来，瞄准世界先进水平。

经济和科学技术的发展已使世界成为一个整体，任何一个国家都难以独立于世界之外而存在。邓小平是一位具有世界眼光的伟大的改革家。他明确地指出："现在的世界是开放的世界。"（《邓小平文选》第3卷，64页）现代国防和现代经济、政治、文化一样，是一个开放的大系统，都需要与世界接轨。邓小平作为中国共产党的第二代领导集体的核心，在指导国防建设过程中，始终坚持开放的思维方式，瞄准世界先进水平，不断探寻现代国防发展之路。

在科学技术迅猛发展的今天，国防发展必须面向世界，跟上时代潮流。建设中国特色的国防现代化，既要立足于中国的实际，又要面向世界，着眼未来，把中国特色的国防现代化建设置于宏观的世界历史发展过程和世界范围内加以认真的考察，用世界进步的普遍尺度来衡量有中国特色的国防现代化发展的进程，从而确定我国国防现代化发展目标和前进道路。

以和平与发展为主题的时代，国际形势虽然出现了由对抗转为对话、由紧张转向缓和的局面，但世界各国特别是一些发达国家一时一刻也没有停止他们的国防建设。各国都在抓紧利用这个时机，开发新兴军事科学技术，研制新一代的武器装备，同时对国防体制进行一系列改革，以增强自己的国防实力。美国、欧盟、日本等发达国家和地区为适应高技术战争的需要，着眼于提高指挥、控制、通信、情报、制导、监视和电子战能力，研制了相应的武器装备。美国、欧盟、日本等发达国家和地区，都在通过军事改革来更新军事观念，完善军事理论；制定国防发展的新目标；调整军事战略和政策，突出质量建军；优化武装力量结构，改进维持军力方式；调整军事投资，落实各项战略措施；改革国防机构，加强国防现代化管理，等等，从根本上增强国防能力，加速国防发展，提高武装力量的战斗力，以适应未来现代化作战的需要。一些发展中国家也在加快步伐向世界军事先进水平看齐，加紧改进和发展武器装备，加强国防现代化建设。

邓小平站在世界国防发展的最前沿，总结我国和世界各国发展的历史经验，明确指出："现在的世界是开放的世界。中国在西方国家产业革命以后变得落后了，一个重要原因就是闭关自守。新中国成立以后，人家封锁我们，在某种程度上我们也还是闭关自守，这给我们带来了一些困难。三十几年的经验教训告诉我们，关起门来搞建设是不行的，发展不起来。"（《邓小平文选》，第 3 卷，64 页）同样，邓小平也认为关起门来搞国防建设是不行的，是没有出路的。他经常提醒人们要多看看世界，多看看发达的国家。早在 1978 年他说过：我们搞指挥系统现代化，从自己落后的方面去看看人家的，找一找差距，很有必要。与人家现代化指挥系统比，我们要落后得多。后来，他在同国防科学技术委员会一些老同志谈话时，也提出要把借鉴的着眼点放在各国国防建设的最新成果，及时加以利用，引进外国的技术。实践证明，只有面向世界，才能跟上世界军事发展的步伐，才能占领未来军事舞台的"制高点"。他还举例说："前不久我看到美国的一个资料，说使用电子计算机，开始军队不接受、不赞成，说是不懂，掌握不了。后来，美国政府下了很大决心去搞，现在装备到团以下，陆、海、空都用上了。"（《邓小平论国防和军队建设》，43 页）

我军的现代化指挥系统在 1978 年可以说还是一张白纸，但是，邓小平以开放的思维和敏锐的洞察力，看到了指挥系统的现代化是军事发展的趋势，明确指出："我们现在还没有想到这个问题。要解决这个问题很费劲的，但思想要统一，要逐步实现指挥系统的现代化，总不要拖得太久吧！"（《邓小平论国防和军队建设》，43-44 页）。

邓小平始终强调坚持面向世界，站在"承认我们军队打现代化战争的能力不够"的基点上，努力学习和引进世界上先进的东西。凡是先进的相对现代化建设有益的东西，都要学习和借鉴。邓小平认为，在自己落后的方面去学习发达国家，找一找差距，对建设现代化的国家是很有必要。他说："承认我们哪些方面有缺点，哪些方面还不足，这就是解决问题的起点，克服弱点、克服缺点的起点。例如，我们的国家、承认自己哪些方面落后，这就有希望。我们有一段时间不承认这一点，吃了亏。现在我们一定要承认我们的科学技术水平与世界先进水平相比，还差很长的一截，要承认我们军队打现代化战争的能力不够。"（《邓小平文选》，第 2 卷，61 页）如果看不到这个差距，自我封闭，拒绝吸收和借鉴世界先进的东西，势必减慢我们的发展速度，更加拉大与世界先进军队的距离。

五、建设现代化国防，必须在世界高科技领域占有一席之地

"科学技术是第一生产力"，是邓小平最为著名的论断之一。军事领域历来是对科学技术最敏感、使用科学技术最优先的领域。如果说科学技术是第一生产力，那么对于国防建设来说，科学技术就是第一推动力，是衡量国防现代化程度的重要标志。在增强综合国力的国际较量中，谁能抢占到科学技术"制高点"和"前沿阵地"，谁就可能在经济上更加繁荣，在军事上更加强大，在国际政治斗争中更加有发言权。

现代国防领域的斗争，更多地表现为综合国力的较量，其中高科技的竞争居于突出的地位。发展军事高科技已成为国防现代化建设的根本途径，成为提高人员素质、改进武器装备、改革体制编制、创新军事理论的前提条件。发展高科技是世界各主要国家发展科技特别是国防科技的核心，也是我国"科

技强军"战略的重要内容。20世纪70年代以来，世界科学技术的突飞猛进，对世界各国的经济和社会发展进程产生了越来越深刻的影响。当今世界，国家之间的竞争，归根结底是综合国力的竞争，而综合国力竞争的核心是科学技术的竞争。美国、日本、西欧等发达国家，为了抢占科技的"制高点"和世界高科技产品市场，确保和加强自己的实力地位，不惜耗费巨资，先后制定了以开发高技术产业为中心的新的国家战略或集团总体战略，一些发展中国家，如印度、巴西也采取了相应的加快高技术发展的战略对策，科学技术的发展正在演变成一场全球性的高科技大战。

邓小平一直认为，只有依靠科学技术，我国的国防现代化才能实现。他指出："要提倡科学，靠科学才有希望。"（《邓小平文选》，第3卷，377—378页）他充分肯定了我国在20世纪60年代依靠科学技术在国防领域取得的成绩："如果六十年代以来中国没有原子弹、氢弹，没有发射卫星，中国就不能叫有重要影响的大国，就没有现在这样的国际地位。这些东西反映一个民族的能力，也是一个民族一个国家兴旺发达的标志。"（《邓小平文选》，第3卷，27页）

邓小平正是基于上述认识和判断，高瞻远瞩地指出：21世纪是高科技发展的世纪。过去也好，今天也好，将来也好，中国必须发展自己的高科技，在世界高科技领域占有一席之地。他还说，中国也不能不参与，尽管穷。因为你不参与，不加入发展的行列，差距越来越大。他一再叮嘱我们：现在世界的发展，特别是高科技领域的发展一日千里，中国不能落后，必须始终占有一席之地。（《邓小平文选》，第2卷，279页）并审时度势，及时地把握时代的脉搏和历史发展的总趋势，制定我国高科技发展规划，推动我国高科技的发展。

1984年10月7日，邓小平来到中国科学院高能物理研究所，为北京正负电子对撞机国家实验室工程的奠基石培了土。4年后，北京正负电子对撞机实验室建造成功，邓小平又一次来到这里，仔细地参观了全部的实验设备，并发表了上述重要讲话。这些都反映了邓小平始终瞄准世界先进水平，指导我国国防建设的远见卓识。

邓小平着眼于世界高科技先进水平和我国科学技术发展的实际，精心筹划我国国防发展战略，特别是筹划制定适合中国国情、军情，具有中国特色的高科技发展战略。我国在高科技领域已经具备了一定的科研开发能力，建立了比较完整的国防科技工业体系，在国防应用上取得了一些重大成就。但是，我国与发达国家相比仍存在着差距。即使能够争取十年二十年时间实现我军装备的现代化，那时我们同敌人比较起来，武器装备也仍将处于劣势。也这就是说，我们国防现代化建设在这一关键因素上，力量是薄弱的、水平是落后的，而我国的国情和国力又不可能在较短的时间内改变这种基本状况。这就要求我们继续打破常规，面向世界，引进消化先进的科学技术、科学知识，为"加速实现国防现代化"增加新的力量。

邓小平提出，为加快国防科技的发展，必须走军民结合的道路，在国家的统一计划下，以军为主，搞军民结合。重点放在平时，至少拿一半转到民用，战时可以转产，这是一个大方针。20 世纪 60 年代初，中央曾确定，国防科技工业要实行军民结合、平战结合、以军为主的方针，由于当时的国际形势，国防科技工业主要力量是从事军品研制和生产，民品产值占总产值的比重不到 10%。70 年代末、80 年代初，邓小平根据国内外形势的新变化，从方向、道路和体制的高度，进一步深化、丰富和发展了军民结合思想，明确提出了"军民结合、平战结合、军品优先、以民养军"的十六字方针。1978 年 6 月，邓小平在讲到改造造船工业时，赞同以军为主、以民养军的原则。他说，以民养军，包括搞出口船，换取外汇。把民用船水平提高了，也可以促进军用船。方法是要大胆改造现有的造船厂。国防科技工业系统全面贯彻落实了这一方针，在优先完成军品科研生产任务的前提下，大力开发生产民用产品，大量军用技术转为民用，对促进我国高新技术发展及其产业化发挥了重要作用。随着国防科技工业军转民工作进入了以国内外市场为导向、以提高整体效益为中心、以发展高新技术产品为重点的新阶段，在国家建设中发挥着越来越大的作用，而且进一步提高了军民兼容程度，增强了平战转换能力。

在新中国成立后的近 30 年间，国防科技工业一直实行高度集中的计划经济体制。这种体制，对国防科技工业的建设和发展曾发挥了重大作用。但在新的历史时期，原有体制的弊端日益明显地暴露出来，已不适应经济建设和军工自身发展的客观要求。中共十一届三中全会以后，邓小平提出要把军工体制的改革提到重要的议事日程上，纳入国家经济体制改革的轨道，实行"军民结合、平战结合、军品优先、以民养军"的十六字方针，发展国防工业，要从军工体制和装备管理两个方面，正确处理国家建设和军队建设、生产单位和使用单位、装备制造和装备维修的关系，尽可能地把追求军事效益同追求经济效益统一起来。

1978 年，邓小平曾尖锐地指出，我国的国防科技工业体制基本上是学苏联的，这种体制束缚科学技术的发展，必须从照搬的体制中解放出来；如果不改革，就是生产力的极大浪费。改革的重点是转换机制，主要形式是改成订货关系，实行合同制。1979 年，他在听取军工部门和军队领导同志汇报时强调，军队和军工部门要搞合同制，各军工部门之间，企事业单位之间，也要订合同，按经济办法进行管理。1984 年 10 月，他在谈到军工体制改革时进一步指出：我讲了好几年了，改成订货关系。将来恐怕必须是这样，因为责任制一搞，你不搞订货关系，怎么行呢？从实践看，军工改成订货关系，实行合同制，实质是要通过合同的方式落实国家军品科研生产计划，在国家计划指导下强化市场对资源配置的作用，把计划与市场两种手段结合起来，并通过合同这种经济契约的形式规范供求双方的权益关系，实现责、权、利的统一。在邓小平的指导下，国防科技工业和军事装备部门抓住机遇，深化改革，调整结构，提高效益，初步探索出一条适合我国社会主义初级阶段和社会主义市场经济要求的军民结合、平战结合的国防科技工业和军队装备建设的发展道路。

第十三章
注重军队质量建设

在新的历史时期，为了维护和平，保证国家安全，我军应当具备同掌握着先进军事技术的敌人作战的能力。这就需要我军着眼世界军事发展的总体趋势，以求真务实的态度正视我军与发达国家军队之间的差距。邓小平科学地分析了当今世界形势、我国国情和我军建设的客观实际，从现代战争要求和新时期军队建设规律出发，真正把世界军事发展趋势纳入军事战略指导的视野，将其作为我军制定建设目标和指导方针的重要依据之一，提出了建设以现代化为中心，建设一支强大的现代化、正规化的革命军队的总体目标，加强军队质量建设，强调我军要打赢未来的反侵略战争，就必须根据现代战争的特点，全面加强军队质量建设，走中国特色精兵之路，认真解决我军打现代战争能力不够和指挥现代战争能力不够的问题，从而正确解决了中国军队的发展道路问题。

一、军队提高战斗力必须"消肿"

新中国成立之初，由于军事斗争的需要，我正规军人数一度达到 600 万。抗美援朝战争结束，进行大规模精简整编，我军员额降至 237 万。但从 1963 年起，由于种种原因，军队规模又开始扩充，到 1975 年，竟达 661 万，相当于当时苏美两国军队数量之和。随之，出现了国防费用与国家经济建设费用比例失调的现象。加上"文化大革命"期间，林彪、"四人帮"的干扰破坏造成军队建设问题成堆，战斗力反而下降。

裁并机构，精简机关，是邓小平的一贯思想。

1975 年，面对十年动乱给军队建设造成的破坏，针对军队各级机关臃肿、机构重叠、制度废弛、职责不明、管理混乱的现实状况，主持军委工作不久的邓小平明确指出，抓管理首先要抓住根本性问题，从体制编制整顿做起。搞好军队的编制整顿，体制整顿，可以适当解决军队的其他问题。对此，邓小平还非常尖锐地指出，真正说到底，我们军队成堆的问题、核心的问题是什么？不是这个人那个人的问题，而是机构臃肿，人浮于事，这是最根本的。他以无产阶级革命家、政治家、军事家的胆识和气度，尖锐地指出军队存在着"肿、散、骄、奢、惰"，并把"消肿"作为整顿军队的首要任务。他说，军队膨胀起来，不精干，打起仗来肯定不行。必须通过"消肿"与建立合理的体制、编制，来解决军队多年积累下来的机构臃肿、指挥不灵、官僚主义作风、工作效率不高等弊端，切实提高部队的战斗力。1977 年，邓小平在中央军委扩大会议上旧话重提："这里我还要讲一个肿字。过去不是讲五个字吗，'肿、散、骄、奢、惰'，第一个字就是肿。这个肿，我们还没有很好解决。"（《邓小平文选》，第 2 卷，75 页）

1980 年 3 月 12 日，邓小平在中央军委常委扩大会议上讲话时，主题就是精简军队，提高战斗力。他总共讲了四个问题，而"消肿"问题又一次首当其冲。他像战争年代在大战到来之前亲自站在指战员中作动员一样，以他特有的生动有力而又简洁、风趣的语言，亲自给全军高级将领作消"肿"报告，一针见血。他说：我们军队有没有战斗力？一旦有事行不行？我讲的不是像对越自卫还击战这样的事，这样的事好应付。如果从我们面临的更强大的对手来说，衡量一下我们的战斗力，可靠性怎么样？必须清醒地看到，我们存在的一个最大问题，就是军队很臃肿。真正打起仗来，不要说指挥作战，就是疏散也不容易。现在提出"消肿"，主要是要解决军队机构重叠、臃肿，以及由此带来的各级指挥不灵等问题。军队要提高战斗力，提高工作效率，不"消肿"不行。

他还说：我们国家现在支付的军费相当大，这不利于国家建设；军队人员过多，也妨碍军队装备的现代化。减少军队人员，把省下来的钱用于更新装备，这是我们的方针。如果能够节省出一点用到经济建设上就更好了。总之，搞四个现代化也好，把军队搞精干、提高战斗力也好，都需要"消肿"。

他有一句尖锐而深刻的话，从 1975 年讲到 1985 年：这样庞大的机关，不要说指挥打仗，"跑路都跑不赢"！因此，要最大限度地发挥人和武器的作用，提高整体战斗力，必须建立尽量科学的编制体制，通过"消肿"，解决军队多年积累下来的机构臃肿、指挥不灵等弊端，切实提高部队战斗力。而且精简整编，要搞革命的办法。一次搞好了，得罪人就得罪这一次。用改良的办法，根本行不通。

"消肿"的重点，主要是精简各级领导班子和领导机关，首先是总部和军兵种、大军区、省军区机关；主要是解决军队机构重叠、臃肿，以及由此带来的各级指挥不灵等问题。这就从根本上抓住了我军精简整编、优化结构中的核心问题。对于我军如何减少数量、提高质量的问题，邓小平强调要从三个方面解决：一是进行体制编制整顿，从体制编制上解决"肿"的问题；二是从精简军队与军队体制改革的结合上解决，通过体制改革克服弊端；三是通过健全各种制度精简军队，依靠有关制度安排军队干部、更新军队干部。

1985 年，邓小平冷静、客观地分析世界战略格局，科学预测世界形势，站在国家经济建设的战略高度，作出了思考多年的重大决策：在军队几次整编基础上，再裁减员额 100 万。在这年 6 月召开的中央军委扩大会议上，邓小平指出："我们下这样大的决心，把中国人民解放军的员额减少 100 万，这是中国共产党、中国政府和中国人民有力量、有信心的表现。它表明，拥有 10 亿人口的中华人民共和国，愿意并且用自己实际行动对维护世界和平作出贡献。减少 100 万，实际上并没有削弱军队的战斗力，而是增强了军队的战斗力。即使国际形势恶化，这个裁减也是必要的，而且更加必要。"（《邓小平文选》，第 3 卷，126 页）他说，即使战争要爆发，我们也要"消肿"。这表达的正是党中央集体下定的决心。虚胖子能打仗？大力士、拳击运动员身体很重，但是不虚，虚就不能进行拳击。他进一步分析说，要更多地节省开支，改善装备，更重要的是提高军队素质。保留下来的人员足够应付意外事件。再减 100 万，一是必要，二是没有风险。

这是对一个庞大机体实行的脱胎换骨性的"大手术"。做出这一决策，发生在南疆的自卫还击战场枪声不绝的时刻，发生在全党大力整顿力求党风根本好转而尚未实现的关口，发生在整个国家经济、政治生活大刀阔斧改革图新、各种事物新旧更替的背景之下。这就使得这一大规模的精简整编呈现出极其复杂的局面。这是何等的气魄！通过裁减 100 万，较大幅度地压缩了军队过分庞大的规模，调整了军队内部不合理的编制结构，不但压缩了员额，减少了领导机构层次，撤销了一些兵种机关和几个大军区机关，并且将炮兵、装甲兵、工程兵等兵种部队与步兵有机结合在一起，编组了兵种部队基本齐全的陆军合成集团军，还从战略上提高了陆海空军和战略导弹部队之间的协同作战能力，这表明我军在精兵和质量建设上都提高到了一个新的水平。

二、建立适应现代战争的体制编制

与精简密切相关的，就是建设科学合理的体制编制。军队的体制编制，不仅反映一个国家军队的总体结构、战斗力水平和文化素养，而且还体现着一个国家军事实力的强弱。军队的编制体制是一种排列组合。对军队实行不同的编成、组合、结构，会产生不同的战斗力。科学的体制编制，对于有效地促进军队建设具有非常重大的意义。所以，凡致力于现代化建设的军队，无一不把体制建设作为重要环节，将改革军队体制编制作为提高作战能力的"倍增器"，视确立和完善科学的体制编制与发展先进的武器装备同等重要。

邓小平非常重视我军体制编制的调整改革，将其放在军队改革的主导地位，作为新时期军队建设的重要任务，为改革和完善我军的编制体制提出了许多重大理论见解。他从我军建设的客观实际出发，在领导我军改革的伟大实践中，强调把搞好体制编制改革作为一个重要的方面来抓，加强军队的质量建设。他认为，体制编制烦琐是制约军队战斗力的重要弊端，军队存在的许多问题都与体制编制有关，解决体制编制问题是解决军队其他问题的先决条件。

1980 年 3 月，他在军委扩大会议上提出：体制问题，实际上同"消肿"是一个问题的两方面。要"消肿"，不改革体制不行。现在我们的体制有很多问题。1981 年年底，他又指出：不少事情都涉及一个制度问题，要改革。归根到底要解决军队的制度问题。1984 年 11 月，他在中央军委座谈会上的讲话中指出：要把军队的精简整编同体制改革结合起来。如果体制不当，则必然会造成军队的总体结构不合理，领导关系不顺畅，职权划分不明确，使军队难以形成应有的战斗力。我军原来的体制编制虽经几次精简，但仍存在机构臃肿、规模偏大、总人数过多；体制编制不够科学合理，领导层次多、机关大、官多兵少、办事效率低、部队合成程度低等问题。这些问题如不改革，势必影响军队建设战略指导思想的转变。邓小平认为，为了加强我军的现代化、正规化建设，必须充分利用当前难得的和平环境，精简整编，把体制编制搞好。

为此，1985 年的体制编制改革，采取了撤、并、降、交、改、理等措施。"撤"，就是成建制地撤部队，包括撤军、师等；"并"主要是合并机构，像大军区合并、院校合并等；"降"则是指降低有些单位的机构等级和压缩其规模，如兵团级、军级机构压为军级、师级等；"交"，就是将部分属于政府职能的机关部队，如县市人武部和内卫部队等交给国家和地方政府有关部门；"改"就是对那些保障单位实行企业化管理、部分干部职务改用士官或士兵担任；"理"就是指调整理顺各方面的关系。

邓小平提出了建立科学的体制编制必须坚持的重要原则。

要坚持精兵的原则。精兵，就是要根据时代发展的需要，通过"消肿"把军队搞精干，要有高度政治觉悟、掌握先进军事思想和较高科学文化素养的精明的指战员；要有精良的武器装备；要有反应灵便、效率很高的精练的指挥机构。为此，邓小平提出要通过体制编制改革，建立科学制度，裁减军队员额，撤销、合并一些部队、机关，调整机构设置和官兵比例，从根本上提高部队的战斗力。

要坚持合成的原则。在军队体制编制中贯彻合成原则，是现代战争发展的客观要求。现代战争是陆海空军全方位展开的立体合成战争，要夺取战争的胜利，诸军兵种必须实现有效的合成。在较长一段历史时期内，我军主要靠单一兵种打仗。新中国成立初期，我们先后组建了空军、海军、炮兵、装甲兵、工程兵、通信兵、防化兵，还有防空军等。但同步兵的有机结合由于种种原因没能很好研究。这种情况与现代战争对合成的要求相差甚远。所以，邓小平反复强调合成思想，把军队合成问题作为最紧迫的问题之一抓住不放。他纵观世界各国军队的发展趋势指出："现在是合成军队作战，空中也有，地面也有，水里也有，不是过去的小米加步枪了。"（《邓小平文选》，第2卷，21页）必须通过体制改革，建立合成作战部队。要随着情况的发展变化，从军队的体制编制上考虑，科学地确定合成的比例，使诸军兵种真正有机地结合起来，形成强大的战斗力，才能增强应付现代战争的能力。他明确提出了建立合成军、集团军的思想，指出：提高现代条件下诸军兵种协同作战能力，必须"编组合成军，就是要逐步地把部队合成起来，通过平时训练，使大家熟悉这方面的知识，学会这方面的本领。"（《邓小平文选》，第2卷，289-290页）1980年10月，邓小平在801会议上讲话时说：有的同志提出，过去我们也设想过，把一个军组成一个合成军，有炮、有坦克、有导弹，炮包括防空的，实际上就是一个集团军。他提议在有的地区，首先搞一两个合成军。有一两个集团军作基础，就可以进行合成军的训练。在邓小平合成思想的指导下，通过 1985 年的精简整编，我军将炮兵、通信兵、防化兵等诸兵种部队与步兵有机结合在一起，组编了兵种基本齐全的陆军合成集团军，并从战略上提高了陆、海、空三军和战略导弹部队之间的协同作战能力，使我军在建设现代化的合成军队的道路上迈出了具有历史意义的一步。

要坚持平战结合的原则。军队的机构体制首要的是适应现代战争的需要，同时又要兼顾平时，这是邓小平关于精简整编的重要原则之一。考虑平时，是指要把部队搞精干，适应和平时期国家经济建设和军队建设的需要，能应付突发事变和局部战争，有效地保卫人民和平劳动和国家安全。考虑战时，是指要具备一定的扩编机制和基础，保障常备不懈的状态，一旦战争规模扩大，就可以迅速扩编，转入战时体制，有效地完成保卫祖国安全的任务。

要坚持高效的原则。高效就是通过发挥体制编制的功能和制约作用，使各级指挥机构发挥很高助工作效率，提高部队的快速反应能力和作战效能。高效是深化体制编制改革的一个基本目的，也是衡量体制编制优化与否的尺度。

邓小平特别强调，要抓严格执行编制，确立编制的权威性。他有一句名言："编制就是法律。"军队的体制编制设置具有高度的严肃性、科学性，必须严格遵守，更不能朝令夕改。无论是领导体制、还是部队编制，都必须严格遵守，就是需要修改完善，也必须严格执行法律程序。

世界上那些强大国家的军队都视军队编制为法律，如英国的军队哪怕是增减 1 个营，也需要国会批准；日本 1982 年通过的"防卫厅设置法"，规定自卫队总人数为 272162 人，增减 1 人都经国会重新立法。

我军以往进行过多次整编，每经过一次整编改革，都使体制编制结构向前进一步。然而，新的体制编制往往不能认真贯彻落实，常常是随着时间的推移，重复出现机构臃肿、层次重叠、严重超编等现象。究其原因，除了有些机构的设置和编制员额的确定缺乏事先科学论证外，一个很重要的原因就在于缺乏法规的保护，导致某些人、某些单位不严格遵守。特别是林彪、"四人帮"横行时期，视编制为儿戏，轻率增设机构，更有某些领导人随意超标准占用公勤人员，结果把我军搞得臃肿不堪。对这种无视编制、任意增加人员的现象，邓小平强调，"编制要严格"，"要切实遵守"，没有编制就没有编内编外。编制就是制度，有理无理，第一条就是看你合不合编制。总不能像过去那样随便要战士为自己服务吧！规定配一个秘书，就不要用多了嘛。秘书少一点有好处，自己亲自动手，勤恳一点，多动一点脑子，对自己好处多啊！这一科学论断深刻揭示了机构设置和编制员额以及领导体制等一经确定，就必须严格遵守执行，任何组织和个人都不得以任何理由随意变更和拒不执行。

1975 年，邓小平针对林彪等人鼓吹"需要就是编制"，肆意突破编制，随心设置机构，从而造成部队组织编制混乱、机构庞杂、比例失调、规模膨胀的实际现象，组织军委集中讨论和重点解决压缩军队员额、调整编制体制等重大问题，但受到江青一伙的干扰破坏，任务没有完成，被迫停了下来。可会议确定的精简整编的方针、原则和措施，对加强我军的组织建设和以后编制体制的调整，奠定了重要的理论和思想基础。

邓小平还特别强调军队要建立科学的制度，坚持制度化。20 世纪 80 年代初期，邓小平在总结历史经验时，多次谈到制度问题，认为我们过去发生的各种错误，固然与某些领导人的思想作风有关，但是组织制度、工作制度方面的问题更重要。这些方面的制度好可以使坏人无法任意横行，制度不好可以使好人无法充分做好事，甚至会走向反面。即使像毛泽东这样伟大的人物，也受到一些不好的制度的影响，以致对党对国家都造成了很大的不幸。正是在这个意义上，他说："制度是决定因素"、制度问题"更带有根本性、全局性、稳定性和长期性"，要克服我们现有制度中的弊端，建立合理的制度，"要解决军队的制度问题"。他在谈到编制问题时说，制度化以后，编制就不会臃肿，该用一个人就是一个人，该用几个人就是几个人。为解决体制问题，邓小平提出军队建立"军官服役、退役制度"，认为有了退休制度，人人都知道自己到哪年该怎么样，这就比较好办。否则一个人一个人地处理问题，处理不下去。随后几年，我军除精简机关、裁减部队、减少副职、设立文职人员之外，还相应制定了《军官服役条例》《军官军衔条例》《文职干部暂行条例》《预备役军官条例》等，使我军建设向规范化、法制化方向发展，使各级领导机关的科学管理水平和军队的整体素质大大提高，部队的协同作战能力、快速反应能力也大大增强。从此，我军的现代化、正规化建设迈开步伐，面貌焕然一新。

三、加速改进军队的武器装备

武器装备是军队战斗力的物质基础，只有武器装备的现代化水平上去了，军队的战斗力才能有实质性的飞跃，军队建设的现代化才能够真正实现。所以，邓小平十分重视军队武器装备的改善，强调加速改进军队的装备。他说：我们抓了编制，接着就抓装备，装备也要抓好。装备问题不抓不行。国防的现代化，只有建立在国家整个工业以及农业发展的基础上才有可能。但是不管怎么样，我们弄得好一些，就可以在现有的国力下加速改进军队的装备。因为装备的改进，使人民战争更有力量。武器装备落后，特别是现代技术条件下对抗能力不强，赢得胜利就要付出较大代价。把装备搞上去，把部队的教育训练搞好，这样可以减少不必要的牺牲。一定要重视在国民经济不断发展的基础上改善武器装备，这是加速军队和整个国防现代化的关键环节之一。

首先，要从战略高度和长远发展考虑军队武器装备建设。

邓小平认为，武器装备建设必须有战略眼光，有长远打算。要从战略着眼，突出重点，统一规划，集中力量打歼灭战。邓小平认为，武器装备发展要有一个近期目标，也要有个长远目标。研究什么，生产什么，都要从战略上进行统一规划，从战略着眼提出对装备的要求是什么，从而指导我们的科研和生产，提出科研和生产的任务。

在这个问题上，邓小平主要强调了两个方面。一方面，军队武器装备的发展要与国家整体发展的战略规划有机结合起来。他曾说过："我们抓了编制，接着就抓装备，装备也要抓好。国家正在考虑下一个五年计划、十年计划，军队装备也要有规划"（《邓小平文选》，第 2 卷，20 页）。军队武器装备发展，是国家军事发展的一个重要方面，无论从它所占用的资金、技术、人力、物力上讲，还是从它对国家安全产生的效益上讲，它在国家军事发展中都居于十分重要的地位。所以说，武器装备如何发展，是由国家整体战略目标所规定的。制定军队武器装备发展规划，必须从国家整体发展的宏观角度去考虑。

另一方面，军队武器装备发展必须从长远去考虑。邓小平明确指出：解决武器问题，要有一个近期要求，也要有一个长远的目标。管武器不能只看一二年。任何一个武器问题，都要几年甚至十几年才能解决。着眼长远考虑武器装备发展，是遵循武器装备发展客观规律的正确选择。武器装备从研制到生产，再从生产到装备部队形成战斗力，有一个较长的过程。特别是大型武器装备的研制周期，呈现出一种不断延长的趋势。因为现代武器装备，特别是高技术武器装备的科技含量和制造工艺要求都有了很大提高，武器研制的工作量成几何级数增长，从而导致了研制过程延长。因此，我们必须有战略眼光，把握好武器装备发展的长远目标，制定好武器装备发展的长远规划。

从战略高度和长远发展考虑军队武器装备的发展，需要正确确定武器装备发展的主与次、急与缓。对此，邓小平强调，要根据现有国力、国家可以提供的经济和技术条件以及我军武器装备建设的薄弱环节，区分轻重缓急，突出重点，有所为，有所不为，把要害的东西放在优先发展的位置。我国的经济实力和科技水平比较落后，不可能在较短的时间内全面赶上世界先进水平，国家用于军队武器装备发展的投入有限，只有把有限的财力、物力集中起来，通盘考虑，科学规划，精选几项必须办的，集中力量打歼灭战，才能取得一定成效。同时，国家需求和军事战略要求是发展的、变化的，只有根据这种发展变化，分清不同时期的轻重缓急，及时和有重点地发展军队急需的武器装备，才能使军队武器装备发展起到最佳的国家安全效益。邓小平提出，要紧紧围绕主要方向和重点部队的需要，向海军、空军和二炮的武器装备倾斜，把我军有限的战略威慑力量搞得有效和精干，突出解决"看得远"、

"打得远"、"打得准"的问题，集中攻破几个关键项目，掌握要害的技术，使我军在海战、空战、陆战中，在应付边境战争突发事件中，有一些真正现代化的东西，有几手先进的真正顶用的制敌手段，做到"实战有实力，威慑有手段"，以此带动我军现代化建设整体水平的提高。

其次，发展武器装备要坚持"科研先行，质量第一"。

邓小平认为，要提高武器装备的现代化水平，关键是抓科研，要使科学研究走在前面。他说："加强科学研究，这是总的趋势，不仅是航空工业。不搞科研，我们就根本不可能有现代化。"（《邓小平论国防和军队建设》，61页）

科学技术是武器装备发展的第一推动力，它对武器装备更新换代的促进作用，是任何其他因素都难以替代的。科学技术物化在武器装备中，将有力促进武器装备性能的提高，甚至导致其发生跨越性飞跃。20世纪70年代以来，由于武器装备的性能和质量对军队作战能力的影响越来越大，促使各国在武器装备的研制中竞相开发和采用高新技术，特别是加强了对高新技术的开发。由此可见，随着科学技术的不断进步，它对武器装备发展的影响越来越大了。近期几场局部战争实践证明，谁掌握了先进的科学技术，谁就能研制出更多的高技术武器装备，谁就更容易在战场上处于优势地位。"科研先行"的方针，符合现代武器装备发展的特点和规律。当代武器装备更新换代的速度日益加快，如果不瞄准先进科技水平，不大力开展科研，就不可能跟上世界军事科技的迅速发展，不可能生产出先进的武器装备。所以邓小平强调："不单是尖端武器、常规武器有科研问题，就是减轻战士身上带的东西的重量，同样有科研问题。"（《邓小平文选》，第2卷，20页）他多次强调要建立严格的科学管理和科研生产制度，特别是尖端东西。没有严格的规章制度，一个小零件，就可以毁全局。他明确提出国防工业部门要尽快建立岗位责任制，要把制度恢复起来。不从制度着手，产品质量搞不好，事故消灭不了。他还把改革军工体制同改革军队的装备管理体制联系起来，指出装备体制必须高度统一，否则就是个"杂货"摊子，计划没有办法订，仗没有办法打，弹药没有办法补充，指挥也不方便。

再次，发展武器装备要贯彻少而精的方针，坚持质量第一。

军队武器装备发展战略必须明确回答的一个重大问题，就是重点发展什么样的武器装备。这是对军队战斗力提高产生重大影响的问题。对此，邓小平提出要重点发展适合我国安全需要的"精干"、"顶用"的武器装备，要真正是现代化的东西，造一条船就要真正能顶一条船用。只看表面不行，要看实战能力。所谓真正现代化的东西，是指居于武器装备发展前位，有较多的高科技含量，有与强敌的先进武器装备相对抗的能力，能够在现代高技术局部战争中发挥其战术技术性能的武器装备。总之，要能够满足未来战争中战略、战役和战斗的需求。

1978 年 7 月初，邓小平在听取第五机械工业部负责人汇报时提出："军工产品数量可以搞得少一些，但要把技术搞上去，把质量搞上去。要搞好技术储备，还要提高技术水平。"（《加强军工企业管理，走军民结合的道路》）1979 年 3 月 19 日，他在听取中央军委科学技术装备委员会汇报时说：军工产品样样都搞不行。要抓重点，不能太多、太宽。不要项项都搞，要集中搞几项。所谓"精干""顶用"。按邓小平的话说，武器要更新，方针是少而精。少是数量，精是一代代提高。量不要求大，有吓人的力量。数量要少。这是因为，我国的周边环境相对平稳，世界大战的危险越来越小，不需要投入大量财力发展数量太多的武器装备；未来的战争，是高技术条件下的局部战争，战争的规模有限，在武器装备的数量上，也有着相对有限的要求；我国目前的国力有限，也不可能投入太大力量发展数量太多的武器装备。

武器装备的质量不仅涉及减少浪费问题，更重要的是直接关系到建设精兵的问题，也关系到战争的胜负问题。邓小平在指导武器装备的建设过程中，始终把质量放在第一位，有许多非常重要的指示。他说，一定要坚持质量第一。这个问题很重要，特别是军工产品。在战场上关键时刻有几发炮弹打不响，就可能影响整个战斗。所以说，质量问题是影响战争胜败的问题。现在的军工产品是现代化的武器，更要注意这个问题。说产品质量大多数是好的，这不解决问题，有时恰恰在百分之一甚至百分之零点五里面，关键产品、关键零件出了问题。质量问题不能讲大多数，要讲百分之百，百分之九十九点九九也不行，非百分之百。科学的东西不能弄虚作假，军工产品质量就是要百分之百合格，问题就可能出在百分之零点几上。他强调，武器装备研制宁可少搞一点，也要保证质量。一定要讲质量，讲质量就是讲真正的战斗力，讲质量就是讲精兵。装备就是要求质量。干的活不合格，害死人。军队的武器有问题，质量不好，是要死人的。要寸步不让，这是决定战争命运的问题。质量不好，根本不接收，凡不合格都不接收。宁肯少，没有，也不要破烂货。

装备建设还要讲究效率，他说，不要东来一个报废，西来一个失败。打一发弹多少钱呐！钱是小事，耽误时间是大事。即使一个弹损失一亿元，我们国家虽穷，还可以拿得起，但时间失去了，是回不来的，再不能损失了。未来的武器装备要便于作战、便于掌握、便于生产。正如邓小平所说：型号要简化，凡是能通用的就要通用，不要太繁杂。

讲质量，要讲配套发展，要形成体系，不要这多了，那少了，要讲整体质量水平。如果武器装备不配套，战场上的效能就会大受影响，要注意这个问题。邓小平在谈到武器装备的型号时说，武器型号在编制里就要确定下来，不然就乱了。今后要注意，武器型号不要搞得太多，型号太多，不但影响生产，更大的问题是影响作战。口径不要太复杂了，炮弹要通用，不能型号太多，打起仗来不方便，这个问题要拿准。所有武器，型号要减少。型号多，复杂，修理也困难。这是个政策，使军队好学、好用。

武器装备建设要新旧并存，梯次更新。从我国的经济状况和承受能力，以及军队建设走精兵之路的客观要求出发，邓小平为军队确定了武器装备建设坚持多研制，多搞技术储备；少生产，有重点，装备少量部队，现有装备新旧并存，全军梯次更新的发展道路。新旧并存，梯次更新，是指新一代武器研制成功后，即批量生产一部分，装备部分部队，一方面通过训练形成战斗力；另一方面通过使用发现问题，以利于改进并研制更新一代武器。这样，一代武器装备部分部队，下一代武器又装备另一部分部队，从而形成若干代武器在全军同时并存的局面。这是因为，我国的经济实力、科学技术能力较差和落后的武器装备过多的现状，不允许也不可能在短时间内就研制并生产出大量的新武器装备，一下子把所有的老式武器全部淘汰。因此，在我军建设走上精兵之路的过程中，武器装备新旧并存，梯次更新不乏是一种有效而可行的选择。

最后，可以从国外引进，但更要立足于自己。

发展军队武器装备，需要正确处理引进外国先进技术与独立自主、自力更生的关系。在这个问题上，既不能盲目崇洋，也不能闭关自守。我国的科技水平总的来讲还不是很高，而这正是造成我军武器装备水平不高的根本原因。为了迅速提高我军武器装备的现代化水平，加快建设强军的步伐，邓小平十分重视引进外国的先进技术。1975 年，邓小平在一次谈话中指出，装备建设要有自己的创造，但别人有好的东西也可以用。所谓搞自己的，实际上也包括别人的东西在里边。他强调，要抓住机遇，大胆学习和引进外国的先进技术。

如何学习和引进国外先进技术？邓小平认为，武器装备的引进和生产都要通盘筹划，精心选择，形式多样，消化吸收，从而搞好军队武器装备的改善。引进产品要考虑周到，要配套、搞全，同时要和我们的制造结合起来。还可以派人出国，进行技术培训。在具体措施上，要分清缓急，进行综合平衡，有计划、有目的地学习和引进，引进什么，引进多少，占多大比重，要分轻重缓急。有的买产品，有的引进技术，要平衡一下；在科研合作方式上，要在引进外国大型科研设备的同时，同外国科研机构合作搞科研，加速科学技术现代化。同时，技术引进应当是全面的，一定要包括企业管理，要彻底革命，不要改良主义。

邓小平强调，虽然学习外国先进技术，从国外引进先进装备十分重要，但如果把自己武器装备发展的基点建立在这个方面，那就错了。要把引进国外的新技术作为起点，要把学习和引进先进技术同自己的创造结合起来，要结合中国的实际，突出中国的特色，搞出"中国式的更好更新的东西"。

随着世界经济一体化的发展，战争的影响范围越来越广泛，哪怕是在两个国家之间发生的战争，也会影响到多国的经济利益。因此，在现代条件下，任何一场战争都不可避免地要受到多种国际力量的制衡和影响。如果武器装备的发展依赖国外，当危机发生或战争爆发时，一旦国际敌对势力实施武器禁运，切断武器及配件供应渠道，就会带来严重后果。邓小平在谈到飞机研制问题时说：可以减少一些现在生产的飞机产量，把剩余的钱用来搞科研，搞新产品试制，搞出中国式的更好更新的东西。如果我们能有一定数量的更高级的飞机，那形势就不一样了。

实践证明，依靠别人发展起来的武器装备现代化是不现实的，是靠不住的，也是根本行不通的。一味靠仿制外国就只能跟在别人的后面爬行，依赖别人必然受制于人，只有把武器装备的发展放在依靠自己的基点上，才能建立起真正具有强大实战和威慑力的武器装备系统。我们国家的性质，我们的军情，我们的军事战略方针，都决定了我们武器装备发展一定要有中国自己的特色，突出"以我为主"的原则，走出一条自己的路。我国是一个大国，一定要发展自己独立的国防科研和国防工业体系，按照自己的方式加强军队武器装备建设。邓小平说："独立自主，自力更生，无论过去、现在和将来，都是我们的立足点。"

四、把教育训练提高到战略地位

军队是国家或政治集团为准备和实施战争而建立的正规的武装组织，打仗是军队的根本职能。只要世界上存在着战争的根源，军队就必须搞好以教育训练为中心的各项工作，全面提高战斗力。我军是执行革命任务的武装集团。养兵千日，用兵一时，在没有大战的和平时期，军队建设也必须着眼于提高战斗力，按照邓小平的说法，军队就是提高战斗力，必须把"军队的教育训练提高到战略地位"。也就是说，要把教育训练作为关乎把我军建设成为一支现代化、正规化的革命军队的大事来认识；当作维护和平、防止突发事件的大事来对待；作为从根本上全面提高军队整体素质的全局性问题来解决。

新中国成立以来，我军的教育训练曾经走过曲折的道路。20 世纪 50 年代初，军委曾确定训练工作是我军建设长期的经常的中心工作。军队教育事业也得到了迅速的发展。60 年代，全军开展了空前规模的"大比武"，军事训练一度曾热火朝天。但军事教育的地位却从"反教条主义"起一降再降。"文革"期间，林彪以"突出政治"为名砍院校，停训练，致使教育训练受到严重破坏。后来毛泽东发出"军队不能只习文，不习武"的指示，对于恢复军队正常训练和恢复部分军事院校起到很大作用，但也未能从根本上解决军队教育训练的地位和作用问题。

这个事关军队兴衰的重大问题，邓小平很早就注意到了。邓小平深刻总结了新中国成立以来教育训练几起几落的历史经验，1975 年 7 月，邓小平主持军委工作时提出：抓编制，抓装备，抓战备，而战略要研究的问题，不仅是作战问题，还包括训练。要把训练放在战略问题的一个重要位置上。现在是合成军队作战，要求提高干部的指挥水平，如果不注意军队训练，至少在战争初期要相当倒霉就是了。两年后他重新参加军委领导工作时重申："在没有战争条件下，要把军队的教育训练提高到战略地位。"（《邓小平文选》，第 2 卷，60 页）他强调，要承认我们军队的人数虽然多，但是素质比较差。打仗还是靠训练，不能迷信技术。以后，邓小平又多次提出要把教育训练提高到战略地位，并强调要作为一个制度问题加以解决。1980 年 3 月，邓小平在军委常委扩大会议上讲话时指出，在不打仗的情况下，部队军事素质的提高就得靠训练，要把这个问题作为一个制度加以解决，并强调要把军队训练得像个军队的样子。

把"教育训练提高到战略地位"作为一个完整概念提出来，在我军历史上还是第一次。这一提法，确定了教育训练在军队建设中的重要地位，确定了教育训练对全面提高我军战斗力的巨大作用，揭示了在新的历史条件下军队建设的规律。

战略问题是研究战争全局的规律的东西。把教育训练提高到战略地位，是指从总体上、全局上、发展上确立了教育训练在军队建设中的重要地位；或者说，教育训练在军队建设中是一项事关全局、事关发展的工作。邓小平提出把教育训练提高到战略地位，正是要求把教育训练作为军队新时期建设的全局性问题来对待。只要看到中国军队的现状和未来战争的要求之间的差距，就不难得出结论：这样一支人数虽然很多，但素质却不高，打现代战争的能力还很不够的军队，如果再不在教育训练上下一番工夫，真正打起现代化战争来，能不能打赢还是问题哩。邓小平认为，教育训练是在目前不打仗情况下，是提高干部、军队素质，提高军队战斗力的主要方法。

这就从理论的高度向我们指明：只要不发生战争，军队就是要抓好教育训练，依靠符合现代军事规律的教育训练，出人才，出成就，全面提高军队的战斗力，以便更好地贯彻我军的宗旨和更好地完成我党赋予我军的任务。

把教育训练摆在战略高度，邓小平强调首先部队本身要提倡苦练苦学。我军历来以勤学苦练著称，涌现出一大批技术战术精湛、作风顽强、指挥艺术高超的将士。在新的历史条件下，部队的主体发生了较大的变化，战士入伍前大多数人没有遇到过艰苦条件的摔打，更没有经受过恶劣环境的磨炼。所以，对艰苦、劳累、困难环境都不适应，如果不采取有效手段加以磨炼，平时会影响训练任务的完成，影响训练质量；战时就会影响战斗任务的完成。邓小平认为，部队要加强政治教育，加强纪律性，要从勤学苦练中学本领。军队的好传统、好作风，也要从苦练当中恢复和培养起来。军队要能打仗，靠提高政治觉悟，靠勤学苦练，否则，不仅不能提高本领，还会出事故。从战士到干部都要苦练。干部更是在苦练中增长指挥能力和管理能力。通过勤学苦练，学习现代战争知识，掌握诸军兵种联合作战的能力，通过勤学苦练恢复和发扬我军的光荣传统和优良作风。

实兵演习比平时训练更近一层。经过训练再搞实兵演习，可以提高部队的实战水平，同时也是对训练成果的检验。邓小平担任军委主席后决策的第一件事，就是组织 1981 年秋季的华北军事大演习。

军队教育训练的基本内容，主要包括军事训练、政治教育、科学文化知识教育，民用技术训练。

关于军事训练。这是军队教育训练的首要内容。1977 年 12 月 28 日，邓小平在中央军委全体会议上的讲话中指出：军队要勤学苦练，要掌握现代战争的有关知识，要学会现代作战的本领，特别是要训练干部，努力提高指挥现代战争的能力。他在讲话中意味深长地说：指挥现代战争，随着我们装备的现代化，我们的干部指挥能力够不够？不要以为我们过去打了很多漂亮仗，立了很多战功，就觉得自己行。新的武器装备一来，行不行呀？懂不懂呀？指挥能力够不够呀？就是自己行，下面的人行不行呀？你不训练，就是不行。

关于政治教育。这是指以提高部队官兵政治觉悟为目的的教育活动。邓小平于 1977 年 8 月 23 日在军委座谈会上说：军队的好传统、好作风，也要从苦练当中恢复和发扬起来。"军队要能够打仗，靠提高政治觉悟，靠勤学苦练"，可见，教育训练不仅要培养好的军事素质，还要培养好的政治素质。要在部队官兵中加强马列主义、毛泽东思想的基本理论等方面的教育。

关于科学文化教育。是指在部队中进行科学文化知识普及教育。邓小平明确指出：军队要努力学习现代化战争知识和其他许多必要的政治文化科技知识，还可以组织部队的干部和战士学一点外语。有了必要的科学文化知识，就可以掌握现代战争知识，学会现代作战本领。

关于民用技术训练。是指在军队中进行使军队人员掌握若干民用技术的训练，将指战员们培养成军地两用人才。根据国家经济建设的需要，邓小平明确地说：我们在教育训练中要给干部创造到地方工作的条件，在使干部学到现代战争知识的同时，还要学到现代科学知识和生产知识，如工业、农业的知识，有条件的，还要使他们学点专业技术，比如开汽车、开拖拉机，并且懂点原理，使军队里具有多种知识和一定专业技术的人渐渐多起来。这对国家建设有利，对军队建设和战备也有利。

上述的军、政、科、民四位一体化的训练，军事教育训练始终处于首要和中心的位置。因为人民军队首先是一个战斗队，这是它的首要任务。军队最重要的素质是军事素质，各种训练中主要的是军事素质方面的培养和训练，军事训练是提高军队战斗力的基本途径。所以，邓小平讲得最多、最突出的还是军事训练，认为应始终以军事训练摆在中心，以此来带动其他三个方面的训练，其他方面的训练都应围绕军事训练展开。

而在军事训练中，合成协同作战训练又是重点。合成作战，是现代战争的基本特征。现代战争是高技术的参与，是各军兵种协同作战。这和中国军队的传统优势——靠小米加步枪，凭勇敢和机智，在运动中歼灭敌人等等相差甚远。邓小平强调军队教育训练的战略意义，就是为了缩小这个差距。所以，邓小平规定了军事教育训练的主要内容，即努力提高现代化条件下诸军兵种协同作战的能力。

由于新技术兵器的不断出现，使军（兵）种越来越多，作战分工也越来越细，现代作战中能否把具有不同作战功能、发挥不同作战效用的诸军（兵）种部队有机地协调起来，形成整体作战的合力，获得最大作战效益，关键取决于军队合成的程度和协同的水平。面对发展变化的新情况、新要求，邓小平全面分析和研究了现代战争特点，"部队训练还包括现代战争知识，诸军（兵）种联合作战的内容"，"空中也有，地面也有，水里也有，不是过去的小米加步枪了。一个连作战，配给你几辆坦克、几门火炮，你怎么指挥？你连长没有这个知识是不行的呀！所以非学习不行。"（《邓小平文选》，第2卷，60页）他反复强调，"训练可是要注意合成训练，抓合成军作战训练"，（《邓小平关于新时期军队建设论述选编》，116页）要努力提高现代条件下诸军（兵）种协同作战的能力。

为了彻底扭转习惯性的单一步兵或单一兵种训练，邓小平强调指出：军事指挥干部要有合成军指挥知识，比如飞机、坦克的技术性能，你不懂的就很难运用，就捏不拢。还有个通信联络、协同动作的问题。一个装甲师就得用无线电通信，用汽车是不行。现在四十多岁的人，没有实战经验，简单的步兵战斗还可以，但是诸军兵种联合作战，要指挥空军、海军，对基本知识，如飞机、舰艇、各种炮、火箭的知识不了解是不行的。为了提高部队合成训练效果，邓小平还提出了编组合成军的构想。他讲："搞些合成军、合成师。这样便于平时合成训练，便于指挥员熟悉特种兵的指挥，就能把平时训练和战时使用结合起来，免得临时配属不习惯。"平时部队的训练，"不能总是停留在练射击、刺杀、投手榴弹的水平上，现在单练这些就不够了。怎样对付坦克、飞机等，每个战士都得学会。怎样把天上地下协同起来，我们也要学会。"（《邓小平文选》第 2 卷，288、289 页）

把教育训练摆到战略位置，就要办好军队院校。邓小平主张，和平时期的军队主要靠学校训练干部。他说："宁可少几个兵，少几个机关人员，也要把学校办好，让多一点人上学校。"（《邓小平文选》第 2 卷，253 页）

小米加步枪的时代已经过去，进入新的历史时期，邓小平提出办好军事院校来解决干部问题，把更多的干部放到院校中去训练。邓小平看到，不仅各级军事干部指挥现代化战争的能力都很不够，政治干部的素质也成问题。如何弥补军队干部的现状同现代化战争的要求之间的距离？加紧部队本身的教育训练显然还不够，还必须办好学校，提高干部的指挥水平、管理水平，增加他们的知识，包括各总部、各军兵种、各级的学校，都要办好。他说，不打仗，除了搞演习以外，办一点学校，这总是一个好的办法。

邓小平希望军队院校能够起到"集体组织部"或"集体干部部"的作用，担负起为全军培养干部、选择干部、推荐干部的任务。这样的军校将成为"军官的摇篮"，就像当年的黄埔军校一样。不只是高级干部，从排长起，各级军官都必须经过军官学校的训练。排连干部要初级步兵学校毕业，营级干部要进过中级军官学校，军和师的领导干部则要进过高级军官学校的才能当，军官的晋升也要讲学历，每个阶段的晋升都必须经过学习，掌握现代化战争的知识。

1977 年 8 月，邓小平在军委座谈会上讲话时，用了很大篇幅阐述如何办好军校的问题。他说：要承认我们军队打现代化战争的能力不够。要承认我们军队的人数虽然多，但是素质比较差。特别是各级干部的指挥、管理能力弱。指挥现代化战争，包括我们老同志在内，能力都不够。为此，他提出要把原有的学校基本上恢复起来，要把更多的干部放到学校去训练，并具体提出了办校指导原则。

邓小平说：学校怎么办？我想对学校提出三个要求。第一，训练干部，选拔干部，推荐干部。用形象化的语言说，就是各级学校的本身要起到集体组织部的作用，或者说起到集体干部部的作用。第二，认真学习现代化战争知识，学习诸军兵种联合作战。不但高级干部要学，连排干部也要学，都要懂得现代化战争。我曾经讲过，现在当个连长，不是拿着驳壳枪喊个"冲"就行了，给你配几辆坦克，配个炮兵连，还要进行对空联络、通信联系，你怎么指挥？一个连是这样，更不用说营、团、师、军了。第三，恢复我们军队的传统作风。概括地说，这种作风就是艰苦奋斗的作风，实事求是的作风，群众路线的作风。要在学校里培养这种作风，并把它带到部队，发扬光大。

邓小平所提出的这三个要求可谓切中了要害。接下来，邓小平议论滔滔，谈了具体如何办军校、怎样选教师、选教材等，而且特别强调教材的内容要包括现代战争的训练。

他对在座的高级干部说，办学校需要准备。准备什么呢？首先，是办什么学校，办在什么地方。没有校址怎么办？校址问题，既然延安窑洞都可以办，为什么我们不能搭起帐篷来办呢？或者用简陋一点的房子来办呢？其次，还要选好办学校的干部，包括教师，这个很重要，要有一个好的教学队伍。学校领导干部可以兼课，大军区和所属部门的领导同志也都可以兼课。办学校的这些干部比现职干部还重要，要选最优秀的，特别是能深入实际、努力工作、艰苦奋斗、以身作则的干部。办学校的人要了解学员，否则他怎么推荐干部呢？怎么起到集体政治部、干部部的作用呢？办学校的干部要精选，凡是适合办学校的干部，宁肯从现有工作岗位上调出来。再次，是教材问题。教材很重要，要统一教材。教材的内容，要使学员懂得敌人，懂得自己；要重视我们自己的战争经验；要有现代化战争的知识，坦克、飞机、天空、地面、海上、诸军兵种联合作战，等等。总之，一系列东西都要反映在教材里面。

最后，要选好学员。招收什么样的人，调什么干部来学？要调好干部来学等。

如此全面、周密、具体地阐述办校思想，在我军历史上是不多见的，是一幅我军新时期院校建设的蓝图。邓小平的这个讲话给了全军极大鼓舞和推动。

1980年，邓小平在讲话中，他提出了军队各级干部进院校训练"要制度化"的问题，他说："要从制度上考虑，从排长起，各级军官都必须经过军官学校的训练。排连干部要初级步兵学校毕业。毕业后，一般的当排长，好的当连长。营团干部要经过中级军官学校。从排长、连长里选好的来学，经过一定时间学习才去当营长、团长。军和师的领导干部也要经过高级军官学校的才能当。这个要制度化。我们现在有条件这样做。过去是在战争中训练，从战争中学习，而且那个学习是最过硬的。但是现在，即使有战争，不经过学校学习也不行，因为装备不同了，指挥现代化战争需要多方面的知识。"（《邓小平文选》，第2卷，289页）

把教育训练提高到战略地位，要还注重培养军队和地方两用人才。

军队的教育训练只着眼于军队本身建设的需要还不够，还要着眼于干部战士转业复员到地方的需要。同时满足两方面需要的办法是，大力培养既能打仗又能搞社会主义建设的军地两用人才。这也是邓小平的一个创造。

1975年，邓小平根据以往的经验，强调军队干部要学一些专业性的知识，以便转到地方。他说：要通过这几年的整顿，改变干部作风，使军队的人受地方欢迎。我建议军队干部要学一点专业性的东西，学点工业的知识，可以办训练班，组织参观。用两三年时间使干部接触工业，接触商业、财贸、文教。这样，转业到地方后就用得上，去做政治工作也好，当副职如副厂长之类也可以，当车间主任、副主任也可以，能做学校工作的做学校工作也可以。凡是要转业的都可以用这种方法。

1977年，邓小平在中央军委全体会议上讲话时明确提出："要把教育训练提高到战略地位，就包括把军队办成一个大学校，使干部既学到现代战争知识，又学到现代科学知识和生产知识，还要学会做政治工作和管理工作。

这样，我们的军队干部既能在军队建设中发挥作用，到地方上也能发挥作用，打起仗来，又可以在战争中发挥作用，就成为军队和地方都能用的干部。"（《邓小平文选》，第2卷，79页）

20世纪80年代初，准备给军队"消肿"时，有很多军官要到地方找出路，过了这个高峰，以后每年还有大批军队干部到地方工作。然而经过"文化大革命"，邓小平清醒地看到："由于林彪、'四人帮'的干扰破坏，使得一些干部知识很简单，有的还学坏了，到地方不太受欢迎。"（《邓小平文选》，第2卷，77页）两全齐美的办法只有一个：使军队干部到地方能够做各种各样的专业工作和实际工作，而不仅仅是当干部。这就给军队的教育训练加了一项任务，要为干部到地方工作创造条件。"你不在军队里创造条件，到地方就不受欢迎"。（《邓小平文选》，第2卷，81页）

邓小平分析说，你说现在人多了吧，但又缺科技人员。将来生产和科技事业发展了，要有几百万科技人员，军队每年出去十几万干部，问题也就不大了。他呼吁大力培养既能打仗又能搞社会主义建设的军地两用人才。

到20世纪80年代中期，这一工作初见成效。1984年11月，他在中央军委座谈会上讲话时称赞说："现在军队在这方面工作做得不错，有成绩，这个很好。军队培养两用人才，地方是欢迎的。这方面工作真正做好了，部队干部战士转业复员到地方就容易了。我们军队培养了不少有专业技术的人才，把其中一些人才转到地方各行各业去，对地方也是个支援。"（《邓小平文选》，第3卷，100页）

战士的复员问题也是邓小平的关注点。他提醒各级领导干部：军队每年有上百万的战士复员，怎样使他们到地方工作更好地发挥作用，是个值得重视的问题，对战士的教育训练要做到"一兵多能"：要学政治军事，还要学点民用技术，学点数理化，学点工农业知识和外语。把军队办成一个大学校，使战士在保卫祖国的同时学会一两门民用技术，就是化不利为有利。现在入伍的战士，多半是中学毕业生，有一定的文化基础，如果在服兵役期间经过教育训练，学点养猪、开车、种菜之类的民用技术并不难。总之，要使我们的干部战士，经过训练之后，既能打仗，又能搞社会主义建设。

邓小平关于培养军地两用人才的思想，反映了时代的要求和全军官兵学习科学文化知识、立志成才的强烈愿望。它符合我国的国情和军情，是对毛泽东关于要把军队办成一个大学校思想的重大发展，是利国、利军、利民的战略措施。

第十四章
做好政治工作，提高战斗力

邓小平是我党早期投身于创建红军和开展军队中政治工作的主要领导人之一，先后担任中山军事学校政治部主任、红七军政治委员、红八军政治委员、军委总政治部秘书长、红一军团政治部主任、八路军总政治部副主任、八路军一二九师政治委员、晋冀鲁豫野战军（后改称中原野战军、第二野战军）政治委员等重要职务。他高度重视军队政治工作，认为政治工作是我军的生命线，强调一定要把思想政治工作放在非常重要的地位，切实认真做好，不能放松。

一、加强战时的政治工作

邓小平高度重视军队政治工作，认为政治工作是我军的生命线。强调一定要把思想政治工作放在非常重要的地位，切实认真做好，不能放松。

早在领导红七军开展革命武装斗争的过程中，邓小平就指出：我们红军每一个战士都要使用两杆枪，除了你手上的武器之外，还要掌握宣传武器，要做到既是一个战斗员，又是一个宣传员，作战时要一面打敌人，一面瓦解敌人，问他们为什么而战，是为自己的利益呢？还是做军阀的工具呢？天下穷人是一家，穷人不打穷人，我们欢迎你们过来；我们把道理讲通了，敌人的军心就会动摇，就会向我们投诚，或者是不拼命作战。

邓小平十分注意红七军的政治工作，特别是抓紧对连排干部的培养训练。作为红七军的前敌委员会书记和政治委员，他明确规定部队的政治工作主要是进行阶级教育和政治理论教育，学习政治常识，学习中共的方针政策等。通过一系列学习，红七军官兵的政治觉悟大大提高，坚定了革命必胜的信念。

邓小平在创建红七军后，特别注意学习毛泽东创建井冈山革命根据地时党和政治工作的经验。在红七军也如红四军一样，实行政治民主、官兵平等，连以上各级都设士兵委员会，官兵之间、党群之间，关系融洽，互敬互爱，互教互学，全军上下政治气氛浓厚，纪律严明。

邓小平在主编《红星》报工作期间，通过社论、文章消息、通信、诗歌、漫画等形式，及时地宣传中共中央、中央军委的指示，使红军能够得到及时有力的指导，有力地开展了各种宣传教育工作，加强了中共对红军的思想领导，鼓舞红军按照中共中央、中央军委的部署，进行每一次重大战斗。

红军长征前期，邓小平不仅在及时宣传和贯彻党中央的正确路线、方针、政策方面是十分出色的，而且根据红军战略转移中的实际情况，有的放矢地抓了政治思想工作，使红军政治工作更加生动活泼。他在《红星》报第一期就明确提出，当前进攻战斗中的政治工作的基本任务是："进行连队的政治教育与鼓动，详细与耐心解释目前策略转变的战争形势与我们的任务，巩固与提高红色战士的战斗信心。"并希望各级政治工作人员根据运动中的政治工作的特点，以短促的时间与有力的鼓动，运用一切可以兴奋战斗情绪的活泼方式，进行宣传鼓动。同时，他还亲笔撰写一些鼓动红军指战员英勇杀敌的文章，以鼓舞红军的作战情绪，这方面他做了很多工作。

抗日战争中，邓小平要求"各级政治委员、政治机关、政治工作人员以高度的政治责任心和紧张性，从各方面去进行政治的保障，随时注意战士的情绪，给予及时的解决，巩固战斗情绪，动员居民配合我军作战。"（《冀南战役政治保障命令》）

邓小平批评那种把政治工作的责任完全归于地方同志，好教军人只管打仗的观点是错误。他说："任何军事行动，即使是一个小游击队的破击，也必须加强政治工作，讲求如何去进行敌占区工作，如何争取伪军伪组织、土匪、会门，如何去团结敌占区同胞等。这些应是一切武装部队自己的责任，同地方党政群众团结一块去做。"他强调搞军事工作的同志也要在政治上加强自己，"革命战术的特点，就是处处估计到政治情况，要了解各项政策，才能使军事与政治密切地结合起来。"（《在一二九师参谋长会议上的讲话》）

1941年，八路军总政治部颁布《政治工作暂行条例》、一二九师颁发《连队政治工作暂行条例》后，邓小平强调要以这两个条例作参考，重新训练所有的政治干部，务必使每个政治干部以至军事干部，通晓政工条例的精神和内容，切实地贯彻执行政工条件的规定，使每个政治工作干部熟练战时政治工作。

要加强连队工作、支部工作，创造模范连队和模范支部，用模范去影响落后，树立连队政治工作的基础。要高度地树立政治委员和政治机关的威信，反对破坏政治委员制度和轻视政治机关的任何表现，特别是要求政治委员和政治机关的模范作用，从自己工作中树立自己的威信。（《迎接一九四一年》）

解放战争时期，在军队战时政治工作上，邓小平创造了大兵团作战中开展政治工作的经验。在整个淮海战役过程中，邓小平把我军大兵团作战中的政治工作具体化、程序化。及时传达中央、军委和毛主席的指示、命令、作战决心和要求，统一高级干部的思想，鼓舞全军的斗志；根据战役发展的不同情况，总前委、野战军首长或政治机关随机发布政治动员令、政治工作指示和动员教育大纲；及时提出简短、鲜明、有力、易记的行动口号；针对部队带倾向性的思想问题和实际困难，由野战军发出具体解决的指示和措施；办好战地报纸，搞好通讯社建设；广泛开展火线报功、评功、记功和庆功活动。

邓小平作为战略区主要领导人，善于用上级指示，统一各级指挥员的思想。广大指挥员的思想得到统一，认识才能一致，也才能围绕上级的部署，团结起来，共同夺取战役的胜利。渡江战役前夕，邓小平抓的一项重要工作就是用中共中央、中央军委和毛泽东的指示，统一各级指挥员的思想。

在指导渡江战役准备过程中，邓小平首先用党的七届二中全会精神和中央军委、毛泽东关于渡江作战的有关指示统一各级指挥员的思想认识，以求"步调一致才能得胜利"。邓小平先后主持召开了华东局会议、中原局会议和总前委会议，联系各级指挥员的思想实际，深入学习毛泽东撰写的《将革命进行到底》、中央政治局会议决议及七届二中全会文件，纠正和克服党内军内存在的对形势认识上的错误倾向，对美帝国主义的畏惧以及盲目轻敌、在胜利面前沾沾自喜、组织纪律松弛等错误思想，牢固树立将革命进行到底、树立绝不半途而废的观念，树立蔑视美帝国主义和敢于渡江南进观念、树立以革命两手对付反革命两手观念、树立坚强的组织纪律观念，树立立足于战斗渡江而不寄希望于和平渡江的观念。邓小平又以华东局第一书记的身份，发出了《关于接管江南城市工作的指示》《关于江南新区农村工作的指示》和《关于我军南进与游击区会师的工作指示》，动员和组织全党、全民的整体力量，为实现党中央的渡江南进战略决策而奋斗。通过一系列统一思想、提高认识的工作，使全军上下坚定了必胜信心，认识达到了高度统一，步调一致，精神振奋，积极备战，为胜利渡江打下了坚实的思想基础。

新的历史时期，邓小平要求全党全军都要高度重视军队政治工作。他多次强调："到什么时候都要讲政治"，作战打仗是如此，搞建设也是如此。一定要坚持四项基本原则，加强政治思想建设，努力使部队成为贯彻执行党的路线、方针、政策的模范，军队的政治思想工作需要加强，也更应当加强，全党全军都要高度重视政治工作，对于军队的政治工作来说，所有的军事人员、政治干部都要做，特别是各级党委和领导干部必须把政治工作摆上自己的重要日程。

要加强军队党委的集体领导，要加强、提高政治机关的威信。在配备政治工作干部时要注意质量，政治干部要能起模范作用。政治干部更应以身作则。有些政治干部，不懂业务，政治工作怎么做？政治干部不懂业务，不懂技术，不懂行，做不好政治工作。

邓小平强调政治机关要管干部，要加强政治机关，特别要注意加强管干部的部门。他说，政治机关第一条任务是掌握干部。我们的传统历来是政治机关管干部，首长总要经过政治机关去考核、审查干部这才符合组织原则。要把这个好的传统继承起来。他在 1977 年 8 月 23 日中央军委座谈会上讲话时曾指出："我从来没有不通过政治机关使用过一个干部。我提出意见，经政治机关审查，政治机关可以否定我的意见，提出新的人选。因为你一个人的脑筋同集体了解干部，同集体管这个事情不同嘛！但最后决定，还是首长决定，党委决定。"（《把军队整顿建设好》）

他告诫政治机关的干部特别是管干部的干部，要很公道，很正派，不信邪，不怕得罪人；也要有耐心，能熟悉干部，联系干部。同时，要特别注意加强连队政治工作。不仅要考虑好军、师政治干部的调配，选配好团、营政治干部甚至连指导员也很重要。连队干部，尤其是指导员要会做工作。

二、始终不渝地坚持人民军队的性质

军队政治工作必须保证我们的军队始终不渝地坚持人民军队的性质，做到在政治上永远合格。邓小平作为人民军队的创建者和重要领导人之一，始终强调坚持党对军队的绝对领导的原则，做到在政治上永远合格。

无产阶级的军队要置于无产阶级政党的绝对领导之下，这是我们宝贵的原则和根本的制度。我军创建以来，正是因为有党的绝对领导，才始终如一地保持人民军队的性质，才始终如一地成为党和人民夺取政权、巩固政权的强有力的工具。土地革命战争时期，邓小平在领导起义的过程中，就非常重视各级党组织的建设，不仅重视在左右江革命根据地建立各级党的组织并加强党的领导，而且在成立红七军和红八军前后都把建立党的组织和加强党对部队的领导作为一项重要工作来抓，从而保证了红军的作战能够在党的领导下进行。

在领导百色起义和红七军、红八军时，邓小平把红军中建党工作视为红军建设的首要任务，着重发展中共的组织，健全支部生活，加强中共对红军的领导。在中共红七军前委书记邓小平签署的前委第二号通告指出："党能否加强对红军之领导，并在工农群众中建立巩固的基础，与红军的前途及右江各县群众工作均有莫大的关系。"邓小平及时地编定组织大纲，将红七军中党的工作具体化、制度化。他在大纲中规定红七军中党组织系统为：（1）前委之下，各纵队设队委。（2）纵队之下，各营设营委。（3）每连设一党支部，军官与士兵同志混合组织。（4）各支委及支部由各直属队委指挥。（5）地方党部与所在军中最高党部发生平行关系，但受前委之指挥。

邓小平要求各级党组织以最大的努力、最大的力量来注意党的组织问题，在军队中特别注意教导队、训练所及老兵中组织之工作，注意发展工农战士入党。由此，红七军中党组织迅速发展，保证了党对军队的绝对领导，真正做到了"党指挥枪"。中共中央称赞红七军"能利用朱毛红军的经验，这是对的"。这也是红七军能坚如磐石没有被强敌所征服的根本原因。

邓小平还亲手组建了第一纵队党委，他在党委会上对全体党委成员说："党委是部队最高的领导机关，纵队一切重大的事情，都要经过纵队党委讨论通过后才能执行。"邓小平把这一决定公开地向纵队负责人作了交代，嘱咐他们要切实注重纵队党委的领导。因为部队有了党委领导，从而团结了全体党员和非党员干部，才有可能战胜重重困难。邓小平这些重要指示和工作，对红八军第一纵队后来在桂滇黔边转战数千公里，历尽艰险与红七军会合，起了决定性的作用。

百色起义后，邓小平根据右江第四大队改造军队的经验，对红八军进行了整顿和改造。他说，必须加强党对部队的领导，根据目前党员少的具体情况，每个营连最少要建立一个党支部，连要建立士兵委员会，实行官兵平等，反对打骂下级和士兵的军阀作风，不准克扣军饷，要有步骤、有计划、有领导地发动士兵群众揭发反动军官的罪行，对少数罪行严重的军官要撤职严办，然后派优秀共产党员担任，而且要进一步提高部队的战斗力。

抗日战争时期，邓小平牢牢把握党对抗日武装的领导。他指出，一个革命根据地的建设，必须具备革命武装、政权、群众组织（包括统一战线）和党四种力量。这四种力量都很重要，缺一不可，但应相互联系和配合。如何联合配合？邓小平强调，首先是党的领导问题，党是领导一切的核心。他说："对军队的指挥要注意，如要从军队里抽调枪或人，一定要经过军队党和军事系统来办，不要乱抽乱调，并且要时常检查军队是否执行了党的路线。""武装是最好的东西，同时也是最危险的东西。最好的东西，是因为它掌握在党的绝对领导之下；最危险的东西，是因为它不尊重党的领导，脱离党的掌握。"（《军区建设中诸问题》）他提出："党应认识八路军中自己的队伍，八路军有了错误，地方部队有了错误，党应当看作是自己的责任，应当负责任地诱导它进步，帮助它很好地发展。"（《我们在新的环境下的工作》）

邓小平不仅重视党对正规部队的领导，也重视党对地方部队和民兵、游击队的领导，而且更为重要的是对上述诸种力量进行集中统一的领导，认为"保证党在武装中的绝对领导是极其重要的"（《军区建设中诸问题》），"我们党要学会熟练管理武装、教育武装、指挥武装作战"（《对敌斗争问题》），绝不允许有游离于党组织之外的我军任何力量。

邓小平强调，我军是在党的绝对领导下的人民革命武装力量，是贯彻执行党的路线的工具。因此，绝对不能允许打个人的旗号，搞各自为政的分散主义。特别在我根据地遭敌分割、相互联络困难、各自独立支撑的局面下，坚定不移地服从党中央的统一指挥，以党中央的需要为需要，以党中央的意志为意志，就愈加显得突出。邓小平把这一点作为衡量一支部队政治上是否坚强过硬的基本尺度，对各级干部的要求是十分严格的。

作为政治委员，邓小平围绕加强党对军队的绝对领导、模范执行党的路线和政策等问题，坚持不懈地抓军队作风纪律整顿，越是战事频繁和形势严峻，他抓得越紧；越是对于领导干部和领导机关（包括直属部队），他要求越严。朱德曾赞誉刘邓大军是"铁的兵团"，这种赞誉就很能说明问题。

1941 年初皖南事变后，邓小平在中共北方局讨论冀南工作时就时局和政策问题发言，他以马克思主义的原则性，阐述了处于独立战略区域的地方党组织和军队，与党中央、中央军委保持一致的重要性。他严肃地指出，必须绝对服从党中央及中央军委的领导与指挥，中国革命长期分散的游击战争特点所养成的独立自主能力，绝不能发展到不服从党中央和中央军委。一切以个人为中心，不以党为中心的倾向，都是极其危险的。邓小平号召，在特殊局势下，必须整肃我党我军阵容，加强党性教育和学习，细致研究党中央、中央军委及上级的一切指示和命令，而不能把它当作参考材料或者当作小说看。否则，便可能给革命事业造成巨大的危害。他的这些指示，当时在各级干部中引起的震动是很大的。

解放战争时期，在关于坚持"党指挥枪"的原则上，是邓小平首先于1945 年 11 月在晋冀鲁豫野战军恢复和建立了党组织的规定。它是一个战略、策略和政策的大事，是能否夺取战争胜利的大事，破坏纪律、脱离群众是自掘坟墓。

进入新的历史时期，结合新的历史条件，邓小平一再重申："我们这个军队是党指挥枪，不是枪指挥党"。"党要管军队，因为军队始终是党领导的"；强调党对军队的绝对领导，要靠一系列根本制度来维护和保证。

粉碎"四人帮"后，针对"文革"中军队遭受破坏出现派性的问题，邓小平反复强调军队不能搞小圈子，消除派性，"不消除派性，安定团结不起来，军队战斗力也一定会削弱。"（《邓小平文选》，第 2 卷，2 页）

随着改革开放的深入发展，军队建设的外部环境发生了深刻的变化。其中，西方敌对势力针对我军的破坏活动十分猖獗，散布所谓"军队非政治化"，"军队非党化"，妄图使我军脱离党的领导。在这种情况下，邓小平把始终不渝地坚持人民军队的性质，把政治合格的问题严肃地提到了全军面前。在资产阶级自由化泛滥的时候，他毫不动摇地坚持并发展这一根本原则，他极为深刻地指出，从根本上说，没有党的领导，就没有现代中国的一切。

在 1989 年北京发生的一场政治风波中，邓小平旗帜鲜明地指出，处理这件事对我们军队是一次很严峻的政治考验，实践证明，我们的解放军考试合格。我讲考试合格，就是指军队仍然是人民子弟兵，这个性质合格。这个军队还是我们的老红军的传统。这次过的是真正的政治关、生死关，不容易呀！这表明，人民子弟兵真正是党和国家的钢铁长城。我确信，我们的军队能够始终不渝地坚持自己的性质。这个性质是，党的军队，人民的军队，社会主义国家的军队。这与世界各国的军队不同。就是与别的社会主义国家的军队也不同，因为他们的军队与我们的军队经历不同。我们的军队始终要忠于党，忠于人民，忠于国家，忠于社会主义。

邓小平反复告诫全党全军：我们军队要成为一个听党的话的军队。我们的传统是军队听党的话，不能搞小集团，不能搞小圈子，不能把权力集中在几个人身上。军队任何时候都要听中央的话，听党的话，选人也要选听党的话的人。军队不能打自己的旗帜。他强调，我们军队有一个好的传统和制度，那就是党指挥枪，不是枪指挥党。军队要听党的话，自觉维护中央的权威，坚决听从以江泽民同志为核心的党的第三代领导集体的指挥。军队不能搞小集团、小圈子，不能打自己的旗帜。"不管我们受到多么大的损失，不管如何更新换代，我们这个军队永远是党领导下的军队，永远是国家的捍卫者，永远是社会主义的捍卫者，永远是人民利益的捍卫者。"（《邓小平文选》，第 3 卷，304 页）

三、发扬政治工作的优良传统，提高我军战斗力

在长期的革命斗争实践中，我军政治工作形成了一系列优良传统。邓小

平指出，无论过去、现在和将来，政治工作都是我军最擅长的优势，是看家本领，只能加强，不能削弱，要恢复和发扬政治工作的优良传统。新的历史条件下，时代不同了，条件不同了，对象不同了，军队政治工作必须在继承优良传统的基础上，改革创新。

在 1978 年全军政治工作会议上，邓小平从科学方法论的高度，阐述了新的历史条件下加强军队政治工作的问题，强调从具体的历史条件，从研究历史和现状中找出规律性的东西，用于指导工作。他指出："从部队存在的问题和实际情况来看，最重要的，就是要研究和解决在新的历史条件下，恢复和发扬政治工作的优良传统，提高战斗力的问题。"他解释说，我们是历史唯物主义者，研究和解决任何问题都离不开一定的历史条件，对军队来说，由长期的战争环境转入和平环境，这是个最大的不同。我们政治工作的根本的任务、根本的内容没有变，我们的优良传统也还是那一些。但是，时间不同了，条件不同了，对象不同了，因此解决问题方法也不同。

邓小平强调指出，政治工作的任务，主要是保证军队的性质，保证党的路线、方针、政策的贯彻执行，保证党对军队的绝对领导，保证提高部队的战斗力。在新的条件下，应该怎么讲纪律，怎么做思想政治工作，怎么提高战斗力，怎么发扬优良传统。每个问题都有新条件，军内军外都有新的内容。

政治工作要出战斗力。政治工作要保障部队战斗力的提高。过去打仗的时候很明显，现在在没有打仗的情况下，在新的条件下如何提高战斗力？无非是加强纪律，加强训练，培养作风。作风出战斗力，艰苦奋斗出战斗力，纪律出战斗力，苦练出战斗力。

政治工作必须保证把教育训练放到战略位置上，充分调动广大官兵练兵习武的积极性，努力掌握现代高科技知识和现代军事技术，认真贯彻中央军委的战略方针和军事训练指导思想，从难从严、从实战需要出发训练部队，提高各军兵种合同作战的能力。一方面，我们要讲究技术、发展装备，否则将来是要吃亏的。另一方面，必须努力学习人民战争的思想和战略战术，教育部队不要迷信什么都是技术决定，将来打起仗来，还是要依靠人民战争和人的因素，还是要以劣势装备打败优势装备的敌人。同时，政治工作还要在改进装备、完善编制体制、从严治军、军事科研、后勤建设中发挥服务保证作用，全面促进革命化、现代化、正规化的建设，提高我军的战斗力。

邓小平强调，新时期军队政治工作，必须坚持以马列主义、毛泽东思想为指导，用先进的思想教育部队。他指出：我们党有一条，就是要把工作做好，必须先从思想上解决问题，因而在新的历史条件下必须认真抓好思想政治教育。要抓四项基本原则教育，马克思主义基础理论教育。马克思列宁主义、毛泽东思想，是我们党的指导思想。毛泽东思想过去是中国革命的旗帜，今后将永远是中国社会主义事业和反霸权主义的旗帜，我们将永远高举毛泽东思想的旗帜前进。因而我们必须用完整准确的毛泽东思想教育部队。马克思主义从来不是教条，而是行动的指南。它要求人们根据它的基本原则和基本方法，不断结合变化着的实际，探索解决新问题的答案，从而也发展马克思主义本身。我们现在要建设现代化国防和现代化军队，时代和任务不同了，要学习的新知识确实很多，这就更要求我们努力针对新的实际，掌握马克思主义基本理论。只有这样，才能提高我们运用其基本原则、基本方法解决新问题的本领。学马列要精、要管用，要理论联系实际，要用马列主义、毛泽东思想的体系和立场、观点、方法来指导工作，反对学习中的形式主义。

要坚持不懈地进行党的基本路线教育。邓小平指出，要坚持党的十一届三中全会以来的路线、方针、政策，关键是坚持"一个中心、两个基本点"。所谓一个中心，就是社会主义现代化建设。两个基本点，一个是改革开放，另一个是"四个坚持"。不坚持社会主义，不改革开放，不发展经济，不改善人民生活，只能是死路一条，军队建设也失去了经济基础。党的基本路线要管一百年，动摇不得。军队、国家政权，都要维护这条道路、这个制度、这些政策。他特别强调，军队政治思想工作，在宣传解释党的十一届三中全会以来的方针、政策、路线方面要下工夫。

党的基本路线，明确地规定了新时期我们党的总任务、总目标，集中地反映了建设中国特色社会主义的本质和规律，充分体现了全国各族人民的根本利益和愿望,是我们一切工作的纲领和依据。我军是党的军队、人民的军队、社会主义国家的军队。因此,新时期加强我军思想政治工作,最根本的一条,就是要用党的基本路线武装全军官兵的头脑,要教育军队自觉维护这条路线,坚决执行党的改革开放的一系列方针政策,使我军成为贯彻执行党的路线、方针、政策的模范,坚定不移地沿着党的基本路线所指引的方向前进。同时,还要加强革命理想教育、纪律教育、艰苦奋斗教育、爱国主义教育和优良传统教育。在对外开放条件下,要坚决抵制资产阶级腐朽思想的侵蚀,绝不能放松思想政治教育。总结我们的过去,十年最大的失误是教育,所以我们要一手抓改革开放,一手抓思想政治工作。

新时期军队政治工作的根本目标,是培养"四有"军人。邓小平强调,新时期军队政治工作,要保证以培养有理想、有道德、有文化、有纪律的合格军人为目标的军队社会主义精神文明建设。

在"四有"中,有理想、有纪律最重要,没有理想和纪律,要建设四化是不可能的。还应当具有坚定的理想和信念。这里讲的理想,就是共产主义理想;这里讲的信念,就是马克思主义和社会主义信念,就是把建设有中国特色的社会主义的伟大事业进行到底的信念。讲纪律,国家才能有秩序地进行建设,军队才能保持高度的集中统一。讲信念,人民才能团结起来,军队才能万众一心地去战胜敌人。过去我们能够战胜各种艰难险阻,打败强大的敌人,靠的就是具有革命理想和信念的人,所以,对我们军队来说,有坚定的信念现在仍然是一个建军的原则。人是要有一点精神的,在新的历史时期,特别要注意发扬革命和拼命的精神,严守纪律和自我牺牲的精神,大公无私和先人后己的精神,压倒一切敌人、压倒一切困难的精神,坚持革命乐观主义、排除万难去争取胜利的精神。

1986年9月2日,邓小平在接受美国记者迈克·华莱士电视采访时说:"我是一个马克思主义者,我一直遵循马克思主义的基本原则。马克思主义,另一个词叫共产主义。我们过去干革命,打天下,建立中华人民共和国,就是因为有这个信念,有这个理想。我们有理想,把马克思主义基本原则同中国实际相结合，所以我们才能取得胜利。"（《邓小平文选》，第 3 卷，173 页）同年 11 月 9 日，邓小平在会见日本首相中曾根康弘时指出："根据我长期从事政治和军事活动的经验，我认为，最重要的是人的团结，要团结就要有共同的理想和坚定的信念。我们过去几十年艰苦奋斗，就是靠用坚定的信念把人民团结起来，为人民自己的利益而奋斗。没有这样的信念，就没有凝聚力。没有这样的信念，就没有一切。""人的因素重要，不是指普通的人，而是指认识到人民自己的利益并为之而奋斗的有坚定信念的人。对我们军队来说，有坚定的信念现在仍然是一个建军的原则，仍然不能丢掉，这是中国自己的特点。在军队里要讲信念，在人民中间，在青年中间，也要讲信念。首先要向青年进行有理想、有纪律的教育。"（《邓小平文选》，第 3 卷，190-191 页）

有理想、有信念，是我军的政治优势。邓小平反复强调，思想政治建设的任务，归根结底就是要讲理想，用坚定的政治信念把人民团结起来。没有信念，就没有一切。坚定政治信念，这是关系军队建设全局的一个根本问题。他指出："为什么我们过去能在非常困难的情况下奋斗出来，战胜千难万险使革命胜利呢？就是因为我们有理想，有马克思主义信念，有共产主义信念。"对于军队来说，邓小平所讲的"理想"、"信念"，正是我军政治优势所在。我军是用马克思列宁主义、毛泽东思想武装起来的人民军队，和广大人民群众密切地联系在一起，具有从红军时期开始发展形成的一套我军特有的革命优良传统和作风，这也就构成了我军特有的政治优势。实践证明，我军只要把这种优势充分发挥出来，任何强大的敌人都是能够战胜的。如今的高技术战争与以往的战争相比，将更加危险、残酷和困难，对人的理想、信念、意志、精神有着更多更大的考验。

四、实现干部队伍"四化"

邓小平认为，中国的稳定，四个现代化的实现，要有正确的组织路线来保证，要有真正坚持马克思列宁主义、毛泽东思想和党性强的人来接班才能保证。培养接班人，这件事关系到军队建设和未来反侵略战争的大局，非解决不可。按照"革命化、年轻化、知识化、专业化"的标准，选拔德才兼备的人进班子。真正关系到大局的是这个事。

邓小平非常重视加强军队干部队伍建设。军队是无产阶级专政的主要工具。军队不搞好，军队干部不纯，祸害很大。中国要出问题，还是出在共产党内部，对这个问题要清醒，要注意培养人。军队培养接班人，关系到军队建设和未来反侵略战争的大局，关系到党、国家、军队的前途和命运，非解决不可，要按照革命化、年轻化、知识化、专业化的标准，提拔新生力量，不仅是党和国家的希望所在，而且是我军的希望所在。

1979 年 11 月 2 日，邓小平在中央党、政、军机关副部长以上干部会上指出，我们一定要认识到，认真选好接班人，这是一个战略问题，是关系到我们党和国家长远利益的大问题。如果我们在三年内不解决好这个问题，十年后不晓得会出什么事。要忧国、忧民、忧党啊！要看到这是个带根本性质的问题。1986 年 11 月 9 日，邓小平在会见外宾时提出："哪一天中国出现一大批三四十岁的优秀的政治家、经济管理家、军事家、外交家就好了。"（《邓小平文选》，第 3 卷，179 页）

如何加强军队干部队伍建设？邓小平提出，选拔人，第一是政治上要好。在配备领导班子的时候，要选那些认真学习马列主义、毛泽东思想，在斗争中经得起考验的人；要选那些党性强，能团结人，不信邪的人；要选那些实事求是，说老实话，办老实事，做老实人，作风正派的人；要选那些努力工作，联系群众，关心群众疾苦，有魄力，有实际经验，能够办事的人。不要选那些夸夸其谈的人，要选扎扎实实的人，艰苦朴素的人，联系群众的人，以身作则的人，不要光听口头讲。

邓小平主张采取自上而下的方法调整领导班子。"文化大革命"期间，我军干部工作的优良传统、作风和政策制度以及规定等受到很大破坏，为此，邓小平强调整顿军队必须从调整领导班子入手。他在 1975 年军委扩大会议上指出："现在军队里的干部问题很值得注意。怎样按照选拔干部的条件去做，这很重要。"（《邓小平文选》，第 2 卷，21 页）他提出，在步骤上，我建议首先自上而下地调整好各级领导班子。即首先配备好各大军区、各总部、各军兵种的领导班子，以及军级以上领导班子的军政一把手，然后逐步配好师级以下的领导班子。这种既积极又慎重的思想，体现了邓小平高超的领导和决策艺术。我军是人民民主专政的坚强基石，是社会主义国家机器的重要组成部分，保持军队稳定是国家和人民的根本利益所在。所以，调整军队领导班子必须慎之又慎。这种自上而下、逐级展开、循序渐进的做法，实践证明是完全正确的，对军队干部队伍建设具有普遍指导意义。

怎样培养高级干部？是一下子提上来，还是把优秀年轻干部先送进学校培养，经过团、师的锻炼再提上来？邓小平认为，军队高级干部经过师、团锻炼，有这么一段指挥经历，经过这样一个过程，就不一样了，管理经验、政治经验就不一样了。他要求选有文化、身体健康、作风正派、四十岁左右的干部，选来后送军事学院、政治学院、后勤学院学习。学习内容要广泛一些，知识面要宽一些。通过学习、作业和训练使他们得到培养和提高。

邓小平在注重把革命化放在第一位的同时，强调实现干部队伍的年轻化、知识化、专业化。他指出，军队有个特点，就是要壮，壮就得年轻，年轻才力壮。要使干部逐步年轻化，让更多比较年轻、有专业知识的人逐步走上各级领导岗位，经受锻炼，参与制定政策。1975 年，他敏锐地看到了这一问题。他说，军队要打仗，干部就得是年纪轻的。他明确提出：军以下干部年纪太大不行。现在就要注意选拔年轻的师以上干部。用五年时间，或多一点时间，把优秀年轻干部送到先进学校培养，然后有的可以当半年团干部再提上来。经过五六年时间，使军一级干部不超过五十岁，个别体格好的，不受年龄限制。师一级不超过四十五岁。

邓小平还提出要把干部年轻化当作体制改革的一个中心目标，选拔一些政治上好又比较年轻的干部，把他们一步步地提上来，坚决破除论资排辈的习惯势力。1979 年 11 月，邓小平对高级干部说："在座的同志过去负重要责任的时候年龄都不大，当团长、当师长的，有的当军长的，也只是二十几岁，难道现在的年轻人比那个时候的年轻人蠢吗？不是。是因为被我们这些人盖住了，是论资排辈的习惯势力使得这些年轻人起不来。好多同志在他们没有到领导岗位以前好像不行，其实把他们一提起来，帮助他们一下，很快就行了嘛。论资排辈是一种习惯势力，是一种落后的习惯势力。"

针对"没经实战，缺乏经验"的挑剔，邓小平强调说：有些同志担心，年轻人经验不够，不能胜任。我看，这种担心是不必要的。经验够不够，只是比较而言。老实说，老干部对于现代化建设中的新问题，不是也没有什么经验，也要犯一些错误吗？

邓小平还强调，今后的干部选拔特别要重视专业知识。面对新的历史条件和新的历史使命，邓小平一方面强调，现代条件下对"专"的要求更高了，军队官兵要特别重视专业知识，否则就不可能适应现代化战争的要求。过去的军队是小米加步枪，懂得射击、刺杀、扔手榴弹就可以上阵了。现在海军就得有海军的专业知识，空军就得有空军的专业知识。参谋业务也同那个时候不同，知识面要宽得多。现在军队沿用过去的经验是不行的，而这正是我们要努力解决的问题。他要求我们所培养的人才，要认真学习现代战争知识，学习诸军兵种联合作战。不但高级干部要学，连排干部也要学，都要懂得现代化战争。

邓小平要求高级干部在这方面要以身作则，搞好传帮带，说我们这些人把军队带好了，我们党的一套优良传统就能保持好，军队就会非常团结、非常有战斗力。如果我们这些人搞得不好，就会把军队带得很不好，存在的一些问题就会发展。

第十五章
以民为本，打人民战争

以毛泽东为代表的中国共产党人创立的人民战争理论，是中国共产党军事路线的核心，是人民解放军战略战术原则的基础。中国革命战争之所以能够由星星之火发展成燎原之势，用22年时间打败了国内外的强大敌人，原因就在于中国共产党人实行了彻底的、真正的人民战争。可以说，中国革命战争的胜利，就是中国共产党领导下的人民战争的胜利。战争年代，作为一个大战略区的最高政治领导，从历史唯物主义和辩证唯物主义的观点出发，深刻揭示了人民群众在战争中的决定性作用，阐述了认识和发挥人民群众巨大的战争潜力，对赢得革命战争的重大意义，提出了一系列动员、组织和武装群众的方针和方法，在自己所领导的战略区内，广泛开展了声势浩大的人民战争，创造了新鲜而有效的经验。和平建设时期，强调要坚持现代条件下的人民战争，为毛泽东人民战争的战略思想的形成和发展作出了重大的贡献。

一、军民结合起来，才能成为不可战胜的力量

邓小平是一个彻底的唯物主义者，在他看来，群众路线不仅是我党根本的政治路线、工作路线，也是根本的军事路线。他认为，一时的军事优势决定不了胜败问题。代表人民利益，是我们取得胜利的决定因素。中国共产党真正站在民族解放一边，最坚决地坚持团结，坚持进步，人民就选择了我们。这是政治上的因素决定了我们的胜利。

邓小平深知，战争的胜负不仅取决于军力和经济力的对比，而且还取决于军心和民心的对比。人心的向背从根本上制约着战争的进程和结局。得人心者胜，失人心者败。革命战争是正义的战争，也是得人心的战争，革命战争的胜利具有必然性。然而，必然性并不就等于现实性，革命战争必须要有人民的参加和支持，否则，它的失败也难以避免。革命战争的指导者，必须懂得一心一意地依靠人民群众。在这个问题上，邓小平是一个先知先觉者。从加入共产党的那一天起，邓小平就把自己以及自己所从事的革命战争的命运，与民众紧紧连接在了一起，着眼于全民战争力量的发挥。在以后漫长的革命道路上，在持久而艰苦卓绝的革命战争中，他始终坚守着这一信念，而没有丝毫的怀疑和动摇。他清醒地认识到："军民结合起来，才能成为不可战胜的力量。"（《五年来对敌斗争的概略总结与今后对敌斗争的方针》）人民是一切的母亲，是对敌斗争一切力量的源泉，敌我斗争的胜负，决定于人民。

战争是敌我双方综合力量的竞赛。在这种竞赛中，优势的一方必然战胜劣势的一方。在中国革命战争中，就其军事和经济力量而言，革命势力无疑是处于劣势的。但力量的对比不仅是军力和经济力的对比，也是民众人心的对比。邓小平认为，群众优势是革命战争的根本优势，依靠这一优势取胜是唯一正确的选择。

从这一点说，革命战争也有它的特殊的优势，这就是人民群众的优势。中国共产党领导的革命战争，是完全为最广大劳动群众的翻身求解放的战争，

它能得到广大人民群众坚决拥护和支持。这一点正是我们的敌人所不可能具有的。因此，革命战争的根本战略，就应该是最大限度地发挥人民群众的优势，依靠人民群众的巨大创造力，来弥补军力和经济力的不足。

人民群众中有着战争所必需的巨大的人力资源，能为革命战争提供源源不断的后备兵员。无论任何形式的战争，都直接表现为人与人的对抗，其基本的组织形式是军队。当战争进行的时候，能否有足够的人力资源，特别是兵员补充，就成为战争双方力量对比变化中的一个重要因素。

人民群众是战争赖以进行的物质财富的创造者，民众中蕴藏着用之不竭的物力和财力资源。战争是物质力量的竞赛，而战争所需要的一切物质财富，都是由人民群众所创造的。中国革命战争是在物质力量明显处于劣势的情况下进行的，逐步缩小这种差距，弥补物力、财力的不足，是必须解决的一个战略问题。邓小平认为，解决这个问题的唯一途径，仍然是要发动和依靠群众。邓小平作为战略区负责人，从来都是把经济问题放在战略的高度来谋划的。如在抗战时期，他将增强抗日战争的经济力量，着眼放在调动民众的农、工、商积极性，开发人民群众的财富创造力上。

人民群众是克敌制胜新的战法的创造者，是产生人民战争战略战术的源泉。战争是人与人之间的对抗，这种对抗不仅是物质力量的较量，而且也是精神力量的较量。在精神力量中，除了民心士气等政治道德因素外，人在战争指导上的主动观能性是一个非常重要的因素。军力、客观条件上的优势只是具备了打胜仗的可能性，要将这种可能性变为现实性，还必须有先进军事理论和正确的战略战术原则的指导。可以说，在既定的物质基础上，主观能动性的发挥，是将胜利的可能性转化为现实性的决定因素。邓小平认为，人民群众是先进军事思想和战法的创造者和实践者。我军的战略战术是建立在人民群众的基础之上，来自人民，又为人民的。

解放战争中，中国共产党及其领导的人民军队，把人民战争作为基本战略。邓小平在这场伟大的阶级解放战争中，把依靠民众，实行人民战争作为作战指导的最基本原则。此时，我军在解放战争中所实行的作战形式，已由游击战转入运动战，作战主要是由正规部队进行，部队的活动方式也主要是集结行动。在这种情况下，邓小平更是经常强调军队必须依靠人民群众，要与人民群众的斗争相结合，不要脱离群众去跳"裸体舞"。还在国民党发动内战的前夕，邓小平就强调要明确树立人民的军队的思想，为人民的利益而奋斗到底，要求部队进一步与人民群众相结合，开展生产活动减轻群众负担，开展拥政爱民活动，密切军民军政关系。1947 年 8 月，邓小平为中共中央中原局起草的"给晋冀鲁豫野战军所属部队发出的指示"中提出，要充分发动群众及其游击战争，同我们一块斗争，是实现我们战略任务的决定条件。

理论上的自觉，使邓小平对人民战争战略战术的探索并实际实行之，表现出了高度的自觉性和积极性。他形象地比喻说，"烧红的铁不能用手去抓"。他说：民兵和广大人民踊跃参战，支援前线，战士舍命，英勇杀敌，真正形成了人民战争。铁被烧红了，谁要用手去抓，谁的手就要被烧伤，谁要进攻解放区，解放区人民就不会饶过他。

二、为人民群众的根本利益而战

邓小平认为，敌我斗争的胜负，决定于人民，首先是敌占区人民的态度，当战争代表了人民群众的利益并且也为其所认识时，人民群众就会积极参加到战争中来。他响亮地提出：谁关心人民的问题，谁能帮助人民想办法去和敌人斗争，保护人民利益，谁就是群众爱戴的领袖。

代表人民利益是我们取得胜利的决定因素。只有尽最大努力去满足人民群众的现实利益要求，才能真正把群众发动起来，为自己的利益而战。邓小平认为，这是动员民众参战的前提。如果只要求人民为革命战争作出牺牲，而不关心群众生活，不去解决群众的问题，就必然会失败。1975 年 3 月，他在会见外宾时说，根据我们过去同蒋介石斗争的经验，谁坚决反对殖民主义、帝国主义，谁能坚持团结，谁能坚持进步，人民就选择谁。人民是从这三个方面去选择的。一时的军事优势决定不了胜败问题。我们站在人民利益一边，所以人民最终选择了我们。我们真正站在民族解放一边，最坚决地坚持团结，坚持进步，人民就选择了我们。这是政治上的因素决定了我们的胜利。

只有军队的一切言行都替人民利益着想，才能真正实现军民一体，同仇敌忾。邓小平分析指出，中国革命战争是一场无产阶级领导的农民战争，只有承认战斗与农民的实际利益相结合才能发挥其积极性。而与农民利益联系最紧密的，是土地问题，这是他们赖以生存的命根子，因此，满足农民的土地要求，是动员广大农民群众参加革命战争的一个重要杠杆。正确的土地政策具有重要的战略意义。邓小平指出："紧密联系群众。这是最紧要的一点。首先要有正确的政策。毛泽东主席领导革命开始的时候，就是搞土地革命。恐怕土地问题是一个根本的问题。土地问题同民族问题是不可分割的。比如说，我们同日本作战，民族解放问题是第一个问题。但是，如果不适当满足农民的要求，这个仗打不起来，根据地建立不起来。群众为什么打仗呢？群众只有认识到这个斗争符合自己的利益，才会坚决起来战斗。"

抗日战争时期，邓小平提出，进行人民战争，必须使劳苦群众在政治上、经济上获得应有的改善，即是说，抗日斗争必须与民主、民生密切结合，而民生的改善，又成为抗日斗争、民生运动的基本环节。比如对于新开辟的根据地，只要我们能真正发动人民抗日，政策对，依靠人民，我们是可以立足的。"只有当不仅军队而且人民把争取反'扫荡'与反蚕食的胜利，认为是自己的事情的时候，只有当军事行动与人民利益结合一致的时候，我们才能取得完满的胜利，我们自己的损失才会小，给予敌人的打击也才会大。""群众有了积极性，民兵有了力量，并与正规军游击队相结合，才会有真正的群众游击战争，也才能使军事上容易求得胜利"。（《五年来对敌斗争的概略总结与今后对敌斗争的方针》）

为此，他强调："要使坚持游击区抗日斗争变成游击区人民自己的事情。必须处处照顾群众，为群众的困难设想，帮助他们想办法和敌人斗争"，"只有把对敌斗争与人民利益结合起来，才能实现这个要求。""在游击根据地和游击区，应以发动群众，团结各阶层一致对敌，减轻人民对敌负担，保存民族力量，为一切工作的主要出发点。"（《新形势下的工作任务》）"切实做到军民一致，提高群众观念，参加群众工作。""要做到军民一致，一切要从保护人民利益出发。"（《新形势下军队的新任务》）"我们且不要看轻了抗日的负担，如果我们解决这个问题不积极，人民的积蓄一天天枯竭下去，劳动力枯竭下去，军队也就不能存在。""要坚持斗争与改善部队的生活，只有人民的生活向上才有可能。"（《努力生产，渡过困难，迎接胜利》）"今后在反'扫荡'、反蚕食的战斗中保护人民的生产和利益是我们军队最重要的任务。""人民军队的责任是随时随地为人民服务，一切为人民的利益着想。""一切为保护人民利益打算，提出恰当的对敌斗争方法，才会得到人民拥护，也才能取得胜利。经验尤其证明；谁能帮助人民想办法去和敌人斗争，保护人民利益，谁就是群众爱戴的领袖。"（《邓小平文选》第 1 卷，55 页）

解放战争时期，人民群众在我党我军的动员和影响下，加上我党采取了许多正确的方针政策，人民群众对我党我军的拥护达到了前所未有的程度。在晋冀鲁豫解放区，邓小平从根据地的实际情况出发，领导实行了普遍的土地改革，广大贫苦农民对土地的要求得到了满足，他们从内心真正拥护共产党和解放军，仇恨国民党反动派，人民群众的革命热情不断提高，踊跃地参军参战和支援前线的大好局面不断出现。

大别山时期的 1948 年 2 月 22 日，邓小平提出，使游击战争（摧毁保甲）与土地改革密切结合，真正做到"人人皆兵，人人分田，一手拿枪，一手分田"。尤要善于利用空隙，放手分田。

在逐鹿中原的过程中，邓小平把我军对国民党军的斗争高度概括为"面"对"点"的斗争，认为"面"对"点"是人民战争的基本形态，即我以广大的农村作为实施宽大机动的战场，对占领了铁路和城镇的国民党军进行作战。而开拓"面"的战场的过程，就是发动群众的过程，就是实行土地改革，实现耕者有其田，从而争取广大农民把自己的利益与革命战争的利益结合在一起，真心实意地支援革命战争的过程。这样做的实际结果，邓小平指挥着中原野战军不仅成功地割裂了国民党的中原防御体系，使国民党军守备的一个个城镇如同波涛汹涌的大海中的小岛，而且为举行淮海战役、消灭国民党的徐州战略集团创造了必要条件。

邓小平在领导解决农民土地的同时，动员群众发展生产，使人民群众的生活不断得到改善，使人民深切地感到共产党就是为他们谋利益的。在晋冀鲁豫解放区和后来的大别山根据地、中原解放区采取了许多正确的政策和策略。也正因为如此，我党我军才团结了一切可以团结的力量，动员起千千万万的人民群众参加到推翻国民党反动派的战役中去，人民对战争的支援才达到史无前例的程度。例如，淮海战役中，在以邓小平为书记的总前委的领导下，通过广泛深入动员，调动了广大群众的支持前线热情，仅支持前线民工共达 543 万人。

三、动员群众，发动群众，依靠群众

人民战争的威力，在于人民群众直接或间接参加战争的深度和广度，人民群众参加战争的深度或广度又取决于对人民群众的发动的深度和广度。邓小平历来重视放手动员群众、发动群众、充分依靠群众进行战争，他把我军所进行的战争看做是人民群众广泛参与的战争，离开了人民群众就难以进行战争。

发挥全民战争伟力，是建立在战争与人民群众利益追求一致的基础之上的。蕴藏在人民群众中极其丰富的战斗力量的发挥程度，除了取决于战争本身是否代表人民群众的根本利益之外，还取决于人民群众对自身利益与战争之间相互关系的认识，以及战争指导者对人民群众的生产、生活等现实利益的关心和解决程度。

只有进行广泛的政治动员，才能使广大人民群众深刻认识到革命战争代表着他们的根本利益。邓小平认为，对民众的政治动员和宣传，具有战略意义。只有进行广泛深入的政治动员，向人民群众揭示战争的胜负与其利益息息相关，才能使他们把革命战争看成是自己的战争。人民群众对战争与自身利益关系的认识，在很大程度上是通过军民关系来判断的。

实践中，邓小平着眼于把动员人民群众放在战争的全过程中去进行，坚持常抓不懈，把战争中的动员人民群众参加，变成一种经常性的运动。同时，又根据战争的实际需要，进行有针对性的动员。

土地革命战争时期，邓小平以中共中央代表的身份来到广西后，为了发展革命力量，动员人民群众参加革命，指出要"积极发动群众斗争，充分武装农民，组织工会、农会，建立地方党部"，他努力说服俞作柏、李明瑞实行民主，支持工农运动，承认了各地工会、农会组织的合法地位，形成了政治上有利于我党发动人民群众的大好形势，使发动人民群众的工作轰轰烈烈地开展了起来。起义成功后，在邓小平的指导下，在根据地开展了以土地革命为中心的军事、经济、党政、文化教育等方面的建设，达到了广泛深入地动员群众的目的，使广西的革命形势发展到了一个新的阶段。

抗日战争时期，邓小平更是把动员人民群众起来进行抗日当作为一项战略任务来抓。1937年10月，当邓小平和刘伯承率领一二九师进入抗日前线时，人数不过13000人，根据地一寸没有。可是，经过8年时间，到抗日战争结束时，一二九师发展成为有着30余万人的晋冀鲁豫野战军和地方部队，组织起了40余万人的民兵队伍，创造了横跨晋冀鲁豫四省、控制着80座城市、有着2400万人口的大根据地。如此辉煌成绩的取得，基本经验之一，就是广泛而卓有成效地发动了人民群众，形成了对日作战的人民战争的汪洋大海。在这个过程中，邓小平和刘伯承一起以一种积极求索的精神，创造出了一整套适合战区特点的动员和组织人民战争的方法。正是靠这些科学的方法，一二九师有声有色地动员和组织了广泛的人民战争。

他提出特别要依靠于团结、进步，依靠于民众，这是战胜敌人的基础。他要求把一切民众分别地组织在各种民众团体之内，要善于运用和经过这些群众组织，对广大民众进行抗战教育，动员他们积极参加抗日斗争，自觉自愿地协助政府和军队。他在《在敌后方的两个路线》一文中写道："在敌后方的我国党、政、军、民，不但要动员自己的一切力量，进行长期艰苦的抗战，而且要与敌人这些阴谋诡计进行残酷的斗争。团结民众，坚定民心，发扬民力，则是进行这一斗争的关键。"

邓小平把人民群众在对敌斗争中的地位看得非常高，如果没有人民的广泛参加，要想取得抗日战争的胜利是完全不可能的。为此，邓小平认为动员人民群众参加抗日的群众运动必须在把握以下规律的基础上来进行：第一是发动群众，在发动群众中组织群众、武装群众；第二是在发动群众之后，立即注意整理与健全群众组织生活；第三是在发动与组织群众中注意群众的政治教育，在发动与组织任务完成之后，就将重心转入教育群众，把群众运动提高到民主政治和武装斗争的阶段，使群众形成一个阶级力量，去参加统一战线，去参加群众性的游击战争。

1943 年 2 月，为了实现中共北方局提出的"进一步巩固敌后抗日根据地，坚持敌后抗日游击战争，克服困难，积蓄力量，替反攻及战后做准备，以便准备迎接伟大新时期之到来"的新任务，邓小平强调，要依据各地区发展阶段的具体情况，继续发动与深入群众运动，使广大群众在政治上、经济上、思想上提高一步。按照邓小平的要求，八路军正规部队、地方部队要在党的领导下，保卫人民利益，参加群众工作，发动群众。各级政府要扶植群众运动和照顾群众的利益。群众团体也要去发动、组织和教育群众，诱导群众执行政府的号召。正因为邓小平对人民群众在抗日战争中的地位和作用认识得比较深刻，又采取了一整套发动群众的正确方法，晋冀鲁豫边区的人民群众得到了广泛的动员，从而使敌人陷入了人民战争的汪洋大海之中。

邓小平指挥的上党战役的基本经验，首先是在晋冀鲁豫全军区军民中进行了深入的动员，以毛泽东敢于斗争、敢于胜利的思想武装了部队和群众，使军队与人民群众认识了要保卫抗战胜利果实，要保持人民取得的权利，除了打垮反动派的进攻之外，没有其他出路，从而发挥了广大军民的积极性。

1945 年 11 月，在同国民党反动派斗争中，邓小平强调，"我们除有特殊任务如派干部去东北外，一切是为大量消灭敌人，干脆地消灭进攻我们的顽军，组织人民，扩大军队。另外，就是实现新区的减租减息，肃清汉奸，特别是组织人民明年的生产运动，这对于争取胜利关系重大。""现在我们要扩大军队，保证军队供给，这与根据地人民的负担是有矛盾的。现在地方上对军队的供给是注意的，但军队应注意防止过高过苛的要求，要从全面着眼，不仅要看军队的需要，还要看人民能否拿得出来。"（《在中共晋冀鲁豫中央局第一次全体会议上的讲话》）

解放战争中，邓小平始终把依靠群众作为组织和指挥作战的一个基本立足点。

战略防御阶段，邓小平指挥作战强调后发制人，诱敌深入，认为在敌强我弱的条件下，我军的大兵团运动战必须与群众性的游击战相配合，要使民众能够直接参战；因而就不能实行一般军事原则所规定的"先发制人，阻敌于国门之外"，而必须后发制人，诱敌深入。后发制人，可以发现和创造敌人的弱点；诱敌深入，则不仅是军队打敌人，老百姓也可以打敌人。在第一年的内线防御作战中，邓小平和刘伯承组织和指挥各次战役，都把游击队和民兵的作战计算在内，注意以群众武装的游击战配合野战军的运动战。

在战略反攻阶段，邓小平率野战军主力执行开辟大别山根据地的战略任务，更是把发动群众，争取群众的支持作为开辟根据地的首要条件。当部队进入大别山区以后，邓小平不仅为部队规定了严格的群众纪律，绝对不允许发生一丝一毫损坏群众利益的现象，而且在与数十个旅的国民党军周旋的同时，从部队抽调得力干部深入到群众中去开展工作，推动农村的土地改革，培养游击战争。

正是由于发动了群众，把自己植根于群众之中，晋冀鲁豫野战军主力实现了毛泽东为他们所设想的三个前途中最好的那个前途——付出了代价、站稳了脚跟。

四、建立与人民战争相适应的武装力量体制

中国革命战争的实践证明，发动全体人民群众参加战役，必须有一定的形式把广大军民的力量有效地组织起来，并加以合理地运用，才能形成人民战争的整体合力。邓小平是中国共产党较早认识各种战争力量重要性并进行

正确运用的战争指导者之一。

建立群众性的革命武装，是最大限度地发挥人民群众战争的重要途径。在战争中，人民群众以何种方式参与，所发挥的作用是不同的。以间接的方式参加，他们所提供的物质和精神力量，需要军队这个中介才能在战争中发挥作用。而建立群众性的武装，使人民群众本身就是现实战斗力的一部分，可以直接作用于战争的进程和结局，直接弥补军力的不足。

1929 年 9 月，邓小平在创建红七军和领导百色龙州起义时，就把兵运作为主要工作来抓。他借俞作柏、李明瑞扩充军队并请中共派人帮助改造其旧军队之机，经过两个多月的努力，党在教导总队、警备第四大队和警备第五大队三支部队中取得了领导地位。同时，邓小平以组建"右江护商大队"的名义，在取得俞作柏的同意后，由广西省政府拨给一些地区的农民革命军一批武器弹药，并抽出一些干部协助训练农军。

邓小平结合当地的实际，建立了"正规部队与农军相结合"的武装力量体制。"南宁兵变"后，邓小平在整顿和扩充正规部队的同时，非常重视武装农民，将从南宁运来的步枪大部分给了根据地各县的农民协会，使得农民武装得到了迅速发展，最多时达 1 万余人。为了顺利在左右江地区举行起义，邓小平指示正规部队要离开南宁向左右江地区进军，并与当地的农民武装相结合。在他的领导下，根据地形成了以红军主力与农民革命军相结合的力量体制，这种体制对于取得战役作战胜利发挥了重要的作用。起义前夕歼灭敌第三大队的战斗中，就是以正规红军第四大队为主，在数个县的农军支援下取得胜利的。

在整个抗日战争期间，邓小平始终把帮助群众建立抗日武装作为部队的一项基本任务，经常派出干部或工作组深入到群众中去，发展群众武装，给予群众性的武装斗争以必要的指导。他说："从斗争中建立游击区人民自己的抗日武装。唯有这样的武装，更能坚持游击区的斗争。一切在游击区活动的游击队，必须加强政治质量，保证有严格的群众纪律，做到与人民一致。"（《五年来对敌斗争的概略总结与今后对敌斗争的方针》）

邓小平认为，没有广泛的游击战争，就没有巩固的抗日根据地，没有坚强的地方武装（地方兵团、游击队），也就没有广泛的游击战争。在抗日战争中，处于战略地位的敌后游击战争，必须是人民战争，要与群众相结合，得到群众的支持，否则，敌后游击战争将成为少数人的冒险。而人民战争的基本条件就是要武装群众，建立群众性的武装。他说：没有强大的地方武装，正规军就缺少了耳目手足，就得不到群众游击战争的掩护而进行必须的休整，结果一有敌情不能不亲自出马，"裸体跳舞"。没有民兵的基础，正规军不会得到源源补充的。所以，要大量发展地方武装。大大提高地方兵团、游击队的战斗能力。地方武装要有扭住敌人、不怕疲劳的顽强性，要有坚决消灭少数敌人的信心与战果，要积极地、确实地执行自己的战斗任务，同时要有比野战还要熟练的游击战术。同时，要建立地方武装的军事、政治、供给等各种制度。

在对敌斗争中，邓小平创造性地把主力军、地方军、民兵自卫队和广大人民群众紧密结合起来，实行野战军、地方军和民兵相结合的武装力量体制，认为这是发挥人民战争威力的最好组织形式。

正规野战军完全脱离地方性，有高度严密的组织性和很强的战斗力。它主要执行超地方性的作战任务，集中主要力量在运动中歼灭敌人的战役和战术集团。同时，帮助、培养和训练地方武装也是它的经常性的任务之一。地方军是地方正规兵团和脱离生产的游击队。它的基本任务是坚持地方斗争，执行区、县区域内作战任务，保卫党政机关和群众的利益。配合正规野战军在本地区的作战。并创造使之逐步发展升级为野战军正规军的条件。民兵是一种不脱离生产的人民自卫组织。其基本任务是封锁消息，侦察敌情，掩护群众，配合主力作战。

邓小平认为，开展人民战争性质的敌后游击战争，必须保持一定数量的能够实行机动作战的基干部队，以具备歼灭敌人一部的能力。但仅有基干部队是不行的，不能把所有的部队都集结在一起进行机动作战，而应该在保留一定数量基干部队的前提下，把大部分部队分遣，组成小规模、高度灵活的游击队。同时必须大大提高游击部队的战斗能力和政治质量。而有了游击队还是不够，还必须组织大量的群众性自卫队，要在群众运动的基础上，加强人民武装建设，尤其是兵民建设工作。在敌后游击战争中，基干部队、游击队和自卫队相互配合、相互支持。基干部队主要是实行运动战，在运动中寻机歼敌；游击队实行游击战，以袭击、伏击、急袭等作战方式袭扰、疲惫敌人，为基干部队打歼灭战创造条件；自卫队在本乡本土坚持作战，主要是保卫自己的家园，同时也要掩护基干部队和游击队的活动，使基干部队和游击队能够来如迅雷、去如疾风。邓小平指出："游击队应配合正规军作战，要统一指挥，游击队、自卫队、正规军三位一体地配合作战。"（《我们在新的环境下的工作》）

邓小平指出："在作战方面，需要野战军、地方兵团、游击队与民兵有机的配合，才能以广泛的经常的游击战争去疲惫、消耗、削弱、封锁敌人，才能以顽强的正规军去抓住'有利条件下的运动战'，歼灭敌人。""我们组织得最有力的反'扫荡'斗争，是以一部军队分散与地方武装民兵相结合，以与人民利益相结合的群众游击战争形式，坚持腹地的斗争；另以有力部队，有时甚至主力，转到敌后去打断敌人的补给线，破坏敌人的交通，打烂敌人在敌占区的政治机构，粉碎敌人清乡和蚕食计划。这样就能争取主动破坏敌人的部署，引起敌人的混乱，而起着引退敌的作用。"（《五年来对敌斗争的概略总结与今后对敌斗争的方针》）

邓小平不仅重视正规部队的建设，而且重视游击队和民兵武装的建设。1940年，为了扩充主力部队，大量编并了许多游击队，从而削弱了地方武装，影响了游击战的开展。在敌趁机摧残根据地时，正规部队不得不分散进行游击，一时陷入被动。邓小平发现后，及时采取措施，加强了地方部队和民兵、自卫队的建设，强调游击战争必须与群众运动相结合，健全了军分区组织，注意发展基干团、县区游击队，以扩大地方武装力量。同时，整顿和发展了民兵、自卫队。邓小平多次提醒大家，不能只强调正规部队的建设，必须重视地方武装与人民武装的建设，三种力量的建设都是群众游击战争与坚持根据地不可缺少的重要部分。他提出，要"巩固现有的游击队，加强其军事政治教育，派好干部到游击队中去，以加强其领导，使之成为群众性的游击战争的基本力量，一方面能独立担负战斗任务，另一方面成为民兵的模范，领导民兵作战。"（《新形势下的工作任务》）"只有民兵而无游击队，则游击集团永远不会形成起来，武装斗争永远没有力量。"（《反对麻木，打开太行区的严重局面》）在邓小平和刘伯承的领导下，"三种力量"不断壮大，抗日游击战争蓬勃发展，根据地得到了迅速的扩大。

随着抗日战争的发展，邓小平又提出了建立以正规部队为骨干，有民兵和自卫队参加的游击集团，使三者的配合更加完备。在敌后游击战争中，基干部队、游击队和自卫队的配合是至关重要的。唯有三者的配合，才能真正造成陷敌于人民战争的汪洋大海。解放战争中，邓小平强调健全各区各级党政军民一元化游击集团的组织，首先是县级及其以下的基层组织，号召一切干部结合群众，运用这些组织，实行以歼敌、土改为核心的军事、政治、经济、文化、反特务的对敌斗争。

五、大力发展普遍的群众游击战争

邓小平认为，敌后游击战争应是有广大群众参加的游击战争，是群众性的游击战争。"所谓群众性的游击战争，就是军队与广大人民武装（民兵）相结合的斗争，就是军队行动与人民利益相一致的斗争，就是人民有组织地进行反'扫荡'的斗争。唯有群众性的游击战争，才能发挥根据地最大的威力，才能打击敌人的'驻剿'和'清剿'，保护根据地的人力和物力，才能打击汉奸、特务的活动，也才能给敌人以重大打击而自己损伤较小。""群众有了积极性，民兵有了力量，并与正规军游击队相结合，才会有真正的群众游击战争，也才能使军事上容易求得胜利；群众有了战时的组织性和很好的空室清野，才可以少受敌人的摧残。"（《五年来对敌斗争的概略总结与今后对敌斗争的方针》）

邓小平认为，用普遍的民众游击战争发展普遍的游击战争具有战略意义。

他强调，要发展广泛的群众游击战争，用普遍而有力的游击战争去扩大根据地，击败敌之进攻，缩小敌占区，用普遍而有力的游击战争去消耗、疲惫和削弱敌人，去配合正规军。他说："伟大胜利之获得，如果只归功于正规军队的努力是绝对不够的，而必须同时归功于普遍的民众游击战争之开展。只有充分估计广大民众游击战争的不同摧毁的力量，才能发现我们为什么能够支持平原艰苦斗争至三个月之久的真理。"

1948年2月，邓小平提出，军区部队（正规军）、地方与人民武装，今后独立自主地强化更广泛、群众性的游击战争，打击和歼灭分散之敌人，以保护群众，保护土改深入，并配合主力运动战，大量歼敌。他要求："必须提高全体军民的胜利信心和顽强斗志，使其认识只有这样强化游击战争，结合运动战，才更有利于调动和分散敌人，歼灭敌人，进一步坚持和巩固大别山阵地。批评和反对那些软弱无能、依赖主力、不积极歼击敌人、消极等待敌人退走的右倾思想及和平建设根据地的思想。"

群众性游击战争所实行的战术，必须要有利于发动群众，与民众斗争相结合。围绕这一方针，邓小平提出了一系列重要的游击战原则：

——政治主张要公开要明确，军事行动要秘密、要诡诈。如果游击队的政治主张不公开，不明确，则不能组成为广大民众的武装斗争，就不能实现民族解放的政治任务。如果军事行动不秘密、不诡诈，则不能作趋利避害的机动，就不能达到消耗敌人发展自己的目的。

——既要执行作战任务，又要执行发动民众的政治任务。游击队不仅要对敌人作战，还要开展对民众的宣传。由于游击队短小精干，平时就活动在群众之中，十分便于在民众开展工作，动员起民众。而且，游击队也只有动员起了群众，也才能获得广阔的游击天地；否则，便会成为涸辙之鲋。邓小平强调，在每一个重要的事件或敌人进攻的关头，必须足够地计算民众的力量。能否动员民众参加，常常成为这些斗争胜负的关键。在动员中，应清楚地向民众解说问题的真相，可能发生的问题，与敌斗争的方法，以及胜利的前途。游击队武装力量小，且多系老百姓被结合起来的队伍，不但要有把握的胜仗才打，以提高及巩固其情绪，而且打了以后要在游的空隙中实行政治工作和军事训练，以提高军政素质，积蓄力量。

——要游要击，并使游与击相互配合。邓小平在谈到抗日游击作战时指出，发动民众参加抗战的最有效方法，就是对日寇进行卓有成效的军事打击。这种军事打击，在开始的时候可以通过正规军队的机动作战进行，用歼灭战的战果振奋民心，让群众看到敌人不是不可战胜的；随着民众的发动和投入到战争中来，就应当由运动战为主转为以游击战为主。游击战越发展，越是能够消耗敌人，就越能鼓舞群众参加抗战信心和热情。"游"可以掩护自己的弱点，寻找敌人的弱点；"击"可以发扬自己的特长，撇开敌人的特长，要使"游"与"击"巧为配合。游而不击，击而不游，或不游不击，都是错误的。游击队只是游来游去，游而不击，不仅会在军事上一无所得，而且会在政治上失去民众基础；但若反其所为，击来击去，击而不游，这也是不对的。"好击必击，不好击就游。而击，必采取进攻的伏击、袭击、急袭，并无防御。游，必采取以弯为直的行动，不可老走一路，不可老驻一地。"（《关于粉碎敌人对大别山围攻的十份电报》）

——游击战与运动战相结合。我军在敌后作战的原则，是"基本的游击战，但不放松有利条件下的运动战"。在此原则下，每个抗日军队和游击队，都须具有高度的主动性、积极性与灵活性，要不断地经常地袭扰敌人、疲困敌人、消耗敌人、迷惑敌人。并且要不放松每一个可能的机会，求得在运动战中消灭敌人。而运动战的良机，也只有在广泛的游击战争的配合下，才能顺利地求得并取得胜利。同时，我军无论在任何时机，均需站在主动的地位，这样才能算着敌人而不为敌人所算。敌人企图消灭我之主力，并逐渐肃清我之游击队；我们则以游击运动战的原则，机动灵活地去消耗与消灭敌人，以便于与敌人进行持久的艰苦的斗争，一直到反攻的胜利。（《在敌后的两个路线》）根据游击运动战的原则，作战的方式主要是：集结相当的兵力，主动地寻求运动战的机会，求得消灭敌人之一路，击破敌之他路，以粉碎敌人的进攻；同时加强敌之侧背之活动，以侦察牵制与消耗敌人之进攻部队。（《艰苦奋斗的冀南》）不打敌人固然不对，不顾一切与敌硬拼，也是不对的。在主动作战时，应坚决勇敢、不惧牺牲，以达成歼敌之目的；但在不利和被动的条件下，则应大胆转移，以寻求另一有利机会打击敌人。轻易决战，对拼消耗，正是敌人求之不得的。（《在敌后的两个路线》）

——游击战的基本战法，是袭击、伏击和急袭三种。敌人驻着，我们找着去打它，这是袭击；等着敌人来，或用勾头的办法引其来，我们预先埋伏好打它，这是伏击；急袭就是碰着时打，能击就击，不能击就游。这三种战法便于民众武装掌握和实行。以分耗集，以集灭分，声东击西，攻敌不备。察明敌情，研究规律，捕灭弱敌，防逃断援。在数敌合击之前，靠近一敌，适时转到外线，奔袭弱敌。如敌来追，则伏击之。（《开展大别山游击战》）断绝敌人补给线，夺辎重，捉俘虏。邓小平特别强调：游击战是没有防御，永远是进攻的、主动的，善于在每一时刻中找敌人的弱点，予以打击。要多想鬼办法，像我们抗日时对付日本侵略军的办法。最根本的只有依靠群众。开始群众是"没有的"，可是一定要走向"有"。我们天天打仗，有了胜利，群众才会来。（《坚持大别山斗争，巩固大别山解放区》）

邓小平提出的这一整套富有创造性的动员和组织民众参加抗战的方法，产生了巨大的效应。特别是抗日战争时期，整个晋冀鲁豫区成为一个大火阵，日寇就如同冲进这个火阵的野牛，谁的一声唤，也要被吓一大跳。而一二九师则如鱼得水，得到了宽广而自由的天地，任其纵横驰骋。群众武装广泛开展的地雷战、地道战、麻雀战、铁路破击战、联村作战等，有力地配合了一二九师的作战。另外，广大民众在侦察敌情、迷惑敌人等方面，也给一二九师以极大帮助，使其作战常常能够实现"扩大我军聪明，增加敌人耳聋"，"给敌人吃亏，自己不吃亏"的要求。

六、现代条件下仍要坚持人民战争

新中国成立后，在巩固政权、保卫政权的革命实践中，人民战争理论继续发挥着重要的指导作用。在这一理论的指引下，我们不仅赢得了抗美援朝战争的胜利，以及历次边境自卫反击战和军事冲突的胜利，而且不断加强了人民武装力量的建设和我国的国防建设。在新的历史条件下，还要不要继续贯彻毛泽东的人民战争思想？邓小平在这个问题上的回答是肯定的、坚决的、毫不含糊的。中共十一届三中全会以来，邓小平作为党的领导核心和最高军事领导人，从新时期国内外政治、经济、科学技术以及军事斗争的新特点出发，为我国确立了积极防御的战略方针和实行现代条件下人民战争的思想。

积极防御，是以毛泽东为代表的老一辈革命家、军事家，以马克思主义军事理论为指导，在长期的革命战争实践中总结出来的，应用于中国革命战争的战略指导所创立的战略思想。它强调，在性质上我们的军事战略是防御性的，而在要求上则是积极的。它要求把进攻和防御有机地结合起来，以积极的攻势行动达成防御的战略目的，同时在条件成熟时，适时把战略防御导向战略反攻与战略进攻。新中国成立以来，我们在军事斗争和国防建设上，一直是坚持积极防御的。"积极防御，诱敌深入，打人民战争，打歼灭战"战略方针，其核心是"诱敌深入"。时代发展了，"诱敌深入"已经适应不了新形势的要求。参与这一思想创造的邓小平，在新的历史时期，不仅坚持积极防御思想，同时在理论与实践上进一步丰富了积极防御战略方针的内涵，拓宽了它的战略功能。不过，修改毛泽东同志制定的战略方针是需要勇气的，但客观条件要求必须进行修改，这就迫切需要统一全军特别是高级干部的思想。

1980 年 10 月，邓小平在全军高级干部研讨会上大胆提出：未来反侵略战争的方针，我赞成就是"积极防御"四个字，积极防御本身就不只是一个防御，防御中有进攻，一旦有事，还是我们的老话，立足于自己，立足于我们现有的武器装备，立足于比现有武器装备好一点这个基础上，现代化装备不是没有缺点，我们有劣势装备战胜强大装备的传统，这一点要强调，我们总是要立足以弱胜强，以劣势装备战胜现代化装备。这一新的战略方针，是根据当时国际国内形势的发展变化而提出的，其最大的特点是，由过去的诱敌深入，关门打狗，转变为层层抗击，坚固防守。（参见杜铁环：《塞外大

演兵雄风壮军威》）

邓小平还认为，必须把维护国家的主权和国家的安全作为战略行动的最高准则。军事战略必须适应国家安全利益的需要，适时调整战略重点与方向，使军事战略目标与国家安全利益需求相一致；军事战略必须根据军事斗争对象的实力、企图和行动特点，有理、有利、有节地使用自己的军事力量，保证取得最佳战略效益；军事战略既要着眼于当前的现实威胁，又要着眼于长远的潜在威胁，军事力量的准备既要有精干力量应付突发事件，又要有长远规划，谋求发展；军事战略必须既考虑重点战略方向，又要照顾其他方向，以多元化的战略思维，抓住主要矛盾，兼顾次要矛盾，防止单一的战略思维方式。

邓小平不仅对积极防御战略思想有发展，而且对人民战争思想有新的创造。1978 年 7 月 17 日，邓小平会见外国客人时讲到，我们的战略是毛泽东主席制定的。毛主席的战略思想就是人民战争。在新的历史条件下，我们仍然要坚持人民战争，我们的战略思想"仍然是人民战争"。他强调，"只要我们坚持人民战争，敌人就是现在来，我们以现有武器也可以打，最后也可以打胜。我们有这样多人口，军民团结一致，敌人要消灭我们的人民是不可能的。"邓小平反复强调了坚持人民战争理论和实践的必要性，强调在现代条件下，"坚持人民战争"，"用劣势装备打败优势的敌人"，仍然是我们重要的战略思想。

邓小平同时又强调指出：现在的人民战争与过去不同，装备不同，手段也不同，人民战争的表现形式也不同。

一是要把人民战争思想贯彻到现代战争准备和持久的国防建设中。人民性、群众性、整体性，是人民战争思想的重要特征。在现代条件下，贯彻毛泽东人民战争思想，既表现在直接的战争准备上，又表现在持久的国防建设上。直接的战争准备是不能放松、更不能放弃的。

当今世界上，爆发战争的可能性依然存在，在我国周边地区，甚至还存在着一触即发的战争热点。邓小平在谈到和平与发展、谈到制约战争的力量不断增长时，从来不排除还存在的战争因素和战争危险，也从来不忽视战争的直接准备。邓小平认为，大战可以避免，但并不是说世界上就从此无战事。他说："大战固然可以推迟，但是一些偶然的、局部的情况是难以完全预料的。我们应该想到，如果现在敌人打来怎么办？"（《邓小平文选》第2卷，74页）他还指出，小的战争不可避免。冷战结束以后，国际力量对比失衡，霸权主义和强权政治依然存在，过去被冷战掩盖的民族矛盾、领土争端和宗教纷争日益激化起来，一些地区新的不稳定因素正在增长，以局部战争和武装冲突为主要表现形式的"小战"又呈增多之势。面对这种形势，许多国家都把战争准备的重点转向对付地区性威胁，把打赢局部战争作为军队的主要任务。

战争准备包括战争物质准备和精神准备两个大的方面，具体如战场建设和战略后方建设，武器装备建设，战时动员体制建设，武装力量建设，军事科技建设和军事理论建设，等等。通过直接的战争准备，可以提高在现代条件下应付突发事变、进行人民战争的能力。

但是，现代条件下的人民战争，不仅表现在直接的战争准备上，有时更多、更普遍的体现在持久、全面的国防建设上。国防建设除了包含直接战争准备的各项内容外，还涉及党政军民各个方面，涉及政治、经济、军事、科学技术、教育、文化、外交等各个领域。现代国防作为维护、捍卫国家和民族利益的屏障，是一个庞大繁杂的系统工程。衡量一个国家国防力量的强弱，不单要看武装力量，看直接的战争准备状况，而且要看赖以支撑武装力量和战争准备的整体基础，即综合国力状况。现代条件下人民战争的整体威力，正是建立在综合国力基础之上的。因此，动员全国各族人民、各个行业、各个领域，都来关心国防，建设国防，把自己从事的工作与国家的振兴、安全与发展联系起来，并为之努力奋斗，是现代条件下人民战争思想运用和发展的重要体现。

二是人民战争要与战争的发展相适应。人民战争不是静止的，而是随着时代的发展而发展的。邓小平非常注重研究现代条件对人民战争提出的新要求。所谓现代条件，主要是战争与和平的国际大环境、大气候出现的新变化，如制约世界战争的因素在增长，和平与发展成为国际社会的主流等；现代生产力和科学技术的迅速发展，以及现代战争对经济的依赖和高技术在军事领域里的广泛应用，极大地改变了战场面貌；未来敌我双方政治、经济、军事的客观实际，以及爆发战争或军事冲突的原因、样式及其可能的结局等。在这些条件下实行的人民战争，必然有区别与以往人民战争的若干新特点。邓小平多次指出，霸权主义是现代战争的根源。今后我们进行的人民战争，将是反对大小霸权主义的侵犯，目的在于捍卫祖国的领土、主权，保卫社会主义现代化建设的顺利进行，维护亚洲和世界和平。在战争规模上，不排除发生针对我国的大规模的侵略战争的可能性，但可能性更大的还是边境局部战争和武装冲突，因此，全党全民都要对注重战争、准备打仗的传统观念做某些更新。在战争样式上，将自始至终贯穿着高技术、高性能兵器的对抗，科学技术是第一生产力的事实会在军事领域表现出来，从而对战争中的人的因素提出了更高的要求。人民战争思想只有根据现代条件进行新的发展，才能保持生机与活力。

三是现代条件下的人民战争需要强大的人民武装力量。邓小平认为，人民军队是进行现代条件人民战争的骨干力量，野战军、地方军和民兵三结合的武装力量体制，则是其基本组织形式。现代战争高技术含量的增加，对军队在战争中的骨干作用提出了更高的要求，邓小平提出了把我军建设成为一支强大的现代化正规化革命军队的总目标，并领导全军进行了一系列重大改革，回答了建设中国特色现代化正规化革命军队的一系列重大问题，为进行现代条件下的人民战争奠定了基础。

为进一步完善现代条件下人民战争的武装力量体制，邓小平对我军传统的"三结合"力量体制进行了加强和调整。在他主持军委工作期间，精简整编了野战军，组建了合成军和快速反应部队，这对提高我军的现代化建设和整体作战能力发挥了重要作用。在地方部队中增加了人民武装警察部队。恢复和实行预备役制度，在全国组建了几十个预备役师或团。实行预备役制度，不仅有利于实施快速动员，节省军费开支，而且有利于在大幅度精简军队员额的情况下，使国家保持相应的军事实力。一旦发生战事，可以给部队快速地提供大量兵员，以保证我军作战的需要。它弥补了民兵制度的不足，是我军国防后备力量建设的一个新发展。对作为实施人民战争坚实基础的民兵，邓小平既强调民兵建设的战略地位，又不主张像过去那样搞得过多过大。在他的领导下，我国民兵建设贯彻"控制数量，提高质量，抓好重点，打好基础"的方针，也进入了一个新的发展时期。

除此之外，邓小平还强调国防建设要走军民兼容、平战结合的道路，要深入持久地开展全民性国防教育，为现代条件下人民战争奠定坚实的社会基础。

四是要研究如何打赢现代条件下的局部战争。邓小平认为，新的历史时期，中心任务是进行社会主义现代化建设，大力发展生产力。创造一个长期和平与稳定的战略环境，保证国家建设的顺利进行，是军事战略的最高目标。为此，不仅要着眼于打赢战争，同时要努力遏制战争的爆发，确保有打赢的实力。

邓小平根据战争形态的发展，强调努力提高打赢现代战争的能力。他认为，在今后相当长的时期内，危及我国新的世界大战和全面战争有可能推迟或避免，局部战争或武装冲突将是我国面临的基本作战样式。这就要求我们把战争准备的侧重点，放在应付现代局部战争上，注重提高打赢现代技术局部战争的能力。

邓小平多次强调要重视研究现代局部战争的新特点、新情况，发展和创新人民战争战法。他提出，要努力提高诸军兵种联合作战的能力，既要通过改革编制体制，例如，组建诸兵种合成的集团军，又要通过学习、拉练、演习等方式来提高这种能力；否则，什么仗都打不下来。逐步实现指挥系统的现代化，这个问题要提到议程上来，"指导思想要明确，就是要解决现代化问题。"

对空中力量建设和使用，邓小平提出了建设"强大的空军"和"取得制空权"的思想。他认为，将来打仗，没有制空权是不行的。陆军需要空军掩护、支援，海军没有空军的掩护也不行。不管如何，今后作战，陆海空军，首先要有强大的空军，要取得制空权。否则，什么仗都打不下来。

邓小平提出海上力量建设和使用要"适当"，"要精"，"顶用"和"近海作战"的战略思想。邓小平指出，我们建设海军基本上是防御，面临霸权主义强大的海军，没有适当的力量也不行。这个力量要顶用。我们不需要太多，但要精，要真正是现代化的东西。因为我们的战略是近海作战，我们不像霸权主义那样到处伸手。

邓小平对陆上力量的建设与使用，提出了"组建合成集团军"和"诸军兵种联合作战"的思想。早在1980年，他就提出把一个军组成一个合成军，有炮、有坦克、有导弹，实际上就是一个集团军。战时就是预备队，使用于突击方向。他要求全军部队要懂得敌人，懂得自己；要重视我们自己的战争经验；要有现代化战争知识，坦克、飞机、地面、海上，诸军兵种联合作战，都要懂。要通过训练、学习、拉练、演习，提高部队战斗力，提高各级干部的指挥水平、管理水平，以适应现代条件下的人民战争，各种武装力量"联合作战"的需要。

对于战略导弹部队，邓小平提出了有限发展的思想。他明确指出，威慑力量，你有我有，也不能搞多了。威慑力量有了就行。有了就可以起作用。他说，核武器有一点，这本身就有压力的作用。我们还要发展一点，但发展也是有限的。他强调说，我国有限的核力量，是维护和平，制约战争的力量。

根据现代战争诸军兵种和其他武装力量联合作战的特点，邓小平提出了"要逐步实现指挥系统的现代化"的思想。他认为，与人家现代化指挥系统比，我们要落后得多。打起仗来和过去一样光靠电话不行，天上的通信卫星这些东西不要小看，要逐步实现指挥系统的现代化，不要拖得太久。这个问题一定要研究解决。同时，还要改变指挥机构臃肿的问题，以便更好地掌握情报、通信、指挥控制系统的现代化装备，去组织协调联合作战行动。他要求各总部、军兵种"指导思想要明确"，"目标是指挥系统的现代化"。